아나뱁티스트 기도묵상집

초기 기독교에서 시작하여 여러 시대를 지나온
기도의 방식을 나누는 자리로 여러분을 초대합니다.
이 책은 그리스도인들이 **재림절에서 오순절까지** 절기를 따라
묵상하도록 편집한 기도묵상집입니다.
이 책은 예수 그리스도의 분명한 목소리를 듣게하며,
성경을 공동으로 묵상할 수 있는 여유로운 공간을 창조합니다.
성경을 기반으로 한 묵상본문을 읽다보면
아나뱁티스트의 독특성을 느낄 수 있습니다.
매일 예수의 목소리가 일상의 삶 속에 스며들게 하는 방법을
스스로 찾을 수 있기를 바라는 마음으로 이 기도문을 드립니다.

"우리의 순간들과 나날을 거두소서.
우리의 나날이 주님을 향한 찬양으로 넘치게 하소서."

편집자 : 아더 폴 보어스, 엘리노어 크라이더, 존 렘펠,
메리 셔츠, 바바라 넬슨 킹그리치

추천의 글

매우 훌륭한 기도책입니다! 경 본문과 찬송, 기도문, 그리고 특정한 기도의 패턴을 확립하기 위한 편집자들의 선택이 매우 탁월합니다. 사용된 언어도 범세계적이어서 독자들이 이미 앞서 간 그리스도인들과 깊은 유대감을 형성할 수 있도록 도와줍니다. 이 기도문이 매우 널리 쓰여지고 잘 사용되도록 기도합니다.
— 마르바 던(Marva J. Dawn), 영성신학자, 『세상권세와 하나님의 교회』,
『내가 알아야 할 모든 것은 창세기에서 배웠다』의 저자.

이 책은 다양한 전통에 속해 있는 그리스도인들이 매일 삶 속에서 기쁜 마음으로 묵상하며 기도의 가치를 재발견하도록 구성되어 있습니다.
— 마틴 달리, 미시간 주 Three Rivers에 있는 성 그레고리 사원 수사

이 책은 단순히 성경읽기 자료나 말씀을 나열해 놓은 일반 묵상집이 아닙니다. 재림절부터 오순절에 이르기까지 그리스도의 생애를 따라 묵상하다보면 성령님에 의해 인도함을 받는 인생이 어떤 것인지 배울 수 있습니다. 모든 부족, 언어, 사람, 국가의 부름을 받아 예배하는 하나님의 자녀들로서, 예배하는 공동체로서 삼위일체이신 하나님의 생명에 참예하는 경험을 맛볼 수 있을 것입니다. 『매순간 주님과 함께』를 이용하여 드리는 예배는 하나님의 사랑이 모든 영역과 장벽을 넘어서며 평화를 가져오는 복음임을 선포하는 것입니다.
— 필립 곤잘레스, 프랑스 성 제니스-포우리 메노나이트 교회

절기에 따른
아나뱁티스트 기도묵상집
매순간 주님과 함께

Take our Moments and our Days; AN ANABAPTIST PRAYER BOOK
Original copyright ⓒ 2010 by Herald Press, Scottdale, Pa. 15683
Releaed simultaneously in Canada by Herald Press, Waterloo, Ontario N2L 6H7.
Korean copyright ⓒ 201 5by Korea Anabaptist Press.

이 책의 한국어판 저작권은 Korea Anabaptist Press가 소유하고 있습니다.
출판사의 승인 없이 이 책의 내용이나 표지 등을 복제 · 인용할 수 없습니다.

ISBN 978-89-92865-24-1

매순간 주님과 함께

엮은이	아더 폴 보어스, 엘리노어 크라이더, 존 렘펠, 메리 셔츠, 바바라 넬슨 킹그리치
옮긴이	KAP 편집부
초판발행	2015년 11월 4일
펴낸이	김복기
책임편집	김복기
디자인	배용하
인쇄	재원프린팅
제본	정문바인텍
등록	제364호
펴낸곳	Korea Anabaptist Press www.kapbooks.com
주소	강원도 춘천시 춘천로 34, 3층
편집부	(033) 242-9615
영업부	(042) 673-7424, 팩스 (042)-623-1424
분류	기도	묵상	예배서식
ISBN	978-89-92865-24-1 13230

값 25,000원

차례

서론 ◆ 9

감사의 말 ◆ 13

소개문 ◆ 15

일러두기 ◆ 17

반복어구 ◆ 23
    처음부터 계셨고 ◆
    주님을 찬양 ◆
    마리아의 노래 ◆
    스가랴의 노래 ◆
    골로새서 1:15-20 ◆
    시므온의 노래 ◆
    베드로전서 2:21-24 ◆
    빌립보서 2:5-8 ◆
    빌립보서 2:5-11 ◆
    에베소서 2:17-22 ◆
    데살로니가전서 5:16-24 ◆
    하늘에 계신(주기도문) ◆

재림절 ◆ 33

크리스마스 ◆ 101

주현절 ◆ 211

사순절 ◆ 295

고난주간 ◆ 379

부활절 ◆ 455

성령강림절 1 ◆ 537

성령강림절2 ◆ 617

책별 성구 색인 ◆ 693

주제별 성구 색인 ◆ 712

서론

최근에 새로운 기도 책들이 많이 출판되고 있습니다. 과연 또 다른 기도 책이 필요할까요? 아나뱁티스트-메노나이트 기도 책은 왜 필요할까요?

몇 세기 전부터 몇몇 아나뱁티스트가 기도 책을 정리하였지만 지금 이러한 자료를 다시 정리하다 보니 우리의 전통과 우선순위를 멀리하는 느낌이 들기도 합니다. 하지만 우리는 메노나이트 목회자, 교회 리더, 영성 리더, 학자 그리고 많은 신자가 기도의 여러 형태에 매우 큰 관심을 두고 있으며 다양한 출처의 기도 책을 사용한다는 사실을 발견했습니다. 그들은 오랜 세월 동안 주목받았던 기도 방법을 매일 사용하였고, 또 어떤 이들은 급진적 개혁이라는 전통의 장점을 반영하는 자료들이 나오기를 기다리고 있었습니다. 매일 아침저녁으로 기도를 드리고자 원하는 많은 메노나이트의 관심이 증가함에 따라 이 책을 준비하게 되었습니다.

첫 기도 책의 초본을 웹사이트 www.ambs.edu/prayerbook에 올리기 시작하면서 우리는 다른 전통에 뿌리를 둔 그리스도인들이 아나뱁티스트-메노나이트 기도 자료에 얼마나 큰 관심이 있는지 알게 되었고, 이러한 사실에 대해 매우 놀라면서도 겸손한 마음을 갖게 되었습니다. 또한, 우리는 다양한 교파의 사람들로부터 많은 메시지를 받았는데, 그들은 기도책 만드는 이 프로젝트에 열정을 표하며 기도 방식과 관련된 자신들의 경험담을 들려주기도 했습니다.

기도 책의 초본을 사용한 사람들은 일정기간 기도의 내용 중 어떤 것이 좋았고 어떤 부분에 교정이 필요한지 통찰력을 제공해 주었습니다. 우리는 그들의 사려 깊은 의견들을 고려하였고, 대림절에서 성령강림절까지 교회력을 따라 기도 책을 만들었습니다. 교회력을 따라 구성된 이 책의 기도문들은 아직 초본 형태이므로 도움되는 의견은 언제든지 환영합니다. 무엇보다 책을 읽고 반응해 주신 독자들의 의견은 매우 큰 힘이 되었으며 이 프로젝트의 필요성과 중요성을 느끼게 해주는 계기가 되었습니다.

우리는 이 두 번째 책을 동료 그리스도인들에게 선물로 드립니다. 바라건대, 이 기도 책이 교회와 교인들의 기도를 더욱 풍성하게 해주었으면 합니다. 오래된 찬송가의 가사처럼 하나님께서 매일, 매순간 우리를 돌보시고, "이러한 순간들이 끊임없는 찬양으로 이어지길" 기도합니다.

성경적 근거 찾기

시편은 아침과 저녁에 대해 자주 언급합니다. 하지만 시인은 신자들이 드리는 기도의 내용을 그 날에 국한하지 않았습니다. 오히려 매일 정해진 시간에 기도함으로써 항상 기도할 수 있기를 원했습니다. 창세기 첫 장에 계속 반복되는 "저녁이 되고 아침이 되니…"라는 문구를 생각해 보십시오. 이 짤막한 기록은 단순히 아침과 저녁만 일컫는 것이 아니라 하루 전체를 의미합니다. 이러한 방법으로 시편 작가는 "해 뜨는 데부터 해 지는 데까지 나는 주님의 이름을 찬양하리라"(시 113.3)는 말씀으로 영원히 기도하겠다는 열망을 표현하였습니다.

예수님도 비슷한 추천을 하셨습니다. 끊임없이 요청한 과부에 대한 예수님의 비유는 우리를 헷갈리게 할 수도 있지만 한 가지 요점은 확실합니다. 이 이야기는 주님을 좇는 자들이 '항상 기도하고 마음을 잃지 말아야 할'(눅 18.1) 필요성을 말하고 있습니다.

신약성경의 편지도 이와 같은 맥락에서 말을 합니다. 바울은 신앙인들에게 "항상 기뻐하라, 쉬지 말고 기도하라, 범사에 감사하라"(살전 5.16-18)라고 당부합니다. 우리는 또한 "항상 성령 안에 기도하라"(엡 6.18), "기도 안에 헌신하라"(골 4.2) 그리고 "기도 안에 인내하라"(롬 12.12)라는 말씀을 듣습니다.

쉬지 말고 기도하기

"쉬지 말고 기도하라"는 성경말씀의 조언은 아주 분명하지만, 이 말씀을 어떻게 실천할지에 대해서는 명확하지 않습니다. 소수의 신앙인이 일하고 먹고 자는 것도 마다하고 말 그대로 기도만으로 사는 삶을 실천하려고 하였는데, 기독교에서는 이러한 잘못과 왜곡에 대해 강력히 경고합니다. 이렇게 쉬지 않고 기도하는 자세는 칭찬할 점이 있겠지만, 이것이 제대로 된 것일까요? 소수의 그리스도인은 항상 하나님을 의식하며 일하고 살아가지만, 이렇게 살기 위해 그리스도인 대부분은 도움이 필요합니다. 우리 삶의 모든 것이 기도라고 말하는 것은, 아마도 우리가 특별한 의식을 갖고 기도하는 경우가 적다는 것을 의미할 수도 있습니다.

우리가 일요일을 드리는 것은 우리가 가진 모든 것이 주님께 속한다는 의미입니다. 헌금은 우리가 돈과 여러 자원으로 우리의 신앙을 표현하는 방법이며 물질을 유념해서 사용하라는 의미입니다. 이와 비슷한 맥락으로, 아침과 저녁 기도는 우리의 모든 시간이 하나님께 속해 있다는 사실을 기억하게 합니다. 헌금을 드릴 때 우리 돈의 십 퍼센트만이 하나님의 소유임을 인정하는 것이 아닌 것처럼, 아침과 저녁 기도는 정해진 시간만 기도하는 것 이상의 의미가 있습니다.

아침과 저녁은 모든 시간을 상징합니다. 이러한 시간은 하루의 방향을 결정하고 우리의 목적을 기억하며, 하나님께서 우리 삶에 어떻게 역사하는지 생각하며, 우리가 하나님의 우선순위를 기억하고 있는지 돌아보는 중요한 순간들입니다. 정해진 시간에 드리는 훈련된 기도는 우리가 항상 기도하는 사람이 되도록 도와줍니다.

다른 이들을 기도로 도움

많은 그리스도인은 기도하는 것을 어려워합니다. 우리는 언제 어떻게 기도해야 하는지, 어떻게 기도를 시작하고 맺어야 하는지 잘 모를 수도 있습니다. 어떤 이들은 아예 기도하는 습관을 들인 적이 없습니다. 어떤 이들은 다양한 이유로 기도하기를 멈춘 경우도 있습니다. 바쁘다는 이유가 시대의 영성에 매우 심각한 문제가 되기도 하고, 많은 이들이 실제로 기도할 시간조차 내기 어렵기 때문입니다. 그럴수록 규칙적인 기도는 많은 사람에게 도움이 됩니다. 이러한 기도 방법을 배운 많은 이들이 "이 전까지는 저는 기도할 수 없었습니다"라고 고백했습니다.

많은 기도 책들은 우리가 다른 사람들과 같이 기도할 수 있도록 도와줍니다. '어디에 있든지 우리는 그리스도의 몸을 필요로 한다'는 아나뱁티스트의 신념이 진리임을 경험하게 됩니다. 우리 사회의 개인주의 영향으로 말미암아 우리는 개인 스스로 자유롭게 기도하거나, 혼자 자신만의 영감을 따라 마음대로 혹은 즉흥적으로 기도하는 모습을 멋진 일로 여기는 경향이 있습니다. 하지만 개인 기도에 대한 이 시대의 편협한 관점은 초기 교회나 성서 시대의 성격과 맞지 않습니다. 모든 신실한 삶이 그러한 것처럼, 기도 생활에도 다른 신자들의 도움과 후원이 필요합니다.

아침과 저녁 기도는 기독교 역사에 걸쳐 등장하는 여러 주제와 연결되어 있습니다. 그것은 개인기도와 공동 기도의 관계, 계획하지 않은 기도와 잘 준비된 기도, 그리고 시간을 정해놓고 드리는 기도와 쉬지 않고 드리는 기도와의 관계입니다. 모든 기도는 가치가 있지만, 기도는 그 자체가 목적이라기보다는 하나님께 인도받는데 그 가치를 둡니다. 우리가 바라는 바는, 이 아침저녁 기도로 인해 신앙인들이 시편의 찬양 말씀, "해 뜨는 곳과 해지는 곳까지도 주님께서는 즐거운 노래를 부르게 하신다"(시편 65.8)는 진리를 경험하기를 소원합니다.

아더 폴 보어스(Arthur Paul Boers), 엘리노어 크라이더(Eleanor Kreider),
존 렘펠(John Rempel), 메리 셔츠(Mary H. Schertz),
바바라 넬슨 깅그리치(Barbara Nelson Gingerich)

감사의 말

시작부터 이 프로젝트는 많은 사람의 헌신이 있었고, 후원하는 그룹도 점점 커지고 있습니다. 북미 메노나이트 리더들이 처음 이 프로젝트에 대해 꿈을 꾸고 첫 책 *Take our moments and our Day*(매순간 주님과 함께) 초고를 평가한 후, 우리가 무엇을 배울 수 있는지 점검하기 위해 한자리에 모였습니다. 메노나이트 연합성경대학원Associated Mennonite Biblical Seminary 이하 AMBS의 학장인 넬슨 크레이빌J. Nelson Krarybill은 이 프로젝트를 적극적으로 지원하였고 학장으로서 비전기금Presidential Vision Fund을 조성하여 첫 모임에 큰 도움을 주었습니다. 그 이후로, 이 작업은 아나뱁티스트 재단과 그 회장인 에벤 크라이더J. Even Kreider로부터 아낌없는 후원을 받았습니다.

AMBS의 메노나이트 연구소도 이 프로젝트를 적극 후원하였고 다른 스텝들의 시간을 비워 책을 완성하는 데 도움을 주었습니다. 교회 음악을 전공한 찬양과 예술 담당 부교수 레베카 슬로우Rebecca Slough는 찬송가 선택에 매우 귀한 자료들을 제공해 주었습니다. 신약학 명예교수인 윌라드 스와틀리Willard M. Swartley도 말씀을 분별하는 데 큰 도움을 주셨습니다. 일상 속에서 하나님의 은혜와 기술로 연락을 담당한 메리 클라센Mary E. Klassen은 기도 책 웹 페이지를 관리하고 이를 적극적으로 알리는데 귀한 도움을 주었습니다.

미국 메노나이트 교회와 캐나다 메노나이트 교회에서는 기도들을 웹 페이지에 연결해 놓았고 이것은 먼 곳에 사는 여러 신자를 서로 연결되도록 하는 데 큰 도움이 되었습니다. 이 기도책에 대한 사용자들의 반응은 이 프로젝트를 계속 진행할 수 있도록 말로 표현할 수 없을 만큼 큰 도움을 주었습니다.

기도에 충실한 시인들은 시로 매일 중재기도란을 완성하여 기도문을 더욱 풍성하게 해주었습니다. 재림절, 12월 24일에서 12월 30일까지 아침 저녁 기도문을 지은 메리 셔츠Mary Schertz 교수와 바바라 넬슨 깅그리치Barbara Nelson Gingerich, 12

월 31일의 존 렘펠John Rempel, 1월 1일에서 1월 5일까지 엘리노어 크라이더Eleanor Kreider, 예수공현일의 레이첼 밀러 제이콥스Rachel Miller Jacobs와 벤 밀러 제이콥스Ben Miller Jacobs, 고난주간의 로라 크레이빌Laura Kraybill, 부활절의 아담 타이스Adam Tice, 성령 강림절 첫 주의 재닌 벌쉬 존슨Janeen Bertsche Johnson, 그리고 성령 강림절 둘째 주의 레이첼 밀러 제이콥스Rachel Miller Jacobs에게 감사를 드립니다.

열정과 다양한 재능을 가진 제임스 넬슨James Nelson이 이 책을 편집했습니다. 그는 AMBS 학생 크리스틴 구스Christine Guth의 노도움을 받아 말씀 선택 데이터베이스를 유지하고 개선하는 중요한 프로젝트를 담당하였습니다.

우리는 성경 본문을 기도로 묵상하며 이 세상을 향한 값비싸고 관대한 하나님의 사랑을 증명하기에 적당한 삶을 추구함으로 이 프로젝트를 키워낸 AMBS 공동체에게 큰 감사를 드립니다.

또한, 우리에게 유머감각이 넘치고, 다양한 능력을 갖춘 예배학자, 신학자, 성경학자, 편집자 등 여러 동료들을 허락하신 하나님께 감사 드립니다. 기도를 향한 이들의 열정이 이 프로젝트를 기쁘고 만족스럽게 마칠수 있도록 이끌어 주었습니다.

소개문

찬양, 경청, 그리고 반응은 그리스도인들이 기도하는 세 가지 유형입니다. 우리는 하나님을 경배하고 하나님께 감사를 드립니다. 우리는 성경읽기를 통해 , 하나님의 음성을 듣기 위해 의도적으로 갖는 조용한 시간을 통해, 때로는 다른 사람들의 말을 통해 하나님의 음성을 듣습니다. 결국, 우리는 마음 속의 사랑을 하나님께 드리고 우리의 삶을 새롭게 하며, 중재자로 살아가며, 축복을 받음으로 하나님께 반응합니다. 나이가 어리든 들었든, 가족으로든 혹은 개인으로든, 잘 준비된 기도이든 즉흥적 기도이든, 그리스도인들은 자연스럽게 이 세 가지 형태를 따라가며 기도합니다. 이 *Take Our Moments and Our Days*『매일 주님과 함께』에는 우리에게 친근한 기도방법이 반영되어 있습니다.

성경 본문이 반영된 기도

이 기도 책에 사용된 글귀들은 성경에서 직접 발췌하거나 최소한으로 조정하여 채택하였습니다. 각 기도문에서 우리는 시편(어떤 경우에는 다른 히브리서 시나 예언적 선포를 포함합니다)이나 복음서 혹은 다른 성경구절을 읽게 될 것입니다. 이 기도문은 감사와 고백의 내용이 들어있는 성경본문을 사용하여 크게 찬양으로 부르심, 제자로 부르심, 그리고 기도로 부르심 세 가지로 나누었습니다. 23-32쪽에는 성경에 기록되어 있는 찬가를 정리해 놓았습니다. 각 기도문 마다 우리는 주기도를 함께 드리고, 축복의 말씀을 듣게 됩니다.

초기 아나뱁티스트들은 많은 말씀을 암송하였습니다. 그들이 암송했던 기도문을 사용할 때, 우리도 동일한 영감을 받을 수 있기를 희망합니다. 성경 말씀이 스며들어있는 기도문으로 기도할 때, 여러분의 낮과 밤이 아나뱁티스트 영성을 상징하는 "기억된 말씀"으로 충만해지리라 믿습니다.

아나뱁티스트 색깔

이 책에는 기독교 절기에 대한 간단한 소개 및 본문에 대한 설명이 들어있습니다. 편집위원회가 수고하여 알아낸 이 본문들은 현재 아나뱁티스트들에게는 물론 초기 아나뱁티스트들에게 중요했던 핵심 성경본문들입니다..

이러한 기도에 사용된 찬송가들과 성경의 찬송시들에는 구약 성경의 예언적 자료들이 포함되어 있습니다. 이 내용들은 하나님의 자비를 아는 기쁨에 대한 놀라운 반전, 우리를 위해 십자가에서 돌아가신 예수님에 대한 편안하고 도전적인 반영, 초기 교회의 교리적 확신, 또한 부활하신 예수 그리스도를 경배하는 찬양을 포함합니다. 제목과 여는말은 일요일에서 토요일까지 한 주 동안의 내용을 한 줄로 여는 역할을 합니다. 매일 제공되는 전체 본문은 찬송시 역할을 합니다. 독자들이 한 해의 절기를 따라 가면서 이 찬송시와 더불어 깊이 기도할 수 있기를 소원합니다. 이러한 아나뱁티스트의 핵심 주제들이 성령의 능력을 힘입어 예수님을 따르는 독자들에게 개인적으로나 공동체적으로 큰 울림이 되리라 믿습니다.

일러두기

규칙적으로 기도하는 시간을 정해 놓으십시오. 아침과 저녁에 시간을 내어 정기적으로 기도하는 사람은 많지 않습니다. 아침이나 저녁에 시간을 내어 기도하십시오. 가능한 기도에 집중할 수 있도록 주변환경을 만드십시오. 펼쳐진 성경책, 십자가, 양초, 상징, 그림 등의 소품들은 기도에 집중하도록 도움을 줍니다.

그룹으로 기도한다면, 정해진 한 사람이 기도를 이끌 수도 있습니다. 리더가 읽을 부분은 명조체로, 다른 이들이 읽을 부분은 고딕체로 표시했습니다. 본문이 짧을 경우에는, 성경 본문을 반복하여 읽는 것이 외우는데 도움이 됩니다.

제목과 여는 말은 각 주의 주요 성경본문으로 그 주에 묵상할 말씀의 전체 분위기가 어떤지 보여줍니다. 각 절기별로 정리된 노래들은 25-34쪽에 있습니다.

이 기도문은 간단히 세 형태로 나누어져 있습니다. 이는 찬양하기, 듣기, 반응하기 인데, 이 책에서는 찬양으로 부르심, 제자도로 부르심, 기도로 부르심으로 정리하였습니다. 충분한 시간과 여유를 가지고 묵상의 시간을 가지십시오.

찬양으로 부르심

각 기도문 마다 첫 부분은 시편의 기도를 통해 하나님을 찬양하기, 감사드리기, 그리고 찬양을 포함합니다. 여는 말은 각 주의 찬송시를 따온 것으로써 주로 시편과 성경 말씀에서 선택하였습니다.

찬양으로 부르심 후에 사용된 "영광" 이라는 단어는 하나님을 향한 그리스도인들의 마음을 찬양으로 분출시키고자 표현한 것입니다. 23쪽에 두종류의 짤막한 찬가를 실었습니다. 독자들이 여러가지로 찬양하기 원합니다. 노래 혹은 말로 읊조리는 짤막한 찬가도 함께 실었습니다.

시편은 보통 글씨체와 볼드 이탤릭체로 나뉘어진 것으로 서로 돌아가며 다른 목소리로 기도할 수 있습니다.(리더와 모임 전체, 혹은 두 그룹으로 나누어 서로 반응하는 행태로 해도 좋습니다)

시편의 말씀 구조는 간단하면서도 즉흥적인 열린 형태의 기도입니다.

첫 부분의 찬송가들은 우리의 찬양과 감사를 받으시는 하나님에 대해 말합니다. 이 찬송들 중 많은 것들은 다른 찬송가에도 있습니다. 다른 자료에서 찬송을 대체하거나 더해도 좋습니다. 어떤 분들은 찬송 본문을 노래하는 것보다 경건한 시로 읽으며 묵상하기도 합니다.

저녁기도의 첫 번째 부분은 침묵으로 마무리하도록 고백이나 확신의 성경말씀으로 끝이 납니다..

제자로 부르심

두 번째 부분은 예수님의 부르심과 주님의 길을 따르려는 우리의 소망을 표현한 것입니다. 각 기도문에 들어있는 말씀들은 소명과 메시지에 초점을 맞추었습니다.

복음서 읽기는 각 기도문의 여는 말에 표시된 그 주의 주제를 따랐습니다. 복음서의 본문에 따라 오는 성경 본문들은 구약 성경이나 신약 성경에서 따온 것입니다. 그 부분을 뛰어 넘거나, 대체하거나, 다른 본문들을 더해 읽으셔도 좋습니다. 이 기도문에서 주제별로 선택한 성경 본문들은 매일 묵상을 대체하려는 목적으로 만들어 진 것이 아닙니다. 이 본문들은 말씀을 통해 삶을 되돌아보고, 찬양하고, 말씀을 삶에 적용하도록 자극할 것입니다. 연속적인 성경 읽기는 말씀과 더불어 기도하도록 돕는 장점이 있습니다.

이 성경 본문을 통해 간단한 묵상을 하면서, 침묵 안에 잠시 멈추거나, 성경 본문의 단어나 구절을 반복하거나, 성경 본문과 하루에 일어났던 일을 연관 지어 이야기해도 좋습니다. 묵상시간은 토론을 하는 시간이 아니라 성경 구절을 읽으면서 마음에 와 닿았던 부분에 반응하는 시간입니다. 아나뱁티스트 전통은 다른 이들의 묵상 나눔을 통해 언제든지 성령께서 임하실 수 있다는 믿음을 가지고 있습니다.

성경 본문 뒤에 정리된 노래들에는 그 날의 주제가 반영되어 있으며, 감사, 믿음의 확신, 자기 헌신으로 반응할 수 있도록 기회를 제공해 줍니다. 또한, 찬송가 본문은 원래대로 노래로 부르거나 그냥 읽으셔도 좋습니다.

이 기도문에 사용된 노래들은 23-32쪽에 있습니다. 이 노래들을 한 목소리로 읽거나 서로 주고 받으며 교독해도 좋습니다. 이 중요한 본문들을 자주 반복하여 읽으면 풍성한 의미를 깨닫게 되고 암송하는데 도움이 될 것입니다.

기도로 부르심

세 번째 부분은 소중한 사람들, 공동체와 교회, 세계와 다른 염려되는 일을 위해 기도로 반응하는 시간입니다.

묵상을 마무리 짓기 전 다섯 개의 주제로 중보하며 자유롭게 기도하십시오. 그날에 정해진 아침과 저녁 기도는 거의 같으며, 사용된 이미지는 이미 사용한 본문을 기반으로 하였습니다. 교회와 세계를 위한 기도는 조금 다르다는 점을 유념하십시오. 만약에 어떤 특정한 날의 기도문만을 사용한다면, 다른 날의 중보기도 내용을 확인하십시오. 여러분의 상황에 맞게 자료들을 합하거나 적용하여 사용해도 좋습니다.

본 기도는 중보기도를 마무리하면서 주기도로 연결되도록 합니다. 주기도의 세 가지 형태는 31~32쪽에 실었습니다.

축복기도는 모두 성경본문을 기반으로 작성하였습니다. 어떤 그룹들은 침묵, 평화와 축복을 비는 짧은 찬송, 혹은 서로에게 그리스도의 평화를 빌어주면서 기도예배를 마칩니다.

예배 자료의 융통성

이 기도문을 공예배 인도 자료로 사용해도 좋을 것입니다. 찬송, 긴 성경말씀 읽기, 성경구절에 대한 묵상, 영적 작가의 글, 침묵, 송영, 설교, 간증, 혹은 자유로운 기도를 추가하여 융통성 있게 사용하십시오.

이 예배 자료를 줄여서 사용해도 좋습니다. 예를 들어 세 종류의 부르심을 기억한 후 하루 생활을 중에 마음에 되새기며 기도해 보십시오. 그리고 개인적으로 요청기도를 드리고, 주기도를 드려보십시오. 이 예배자료를 융통성있게 사용하되, 찬양, 듣기, 반응의 삼중 구조는 분명히 지켜야 합니다.

하지만 굳이 기도문 하나 하나를 똑같이 모방하여 지키려고 애쓸 필요는 없습니다. 예를 들어, 여러분은 기록된 모든 성경 본문뿐만 아니라 정해진 시편 내용을 그대로 쓸 수도 있습니다. 성경 본문 중 하나만 읽어도 좋고, 여러분에 상황에 더욱 알맞은 다른 성경 구절로 대체할 수도 있습니다.

만약 기도문을 읽는 것이 익숙하지 않다면, 다른 중요한 기도를 드려도 좋습니다. 시편 구절이나, 예수님의 말씀을 찾아 격식없이 기도를 드려도 좋습니다. 성경 말씀을 읽은 후에 책을 옆으로 밀어 놓고, 자유롭게 기도하십시오. 기도를 마친 후에는 다시 축복기도로 돌아가는 것이 좋습니다.

이 기도문은 그룹기도와 개인기도에 맞게 만들어졌습니다. 여러분이 혼자 기도할 때도, 여러분이 다른 여러 사람들의 기도에 참여한다는 사실을 알 수 있을 것입니다.

다른 자료들

헤럴드 출판사는 이 책의 자매본인『평일을 위한 아침과 저녁기도문』(4주치)을 출간하였습니다.

『매 순간 주님과 함께』: 아나뱁티스트 기도문(*Take Our Moments and Our Days*)의 첫 번째 책(평일)에 대한 정보가 궁금하시다면 http://www.mph.org/hp/books/takemoments.htm 웹사이트를 참고하십시오. 재림절에서 성령강림절까지의 기도문은 현재 책에 포함되어 있는데 이는 http://www.ambs.edu/prayer-book 에서 찾아보실 수 있습니다.

『매 순간 주님과 함께』: 아나뱁티스트 기도문(*Take Our Moments and Our Days*)을 사용하는 데에 가장 도움이 되었던 출처는 학문적이지만 적용이 가능하였던 아나뱁티스트에 관한 연구인 C. Arnold Snyder: *Following in the Footstep of Christ*: *The Anabaptist Tradition*(Maryknoll, NY: Orbis Books, 2004)이란 책입니다.

Arthur Paul Boers의 *The Rhythm of God's Grace*: *Uncovering Morning and Evening Hours of Prayer*(Brewster, MA: Paraclete Press, 2003)이란 책 또한 매일 기도할 수 있도록 구성되어 있는 자료로서 공동 기도를 통해 영적 모험을 시작하려는 열망이 있는 사람들에게 매우 좋은 안내서입니다. 이 책에는 기도공간

을 마련하고, 풍성한 기도를 생활화하는데 도움이 되는 제안들과 더불어 여러가지 유용한 자료들이 잘 정리되어 있습니다.

반복어구

처음부터 계셨고…

처음부터 계셨고 지금도 계시며

앞으로도 영원히 계실 하나님 우리 아버지와

우리 주 예수 그리스도와 성령님께 영광을 올립니다. 아멘.

주님을 찬양..

주님을 찬양합니다, 아빠의 인내하는 사랑을.

주님을 찬양합니다, 위로부터 오신 종

주님을 찬양합니다, 우리가 나누는 성령님

오 삼위일체의 하나님, 우리의 기도를 받아주소서.

부르는 찬가

만복의 근원 하나님 (1장)

찬양 성부 성자 성령 (2장)

성부 성자와 성령 (4장)

마리아의 노래

내 영혼이 주님을 찬양하며

내 마음이 내 구주 하나님을 좋아함은

그가 이 여종의 비천함을 보살펴 주셨기 때문입니다.

이제부터는 모든 세대가 나를 행복하다 할 것입니다.

힘센 분이 나에게 큰 일을 하셨기 때문입니다. 그의 이름은 거룩하고,

그의 자비하심은 그를 두려워하는 사람들에게 대대로 있을 것입니다.

그는 그 팔로 권능을 행하시고 마음이 교만한 사람들을 흩으셨으니,

제왕들을 왕좌에서 끌어내리시고 비천한 사람을 높이셨습니다.
주린 사람들을 좋은 것으로 배부르게 하시고,
부한 사람들을 빈손으로 떠나보내셨습니다.
그는 자비를 기억하셔서, 자기의 종 이스라엘을 도우셨습니다.
우리 조상들에게 말씀하신 대로,
그 자비는 아브라함과 그 자손에게 영원토록 있을 것입니다.
(누가복음 1:46-55 새번역)

마리아의 노래

마리아가 이르되 내 영혼이 주를 찬양하며
내 마음이 하나님 내 구주를 기뻐하였음은
그의 여종의 비천함을 돌보셨음이라
보라 이제 후로는 만세에 나를 복이 있다 일컬으리로다
능하신 이가 큰 일을 내게 행하셨으니 그 이름이 거룩하시며
긍휼하심이 두려워하는 자에게 대대로 이르는도다
그의 팔로 힘을 보이사 마음의 생각이 교만한 자들을 흩으셨고
권세 있는 자를 그 위에서 내리치셨으며 비천한 자를 높이셨고
주리는 자를 좋은 것으로 배불리셨으며
부자는 빈 손으로 보내셨도다
그 종 이스라엘을 도우사 긍휼히 여기시고 기억하시되
우리 조상에게 말씀하신 것과 같이
아브라함과 그 자손에게 영원히 하시리로다 하니라.
(누가복음 1:46-55 개역개정)

성서교독을 위한 노래

읽은 성경에 맞는 노래를 선택하여 부른다.

스가랴의 노래

주 이스라엘의 하나님은 찬양받으실 분이시다.
그는 자기 백성을 돌보아 속량하시고,
우리를 위하여 능력 있는 구원자를 자기의 종 다윗의 집에 일으키셨다.
예로부터 자기의 거룩한 예언자들의 입으로 주님께서 말씀하신 대로
우리를 원수들에게서 구원하시고,
우리를 미워하는 모든 사람들의 손에서 건져내셨다.
주님께서 우리 조상에게 자비를 베푸시고, 자기의 거룩한 언약을 기억하셨다.
이것은 주님께서 우리에게 주시려고 우리 조상 아브라함에게 하신 맹세이니,
우리를 원수들의 손에서 건져주셔서 두려움이 없이 주님을 섬기게 하시고,
우리가 평생 동안 주님 앞에서 거룩하고 의롭게 살아가게 하셨다.
아가야, 너는 더없이 높으신 분의 예언자라 불릴 것이니,
주님보다 앞서 가서 그의 길을 예비하고,
죄 사함을 받아서 구원을 얻는 지식을 그의 백성에게 가르쳐 줄 것이다.
이것은 우리 하나님의 자비로운 심정에서 오는 것이다.
그는 해를 하늘 높이 뜨게 하셔서,
어둠 속과 죽음의 그늘 아래에 앉아 있는 사람들에게 빛을 비추게 하시고,
우리의 발을 평화의 길로 인도하실 것이다.

(누가복음 1:68-79 새번역)

스가랴의 노래

읽은 성경에 맞는 노래를 선택하여 부른다.

스가랴의 노래

찬송하리로다 주 이스라엘의 하나님이여 그 백성을 돌보사 속량하시며
우리를 위하여 구원의 뿔을 그 종 다윗의 집에 일으키셨으니
이것은 주께서 예로부터 거룩한 선지자의 입으로 말씀하신 바와 같이
우리 원수에게서와 우리를 미워하는 모든 자의 손에서 구원하시는 일이라
우리 조상을 긍휼히 여기시며 그 거룩한 언약을 기억하셨으니
곧 우리 조상 아브라함에게 하신 맹세라 우리가 원수의 손에서 건지심을 받고
종신토록 주의 앞에서 성결과 의로 두려움이 없이 섬기게 하리라 하셨도다.
이 아이여 네가 지극히 높으신 이의 선지자라 일컬음을 받고
주 앞에 앞서 가서 그 길을 준비하여
주의 백성에게 그 죄 사함으로 말미암는 구원을 알게 하리니
이는 우리 하나님의 긍휼로 인함이라
이로써 돋는 해가 위로부터 우리에게 임하여
어둠과 죽음의 그늘에 앉은 자에게 비치고
우리 발을 평강의 길로 인도하시리로다 하니라
(누가복음 1:68-79 개정개역)

골로새서 1:15-20

그는 보이지 아니하는 하나님의 형상이시요 모든 피조물보다 먼저 나신 이시니
만물이 그에게서 창조되되 하늘과 땅에서 보이는 것들과 보이지 않는 것들과
혹은 왕권들이나 주권들이나 통치자들이나 권세들이나 만물이 다 그로 말미암고
그를 위하여 창조되었고
또한 그가 만물보다 먼저 계시고 만물이 그 안에 함께 섰느니라

그는 몸인 교회의 머리시라 그가 근본이시요

죽은 자들 가운데서 먼저 나신 이시니 이는 친히 만물의 으뜸이 되려 하심이요

아버지께서는 모든 충만으로 예수 안에 거하게 하시고

그의 십자가의 피로 화평을 이루사

만물 곧 땅에 있는 것들이나 하늘에 있는 것들이

그로 말미암아 자기와 화목하게 되기를 기뻐하심이라

시므온의 노래

주님, 이제 주님께서는 주님의 말씀을 따라,

이 종을 세상에서 평안히 떠나가게 해주십니다.

내 눈이 주님의 구원을 보았습니다.

주님께서 이것을 모든 백성 앞에 마련하셨으니,

이는 이방 사람들에게는 계시하시는 빛이요,

주님의 백성 이스라엘에게는 영광입니다.

(누가복음 2:29-32)

시므온의 노래

읽은 성경에 맞는 노래를 선택하여 부른다.

베드로전서 2:21-24 (개역개정)

이를 위하여 너희가 부르심을 받았으니

그리스도도 너희를 위하여 고난을 받으사

너희에게 본을 끼쳐 그 자취를 따라오게 하려 하셨느니라

그는 죄를 범하지 아니하시고 그 입에 거짓도 없으시며

욕을 당하시되 맞대어 욕하지 아니하시고 고난을 당하시되 위협하지 아니하시고

오직 공의로 심판하시는 이에게 부탁하시며

친히 나무에 달려 그 몸으로 우리 죄를 담당하셨으니

이는 우리로 죄에 대하여 죽고 의에 대하여 살게 하려 하심이라

그가 채찍에 맞음으로 너희는 나음을 얻었나니

베드로전서 2:21-24 (새번역)

바로 이것을 위하여 여러분은 부르심을 받았습니다.

그리스도께서는 여러분을 위하여 고난을 당하심으로써

여러분이 자기의 발자취를 따르게 하시려고

여러분에게 본을 남겨 놓으셨습니다.

그는 죄를 지으신 일이 없고 그의 입에서는

아무런 거짓도 찾아볼 수 없었습니다.

그는 모욕을 당하셨으나 모욕으로 갚지 않으시고,

고난을 당하셨으나 위협하지 않으시고,

정의롭게 심판하시는 이에게 다 맡기셨습니다.

그는 우리 죄를 자기의 몸에 몸소 지시고서, 나무에 달리셨습니다.

그것은, 우리가 죄에는 죽고 의에는 살게 하시려는 것이었습니다.

그가 매를 맞아 상함으로 여러분이 나음을 얻었습니다.

빌립보서 2:5-8 (개역개정)

너희 안에 이 마음을 품으라 곧 그리스도 예수의 마음이니

그는 근본 하나님의 본체시나

하나님과 동등됨을 취할 것으로 여기지 아니하시고

오히려 자기를 비워 종의 형체를 가지사 사람들과 같이 되셨고

사람의 모양으로 나타나사

자기를 낮추시고 죽기까지 복종하셨으니

곧 십자가에 죽으심이라

빌립보서 2:5-8 (새번역)

여러분 안에 이 마음을 품으십시오.
그것은 곧 그리스도 예수의 마음이기도 합니다.
그는 하나님의 모습을 지니셨으나,
하나님과 동등함을 당연하게 생각하지 않으시고,
오히려 자기를 비워서 종의 모습을 취하시고,
사람과 같이 되셨습니다.
그는 사람의 모양으로 나타나셔서,
자기를 낮추시고,
죽기까지 순종하셨으니,
곧 십자가에 죽기까지 하셨습니다.

빌립보서 2:5-11 (개역개정)

너희 안에 이 마음을 품으라 곧 그리스도 예수의 마음이니
그는 근본 하나님의 본체시나
하나님과 동등됨을 취할 것으로 여기지 아니하시고
오히려 자기를 비워 종의 형체를 가지사 사람들과 같이 되셨고
사람의 모양으로 나타나사
자기를 낮추시고 죽기까지 복종하셨으니
곧 십자가에 죽으심이라
이러므로 하나님이 그를 지극히 높여
모든 이름 위에 뛰어난 이름을 주사
하늘에 있는 자들과 땅에 있는 자들과 땅 아래에 있는 자들로
모든 무릎을 예수의 이름에 꿇게 하시고
모든 입으로 예수 그리스도를 주라 시인하여
하나님 아버지께 영광을 돌리게 하셨느니라

빌립보서 2:5-11를 위한 노래

모든 이름 위에 뛰어난 이름

에베소서 2:17~22 (새번역)

그분은 오셔서 멀리 떨어져 있는 여러분에게 평화를 전하셨으며,
가까이 있는 사람들에게도 평화를 전하셨습니다.
이방 사람과 유대 사람 양쪽 모두, 그리스도를 통하여
한 성령 안에서 아버지께 나아가게 되었습니다.
그러므로 이제부터 여러분은 외국 사람이나 나그네가 아니요,
성도들과 함께 시민이며 하나님의 가족입니다.
여러분은 사도들과 예언자들이 놓은 기초 위에 세워진 건물이며,
그리스도 예수가 그 모퉁이돌이 되십니다.
그리스도 안에서 건물 전체가 서로 연결되어서,
주님 안에서 자라서 성전이 됩니다.
그리스도 안에서 여러분도 함께 세워져서 하나님이 성령으로 거하실 처소가 됩니다.

데살로니가전서 5:16-24 (새번역)

항상 기뻐하십시오.
끊임없이 기도하십시오.
모든 일에 감사하십시오.
이것이 그리스도 예수 안에서 여러분에게 바라시는 하나님의 뜻입니다.
성령을 소멸하지 마십시오.
예언을 멸시하지 마십시오.
모든 것을 분간하고, 좋은 것을 굳게 잡으십시오.
갖가지 모양의 악을 멀리 하십시오.
평화의 하나님께서 친히, 여러분을 완전히 거룩하게 해 주시고,

우리 주 예수 그리스도께서 오실 **때에** 여러분의 영과 혼과 몸을
흠이 없이 완전하게 지켜 주시기를 빕니다.
여러분을 부르시는 분은 신실하시니, 이 일을 또한 이루실 것입니다.

하늘에 계신 우리 아버지

하늘에 계신 우리 아버지,
아버지의 이름을 거룩하게 하시며
아버지의 나라가 오게 하시며
아버지의 뜻이 하늘에서와 같이 땅에서도 이루어지게 하소서
오늘 우리에게 일용할 양식을 주시고
우리가 우리에게 잘못한 사람을 용서하여 준 것 같이
우리 죄를 용서하여 주시고
우리를 시험에 빠지지 않게 하시고 악에서 구하소서
나라와 권능과 영광이 영원히 아버지의 것입니다.

주님께서 가르치신 기도 노래

하늘에 계신 (주기도문 635)
하늘에 계신 (주기도문 636)

하늘에 계신 우리 아버지

하늘에 계신 우리 아버지,
아버지의 이름을 거룩하게 하시며
아버지의 나라가 오게 하시며,
아버지의 뜻이 하늘에서와 같이
땅에서도 이루어지게 하소서.
오늘 우리에게 일용할 양식을 주시고,
우리가 우리에게 잘못한 사람을

용서하여 준 것같이

우리 죄를 용서하여 주시고,

우리를 시험에 빠지지 않게 하시고

악에서 구하소서.

나라와 권능과 영광이

영원히 아버지의 것입니다. 아멘.

하늘에 계신 우리 아버지

하늘에 계신 우리 아버지여

이름이 거룩히 여김을 받으시오며,

나라가 임하오시며 뜻이 하늘에서 이루어진 것 같이

땅에서도 이루어지이다.

오늘 우리에게 일용할 양식을 주시옵고,

우리가 우리에게 죄 지은 자를 사하여 준 것 같이

우리 죄를 사하여 주시옵고,

우리를 시험에 들게 하지 마옵시고,

다만 악에서 구하옵소서

재림절

재림절 기도

재림절(대림절 혹은 대강절)은 단순히 "오심"이라는 뜻이다. 재림절은 "주 예수여, 오소서"라는 구절에서 알수 있듯이 주님의 오심에 대한 갈망과 희망의 절기이다. 한 해 중 교회의 마지막 절기로서 재림절은 크리스마스 전 그리스도의 오심을 준비하는 기간이다. 마치 부활절을 준비하기 위해 사순절을 보내는 것과 같다. 재림절은 크리스마스 전 네 번째 일요일부터 시작되어 크리스마스 이브까지 이어진다. 회개와 희망으로 시작되며 성령 안에서 자기점검과 메시아의 오심을 기다리는 시간이다.

재림절을 위한 성경 구절을 고를 때, 우리는 마리아의 찬가를 제목, 여는말, 찬송시로 채택하였다. 이는 마리아의 수태가 아직까지는 부활의 심장에서 인간의 용기와 신성한 은혜를 가장 잘 표현하는 상징이기 때문입니다.

찬양으로 부르는 성경 말씀은 메시아를 갈망하는 이사야에서 선택하였다. 열방 중에 존재하는 깊은 절망과는 반대로, 우리는 성경의 인물들과 함께 믿음을 지켜나갈 것이다. "하나님이 새 일을 행하실 것이다"라는 이사야의 말씀과 더불어 우리의 믿음을 다시 선언한다.

대부분의 복음서 구절들은 가장 부드럽고도 생생한 필체로 울림을 주는 누가복음에서 선택하였다. 두 번째 성경읽기는 하나님과 인간이 새롭고도 경이로운 모습의 협력자가 된다는 복음서의 이야기와 이러한 목소리가 반영되어 있는 성경 말씀들을 골라서 실었다.

"오시는 분"이 얼마나 독특한 분이신지 일깨워주는 구약의 성경 분문들은 하나님과 함께 순례해온 이스라엘 백성의 역사에 깊게 자리해왔다. 신약 성경의 말씀은 재림절에 낮고 천한 모습으로 태어나신 그 분의 출생이 결국에는 십자가와 부활 사건과 더불어 기쁨, 사랑, 거룩의 원천이 된다는 사실을 우리에게 상기시켜 준다. 평화를 주제로 한 성경말씀과 축복기도는 아나뱁티스트 영성의 기초적인 내용들을 잘 표현하고 있다. 이는 예수 그리스도의 복음이 곧 평화의 복음이며 성육신을 통해 드러난 하나님의 평화라는 것이다.

이 자료를 재림절 기간 내내 사용해도 좋을 것이다.

나의 영혼이 주님을 찬양합니다

재림절 일요일 아침

여는 말

마리아가 노래하였다, 나의 영혼이 주님을 찬양합니다
또한 나의 영혼이 내 주 하나님 안에 기뻐합니다.

찬양으로 부르심

내 영혼이 주를 기다리며,
주의 말씀 안에 내 소망이 있음을 고백합니다.
파수꾼이 아침을 기다림 같이 나의 영혼이 주님을 기다립니다.

*처음부터 계셨고 반복어구

지금도 계시며
앞으로도 영원히 계실 하나님 우리 아버지와
우리 주 예수 그리스도와 성령님께 영광을 올립니다. 아멘.

이사야 52:7-10

놀랍고도 반가워라! 희소식을 전하려고 산을 넘어 달려오는 저 발이여!
평화가 왔다고 외치며,
복된 희소식을 전하는구나. 구원이 이르렀다고 선포하면서,
시온을 보고 이르기를 "너의 하나님께서 통치하신다" 하는구나.
성을 지키는 파수꾼들의 소리를 들어 보아라.
그들이 소리를 높여서, 기뻐하며 외친다.
주님께서 시온으로 돌아오실 때에,

오시는 그 모습을 그들이 직접 눈으로 볼 수 있을 것이다.

너희 예루살렘의 황폐한 곳들아, 함성을 터뜨려라. 함께 기뻐 외쳐라.

주님께서 당신의 백성을 위로하셨고, 예루살렘을 속량하셨다.

주님께서 모든 이방 나라들이 보는 앞에서, 당신의 거룩하신 능력을 드러내시니, 땅 끝에 있는 사람들은 모두 우리 하나님의 구원을 볼 것이다.

감사드림

우리는 기쁨으로 구원의 우물에서 물을 길어 올릴 것 입니다.

우리가 주님의 이름을 부르며 하나님께 감사를 드립니다.

(자유롭게 감사의 기도를 드립니다)

당신은 우리가 기다려왔던 주님이십니다.

우리는 주님의 구원 안에서 기뻐하며 행복해합니다. 아멘.

찬송

읽은 성경말씀에 맞는 찬송을 선택하여 부른다.

제자로 부르심

하나님의 말씀이 우리 안에 깊게 역사하시도록 하십시오.

왜냐하면 하나님이 쌓으신 기초 이외에 다른 기초를 쌓을 분은 없기 때문입니다. 이 기초는 우리 주 예수그리스도입니다.

마태복음 4:12-17

예수께서, 요한이 잡혔다고 하는 말을 들으시고, 갈릴리로 돌아가셨다. 그리고 그는 나사렛을 떠나, 스불론과 납달리 지역 바닷가에 있는 가버나움으로 가서 사셨다. 이것은 예언자 이사야를 시켜서 하신 말씀을 이루시려는 것이었다. "스불론과 납달리땅, 요단 강 건너편, 바다로 가는 길목, 이방 사람들의 갈릴리, 어둠에 앉아 있는 백성이 큰 빛을 보았고, 그늘진 죽음의 땅에 앉은 사람들에게 빛이 비치었

다." 그 때부터 예수께서는 "회개하여라. 하늘 나라가 가까이 왔다" 하고 선포하기 시작하셨다

에베소서 6:15
발에는 평화의 복음을 전할 차비를 하십시오.

묵상한 말씀을 나눈다

찬송
읽은 성경말씀에 맞는 찬송을 선택하여 부른다.

* 마리아의 찬송

기도로 부르심

주님, 우리가 주께 기도드립니다. 우리의 기도를 해처럼 밝게 빛나게 하시며,
주께 기도 드릴 때 우리가 주를 보게 하소서.

구세주이신 하나님, 우리의 갈급함과 신음을 주님은 아시고,
이는 주님으로부터 숨겨지지 않습니다.
주님, 주님의 자비하심으로, **우리의 기도를 들어주소서**

주님은 주님의 백성에게 평안을 주십니다.
우리 자신과 사랑하는 이들을 위해 기도합니다.
(합심기도) 주님, 주님의 자비하심으로, **우리의 기도를 들어주소서**

주님의 통치가 가까워집니다. 우리 공동체와 이웃을 위해 기도합니다.
(합심기도) 주님, 주님의 자비하심으로, **우리의 기도를 들어주소서**

주님은 평화의 복음으로 우리를 찾아 오십니다.

이 땅의 모든 교회의 하나됨을 위하여 기도합니다.
(합심기도) 주님, 주님의 자비하심으로, 우리의 기도를 들어주소서

주님의 구원의 소식이 땅 끝까지 미칩니다.
주님의 나라와 그 뜻이 이 땅에도 임할 수 있도록 세계를 위하여 기도합니다.
(합심기도) 주님, 주님의 자비하심으로, 우리의 기도를 들어주소서

우리 안의 다른 염려를 맡기어 드립니다.
(합심기도) 주님, 주님의 자비하심으로, 우리의 기도를 들어주소서

성육신의 하나님,
인간의 모든 것을 부드럽게 매만지시고, 주님은 우리와 하나가 되십니다.
마리아의 주님의 공정한 은혜의 비전으로 우리의 마음을 밝히어,
주님과 함께함으로 우리가 온화해 질 수 있도록 하여주십시오.
주님의 이름으로 기도합니다.

(주기도문) 하늘에 계신 우리 아버지 …

축도

아무쪼록 희망을 주시는 하나님께서 믿음에서 오는 온갖 즐거움과
평화를 여러분에게 가득히 안겨주시고 성령의 힘으로 희망이
여러분에게 쳐 흐르게 하여주시기를 빕니다.
아멘.

나의 영혼이 기뻐합니다

재림절 일요일 저녁

여는 말

마리아가 노래하였다, 나의 영혼이 주님을 찬양합니다
또한 나의 영혼이 내 주 하나님 안에 기뻐합니다.

찬양으로 부르심

주님의 은혜가 드러나야 합니다.

그리고 모든 이가 이 일을 목격할 것입니다.

주님의 입이 말씀하시기 시작했기 때문입니다.

*처음부터 계셨고 ...

이사야 35:1-6

광야와 메마른 땅이 기뻐하며, 사막이 백합화처럼 피어 즐거워할 것이다.

사막은 꽃이 무성하게 피어, 크게 기뻐하며, 즐겁게 소리 칠 것이다.

레바논의 영광과 갈멜과 샤론의 영화가, 사막에서 꽃피며,

사람들이 주님의 영광을 보며,

우리 하나님의 영화를 볼 것이다.

너희는 맥풀린 손이 힘을 쓰게 하여라. 떨리는 무릎을 굳세게 하여라.

두려워하는 사람을 격려하여라.

"굳세어라. 두려워하지 말아라. 너희의 하나님께서 복수하러 오신다.

하나님께서 보복하러 오신다. 너희를 구원하여 주신다" 하고 말하여라.

그 때에 눈 먼 사람의 눈이 밝아지고, 귀먹은 사람의 귀가 열릴 것이다.

그 때에 다리를 절던 사람이 사슴처럼 뛰고, 말을 못하던 혀가 노래를 부를 것이다.
광야에서 물이 솟겠고, 사막에 시냇물이 흐를 것이다.

감사드림

오 주님, 끊임없는 사랑에 감사드리며
은혜로운 주님의 일들을 선포합니다.
(자유롭게 감사의 기도를 드립니다)
주님은 우리가 기다리던 참된 주님이십니다
주님의 구원을 기뻐하며 찬미를 드립니다. 아멘.

찬송

읽은 성경말씀에 맞는 찬송을 선택하여 부른다.

고백

주님은 내 안에 진리가 있기를 원하십니다.
내 마음 속에 은밀히 지혜를 가르쳐 주십시오.
(침묵기도)
오 하나님, 주님의 변함없는 사랑으로, 자비의 은혜를 베풀어 주옵소서.
주님의 무한한 자비로 우리 죄를 덮어주소서.

제자로 부르심

오 주님, 주님의 강한 손 아래 저희 자신을 낮춥니다.
주님, 주님의 돌봄 아래 우리의 근심을 내려 놓습니다.

누가복음 7:18-23

요한의 제자들이 이 모든 일을 요한에게 알렸다. 요한은 자기 제자 가운데서 두 사람을 불러, 주님께로 보내어 "선생님이 오실 그분입니까? 그렇지 않으면, 우리가 다른 분을 기다려야 합니까?" 하고 물어 보게 하였다.

그 사람들이 예수께 와서 말하였다. "세례자 요한이 우리를 선생님께로 보내어 '선생님이 오실 그분입니까? 그렇지 않으면, 우리가 다른 분을 기다려야 합니까?' 하고 물어 보라고 하였습니다." 그 때에 예수께서는 질병과 고통과 악령으로 시달리는 사람을 많이 고쳐주시고, 또 눈먼 많은 사람을 볼 수 있게 해주셨다. 예수께서 그들에게 이렇게 대답하셨다. "너희가 보고 들은 것을, 가서 요한에게 알려라. 눈먼 사람이 다시 보고, 다리 저는 사람이 걷고, 나병환자가 깨끗해지고, 귀먹은 사람이 듣고, 죽은 사람이 살아나고, 가난한 사람이 복음을 듣는다. 나에게 걸려 넘어지지 않는 사람은 복이 있다."

오후 세 시의 기도 시간이 되어서, 베드로와 요한이 성전으로 올라가는데, 나면서부터 못 걷는 사람을 사람들이 떠메고 왔다. 그들은 성전으로 들어가는 사람들에게 구걸하게 하려고, 이 못 걷는 사람을 날마다 '아름다운 문'이라는 성전 문 곁에 앉혀 놓았다. 그는, 베드로와 요한이 성전으로 들어가려는 것을 보고, 구걸을 하였다. 베드로가 요한과 더불어 그를 눈여겨 보고, 그에게 말하였다. "우리를 보시오!" 그 못 걷는 사람은 무엇을 얻으려니 하고, 두 사람을 빤히 쳐다보았다. 베드로가 말하기를 "은과 금은 내게 없으나, 내게 있는 것을 그대에게 주니, 나사렛 예수 그리스도의 이름으로 [일어나] 걸으시오" 하고, 그의 오른손을 잡아 일으켰다. 그는 즉시 다리와 발목에 힘을 얻어서, 벌떡 일어나서 걸었다. 그는 걷기도 하고, 뛰기도 하며, 하나님을 찬양하면서, 그들과 함께 성전으로 들어갔다. 사람들은 모두 그가 걸어 다니는 것과 하나님을 찬양하는 것을 보고, 또 그가 아름다운 문 곁에 앉아 구걸하던 바로 그 사람임을 알고서, 그에게 일어난 일로 몹시 놀랐으며, 이상하게 여겼다.

사도행전 3:1-10

오후 세 시의 기도 시간이 되어서, 베드로와 요한이 성전으로 올라가는데, 나면서부터 못 걷는 사람을 사람들이 떠메고 왔다. 그들은 성전으로 들어가는 사람들에게 구걸하게 하려고, 이 못 걷는 사람을 날마다 '아름다운 문'이라는 성전 문 곁에 앉혀 놓았다. 그는, 베드로와 요한이 성전으로 들어가려는 것을 보고, 구걸을 하였다. 베드로가 요한과 더불어 그를 눈여겨 보고, 그에게 말하였다. "우리를 보시오!" 그 못 걷는 사람은 무엇을 얻으려니 하고, 두 사람을 빤히 쳐다보았다. 베드로가 말하기를 "은과 금은 내게 없으나, 내게 있는 것을 그대에게 주니, 나사렛 예수 그리스도의 이름으로 [일어나] 걸으시오" 하고, 그의 오른손을 잡아 일으켰다. 그는 즉시 다리와 발목에 힘을 얻어서, 벌떡 일어나서 걸었다. 그는 걷기도 하고, 뛰기도 하며, 하나님을 찬양하면서, 그들과 함께 성전으로 들어갔다. 사람들은 모두 그가 걸어다니는 것과 하나님을 찬양하는 것을 보고, 또 그가 아름다운 문 곁에 앉아 구걸하던 바로 그 사람임을 알고서, 그에게 일어난 일로 몹시 놀랐으며, 이상하게 여겼다.

묵상한 말씀을 나눈다

찬송
읽은 성경말씀에 맞는 찬송을 선택하여 부른다.

기도로 부르심

하나님, 주님을 찾을 수 있을 때에, 우리는 주님을 찾습니다.
주님이 가까이 계실 때에, 우리는 주님을 부릅니다.

오 하나님, 주님의 얼굴을 보이시어 저희를 구해주소서.
주님, 주님의 자비하심으로, 우리의 기도를 들어주소서.

주님은 주님의 백성에게 평안을 주십니다.
우리 자신과 사랑하는 이들을 위해 기도합니다.
(합심기도) 주님, 주님의 자비하심으로, 우리의 기도를 들어주소서

주님의 통치가 가까워집니다. 우리 공동체와 이웃을 위해 기도합니다.

(합심기도) 주님, 주님의 자비하심으로, 우리의 기도를 들어주소서

주님은 평화의 복음으로 우리를 찾아 오십니다.
이 땅의 모든 교회의 하나됨을 위하여 기도합니다.
(합심기도) 주님, 주님의 자비하심으로, 우리의 기도를 들어주소서

주님의 구원의 소식이 땅 끝까지 미칩니다.
주님의 나라와 그 뜻이 이 땅에도 임할 수 있도록 세계를 위하여 기도합니다.
(합심기도) 주님, 주님의 자비하심으로, 우리의 기도를 들어주소서

우리 안의 다른 염려를 맡기어 드립니다.
(합심기도) 주님, 주님의 자비하심으로, 우리의 기도를 들어주소서

성육신의 하나님,
주님은 세상과 영혼의 가장 깊은 슬픔을 채우십니다.
마리아가 그녀의 마음에 두고 그 증인으로 노래한 것처럼
강한 희망을 붙들고 살아 갈 수 있게 도와주십시오.
그래서 우리 또한 높은 곳에서 내려오신 분께
제자 됨을 기뻐할 수 있도록 주님의 이름으로 기도합니다.

(주기도문) 하늘에 계신 우리 아버지 …

축도

평화의 하나님께서 여러분을 온전히 거룩한 사람으로 만들어주시기를 빕니다.
또 여러분의 심령과 영혼과 육체를 우리 주 예수 그리스도께서
다시 오시는 날까지 완전하고 흠없게 지켜주시기를 빕니다.
아멘.

하나님의 알아채심

재림절 월요일 아침

여는 말

하나님이 그의 종의 수치심을 알아채셨습니다.

이제부터 모든 세대가 저를 축복된 존재로 여길 것입니다.

찬양으로 부르심

내 영혼이 주를 기다리며,

주의 말씀 안에 내 소망이 있음을 고백합니다.

파수꾼이 아침을 기다림 같이 나의 영혼이 주님을 기다립니다.

처음부터 계셨고 …

이사야 61:10-11

신랑에게 제사장의 관을 씌우듯이, 신부를 패물로 단장시키듯이,

주님께서 나에게 구원의 옷을 입혀 주시고, 의의 겉옷으로 둘러 주셨으니,

내가 주님 안에서 크게 기뻐하며,

내 영혼이 하나님 안에서 즐거워할 것이다.

땅이 싹을 내며, 동산이 거기에 뿌려진 것을 움트게 하듯이,

주 하나님께서도 모든 나라 앞에서 의와 찬송을 샘 솟듯이 솟아나게 하실 것이다.

감사드림

우리는 기쁨으로 구원의 우물에서 물을 길어 올릴 것 입니다.

우리가 주님의 이름을 부르며 하나님께 감사를 드립니다.

(자유롭게 감사의 기도를 드립니다)

당신은 우리가 기다려왔던 주님이십니다.

우리는 주님의 구원 안에서 기뻐하며 행복해합니다. 아멘.

찬송
기뻐하며 경배하세 (64)

제자로 부르심

하나님의 말씀이 우리 안에 깊게 역사하시도록 하십시오.
왜냐하면 하나님이 쌓으신 기초 이외에 다른 기초를 쌓을 분은 없기 때문입니다.
이 기초는 우리 주 예수그리스도입니다.

누가복음 1:5-7
유대왕 헤롯 때에, 아비야 조에 배속된 제사장으로서, 사가랴라고 하는 사람이 있었다. 그의 아내는 아론의 자손인데, 이름은 엘리사벳이다. 그 두 사람은 다 하나님 앞에서 의로운 사람이어서, 주님의 모든 계명과 규율을 흠잡을 데 없이 잘 지켰다. 그런데 그들에게는 자녀가 없었다. 엘리사벳이 임신을 하지 못하는 여자이고, 두 사람은 다 나이가 많았기 때문이다.

빌립보서 4:4~9 새번역
주님 안에서 항상 기뻐하십시오. 다시 말합니다. 기뻐하십시오. 여러분의 관용을 모든 사람에게 알리십시오. 주님께서 가까이 오셨습니다.
아무 것도 염려하지 말고, 모든 일을 오직 기도와 간구로 하고, 여러분이 바라는 것을 감사하는 마음으로 하나님께 아뢰십시오. 그리하면 사람의 헤아림을 뛰어넘는 하나님의 평화가 여러분의 마음과 생각을 그리스도 예수 안에서 지켜 줄 것입니다.
마지막으로, 형제자매 여러분, 무엇이든지 참된 것과, 무엇이든지 경건한 것과, 무엇이든지 옳은 것과, 무엇이든 순결한 것과, 무엇이든 사랑스러운 것과, 무엇이든지 명예로운 것과, 또 덕이 되고 칭찬할 만한 것이면, 이 모든 것을 생각하십시오. 그리고 여러분은 나에게서 배운 것과 받은 것과 듣고 본 것들을 실천하십시오. 그리하면 평화의 하나님께서 여러분과 함께 하실 것입니다.

묵상한 말씀을 나눈다

찬송
읽은 성경말씀에 맞는 찬송을 선택하여 부른다.

기도로 부르심

주님, 우리가 주님께 기도드립니다.
우리의 기도가 태양과 같이 떠오르게 하소서.
주님, 이른 아침부터 우리의 일을 간구하오니 우리를 돌보아 주십시오.

구원의 하나님, 우리의 갈급함과 신음을 주님은 아시고,
이는 주님으로부터 숨겨지지 않습니다.
주님, 주님의 자비하심으로, 우리의 기도를 들어주소서

주님은 어미가 아이들 돌보듯 우리에게 평안을 주십니다.
우리 자신과 사랑하는 이들을 위해 기도합니다.
(합심기도) 주님, 주님의 자비하심으로, 우리의 기도를 들어주소서

주님은 놀라운 축복의 약속을 주시는 하나님이십니다.
우리 공동체와 이웃을 위해 기도합니다.
(합심기도) 주님, 주님의 자비하심으로, 우리의 기도를 들어주소서

주님은 우리를 성령의 힘으로 채워주십니다.
성령 안에서 자유로운 삶을 살도록 이 땅의 모든 교회를 위해 기도합니다.
(합심기도) 주님, 주님의 자비하심으로, 우리의 기도를 들어주소서

주님은 의로움과 기도의 힘이 솟아나게 하십니다.
세상의 정치 지도자들과 세계를 위해 기도합니다.
(합심기도) 주님, 주님의 자비하심으로, 우리의 기도를 들어주소서

우리 안의 다른 염려를 맡기어 드립니다.
(합심기도) 주님, 주님의 자비하심으로, 우리의 기도를 들어주소서

성육신의 하나님,
주님은 인간의 모든 것을 부드럽게 감싸시며, 우리와 하나가 되셨습니다.
하나님의 의로운 마리아에게 보이신 비전으로 저희의 마음을 밝혀주십시오.
그리하여 우리가 세계에 평화를 퍼뜨리는 어렵고도 신성한 주님의 일을 하여
주님과 함께함에 온화해질 수 있도록 해주십시오.
주님의 이름으로 기도합니다.

(주기도문) 하늘에 계신 우리 아버지 …

축도

아무쪼록 희망을 주시는 하나님께서
믿음에서 오는 온갖 즐거움과 평화를 여러분에게 가득히 안겨주시고
성령의 힘으로 희망이 여러분에게 넘쳐 흐르게 하여주시기를 빕니다,
아멘.

축복받은 자로 여기소서

재림절 월요일 저녁

여는 말

하나님께서 그 종의 수치심을 알아채셨습니다.

이제부터 모든 세대가 저를 축복받은 자로 여길 것 입니다.

찬양으로 부르심

하나님의 영광이 드러날 것입니다.

그리고 모든 이가 하나님의 영광을 함께 목격할 것입니다.

처음부터 계셨고 ...

이사야 66:10-14

"예루살렘을 사랑하는 사람들아, 그 성읍과 함께 기뻐하고 즐거워하여라.
예루살렘을 생각하며 슬퍼하던 사람들아,
너희는 모두 그 성읍과 함께 크게 기뻐하여라.
이는, 너희로 하여금, 위로를 주는 예루살렘의 품에서 젖을 빨아 배부르게 하고,
또한 너희로 하여금, 풍요한 젖을 빨아들여 기쁨을 누리게 하려 함이다."
주님께서 이렇게 말씀하신다.
"내가 예루살렘에 평화가 강물처럼 넘치게 하며,
뭇 나라의 부귀영화가 시냇물처럼 넘쳐서 흘러 오게 하겠다."
너희는 예루살렘의 젖을 빨며, 그 팔에 안기고,
그 무릎 위에서 귀여움을 받을 것이다.
"어머니가 그 자식을 위로하듯이, 내가 너희를 위로할 것이니,

너희가 예루살렘에서 위로를 받을 것이다."
너희가 이것을 보고 마음이 기쁠 것이며
너희의 뼈들이 무성한 풀처럼 튼튼할 것이다.

감사드림

오 주님, 끊임없는 사랑에 감사드리며
은혜로운 주님의 일들을 선포합니다.
(자유롭게 감사의 기도를 드립니다)
주님은 우리가 기다리던 참된 주님이십니다
주님의 구원을 기뻐하며 찬미를 드립니다. 아멘.

찬송

읽은 성경말씀에 맞는 찬송을 선택하여 부른다.

고백

주님은 내 안에 진리가 있기를 원하십니다.
내 마음 속에 은밀히 지혜를 가르쳐 주십시오. (침묵기도)
오 하나님, 주님의 변함없는 사랑으로,
저희에게 자비의 은혜를 베풀어 주옵소서.
주님의 무한한 자비로 우리 죄를 덮어주소서.

제자로 부르심

예수님은 수고하고 무거운 짐을 진 사람들에게
"내게로 오라 내가 너희를 쉬게 하리라"고 말씀하셨습니다.
오 주님, 주님의 강한 손 아래 저희 자신을 낮춥니다.
주님, 주님의 돌봄 아래 우리의 근심을 내려 놓습니다.

누가복음 1:8-17

어느 날 제사직의 관례를 따라 제비를 뽑았는데, 그가 주님의 성소에 들어가 분향하는 일을 맡게 되었다. 그가 분향하는 동안에, 온 백성은 다 밖에서 기도하고 있었다. 그 때에 주님의 천사가 사가랴에게 나타나서, 분향하는 제단 오른쪽에 섰다. 그는 천사를 보고 놀라서, 두려움에 사로잡혔다. 천사가 그에게 말하였다. "사가랴야, 두려워하지 말아라. 네 간구를 주님께서 들어 주셨다. 네 아내 엘리사벳이 너에게 아들을 낳아 줄 것이니, 그 이름을 요한이라고 하여라. 그 아들은 네게 기쁨과 즐거움이 되고, 많은 사람이 그의 출생을 기뻐할 것이다. 그는 주님께서 보시기에 큰 인물이 될 것이다. 그는 포도주와 독한 술을 입에 대지 않을 것이요, 어머니 뱃속에 있을 때부터 성령을 충만하게 받을 것이며, 이스라엘 자손 가운데서 많은 사람을 그들의 주 하나님께로 돌아오게 할 것이다. 그는 또한 엘리야의 심령과 능력을 가지고 주님보다 앞서 와서, 부모의 마음을 자녀에게로 돌아오게 하고 거역하는 자들을 의인의 지혜의 길로 돌아서게 해서, 주님을 맞이할 준비가 된 백성을 마련할 것이다."

베드로전서 1:17~23

그리고 사람을 겉모양으로 판단하지 않으시고 각 사람의 행위대로 심판하시는 분을 여러분이 아버지라고 부르고 있으니, 여러분은 나그네 삶을 사는 동안 두려운 마음으로 살아가십시오.
여러분은 조상으로부터 물려받은 여러분의 헛된 생활방식에서 해방되었습니다. 여러분도 아시지만, 그것은 은이나 금과 같은 썩어질 것으로 된 것이 아니라, 흠이 없고 티가 없는 어린 양의 피와 같은 그리스도의 귀한 피로 되었습니다. 하나님께서는 이 그리스도를 세상이 창조되기 전에 미리 아셨고, 이 마지막 때에 여러분을 위하여 나타내셨습니다.
여러분은 그리스도로 말미암아 하나님을 믿고 있습니다. 하나님은 그리스도를 죽은 사람 가운데서 살리시고 그에게 영광을 주셨습니다. 그래서 여러분의 믿음과 소망은 하나님을 향해 있습니다.

여러분은 진리에 순종함으로 영혼을 정결하게 하여서 꾸밈없이 서로 사랑하기에 이르렀으니, [순결한] 마음으로 서로 뜨겁게 사랑하십시오.
여러분은 다시 태어났습니다. 그것은 썩을 씨로 그렇게 된 것이 아니라, 썩지 않을 씨 곧 살아 계시고 영원하신 하나님의 말씀으로 그렇게 되었습니다.

묵상한 말씀을 나눈다

찬송

읽은 성경 말씀에 맞는 찬송(사랑의 나눔 있는 곳에, 주님의 성령 지금 이곳에)을 선택하여 부른다.

마리아의 노래

기도로 부르심

하나님, 주님을 찾을 수 있을 때에, 우리는 주님을 찾습니다.
주님이 가까이 계실 때에, 우리는 주님을 부릅니다.

오 하나님, 주님의 얼굴을 보이시어 저희를 구해주소서.
주님의 자비로우심으로, 우리의 기도를 들어주소서

주님은 어미가 아이들 돌보듯 우리에게 평안을 주십니다.
우리 자신과 사랑하는 이들을 위해 기도합니다.
(합심기도) 주님, **주님의 자비하심으로, 우리의 기도를 들어주소서**

주님은 놀라운 축복의 약속을 주시는 하나님이십니다.
우리 공동체와 이웃을 위해 기도합니다.
(합심기도) 주님, **주님의 자비하심으로, 우리의 기도를 들어주소서**

주님은 우리를 성령의 힘으로 채워주십니다.

성령 안에서 자유로운 삶을 살도록 이 땅의 모든 교회를 위해 기도합니다.
(합심기도) 주님, 주님의 자비하심으로, 우리의 기도를 들어주소서

주님은 의로움과 기도의 힘이 솟아나게 하십니다.
세상의 정치 지도자들과 세계를 위해 기도합니다.
(합심기도) 주님, 주님의 자비하심으로, 우리의 기도를 들어주소서

우리 안의 다른 염려를 맡기어 드립니다.
(합심기도) 주님, 주님의 자비하심으로, 우리의 기도를 들어주소서

성육신의 하나님,
주님은 세상과 영혼의 가장 깊은 슬픔을 채우십니다.
마리아가 그녀의 마음에 두고 그 증인으로 노래한 것처럼
강한 희망을 붙들고 살아 갈 수 있게 도와주십시오.
그래서 우리 또한 높은 곳에서 내려오신 분께
제자 됨을 기뻐할 수 있도록
주님의 이름으로 기도합니다.

(주기도문) 하늘에 계신 우리 아버지 …

축도

평화의 하나님께서 여러분을 온전히 거룩한 사람으로 만들어주시기를 빕니다.
또 여러분의 심령과 영혼과 육체를 우리 주 예수 그리스도께서
다시 오시는 날까지 완전하고 흠없게 지켜주시기를 빕니다.
아멘.

위대하신 하나님

재림절 화요일 아침

여는 말

위대한 주님께서 엄청난 일들을 해오셨습니다.
그 분의 이름은 거룩합니다.

찬양으로 부르심

내 영혼이 주를 기다리며,
주의 말씀 안에 내 소망이 있음을 고백합니다.
파수꾼이 아침을 기다림 같이 나의 영혼이 주님을 기다립니다.

처음부터 계셨고 ...

이사야 12:2-6

하나님은 나의 구원이시다.
나는 주님을 의지한다. 나에게 두려움 없다.
주 하나님은 나의 힘, 나의 노래, 나의 구원이시다.
너희가 구원의 우물에서 기쁨으로 물을 길을 것이다.
그 날이 오면, 너희는 또 이렇게 찬송할 것이다.
"주님께 감사하여라. 그의 이름을 불러라.
그가 하신 일을 만민에게 알리며, 그의 높은 이름을 선포하여라.
주님께서 영광스러운 일을 하셨으니, 주님을 찬송하여라.
이것을 온 세계에 알려라.
시온의 주민아! 소리를 높여서 노래하여라.

너희 가운데 계시는 이스라엘의 거룩하신 분은 참으로 위대하시다."

감사드림

우리는 기쁨으로 구원의 우물에서 물을 길어 올릴 것 입니다.

우리가 주님의 이름을 부르며 하나님께 감사를 드립니다.

(자유롭게 감사의 기도를 드립니다)

당신은 우리가 기다려왔던 주님이십니다.

우리는 주님의 구원 안에서 기뻐하며 행복해합니다. 아멘.

찬송

보라 하나님은 나의 구원 이시라

제자로 부르심

하나님의 말씀이 우리 안에 깊게 역사하시도록 하십시오.

왜냐하면 하나님이 쌓으신 기초 이외에

다른 기초를 쌓을 분은 없기 때문입니다.

이 기초는 우리 주 예수그리스도입니다.

누가복음 1:18-20

사가랴가 천사에게 말하였다. "어떻게 그것을 알겠습니까? 나는 늙은 사람이요, 내 아내도 나이가 많으니 말입니다." 천사가 그에게 말하였다. "나는 하나님 앞에 서 있는 가브리엘인데, 나는 네게 이 기쁜 소식을 전해 주려고 보내심을 받았다. 보아라, 그 때가 되면 다 이루어질 내 말을 네가 믿지 않았으므로, 이 일이 이루어지는 날까지, 너는 벙어리가 되어서 말을 못하게 될 것이다."

다니엘 9:20-23

내가 아직 아뢰어 기도하면서, 나의 죄와 이 백성 이스라엘의 죄를 자백하고, 나의 하나님의 거룩한 산 성전을 다시 회복시켜 주시기를 주 나의 하나님께 간구할 때에, 내가 이렇게 기도드리면서 아뢸 때에, 지난번에 환상에서 본 가브리엘이, 내가 있는 곳으로 급히 날아왔다. 저녁 제사를 드릴 때였다. 그가 나에게 와서 설명해 주었다. "다니엘아, 내가 이제 너에게 지혜와 통찰력을 주려고 한다. 네가 간구하자 마자, 곧 응답이 있었다. 그 응답을 이제 내가 너에게 알려 주려고 왔다. 네가 크게 사랑을 받고 있기 때문이다. 그러므로 그 말씀을 잘 생각하고, 그 환상의 뜻을 깨닫도록 하여라.

묵상한 말씀을 나눈다

찬송
어두운 내 눈 밝히사 (366)
열어주소서, 열어주소서

마리아의 노래

기도로 부르심

주님, 우리가 주께 기도드립니다. 우리의 기도를 해처럼 밝게 빛나게 하시며,
주께 기도 드릴 때 우리가 주를 보게 하소서.

구원의 하나님, 우리의 갈급함과 신음을 주님은 아시고,
이는 주님으로부터 숨겨지지 않습니다.
주님, 주님의 자비하심으로, **우리의 기도를 들어주소서**

주님은 우리의 하나님, 우리의 구원자이십니다.
우리 자신과 사랑하는 이들을 위해 기도합니다.
(합심기도) 주님, 주님의 자비하심으로, **우리의 기도를 들어주소서**

주님은 우리에게 지혜와 이해심을 주십니다.
우리 공동체와 이웃을 위해 기도합니다.

(합심기도) 주님, 주님의 자비하심으로, 우리의 기도를 들어주소서

주님은 사막에 강물을 만드시고 사람들에게 물을 공급해주십니다.
우리가 하나님의 신실한 사랑에 반응하도록 이 땅의 교회들을 위해 기도합니다.
(합심기도) 주님, 주님의 자비하심으로, 우리의 기도를 들어주소서

주님은 새로운 일을 이루십니다.
가난하고 도움이 필요한 이들과 세계를 위해 기도합니다.
(합심기도) 주님, 주님의 자비하심으로, 우리의 기도를 들어주소서

우리 안의 다른 염려를 맡기어 드립니다.
(합심기도) 주님, 주님의 자비하심으로, 우리의 기도를 들어주소서

성육신의 하나님,
주님은 인간의 모든 것을 부드럽게 감싸시며, 우리와 하나가 되셨습니다.
하나님의 의로운 마리아에게 보이신 비전으로 저희의 마음을 밝혀주십시오.
그리하여 우리가 세계에 평화를 퍼뜨리는 어렵고도 신성한 주님의 일을 하여
주님과 함께함에 온화해질 수 있도록 해주십시오.
주님의 이름으로 기도합니다.

(주기도문) 하늘에 계신 우리 아버지 …

축도

아무쪼록 희망을 주시는 하나님께서
믿음에서 오는 온갖 즐거움과 평화를 여러분에게 가득히 안겨주시고
성령의 힘으로 희망이 여러분에게 넘쳐 흐르게 하여주시기를 빕니다. 아멘.

주님의 이름은 거룩하다

재림절 화요일 저녁

여는 말

위대한 주님께서 엄청난 일들을 해오셨습니다.
그 분의 이름은 신성합니다.

찬양으로 부르심

하나님의 영광이 드러날 것입니다. 그리고 모든 이가 이 일을 목격할 것입니다.
주님의 입이 말씀하시기 시작했기 때문입니다.

처음부터 계셨고 ...

이사야 43:15-21

나는 주, 너희의 거룩한 하나님이며, 이스라엘의 창조자요, 너희의 왕이다.
내가 바다 가운데 길을 내고, 거센 물결 위에 통로를 냈다.
내가 병거와 말과 병력과 용사들을 모두 이끌어 내어 쓰러뜨려서,
다시는 일어나지 못하게 하고, 그들을 마치 꺼져 가는 등잔 심지같이 꺼버렸다.
나, 주가 말한다.
"너희는 지나간 일을 기억하려고 하지 말며, 옛일을 생각하지 말아라.
내가 이제 새 일을 하려고 한다.
이 일이 이미 드러나고 있는데, 너희가 그것을 알지 못하겠느냐?
내가 광야에 길을 내겠으며, 사막에 강을 내겠다.
들짐승들도 나를 공경할 것이다. 이리와 타조도 나를 찬양할 것이다.
내가 택한 내 백성에게 물을 마시게 하려고,

광야에 물을 대고 사막에 강을 내었기 때문이다.

이 백성은, 나를 위하라고 내가 지은 백성이다. 그들이 나를 찬양할 것이다."

감사드림

오 주님, 끊임없는 사랑에 감사드리며

은혜로운 주님의 일들을 선포합니다.

(자유롭게 감사의 기도를 드립니다)

주님은 우리가 기다리던 참된 주님이십니다

주님의 구원을 기뻐하며 찬미를 드립니다. 아멘.

찬송

오 신실하신 주 (393)

고백

주님은 내 안에 진리가 있기를 원하십니다.

내 마음 속에 은밀히 지혜를 가르쳐 주십시오. (침묵기도)

오 하나님, 주님의 변함없는 사랑으로, 저희에게 자비의 은혜를 베풀어 주옵소서.

주님의 무한한 자비로 우리 죄를 덮어주소서.

제자로 부르심

예수님은 수고하고 무거운 짐을 진 사람들에게

"내게로 오라 내가 너희를 쉬게 하리라"고 말씀하셨습니다.

오 주님, 주님의 강한 손 아래 저희 자신을 낮춥니다.

주님, 주님의 돌봄 아래 우리의 근심을 내려 놓습니다.

누가복음 1:21-25

백성이 사가랴를 기다리는데, 그가 성소 안에서 너무도 오래 지체하므로, 이상하게 여기고 있었다. 그런데 그가 나와서도 말을 못하니까, 사람들은 그가 성소 안에서 환상을 본 줄로 알았다. 사가랴는 그들에게 손짓만 할 뿐이요, 그냥 말을 못하는 채로 있었다. 사가랴는 제사 당번 기간이 끝난 뒤에 집으로 돌아갔다. 그 뒤에 얼마 지나서, 그의 아내 엘리사벳이 임신하고, 다섯 달 동안 숨어 살면서 이렇게 말하였다. "주님께서 나를 돌아보셔서 사람들에게 당하는 내 부끄러움을 없이해 주시던 날에 나에게 이런 일을 베풀어 주셨다."

마태복음 13:31~33

예수께서 또 다른 비유를 들어서, 그들에게 말씀하셨다. "하늘 나라는 겨자씨와 같다. 어떤 사람이 그것을 가져다가, 자기 밭에 심었다. 겨자씨는 어떤 씨보다 더 작은 것이지만, 자라면 어떤 풀보다 더 커져서 나무가 된다. 그리하여 공중의 새들이 와서, 그 가지에 깃들인다." 예수께서 또 다른 비유를 그들에게 말씀하셨다. "하늘 나라는 누룩과 같다. 어떤 여자가 그것을 가져다가, 가루 서 말 속에 살짝 섞어 넣으니, 마침내 온통 부풀어올랐다."

묵상한 말씀을 나눈다

찬송

읽은 성경말씀에 맞는 찬송을 선택하여 부른다.

마리아의 노래

기도로 부르심

하나님, 주님을 찾을 수 있을 때에, 우리는 주님을 찾습니다.
주님이 가까이 계실 때에, 우리는 주님을 부릅니다.

오 하나님, 주님의 얼굴을 보이시어 저희를 구해주소서. 주님의 자비로,
우리의 기도를 들어주소서

주님은 우리의 구원의 하나님이십니다. 우리와 사랑하는 이를 위해 기도합니다.

(합심기도) 주님, 주님의 자비하심으로, 우리의 기도를 들어주소서

주님은 우리에게 지혜와 이해심을 주십니다. 공동체와 이웃을 위해 기도합니다.
(합심기도) 주님, 주님의 자비하심으로, 우리의 기도를 들어주소서

주님은 사막에 강물을 만드시고 사람들에게 물을 공급해주십니다.
우리가 하나님의 신실한 사랑에 반응하도록 이 땅의 교회들을 위해 기도합니다.
(합심기도) 주님, 주님의 자비하심으로, 우리의 기도를 들어주소서

주님은 새로운 일을 이루십니다.
우리는 도움이 필요한 가난한 자를 위하여, 온 세계를 위해 기도합니다.
(합심기도) 주님, 주님의 자비하심으로, 우리의 기도를 들어주소서

우리 안의 다른 염려를 맡기어 드립니다.
(합심기도) 주님, 주님의 자비하심으로, 우리의 기도를 들어주소서

성육신의 하나님, 주님은 세상과 영혼의 가장 깊은 슬픔을 채우십니다.
마리아가 그녀의 마음에 두고 그 증인으로 노래한 것처럼
강한 희망을 붙들고 살아 갈 수 있게 도와주십시오.
그래서 우리 또한 높은 곳에서 내려오신 분께
제자됨을 기뻐할 수 있도록 주님의 이름으로 기도합니다.

(주기도문) 하늘에 계신 우리 아버지 …

축도

평화의 하나님께서 여러분을 온전히 거룩한 사람으로 만들어주시기를 빕니다.
또 여러분의 심령과 영혼과 육체를 우리 주 예수 그리스도께서
다시 오시는 날까지 완전하고 흠없게 지켜주시기를 빕니다. 아멘.

하나님의 자비가 우리 모두에게

재림절 수요일 아침

여는 말

하나님의 자비가 주님을 두려워하는 모든 이들에게 내립니다.
한 세대에서 다른 세대까지.

찬양으로 부르심

내 영혼이 주를 기다리며, 주의 말씀 안에 내 소망이 있음을 고백합니다.
파수꾼이 아침을 기다림 같이 나의 영혼이 주님을 기다립니다.

처음부터 계셨고 …

이사야 11:1-9

이새의 줄기에서 한 싹이 나며 그 뿌리에서 한 가지가 자라서 열매를 맺는다.
주님의 영이 그에게 내려오신다. 지혜와 총명의 영,
모략과 권능의 영, 지식과 주님을 경외하게 하는 영이 그에게 내려오시니,
그는 주님을 경외하는 것을 즐거움으로 삼는다.

그는 눈에 보이는 대로만 재판하지 않으며, 귀에 들리는 대로만 판결하지 않는다.
가난한 사람들을 공의로 재판하고, 세상에서 억눌린 사람들을 바르게 논죄한다.
그가 하는 말은 몽둥이가 되어 잔인한 자를 치고,
그가 내리는 선고는 사악한 자를 사형에 처한다.
그는 정의로 허리를 동여매고 성실로 그의 몸의 띠를 삼는다.

그 때에는, 이리가 어린 양과 함께 살며, 표범이 새끼 염소와 함께 누우며,

송아지와 새끼 사자와 살진 짐승이 함께 풀을 뜯고,
어린 아이가 그것들을 이끌고 다닌다.

암소와 곰이 서로 벗이 되며,
그것들의 새끼가 함께 눕고, 사자가 소처럼 풀을 먹는다.
젖 먹는 아이가 독사의 구멍 곁에서 장난하고,
젖뗀 아이가 살무사의 굴에 손을 넣는다.
"나의 거룩한 산 모든 곳에서, 서로 해치거나 파괴하는 일이 없다."
물이 바다를 채우듯, 주님을 아는 지식이 땅에 가득하기 때문이다.

감사드림

우리는 기쁨으로 구원의 우물에서 물을 길어 올릴 것 입니다.
우리가 주님의 이름을 부르며 하나님께 감사를 드립니다.
(자유롭게 감사의 기도를 드립니다)
당신은 우리가 기다려왔던 주님이십니다.
우리는 주님의 구원 안에서 기뻐하며 행복해합니다. 아멘.

찬송

사막에 샘이 넘쳐 흐르리라

제자로 부르심

하나님의 말씀이 우리 안에 깊게 역사하시도록 하십시오.
왜냐하면 하나님이 쌓으신 기초 이외에 다른 기초를 쌓을 분은 없기 때문입니다.
그 기초는 우리 주 예수그리스도 입니다.

누가복음 1:26-38

그 뒤로 여섯 달이 되었을 때에, 하나님께서 천사 가브리엘을 갈릴리 지방의 나사렛 동네로 보내시어, 다윗의 가문에 속한 요셉이라는 남자와 약혼한 처녀에게 가게 하셨다. 그 처녀의 이름은 마리아였다. 천사가 안으로 들어가서, 마리아에게 말하였다. "기뻐하여라, 은혜를 입은 자야, 주님께서 그대와 함께 하신다." 마리아는 그 말을 듣고 몹시 놀라, 도대체 그 인사말이 무슨 뜻일까 하고 궁금히 여겼다. 천사가 마리아에게 말하였다. "두려워하지 말아라. 마리아야, 그대는 하나님의 은혜를 입었다. 보아라, 그대가 잉태하여 아들을 낳을 터이니, 그의 이름을 예수라고 하여라. 그는 위대하게 되고, 더없이 높으신 분의 아들이라고 불릴 것이다. 주 하나님께서 그에게 그의 조상 다윗의 왕위를 주실 것이다. 그는 영원히 야곱의 집을 다스리고, 그의 나라는 무궁할 것이다." 마리아가 천사에게 말하였다. "나는 남자를 알지 못하는데, 어떻게 이런 일이 있겠습니까?" 천사가 마리아에게 대답하였다. "성령이 그대에게 임하시고, 더없이 높으신 분의 능력이 그대를 감싸 줄 것이다. 그러므로 태어날 아기는 거룩한 분이요, 하나님의 아들이라고 불릴 것이다. 보아라, 그대의 친척 엘리사벳도 늙어서 임신하였다. 임신하지 못하는 여자라 불리던 그가 임신한 지 벌써 여섯 달이 되었다. 하나님께는 불가능한 일이 없다." 마리아가 말하였다. "보십시오, 나는 주님의 여종입니다. 당신의 말씀대로 나에게 이루어지기를 바랍니다." 천사는 마리아에게서 떠나갔다.

사무엘상 2:1-10

한나가 기도로 아뢰었다.

"주님께서 나의 마음에 기쁨을 가득 채워 주셨습니다. 이제 나는 주님 앞에서 얼굴을 들 수 있습니다. 원수들 앞에서도 자랑스럽습니다. 주님께서 나를 구하셨으므로, 내 기쁨이 큽니다. 주님과 같으신 분은 없습니다. 주님처럼 거룩하신 분은 없습니다. 우리 하나님 같은 반석은 없습니다.

너희는 교만한 말을 늘어 놓지 말아라. 오만한 말을 입 밖에 내지 말아라.

참으로 주님은 모든 것을 아시는 하나님이시며, 사람이 하는 일을 저울에 달아 보시는 분이시다. 용사들의 활은 꺾이나, 약한 사람들은 강해진다. 한때 넉넉하게 살던 자들은 먹고 살려고 품을 팔지만, 굶주리던 자들은 다시 굶주리지 않는다.

자식을 못 낳던 여인은 일곱이나 낳지만, 아들을 많이 둔 여인은 홀로 남는다.
주님은 사람을 죽이기도 하시고 살리기도 하시며, 스올로 내려가게도 하시고, 거기에서 다시 돌아오게도 하신다. 주님은 사람을 가난하게도 하시고, 부유하게도 하시고, 낮추기도 하시고, 높이기도 하신다.
가난한 사람을 티끌에서 일으키시며 궁핍한 사람을 거름더미에서 들어올리셔서, 귀한 이들과 한자리에 앉게 하시며 영광스러운 자리를 차지하게 하신다.
이 세상을 떠받치고 있는 기초는 모두 주님의 것이다. 그분이 땅덩어리를 기초 위에 올려 놓으셨다. 주님께서는 성도들의 발걸음을 지켜 주시며, 악인들을 어둠 속에서 멸망시키신다.
사람이 힘으로 이길 수가 없다. 주님께 맞서는 자들은 산산이 깨어질 것이다. 하늘에서 벼락으로 그들을 치실 것이다. 주님께서 땅 끝까지 심판하시고, 세우신 왕에게 힘을 주시며, 기름 부어 세우신 왕에게 승리를 안겨 주실 것이다."

묵상한 말씀을 나눈다

찬송
내 영혼이 은총 입어 (438)
내 영혼이 내 영혼이 주님을 찬양하며

마리아의 노래

기도로 부르심

주님, 우리가 주께 기도드립니다. 우리의 기도를 해처럼 밝게 빛나게 하시며,
주께 기도 드릴 때 우리가 주를 보게 하소서.

구원의 하나님, 우리의 갈급함과 신음을 주님은 아십니다.
주님, 주님의 자비하심으로, 우리의 기도를 들어주소서

주님은 약속과 표적을 보여주십니다. 자신과 사랑하는 이를 위해 기도합니다.
(합심기도) 주님, 주님의 자비하심으로, **우리의 기도를 들어주소서**

주님은 약한 자에게 공평을 이루십니다. 공동체와 이웃을 위해 기도합니다.
(합심기도) 주님, 주님의 자비하심으로, **우리의 기도를 들어주소서**

주님은 믿음 있는 지체들을 보호해 주십니다.
교회가 정의와 평화, 기쁨이 있는 하나님 나라를 증거하도록 기도합니다.
(합심기도) 주님, 주님의 자비하심으로, **우리의 기도를 들어주소서**

주님과 같은 신성한 분, 주님과 같은 반석은 없습니다.
탐욕과 폭력, 압제의 올무에 빠져있는 사람을 생각하며 세계를 위해 기도합니다.
(합심기도) 주님, 주님의 자비하심으로, **우리의 기도를 들어주소서**

우리 안의 다른 염려를 맡기어 드립니다.
(합심기도) 주님, 주님의 자비하심으로, **우리의 기도를 들어주소서**

성육신의 하나님, 주님은 인간의 모든 짐을 부드럽게 감싸시며,
우리와 하나가 되셨습니다.
하나님의 의로운 마리아에게 보이신 비전으로 저희의 마음을 밝혀주십시오.
그리하여 우리가 세계에 평화를 퍼뜨리는 어렵고도 신성한 주님의 일안에서
주님과 함께함에 온화해질 수 있도록 해주십시오. 주님의 이름으로 기도합니다.

(주기도문) 하늘에 계신 우리 아버지 …

축도
믿음에서 오는 온갖 즐거움과 평화를 여러분에게 가득히 안겨주시고
성령의 힘으로 희망이 여러분에게 넘쳐 흐르게 하여주시기를 빕니다.
아멘.

하나님의 힘을 보여주심

재림절 수요일 저녁

여는 말

하나님의 펴신 팔로 힘을 보여주시고
오만한 자의 마음 속에 교묘한 책략을 해산시키셨습니다.

찬양으로 부르심

하나님의 영광이 드러나날 것입니다.
그리고 모든 이가 하나님의 영광을 함께 목격할 것입니다.

처음부터 계셨고 …

이사야 7:14-15

그러므로 주님께서 친히 다윗 왕실에 한 징조를 주실 것입니다.
보십시오, 처녀가 잉태하여 아들을 낳을 것이며,
그가 그의 이름을 임마누엘이라고 할 것입니다.
그 아이가 잘못된 것을 거절하고 옳은 것을 선택할 나이가 될 때에,
그 아이는 버터와 꿀을 먹을 것입니다.

감사드림

오 주님, 끊임없는 사랑에 감사드리며
은혜로운 주님의 일들을 선포합니다.
(자유롭게 감사의 기도를 드립니다)
주님은 우리가 기다리던 참된 주님이십니다
주님의 부활에 기뻐하며 찬미를 드립니다. 아멘

찬송

곧 오소서 임마누엘 (찬송가 104)

임마누엘. 임마누엘

고백

주님은 내 안에 진리가 있기를 원하십니다.

내 마음 속에 은밀히 지혜를 가르쳐 주십시오.

(침묵기도)

오 하나님, 주님의 변함없는 사랑으로,

저희에게 자비의 은혜를 베풀어 주옵소서.

주님의 무한한 자비로 우리 죄를 덮어주소서.

제자로 부르심

예수님은 수고하고 무거운 짐을 진 사람들에게

"내게로 오라 내가 너희를 쉬게 하리라"고 말씀하셨습니다.

오 주님, 주님의 강한 손 아래 저희 자신을 낮춥니다.

주님, 주님의 돌봄 아래 우리의 근심을 내려 놓습니다.

마태복음 1:18-25

예수 그리스도의 태어나심은 이러하다. 그의 어머니 마리아가 요셉과 약혼하고 나서, 같이 살기 전에, 마리아가 성령으로 잉태한 사실이 드러났다. 마리아의 남편 요셉은 의로운 사람이라서 약혼자에게 부끄러움을 주지 않으려고, 가만히 파혼하려 하였다. 요셉이 이렇게 생각하고 있는데, 주님의 천사가 꿈에 그에게 나타나서 말하였다. "다윗의 자손 요셉아, 두려워하지 말고, 마리아를 네 아내로 맞아 들여라. 그 태중에 있는 아기는 성령으로 말미암은 것이다. 마리아가 아들을 낳을 것이니, 너는 그 이름을 예수라고 하여라. 그가 자기 백성을 그들의 죄에서 구원하실 것이다." 이 모든 일이 일어난 것은, 주님께서 예언자를 시켜서 이르시기를, "보아라, 동정녀가 잉태하여 아들을 낳을 것이니, 그의 이름을 임마누엘이라고 할 것이다" 하신 말씀을 이루려고 하신 것이다. (임마누엘은 번역하면 '하나님이 우리와 함께 계시다'는 뜻이다.) 요셉은 잠에서 깨어 일어나서, 주님의 천사가 말한 대로, 마리아를 아내로 맞아들였다.

그리스도 예수의 종인 나 바울은 부르심을 받아 사도가 되었습니다. 나는 하나님의 복음을 전하기 위하여 따로 세우심을 받았습니다. 이 복음은 하나님께서 예언자들을 통하여 성경에 미리 약속하신 것으로 그의 아들을 두고 하신 말씀입니다. 이 아들은, 육신으로는 다윗의 후손으로 태어나셨으며, 성령으로는 죽은 사람들 가운데서 부활하심으로 나타내신 권능으로 하나님의 아들로 확정되신 분이십니다. 그는 곧 우리 주 예수 그리스도이십니다. 우리는 그를 통하여 은혜를 입어 사도의 직분을 받았습니다. 그것은 우리가 그 이름을 전하여 모든 민족이 믿고 순종하게 하려는 것입니다. 여러분도 그들 가운데 들어 있어서, 예수 그리스도의 부르심을 받은 사람이 되었습니다.

로마서 1:1-6

그리스도 예수의 종인 나 바울은 부르심을 받아 사도가 되었습니다. 나는 하나님의 복음을 전하기 위하여 따로 세우심을 받았습니다. 이 복음은 하나님께서 예언자들을 통하여 성경에 미리 약속하신 것으로 그의 아들을 두고 하신 말씀입니다. 이 아들은, 육신으로는 다윗의 후손으로 태어나셨으며, 성령으로는 죽은 사람들 가운데서 부활하심으로 나타내신 권능으로 하나님의 아들로 확정되신 분이십니다. 그는 곧 우리 주 예수 그리스도이십니다. 우리는 그를 통하여 은혜를 입어 사도의 직분을 받았습니다. 그것은 우리가 그 이름을 전하여 모든 민족이 믿고 순종하게 하려는 것입니다. 여러분도 그들 가운데 들어 있어서, 예수 그리스도의 부르심을 받은 사람이 되었습니다.

묵상한 말씀을 나눈다

찬송
오랫동안 기다리던 (찬송가 105)
샤론의 꽃 예수 (찬송가 89)

기도로 부르심

하나님, 주님을 찾을 수 있을 때에, 우리는 주님을 찾습니다.
주님이 가까이 계실 때에, 우리는 주님을 부릅니다.

오 하나님, 주님의 얼굴을 보이시어 저희를 구해주소서.
주님, 주님의 자비하심으로, 우리의 기도를 들어주소서

주님은 우리에게 약속과 징후들을 보여주십니다.
우리 자신과 사랑하는 이들을 위해 기도합니다.
(합심기도) 주님, 주님의 자비하심으로, 우리의 기도를 들어주소서

주님은 세상에 약한 자들에게 형평성을 결정해 주십니다.
우리 공동체와 이웃을 위해 기도합니다.
(합심기도) 주님, 주님의 자비로우심으로, 우리의 기도를 들어주소서

주님은 믿음 잇는 지체들을 보호해 주십니다.
정의와 평화, 기쁨이 있는 하나님 나라를 증거하도록
이 땅의 교회들을 위해 기도합니다.
(합심기도) 주님, 주님의 자비하심으로, 우리의 기도를 들어주소서

주님과 같은 신성한 분, 반석은 없습니다.
모든 탐욕과 폭력, 압제의 올무에 빠져있는 사람들을 생각하며
세계를 위해 기도합니다.
(합심기도) 주님, 주님의 자비하심으로, 우리의 기도를 들어주소서

우리 안의 다른 염려를 맡기어 드립니다.
(합심기도) 주님, 주님의 자비하심으로, 우리의 기도를 들어주소서

성육신의 하나님,
주님은 세상과 영혼의 가장 깊은 슬픔을 채우십니다.
마리아가 그녀의 마음에 두고 그 증인으로 노래한 것처럼
강한 희망을 붙들고 살아 갈 수 있게 도와주십시오.
그래서 우리 또한 높은 곳에서 내려오신 분께
제자 됨을 기뻐할 수 있도록
주님의 이름으로 기도합니다.

(주기도문) 하늘에 계신 우리 아버지 …

축도

평화의 하나님께서 여러분을 온전히 거룩한 사람으로 만들어주시기를 빕니다.
또 여러분의 심령과 영혼과 육체를 우리 주 예수 그리스도께서
다시 오시는 날까지 완전하고 흠없게 지켜주시기를 빕니다.
아멘.

낮은 자를 높이셨다

재림절 목요일 아침

여는 말

주님께서 폭군들을 왕좌에서 타도하셨습니다.
그리고 낮은 자를 높이셨습니다.

찬양으로 부르심

하나님의 영광이 드러나날 것입니다.
그리고 모든 이가 하나님의 영광을 함께 목격할 것입니다.

처음부터 계셨고 ...

이사야 9:2-7

어둠 속에서 헤매던 백성이 큰 빛을 보았고,
죽음의 그림자가 드리운 땅에 사는 사람들에게 빛이 비쳤다.
"하나님, 주님께서 그들에게 큰 기쁨을 주셨고, 그들을 행복하게 하셨습니다.
사람들이 곡식을 거둘 때 기뻐하듯이, 그들이 주님 앞에서 기뻐하며,
군인들이 전리품을 나눌 때 즐거워하듯이, 그들이 주님 앞에서 즐거워합니다.
주님께서 미디안을 치시던 날처럼, 그들을 내리누르던 멍에를 부수시고,
그들의 어깨를 짓누르던 통나무와 압제자의 몽둥이를 꺾으셨기 때문입니다.
침략자의 군화와 피묻은 군복이 모두 땔감이 되어서,
불에 타 없어질 것이기 때문입니다."
한 아기가 우리를 위해 태어났다. 우리가 한 아들을 모셨다.
그는 우리의 통치자가 될 것이다. 그의 이름은 '놀라우신 조언자',

'전능하신 하나님', '영존하시는 아버지', '평화의 왕'이라고 불릴 것이다.

그의 왕권은 점점 더 커지고 나라의 평화도 끝없이 이어질 것이다.

그가 다윗의 보좌와 왕국 위에 앉아서,

이제부터 영원히, 공평과 정의로 그 나라를 굳게 세울 것이다.

만군의 주님의 열심이 이것을 반드시 이루실 것이다.

감사드림

우리는 기쁨으로 구원의 우물에서 물을 길어 올릴 것 입니다.

우리가 주님의 이름을 부르며 하나님께 감사를 드립니다.

(자유롭게 감사의 기도를 드립니다)

당신은 우리가 기다려왔던 주님이십니다.

우리는 주님의 구원 안에서 기뻐하며 행복해합니다. 아멘.

찬송

읽은 성경말씀에 맞는 찬송을 선택하여 부른다.

제자로 부르심

하나님의 말씀이 우리 안에 깊게 역사하시도록 하십시오.

왜냐하면 하나님이 쌓으신 기초 이외에 다른 기초를 쌓을 분은 없기 때문입니다.

그 기초는 우리 주 예수그리스도 입니다.

누가복음 1:39-45

그 무렵에 마리아가 일어나, 서둘러 유대 산골에 있는 한 동네로 가서, 사가랴의 집에 들어가, 엘리사벳에게 문안하였다. 엘리사벳이 마리아의 인사말을 들었을 때에, 아이가 그의 뱃속에서 뛰놀았다. 엘리사벳이 성령으로 충만해서, 큰 소리로 외쳐 말하였다. "그대는 여자들 가운데서 복을 받았고, 그대의 태중의 아이도 복을 받았습니다. 내 주님의 어머니께서 내게 오시다니, 이것이 어찌된 일입니까? 보십시오. 그대의 인사말이 내 귀에 들어왔을 때에, 내 태중의 아이가 기뻐서 뛰놀았습니다. 주님께서 하신 말씀이 이루어질 줄 믿은 여자는 행복합니다."

로마서 16:25-27

하나님께서는 내가 전하는 복음 곧 예수 그리스도에 관한 선포로 여러분을 능히 튼튼히 세워주십니다. 그는 오랜 세월 동안 감추어 두셨던 비밀을 계시해 주셨습니다. 그 비밀이 지금은 예언자들의 글로 환히 공개되고, 영원하신 하나님의 명을 따라 모든 이방 사람들에게 알려져서, 그들이 믿고 순종하게 되었습니다. 오직 한 분이신 지혜로우신 하나님께, 예수 그리스도로 말미암아 영광이 영원무궁 하도록 있기를 빕니다. 아멘.

묵상한 말씀을 나눈다.

찬송

읽은 성경말씀에 맞는 찬송을 선택하여 부른다.

마리아의 노래

기도로 부르심

주님, 우리가 주께 기도드립니다. 우리의 기도를 해처럼 밝게 빛나게 하시며,
주께 기도 드릴 때 우리가 주를 보게 하소서.

구원의 하나님, 우리의 갈급함과 신음을 주님은 아십니다.
주님, 주님의 자비하심으로, **우리의 기도를 들어주소서**

주님은 두려워하지 말라고 말씀하십니다. 자신과 사랑하는 이를 위해 기도합니다.
(합심기도) 주님, 주님의 자비하심으로, **우리의 기도를 들어주소서**

주님은 버림받은 이들을 모으시고 그들의 수치심을 영광으로 바꾸십니다.

우리 공동체와 이웃을 위해 기도합니다.
(합심기도) 주님, 주님의 자비하심으로, 우리의 기도를 들어주소서

주님은 주님의 사람들을 사랑으로 새롭게 재생시키십니다.
매일 예수 그리스도를 따라 살도록 이 땅의 모든 교회를 위해 기도합니다.
(합심기도) 주님, 주님의 자비하심으로, 우리의 기도를 들어주소서

주님은 탄압자의 막대기를 부러뜨리십니다.
이 땅의 권력과 권세를 가진 이와 세계를 위해 기도합니다.
(합심기도) 주님, 주님의 자비하심으로, 우리의 기도를 들어주소서

우리 안의 다른 염려를 맡기어 드립니다.
(합심기도) 주님, 주님의 자비하심으로, 우리의 기도를 들어주소서

성육신의 하나님,
주님은 인간의 모든 것을 부드럽게 감싸시며, 우리와 하나가 되셨습니다.
하나님의 의로운 마리아에게 보이신 비전으로 저희의 마음을 밝혀주십시오.
그리하여 우리가 세계에 평화를 퍼뜨리는 어렵고도 신성한 주님의 일을 하여
주님과 함께함에 온화해질 수 있도록 해주십시오.
주님의 이름으로 기도합니다.

(주기도문) 하늘에 계신 우리 아버지 …

축도

믿음에서 오는 온갖 즐거움과 평화를 여러분에게 가득히 안겨주시고
성령의 힘으로 희망이 여러분에게 넘쳐 흐르게 하여주시기를 빕니다.
아멘.

배고픈 자들을 채우셔서

재림절 목요일 저녁

여는 말

하나님이 굶주린 이들을 좋은 것들로 채우십니다.

그리고 부유한 자들을 빈 손으로 돌려보내십니다.

찬양으로 부르심

하나님의 영광이 드러나날 것입니다.

그리고 모든 이가 하나님의 영광을 함께 목격할 것입니다.

처음부터 계셨고 …

이사야 40:9-11

좋은 소식을 전하는 시온아, 어서 높은 산으로 올라가거라.

아름다운 소식을 전하는 예루살렘아, 너의 목소리를 힘껏 높여라.

두려워하지 말고 소리를 높여라.

유다의 성읍들에게 "여기에 너희의 하나님이 계신다" 하고 말하여라.

만군의 주 하나님께서 오신다.

그가 권세를 잡고 친히 다스리실 것이다. 보아라,

그가 백성에게 주실 상급을 가지고 오신다.

백성에게 주실 보상을 가지고 오신다.

그는 목자와 같이 그의 양 떼를 먹이시며, 어린 양들을 팔로 모으시고,

품에 안으시며, 젖을 먹이는 어미 양들을 조심스럽게 이끄신다.

감사드림

오 주님, 끊임없는 사랑에 감사드리며
주님의 은혜로우신 일들을 찬양합니다.
은혜로운 주님의 일들을 선포합니다.
(자유롭게 감사의 기도를 드립니다)
주님은 우리가 기다리던 참된 주님이십니다
주님의 구원을 기뻐하며 찬미를 드립니다. 아멘.

찬송

시온성과 같은 교회(찬송가210)

고백

주님은 내 안에 진리가 있기를 원하십니다.
내 마음 속에 은밀히 지혜를 가르쳐 주십시오.
(침묵기도)
오 하나님, 주님의 변함없는 사랑으로,
저희에게 자비의 은혜를 베풀어 주옵소서.
주님의 무한한 자비로 저의 죄를 덮어주소서

제자로 부르심

예수님은 수고하고 무거운 짐을 진 사람들에게
"내게로 오라 내가 너희를 쉬게 하리라"고 말씀하셨습니다.
오 주님, 주님의 강한 손 아래 저희 자신을 낮춥니다.
주님, 주님의 돌봄 아래 우리의 근심을 내려 놓습니다.

누가복음 1:57-67, 80

엘리사벳은 해산할 달이 차서, 아들을 낳았다. 이웃 사람들과 친척들은, 주님께서 큰 자비를 그에게 베푸셨다는 말을 듣고서, 그와 함께 기뻐하였다. 아기가 태어난 지 여드레째 되는 날에, 그들은 아기에게 할례를 행하러 와서, 그의 아버지의 이름을 따서, 그를 사가랴라 하고자 하였다. 그러나 아기 어머니가 말하였다. "안 됩니다. 요한이라고 해야 합니다." 사람들이 말하였다. "당신의 친척 가운데는 아무도 이런 이름을 가진 사람이 없습니다." 그들은 그 아버지에게 아기의 이름을 무엇으로 하려는지 손짓으로 물어 보았다. 그가 서판을 달라 하여 "그의 이름은 요한이다" 하고 쓰니, 모두들 이상히 여겼다. 그런데 그의 입이 곧 열리고 혀가 풀려서, 말을 하며 하나님을 찬양하였다. 이웃 사람들은 모두 두려워하였다. 이 모든 이야기는 유대 온 산골에 두루 퍼졌다. 이 말을 들은 사람들은 모두 이 사실을 그들의 마음에 두고 "이 아기가 대체 어떤 사람이 될 것인가?" 하고 말하였다. 주님의 보살피는 손길이 그 아기와 함께 하시는 것이 분명했기 때문이다. 요한의 아버지 사가랴가 성령으로 충만하여, 이렇게 예언하였다.
아기는 자라서, 심령이 굳세어졌다. 그는 이스라엘 백성 앞에 나타나는 날까지 광야에서 살았다.

스바냐 3:14-20

도성 시온아, 노래하여라. 이스라엘아, 즐거이 외쳐라.
도성 예루살렘아, 마음껏 기뻐하며 즐거워하여라.
주님께서 징벌을 그치셨다. 너의 원수를 쫓아내셨다.
이스라엘의 왕 주님께서 너와 함께 계시니,
네가 다시는 화를 당할까 두려워하지 않을 것이다.
그 날이 오면, 사람들이 예루살렘에게 말할 것이다.
"시온아, 두려워하지 말아라. 힘없이 팔을 늘어뜨리고 있지 말아라.
주 너의 하나님이 너와 함께 계신다. 구원을 베푸실 전능하신 하나님이시다.
너를 보고서 기뻐하고 반기시고, 너를 사랑으로 새롭게 해주시고
너를 보고서 노래하며 기뻐하실 것이다. 축제 때에 즐거워하듯 하실 것이다."
"내가 너에게서 두려움과 슬픔을 없애고, 네가 다시는 모욕을 받지 않게 하겠다.

때가 되면, 너를 억누르는 자들을 내가 모두 벌하겠다. 없어진 이들을 찾아오고, 흩어진 이들을 불러모으겠다. 흩어져서 사는 그 모든 땅에서, 부끄러움을 겪던 나의 백성이 칭송과 영예를 받게 하겠다. 그 때가 되면, 내가 너희를 모으겠다. 그 때에 내가 너희를 고향으로 인도하겠다. 사로잡혀 갔던 이들을 너희가 보는 앞에서 데려오고, 이 땅의 모든 민족 가운데서, 너희가 영예와 칭송을 받게 하겠다. 나 주가 말한다."

묵상한 말씀을 나눈다.

찬송
읽은 성경말씀에 맞는 찬송을 선택하여 부른다.

마리아의 노래

기도로 부르심

하나님, 주님을 찾을 수 있을 때에, 우리는 주님을 찾습니다.
주님이 가까이 계실 때에, 우리는 주님을 부릅니다.

오 하나님, 주님의 얼굴을 보이시어 저희를 구해주소서.
주님, 주님의 자비하심으로, 우리의 기도를 들어주소서

주님은 우리에게 두려워하지 말라고 말씀하십니다.
우리 자신과 사랑하는 이들을 위해 기도합니다.
(합심기도) 주님, 주님의 자비하심으로, 우리의 기도를 들어주소서

주님은 버림받은 이들을 모으시고 그들의 수치심을 영광으로 바꾸십니다.
우리 공동체와 이웃을 위해 기도합니다.
(합심기도) 주님, 주님의 자비하심으로, 우리의 기도를 들어주소서

주님은 주님의 사람들을 사랑으로 새롭게 재생시키십니다.
매일 예수 그리스도를 따라 살도록 이 땅의 모든 교회를 위해 기도합니다.
(합심기도) 주님, 주님의 자비하심으로, 우리의 기도를 들어주소서

주님은 탄압자의 막대기를 부러뜨리십니다.
이 땅의 권력과 권세를 가진 이와 세계를 위해 기도합니다.
(합심기도) 주님, 주님의 자비하심으로, 우리의 기도를 들어주소서

우리 안의 다른 염려를 맡기어 드립니다.
(합심기도) 주님, 주님의 자비하심으로, 우리의 기도를 들어주소서

성육신의 하나님,
주님은 세상과 영혼의 가장 깊은 슬픔을 채우십니다.
마리아가 그녀의 마음에 두고 그 증인으로 노래한 것처럼
강한 희망을 붙들고 살아 갈 수 있게 도와주십시오.
그래서 우리 또한 높은 곳에서 내려오신 분께
제자됨을 기뻐할 수 있도록 주님의 이름으로 기도합니다.

(주기도문) 하늘에 계신 우리 아버지 …

축도

평화의 하나님께서 여러분을 온전히 거룩한 사람으로 만들어주시기를 빕니다.
또 여러분의 심령과 영혼과 육체를 우리 주 예수 그리스도께서
다시 오시는 날까지 완전하고 흠없게 지켜주시기를 빕니다.
아멘.

도우러 오심

재림절 금요일 아침

여는 말

하나님이 자신의 종인 이스라엘을 도우러 오셨습니다.

하나님께서 그의 자비를 기억하셨습니다.

찬양으로 부르심

내 영혼이 주를 기다리며,

주의 말씀 안에 내 소망이 있음을 고백합니다.

파수꾼이 아침을 기다림 같이 나의 영혼이 주님을 기다립니다.

처음부터 계셨고 ...

이사야 49:8-11

주님께서 그의 백성에게 이렇게 말씀하신다.

"너희를 구원해야 할 때가 되면, 내가 너희에게 은혜를 베풀겠고,

살려 달라고 부르짖는 날에는, 내가 그 간구를 듣고 너희를 돕겠다.

내가 너희를 지키고 보호하겠으며, 너를 시켜서 뭇 백성과 언약을 맺겠다.

너희가 살던 땅이 황무해졌지마는, 내가 너희를 다시 너희 땅에 정착시키겠다.

감옥에 갇혀 있는 죄수들에게는 '나가거라. 너희는 자유인이 되었다!' 하고 말하겠고, 어둠 속에 갇혀 있는 사람들에게는 '밝은 곳으로 나오너라!' 하고 말하겠다.

그들이 어디로 가든지 먹거리를 얻게 할 것이며,

메말랐던 모든 산을 그들이 먹거리를 얻는 초장이 되게 하겠다.

그들은 배고프거나 목마르지 않으며, 무더위나 햇볕도 그들을 해치지 못할 것이니,

이것은 긍휼히 여기시는 분께서 그들을 이끄시기 때문이며,
샘이 솟는 곳으로 그들을 인도하시기 때문이다.
내가, 산에서 산으로 이어지는 큰길을 만들고,
내 백성이 자유스럽게 여행할 큰길을 닦겠다.

감사드림

우리는 기쁨으로 구원의 우물에서 물을 길어 올릴 것 입니다.
우리가 주님의 이름을 부르며 하나님께 감사를 드립니다.
(자유롭게 감사의 기도를 드립니다) 당신은 우리가 기다려왔던 주님이십니다.
우리는 주님의 구원 안에서 기뻐하며 행복해합니다. 아멘.

찬송

만입이 내게 있으면 (찬송가 23)

제자로 부르심

하나님의 말씀이 우리 안에 깊게 역사하시도록 하십시오.
왜냐하면 하나님이 쌓으신 기초 이외에 다른 기초를 쌓을 분은 없기 때문입니다
그 기초는 우리 주 예수그리스도 입니다.

누가복음 3:1-6

디베료 황제가 왕위에 오른 지 열 다섯째 해에, 곧 본디오 빌라도가 총독으로 유대를 통치하고, 헤롯이 분봉왕으로 갈릴리를 다스리고, 그의 동생 빌립이 분봉왕으로 이두래와 드라고닛 지방을 다스리고, 루사니아가 분봉왕으로 아빌레네를 다스리고, 안나스와 가야바가 대제사장으로 있을 때에, 하나님의 말씀이 광야에 있는 사가랴의 아들 요한에게 내렸다. 요한은 요단 강 주변 온 지역을 찾아가서, 죄사함을 받게 하는 회개의 세례를 선포하였다. 그것은 이사야의 예언서에 적혀 있는 대로였다. "광야에서 외치는 이의 소리가 있다. 너희는 주님의 길을 예비하고, 그 길

을 곧게 하여라. 모든 골짜기는 메우고, 모든 산과 언덕은 평평하게 하고, 굽은 것은 곧게 하고, 험한 길은 평탄하게 해야 할 것이니, 모든 사람이 하나님의 구원을 보게 될 것이다."

말라기 3:1-4

내가 나의 특사를 보내겠다. 그가 나의 갈 길을 닦을 것이다. 너희가 오랫동안 기다린 주가, 문득 자기의 궁궐에 이를 것이다. 너희가 오랫동안 기다린, 그 언약의 특사가 이를 것이다. 나 만군의 주가 말한다. 그러나 그가 이르는 날에, 누가 견디어 내며, 그가 나타나는 때에, 누가 살아 남겠느냐? 그는 금과 은을 연단하는 불과 같을 것이며, 표백하는 잿물과 같을 것이다. 그는, 은을 정련하여 깨끗하게 하는 정련공처럼, 자리를 잡고 앉아서 레위 자손을 깨끗하게 할 것이다. 금속 정련공이 은과 금을 정련하듯이, 그가 그들을 깨끗하게 하면, 그 레위 자손이 나 주에게 올바른 제물을 드리게 될 것이다. 유다와 예루살렘의 제물이 옛날처럼, 지난날처럼, 나 주를 기쁘게 할 것이다.

찬송

읽은 성경말씀에 맞는 찬송을 선택하여 부른다.

마리아의 노래

기도로 부르심

주님, 우리가 주께 기도드립니다. 우리의 기도를 해처럼 밝게 빛나게 하시며,
주께 기도 드릴 때 우리가 주를 보게 하소서.

구원의 하나님, 우리의 갈급함과 신음을 주님은 아십니다.
주님, 주님의 자비하심으로, 우리의 기도를 들어주소서

주님은 저희를 거두셔서 돌보십니다. 자신과 사랑하는 이를 위해 기도합니다.

(합심기도) 주님, 주님의 자비하심으로, 우리의 기도를 들어주소서

주님은 가진 자들이 갖지 못한 자들과 함께 나눌 수 있도록 이끄십니다.
우리 공동체와 이웃을 위해 기도합니다.
(합심기도) 주님, 주님의 자비하심으로, 우리의 기도를 들어주소서

주님은 금과 은의 정제자처럼, 주님의 사람들을 정제하고 정화시키십니다.
이 땅의 교회들이 예수 그리스도를 담대히 증거하고 전하기를 기도합니다
(합심기도) 주님, 주님의 자비하심으로, 우리의 기도를 들어주소서

주님의 말씀이 주님의 뜻대로 이뤄지며, 주님께 빈손으로 돌아오지 않을 것입니다.
예수 그리스도의 이름으로 섬기는 자와 평화를 위해 일하는 자들,
세계를 위해 기도합니다.
(합심기도) 주님, 주님의 자비하심으로, 우리의 기도를 들어주소서

우리 안의 다른 염려를 맡기어 드립니다.
(합심기도) 주님, 주님의 자비하심으로, 우리의 기도를 들어주소서

성육신의 하나님, 주님은 인간적인 것을 부드럽게 감싸시며,
우리와 하나가 되십니다.
하나님의 의로운 마리아에게 보이신 비전으로 저희의 마음을 밝혀주십시오.
그리하여 우리가 세계에 평화를 퍼뜨리는 어렵고도 신성한 주님의 일안에서
주님과 함께함에 온화해질 수 있도록 해주십시오. 주님의 이름으로 기도합니다.

(주기도문) 하늘에 계신 우리 아버지 …

축도

믿음에서 오는 온갖 즐거움과 평화를 여러분에게 가득히 안겨주시고
성령의 힘으로 희망이 여러분에게 넘쳐 흐르게 하여주시기를 빕니다. 아멘.

기억된 자비

재림절 금요일 저녁

여는 말

하나님이 자신의 종을 도우러 오셨습니다.

하나님께서 그의 자비를 기억하셨습니다.

찬양으로 부르심

하나님의 영광이 드러나날 것입니다.

그리고 모든 이가 하나님의 영광을 함께 목격할 것입니다.

처음부터 계셨고 …

이사야 55:6-11

너희는, 만날 수 있을 때에 주님을 찾아라.

너희는, 가까이 계실 때에 주님을 불러라.

악한 자는 그 길을 버리고, 불의한 자는 그 생각을 버리고,

주님께 돌아오너라. 주님께서 그에게 긍휼을 베푸실 것이다.

우리의 하나님께로 돌아오너라. 주님께서 너그럽게 용서하여 주실 것이다.

"나의 생각은 너희의 생각과 다르며,

너희의 길은 나의 길과 다르다." 주님께서 하신 말씀이다.

"하늘이 땅보다 높듯이,

나의 길은 너희의 길보다 높으며, 나의 생각은 너희의 생각보다 높다.

비와 눈이 하늘에서 내려서, 땅을 적셔서 싹이 돋아 열매를 맺게 하고,

씨뿌리는 사람에게 씨앗을 주고 사람에게 먹거리를 주고 나서야,

그 근원으로 돌아가는 것처럼,
나의 입에서 나가는 말도, 내가 뜻하는 바를 이루고 나서야,
내가 하라고 보낸 일을 성취하고 나서야, 나에게로 돌아올 것이다."

감사드림

오 주님, 끊임없는 사랑에 감사드리며
은혜로운 주님의 일들을 선포합니다.
(자유롭게 감사의 기도를 드립니다)
주님은 우리가 기다리던 참된 주님이십니다
주님의 구원을 기뻐하며 찬미를 드립니다. 아멘.

찬송

읽은 성경말씀에 맞는 찬송을 선택하여 부른다.

고백

주님은 내 안에 진리가 있기를 원하십니다.
내 마음 속에 은밀히 지혜를 가르쳐 주십시오.
(침묵기도)
오 하나님, 주님의 변함없는 사랑으로,
저희에게 자비의 은혜를 베풀어 주옵소서.
주님의 무한한 자비로 우리 죄를 덮어주소서.

제자로 부르심

예수님은 수고하고 무거운 짐을 진 사람들에게
"내게로 오라 내가 너희를 쉬게 하리라"고 말씀하셨습니다.
오 주님, 주님의 강한 손 아래 저희 자신을 낮춥니다.
주님, 주님의 돌봄 아래 우리의 근심을 내려 놓습니다.

누가복음 3:7-18

요한은 자기에게 세례를 받으러 나오는 무리에게 말하였다. "독사의 자식들아, 누가 너희에게 닥쳐올 진노를 피하라고 일러주더냐? 회개에 알맞은 열매를 맺어라. 너희는 속으로 '아브라함은 우리의 조상이다' 하고 말하지 말아라. 내가 너희에게 말한다. 하나님께서는 이 돌들로도 아브라함의 자손을 만드실 수 있다. 도끼를 이미 나무 뿌리에 갖다 놓으셨다. 그러므로 좋은 열매를 맺지 않는 나무는 다 찍어서 불 속에 던지신다."

무리가 요한에게 물었다. "그러면 우리는 무엇을 해야 합니까?" 요한이 그들에게 대답하였다. "속옷을 두 벌 가진 사람은 없는 사람에게 나누어 주고, 먹을 것을 가진 사람도 그렇게 하여라." 세리들도 세례를 받으러 와서, 그에게 물었다. "선생님, 우리는 무엇을 해야 하겠습니까?"

그래서 요한은 모든 사람에게 대답하였다. "나는 여러분에게 물로 세례를 주지만, 나보다 더 능력 있는 분이 오실 터인데, 나는 그의 신발끈을 풀어드릴 자격도 없소. 그는 여러분에게 성령과 불로 세례를 주실 것이오. 그는 자기의 타작 마당을 깨끗이 하려고, 손에 키를 들었으니, 알곡은 곳간에 모아 들이고, 쭉정이는 꺼지지 않는 불에 태우실 것이오." 요한은 그 밖에도, 많은 일을 권면하면서, 백성에게 기쁜 소식을 전하였다.

데살로니가전서 3:9-13

우리가 우리 하나님 앞에서, 여러분 때문에 누리는 모든 기쁨을 두고, 여러분을 생각해서, 하나님께 어떠한 감사를 드려야 하겠습니까? 우리는 여러분의 얼굴을 볼 수 있기를, 또 여러분의 믿음에 부족한 것을 보충하여 줄 수 있기를 밤낮으로 간절히 빌고 있습니다.

하나님 우리 아버지와 우리 주 예수께서 우리의 길을 친히 열어 주셔서, 우리를 여러분에게로 가게 해 주시기를 간구합니다. 또, 우리가 여러분을 사랑하는 것과 같이, 주님께서 여러분끼리 서로 나누는 사랑과 모든 사람에게 베푸는 여러분의 사랑을 풍성하게 하고, 넘치게 해 주시기를 빕니다. 그래서 주님께서 여러분의 마음을 굳세게 하셔서, 우리 주 예수께서 자기의 모든 성도들과 함께 오실 때에, 하나님 우리 아버지 앞에서 거룩함에 흠 잡힐 데가 없게 해 주시기를 빕니다.

묵상한 말씀을 나눈다.

찬송
읽은 성경말씀에 맞는 찬송(먼저 그 나라와)을 선택하여 부른다.

마리아의 노래

기도로 부르심

하나님, 주님을 찾을 수 있을 때에, 우리는 주님을 찾습니다.
주님이 가까이 계실 때에, 우리는 주님을 부릅니다.

오 하나님, 주님의 얼굴을 보이시어 저희를 구해주소서.
주님, 주님의 자비하심으로, 우리의 기도를 들어주소서

주님은 그 손길로 우리를 거두시고 우리와 함께하십니다.
우리 자신과 사랑하는 이들을 위해 기도합니다.
(합심기도) 주님, 주님의 자비하심으로, 우리의 기도를 들어주소서

주님은 가진 자가 갖지 못한 자와 함께 나눌 수 있도록 이끄십니다.
우리 공동체와 이웃을 위해 기도합니다.
(합심기도) 주님, 주님의 자비하심으로, 우리의 기도를 들어주소서

주님은 금과 은을 정련하시는 자처럼, 주님의 사람들을 정제하고 정화시키십니다.
이 땅의 교회들이 예수 그리스도를 담대히 증거하고 전하기를 기도합니다.
(합심기도) 주님, 주님의 자비하심으로, 우리의 기도를 들어주소서

주님의 말씀이 주님의 뜻대로 이루어지며,
주님께 빈손으로 돌아오지 않을 것입니다.
예수 그리스도의 이름으로 섬기는 자와 평화를 위해 일하는 자들,
세계를 위해 기도합니다.
(합심기도) 주님, 주님의 자비하심으로, 우리의 기도를 들어주소서

우리 안의 다른 염려를 맡기어 드립니다.
(합심기도) 주님, 주님의 자비하심으로, 우리의 기도를 들어주소서

성육신의 하나님,
주님은 세상과 영혼의 가장 깊은 슬픔을 채우십니다.
마리아가 그녀의 마음에 두고 그 증인으로 노래한 것처럼
강한 희망을 붙들고 살아 갈 수 있게 도와주십시오.
그래서 우리 또한 높은 곳에서 내려오신 분께
제자 됨을 기뻐할 수 있도록
주님의 이름으로 기도합니다.

(주기도문) 하늘에 계신 우리 아버지 …

축도
평화의 하나님께서 여러분을 온전히 거룩한 사람으로 만들어주시기를 빕니다.
또 여러분의 심령과 영혼과 육체를 우리 주 예수 그리스도께서
다시 오시는 날까지 완전하고 흠없게 지켜주시기를 빕니다.
아멘.

우리 조상들에게 약속하심

재림절 토요일 아침

여는 말

주님이 우리의 조상님들께 약속한 바와 같이

하나님께서 주의 자비를 기억하셨습니다.

찬양으로 부르심

내 영혼이 주를 기다리며, 주의 말씀 안에 내 소망이 있음을 고백합니다.

파수꾼이 아침을 기다림 같이 나의 영혼이 주님을 기다립니다.

처음부터 계셨고 …

이사야 60:4-5

눈을 들어 사방을 둘러보아라.

그들이 모두 모여 너에게로 오고 있다.

너의 아들들이 먼 곳으로부터 오며, 너의 딸들이 팔에 안겨서 올 것이다.

그 때에 이것을 보는 너의 얼굴에는 기쁨이 넘치고,

흥분한 너의 가슴은 설레고, 기쁨에 벅찬 가슴은 터질 듯 할 것이다.

풍부한 재물이 뱃길로 너에게로 오며,

이방 나라의 재산이 너에게로 들어올 것이다.

감사드림

우리는 기쁨으로 구원의 우물에서 물을 길어 올릴 것 입니다.

우리가 주님의 이름을 부르며 하나님께 감사를 드립니다.

(자유롭게 감사의 기도를 드립니다)

당신은 우리가 기다려왔던 주님이십니다.

우리는 주님의 구원 안에서 기뻐하며 행복해합니다. 아멘.

찬송

거룩 거룩 거룩 전능하신 주님 (찬송가 8)

글로리아, 글로리아, 아바 아바 아버지

제자로 부르심

하나님의 말씀이 우리 안에 깊게 역사하시도록 하십시오.

왜냐하면 하나님이 쌓으신 기초 이외에 다른 기초를 쌓을 분은 없기 때문입니다

그 기초는 우리 주 예수그리스도 입니다.

누가복음 21:5-11

몇몇 사람들이 성전을 가리켜서, 아름다운 돌과 봉헌물로 꾸며 놓았다고 말들을 하니, 예수께서 말씀하셨다."너희가 보고 있는 이것들이, 돌 한 개도 돌 위에 남지 않고 다 무너질 날이 올 것이다." 제자들이 예수께 물었다. "선생님, 그러면 이런 일들이 언제 있겠습니까? 또 이런 일이 일어나려고 할 때에는, 무슨 징조가 있겠습니까?" 예수께서 대답하셨다. "너희는 속지 않도록 조심하여라. 많은 사람이 내 이름으로 와서 말하기를 '내가 그리스도다' 하거나, '때가 가까이 왔다' 할 것이다. 그러나 그들을 따라가지 말아라.

전쟁과 난리의 소문을 듣더라도 두려워하지 말아라. 이런 일이 반드시 먼저 일어나야 한다. 그러나 종말이 곧 오는 것은 아니다." 그 때에 예수께서 그들에게 말씀하셨다. "민족이 일어나 민족을 치고, 나라가 일어나 나라를 칠 것이다. 큰 지진이 나고, 곳곳에 기근과 역병이 생기고, 하늘로부터 무서운 일과 큰 징조가 나타날 것이다.

야고보서 5:7-11

그러므로 형제자매 여러분, 주님께서 오실 때까지 참고 견디십시오. 보십시오, 농

부는 이른 비와 늦은 비가 땅에 내리기까지 오래 참으며, 땅의 귀한 소출을 기다립니다. 여러분도 참으십시오. 마음을 굳게 하십시오. 주님께서 오실 때가 가깝습니다. 형제자매 여러분, 심판을 받지 않으려거든, 서로 원망하지 마십시오. 보십시오, 심판하실 분께서 이미 문 앞에 서 계십니다. 형제자매 여러분, 주님의 이름으로 예언한 예언자들을 고난과 인내의 본보기로 삼으십시오. 보십시오. 참고 견딘 사람은 복되다고 우리는 생각합니다. 여러분은 욥이 어떻게 참고 견디었는지를 들었고, 또 주님께서 나중에 그에게 어떻게 하셨는지를 알고 있습니다. 주님은 가여워하시는 마음이 넘치고, 불쌍히 여기시는 마음이 크십니다.

묵상한 말씀을 나눈다.

찬송
주를 앙모하는 자 (찬송가 354)

마리아의 노래

기도로 부르심

주님, 우리가 주께 기도드립니다. 우리의 기도를 해처럼 밝게 빛나게 하시며,
주께 기도 드릴 때 우리가 주를 보게 하소서.

구원의 하나님, 우리의 갈급함과 신음을 주님은 아십니다.
주님, 주님의 자비하심으로, **우리의 기도를 들어주소서**

주님은 주님의 길을 가르쳐주소서.
우리 자신과 사랑하는 이들을 위해 기도합니다.
(합심기도) 주님, 주님의 자비하심으로, **우리의 기도를 들어주소서**

주님은 인정이 많고 자비로우신 분이십니다.

우리 공동체와 이웃을 위해 기도합니다.
(합심기도) 주님, 주님의 자비하심으로, 우리의 기도를 들어주소서

주님의 날이 가까워집니다.
세대와 지역을 넘어 하나됨으로 신실해지도록 이 땅의 교회를 위해 기도합니다.
(합심기도) 주님, 주님의 자비하심으로, 우리의 기도를 들어주소서

주님은 영광이 나라들 위에 나타날 것입니다.
우리의 원수를 위해,
분쟁 가운데 있는 사람들과 세계를 위해 기도합니다.
(합심기도) 주님, 주님의 자비하심으로, 우리의 기도를 들어주소서

우리 안의 다른 염려를 맡기어 드립니다.
(합심기도) 주님, 주님의 자비하심으로, 우리의 기도를 들어주소서

성육신의 하나님,
주님은 인간의 모든 것을 부드럽게 감싸시며, 우리와 하나가 되셨습니다.
하나님의 의로운 마리아에게 보이신 비전으로 저희의 마음을 밝혀주십시오.
그리하여 우리가 세계에 평화를 퍼뜨리는 어렵고도 신성한 주님의 일을 하여
주님과 함께함에 온화해질 수 있도록 해주십시오.
주님의 이름으로 기도합니다.

(주기도문) 하늘에 계신 우리 아버지 …

축도

믿음에서 오는 온갖 즐거움과 평화를 여러분에게 가득히 안겨주시고
성령의 힘으로 희망이 여러분에게 넘쳐 흐르게 하여주시기를 빕니다.
아멘.

아브라함과 그의 후손이 영원히

재림절 토요일 저녁

여는 말

우리의 조상 아브라함과 그 후손들에게 약속한 바와 같이
하나님께서는 주의 자비를 기억하셨습니다.

찬양으로 부르심

하나님의 영광이 드러날 것입니다.
그리고 모든 이가 하나님의 영광을 함께 목격할 것입니다.

처음부터 계셨고 …

이사야 54:11-14

너, 고난을 당하고 광풍에 시달려도 위로를 받지 못한 예루살렘아,
이제 내가 홍옥으로 벽을 쌓고, 청옥으로 성벽 기초를 놓겠다.
홍보석으로 흉벽을 만들고, 석류석으로 성문을 만들고,
보석으로 성벽 둘레를 꾸미겠다.
나 주가 너의 모든 아이를 제자로 삼아 가르치겠고,
너의 아이들은 번영과 평화를 누릴 것이다.
네가 공의의 터 위에 굳게 설 것이며,
억압이 너에게서 멀어질 것이니
너에게서는 두려움이 사라지고 공포 또한 사라져,
너에게 접근하지 못할 것이다.

감사드림

오 주님, 끊임없는 사랑에 감사드리며
은혜로운 주님의 일들을 선포합니다.
(자유롭게 감사의 기도를 드립니다)
주님은 우리가 기다리던 참된 주님이십니다
주님의 구원을 기뻐하며 찬미를 드립니다. 아멘.

찬송

온 세상 위하여 (찬송가 505)
만입이 내게 있으면 (찬송가 23)

고백

주님은 내 안에 진리가 있기를 원하십니다.
내 마음 속에 은밀히 지혜를 가르쳐 주십시오.
(침묵기도)
오 하나님, 주님의 변함없는 사랑으로,
저희에게 자비의 은혜를 베풀어 주옵소서.
주님의 무한한 자비로 우리 죄를 덮어주소서.

제자로 부르심

예수님은 수고하고 무거운 짐을 진 사람들에게
"내게로 오라 내가 너희를 쉬게 하리라"고 말씀하셨습니다.
오 주님, 주님의 강한 손 아래 저희 자신을 낮춥니다.
주님, 주님의 돌봄 아래 우리의 근심을 내려 놓습니다.

누가복음 21:25-36

그리고 해와 달과 별들에서 징조들이 나타나고, 땅에서는 민족들이 바다와 파도의 성난 소리 때문에 어쩔 줄을 몰라서 괴로워할 것이다. 사람들은 세상에 닥쳐올 일들을 예상하고, 무서워서 기절할 것이다. 하늘의 세력들이 흔들릴 것이기 때문이다. 그 때에 사람들은 인자가 큰 권능과 영광을 띠고 구름을 타고 오는 것을 볼 것이다. 이런 일들이 일어나기 시작하거든, 일어서서 너희의 머리를 들어라. 너희의 구원이 가까워지고 있기 때문이다."

예수께서 그들에게 비유를 하나 말씀하셨다. "무화과나무와 모든 나무를 보아라. 잎이 돋으면, 너희는 스스로 보고서, 여름이 벌써 가까이 온 줄을 안다. 이와 같이 너희도 이런 일들이 일어나는 것을 보거든, 하나님의 나라가 가까이 온 줄로 알아라. 내가 진정으로 너희에게 말한다. 이 세대가 끝나기 전에, 이 모든 일이 다 일어날 것이다. 하늘과 땅은 없어질지라도, 내 말은 절대로 없어지지 않을 것이다."

"너희는 스스로 조심해서, 방탕과 술취함과 세상살이의 걱정으로 너희의 마음이 짓눌리지 않게 하고, 또한 그 날이 덫과 같이 너희에게 닥치지 않게 하여라. 그 날은 온 땅에 사는 모든 사람에게 닥칠 것이다. 그러니 너희는 앞으로 일어날 이 모든 일을 능히 피하고, 또 인자 앞에 설 수 있도록, 기도하면서 늘 깨어 있어라."

로마서 13:11-14

여러분은 지금이 어느 때인지 압니다. 잠에서 깨어나야 할 때가 벌써 되었습니다. 지금은 우리의 구원이 우리가 처음 믿을 때보다 더 가까워졌습니다. 밤이 깊고, 낮이 가까이 왔습니다. 그러므로 우리는 어둠의 행실을 벗어버리고, 빛의 갑옷을 입읍시다. 낮에 행동하듯이, 단정하게 행합시다. 호사한 연회와 술취함, 음행과 방탕, 싸움과 시기에 빠지지 맙시다. 주 예수 그리스도로 옷을 입으십시오. 정욕을 채우려고 육신의 일을 꾀하지 마십시오.

묵상한 말씀을 나눈다.

찬송

읽은 성경말씀에 맞는 찬송을 선택하여 부른다.

마리아의 노래

기도로 부르심

하나님, 주님을 찾을 수 있을 때에, 우리는 주님을 찾습니다.
주님이 가까이 계실 때에, 우리는 주님을 부릅니다.

오 하나님, 주님의 얼굴을 보이시어 저희를 구해주소서.
주님, 주님의 자비하심으로, 우리의 기도를 들어주소서

주님께서는 주님의 방법을 우리에게 가르치십니다.
우리 자신과 사랑하는 이들을 위해 기도합니다.
(합심기도) 주님, 주님의 자비하심으로, 우리의 기도를 들어주소서

주님은 인심이 많고 자비로우신 분이십니다.
우리 공동체와 이웃을 위해 기도합니다.
(합심기도) 주님, 주님의 자비하심으로, 우리의 기도를 들어주소서

주님의 날이 가까워 졌습니다.
세대와 지역을 넘어 하나됨으로 신실해지도록 이 땅의 교회를 위해 기도합니다.
(합심기도) 주님, 주님의 자비하심으로, 우리의 기도를 들어주소서

주님의 은혜가 온 땅 위에 나타날 것입니다.
우리의 원수를 위해,
분쟁 가운데 있는 사람들을 위해 기도하고 세계를 위해 기도합니다.
(합심기도) 주님, 주님의 자비하심으로, 우리의 기도를 들어주소서

우리 안의 다른 염려를 맡기어 드립니다.
(합심기도) 주님, 주님의 자비하심으로, 우리의 기도를 들어주소서

성육신의 하나님,

주님은 세상과 영혼의 가장 깊은 슬픔을 채우십니다.

마리아가 그녀의 마음에 두고 그 증인으로 노래한 것처럼

강한 희망을 붙들고 살아 갈 수 있게 도와주십시오.

그래서 우리 또한 높은 곳에서 내려오신 분께

제자 됨을 기뻐할 수 있도록

주님의 이름으로 기도합니다.

(주기도문) 하늘에 계신 우리 아버지 …

축도

평화의 하나님께서 여러분을 온전히 거룩한 사람으로 만들어주시기를 빕니다.

또 여러분의 심령과 영혼과 육체를 우리 주 예수 그리스도께서

다시 오시는 날까지 완전하고 흠없게 지켜주시기를 빕니다.

아멘.

크리스마스

크리스마스 기도

예수님 탄생의 기념을 별도로 지키게 된 처음 기록은 4세기 초반 경이다. 크리스마스는 마리아의 수태고지(3월 25일)라는 전통적 날짜와 서양의 겨울 불빛 축제인 12월 25일에 영향을 받은 것으로 생각된다. 서술적 중점은 예수님의 탄생과 양치기들의 경배에 있었고, 이론적 중점은 빛으로서의 예수님과 부활의 신비에 있다. 그 이후에 더해진 것은 크리스마스 전에 준비 기간과 (앞의 재림절을 보라), 크리스마스 이후에 이 서술(이는 무고한 아이들의 학살과 예수님의 할례의 내용을 포함한다)은 11일간 지속이 되고, 이는 1월 6일날 예수공현일로 마감이 된다. 후자는 크리스마스 절기라고 부르며 이미 확립된 부활절 절기와 유사하다. 전통적인 개신교도들은 섣달 그믐날과 신년의 날을 크리스마스 주간 예배에 포함시켰다.

우리는 제목, 여는 말, 크리스마스 첫 주의 찬송가로 매우 감동적인 스가랴의 노래를 선택했다. 이 노래는 인간의 해방과 밝아오는 역사의 새벽이 이스라엘의 하나님의 자비 안에 뿌리 박고 있다는 엄청난 희망을 표현한다. 베네딕투스와 함께 아나뱁티스트의 영성은 인간성과 정의를 역설적인 긴장 안에 함께 담고 있고, 하나의 짝으로 읽을 수 있도록 반영했다. 누가복음과 마태복음의 서술적 맥락에서도 피난민 아이로서의 예수님의 사회적 지위를 잘 보여준다. 예수님과 그의 가족들은 핍박 아래 도망을 다닌다. 찬양으로 부르심과 두 번째 성경읽기의 말씀에서는 정말로 하찮은 예수님의 출생과 정의에 대한 하나님의 열정을 주로 다룬다. 고통 받는 자에게 동정심을 가지시고 가난 이에게 관심을 기울이시는 하나님은 또한 한 아이를 통해 세계에 희망을 안겨다 주는 하나님이시다.

해가 바뀌는 시기에 묵상하는 예배와 말씀들은 속도의 변화, 연약한 우리를 붙드시는 변함없는 하나님의 사랑과 우리의 도덕성에 대하여 묵상하며 쉴 수 있도록 도와준다. 전체 성경읽기와 기도의 틀에 드러나 있는 핵심 성경본문은 "우리를 입히시는" 하나님에 대한 예수의 말씀들이다.

크리스마스의 둘째 주는 예수님의 탄생 이야기를 통해 그의 탄생이 얼마나 중요한 지를 묵상한다. 우리는 제목, 여는 말, 찬송시를 위해 그리스도를 찬양한 골로새서 1장을 사용하였다. 성육신의 신비와 기쁨은 낮은 곳에서 태어난 아이가 십자가의 피를 통해 하나님과 평화하고 화해를 이루는 모습으로 드러난다.

첫번째 성경읽기의 말씀으로는 장엄한 교향곡과 같은 요한복음 1장의 말씀을 반복해서 읽을 것이다. 이는 살과 피가 되어 우리 가운데 거하시는 말씀이다. 두번째 주의 성경읽기 본문들은 풍부하고 장엄한 시편 말씀들로 채워져 있다. 이 기도문은 우리가 보내는 크리스마스가 예수님을 선물로 주신 하나님께 예배하고 그 하나님과 하나가 되는 절기임을 상기시켜 준다.

주님은 축복 받으실 분

12월 24일 저녁

여는 말

이스라엘의 하나님, 주님은 축복받기 마땅하신 분입니다.

주님은 주님의 사람들을 자유케 하시러 찾아오셨습니다.

찬양으로 부르심

임마누엘! 하나님은 우리와 함께하십니다.

지극히 높은 곳에서는 하나님께 영광을,

땅에서는 주님이 기뻐하는 사람에게 평화가!

처음부터 계셨고 …

시편 68:4-12

하나님을 찬양하여라. 그의 이름을 노래하여라.

광야에서 구름 수레를 타고 오시는 분에게, 소리 높여 노래하라.

주님의 이름을 찬양하며 그 앞에서 크게 기뻐하여라.

그 거룩한 곳에 계신 하나님은 고아들의 아버지, 과부들을 돕는 재판관이시다.

하나님은, 외로운 사람들에게 머무를 집을 마련해 주시고,

갇힌 사람들을 풀어 내셔서, 형통하게 하신다.

그러나 하나님을 거역하는 사람은 메마른 땅에서 산다.

하나님, 주님께서 주님의 백성 앞에서 앞장 서서 나아가시며

광야에서 행진하실 때에, (셀라)

하나님 앞에서, 시내 산의 그분 앞에서, 이스라엘의 하나님 앞에서, 땅이 흔들렸고

하늘도 폭우를 쏟아 내렸습니다.

하나님, 주님께서 흡족한 비를 내리셔서 메마른 땅을 옥토로 만드셨고

주님의 식구들을 거기에서 살게 하셨습니다.

하나님, 주님께서 가난한 사람을 생각하셔서, 좋은 것을 예비해 두셨습니다.

주님이 명을 내리시니, 수많은 여인들이 승리의 소식을 전하였다.

감사드림

오늘은 하나님께서 만드신 날입니다.

우리가 함께 찬미하고 함께 기뻐합니다.

(자유롭게 감사의 기도를 드립니다)

주님은 좋으신 분이시기에, 주님께 감사를 드립니다.

주님의 변함없는 사랑은 영원할 것입니다. 아멘.

찬송

읽은 성경말씀에 맞는 찬송을 선택하여 부른다.

고백

주님은 정의의 하나님이십니다.

주님을 기다리는 이들은 축복받아 마땅합니다.

(침묵기도)

주님은 우리에게 자비를 베푸시기를 기다립니다.

주님께서 우리에게 자비를 베푸시기 위해 하늘로 올라오실 것입니다.

제자로 부르심

온갖 좋은 선물들과 모든 완전한 은사는 .

위 곧 빛을 지으신 아버지에게서 내려옵니다.

누가복음 2:1-7

그 때에 아우구스투스 황제가 칙령을 내려 온 세계가 호적 등록을 하게 되었는데, 이 첫 번째 호적 등록은 구레뇨가 시리아의 총독으로 있을 때에 시행한 것이다. 모든 사람이 호적 등록을 하러 저마다 자기 고향으로 갔다. 요셉은 다윗 가문의 자손이므로, 갈릴리의 나사렛 동네에서 유대에는 베들레헴이라는 다윗의 동네로, 자기의 약혼자인 마리아와 함께 등록하러 올라갔다. 그 때에 마리아는 임신 중이었는데, 그들이 거기에 머물러 있는 동안에, 마리아가 해산할 날이 되었다. 마리아가 첫 아들을 낳아서, 포대기에 싸서 구유에 눕혀 두었다. 여관에는 그들이 들어갈 방이 없었기 때문이다.

고린도후서 8:9

여러분은 우리 주 예수 그리스도의 은혜를 알고 있습니다. 그리스도께서는 부요하나, 여러분을 해서 가난하게 되셨습니다. 그것은 그의 가난으로 여러분을 부요하게 하시려는 것입니다.

묵상한 말씀을 나눈다.

찬송

오 베들레헴 작은 골 (찬송가 120)

스가랴의 노래

기도로 부르심

오 하나님, 당신은 주님께 밤낮으로 부르짖는 선택된 이들에게
정의를 행하십니다.
그래서 그 마음을 잃지 않도록 항상 기도합니다.

자비로우신 하나님, 땅위의 우리에게 평화를 베푸십니다.

주님, 주님의 자비하심으로, 우리의 기도를 들어주소서

주님은 우리에게 겸손하게 다가오십니다. 자신과 사랑하는 이를 위해 기도합니다.
(합심기도) 주님, 주님의 자비하심으로, 우리의 기도를 들어주소서

주님은 가난한 이에게 선하심으로 안식처를 주십니다.
공동체와 이웃을 위해 기도합니다.
(합심기도) 주님, 주님의 자비하심으로, 우리의 기도를 들어주소서

주님은 우리를 부하게 하시기 위해 가난해지셨습니다.
이 땅의 모든 교회의 하나됨을 위하여 기도합니다.
(합심기도) 주님, 주님의 자비하심으로, 우리의 기도를 들어주소서

주님은 굶주리는 이에게 새로운 삶을 주십니다.
주님의 나라와 그 뜻이 이 땅에 임하도록 세계를 위하여 기도합니다.
(합심기도) 주님, 주님의 자비하심으로, 우리의 기도를 들어주소서

우리 안의 다른 염려를 맡기어 드립니다.
(합심기도) 주님, 주님의 자비하심으로, 우리의 기도를 들어주소서

예언적 약속의 하나님, 주님의 광채가 우리의 추운 밤을 밝히십니다.
부드러운 연민으로 오셔서 두려움이 없는 신실함으로 평화의 길을 걷게 하소서.
거룩한 주님이자 예고된 출생을 가진 예수의 이름으로 기도합니다. 아멘.

(주기도문) 하늘에 계신 우리 아버지 ...

축도

오랜 세월 동안 비밀로 지켜졌지만, 그리스도의 탄생으로 드러난 신비 안에서 하나님께서 우리를 강하게 하시길 축복합니다. 아멘.

주님께서 그의 백성에게 오심

12월 25일 아침

여는 말

이스라엘의 하나님, 주님은 축복받기 마땅하신 분이십니다.
주님께서는 주님의 사람들을 해방시키려 이 땅에 오셨습니다.

찬양으로 부르심

하나님의 말씀이 살이 되어 우리 안에 함께 살아있습니다.
지혜와 진실이 가득한 주님 안에 삶이 있고, 그 삶이 모든 이에게 빛이 됩니다.

처음부터 계셨고 …

에스겔 34:25-28

내가 그들과 평화의 언약을 세우고, 그 땅에서 해로운 짐승들을 없애 버리겠다.
그래야 그들이 광야에서도 평안히 살고, 숲 속에서도 안심하고 잠들 수 있을 것이다.
내가 그들과 내 산 사방에 복을 내려 주겠다.
내가 때를 따라 비를 내릴 것이니, 복된 소나기가 내릴 것이다.
들의 나무가 열매를 맺고, 땅은 그 소산을 내어 줄 것이다.
그들이 자기들의 땅에서 평안히 살 것이다.
그들이 멘 멍에의 나무를 내가 부러뜨리고,
그들을 노예로 삼은 사람들의 손에서 그들을 구하여 주면,
그 때에야 비로소 그들이, 내가 주인 줄 알게 될 것이다.
그들이 다시는 다른 나라에게 약탈을 당하지 않으며,
그 땅의 짐승들에게 잡혀 먹히지도 않을 것이다.

그들이 평안히 살고, 놀랄 일이 전혀 없을 것이다.

감사드림

주님, 주님께서 우리에게 행하신 위대하고 선한 일을 우리가 기억합니다.

그 구원의 일을 천사나 전령을 통하지 않고, 직접 우리와 하심에 감사 드립니다.

(자유롭게 감사의 기도를 드립니다)

주님은 사랑과 긍휼로 저희를 구원하십니다.

주님께서는 우리를 높이셨고 매일의 삶을 인도하십니다. 아멘.

찬송

글로리아, 글로리아, 아바 아버지

글로리아, 글로리아, 높이 계신 주께

알렐루야

제자로 부르심

내가 너를 사랑한 것처럼 네가 다른 이를 사랑하라.

이것이 주님의 계명입니다.

누가복음 2:8-14

그 지역에서 목자들이 밤에 들에서 지내며 그들의 양 떼를 지키고 있었다. 그런데 주님의 한 천사가 그들에게 나타나고, 주님의 영광이 그들을 두루 비추니, 그들은 몹시 두려워하였다. 천사가 그들에게 말하였다. "두려워하지 말아라. 나는 온 백성에게 큰 기쁨이 될 소식을 너희에게 전하여 준다. 오늘 다윗의 동네에서 너희에게 구주가 나셨으니, 그는 곧 그리스도 주님이시다. 너희는 한 갓난아기가 포대기에 싸여, 구유에 뉘어 있는 것을 볼 터인데, 이것이 너희에게 주는 표징이다." 갑자기 그 천사와 더불어 많은 하늘 군대가 나타나서, 하나님을 찬양하여 말하였다. "더 없이 높은 곳에서는 하나님께 영광이요, 땅에서는 주님께서 좋아하시는 사람들에게 평화로다."

요한1서 4:7-12

사랑하는 여러분, 서로 사랑합시다. 사랑은 하나님에게서 난 것입니다. 사랑하는 사람은 다 하나님에게서 났고, 하나님을 압니다. 사랑하지 않는 사람은 하나님을 알지 못합니다. 하나님은 사랑이시기 때문입니다. 하나님의 사랑이 우리에게 이렇게 드러났으니, 곧 하나님이 자기 외아들을 세상에 보내주셔서 우리로 하여금 그로 말미암아 살게 해주신 것입니다. 사랑은 이 사실에 있으니, 곧 우리가 하나님을 사랑한 것이 아니라, 하나님이 우리를 사랑하셔서, 자기 아들을 보내어 우리의 죄를 위하여 화목제물이 되게 하신 것입니다. 사랑하는 여러분, 하나님께서 이렇게까지 우리를 사랑하셨으니, 우리도 서로 사랑해야 합니다. 지금까지 하나님을 본 사람은 없습니다. 그러나 우리가 서로 사랑하면, 하나님이 우리 가운데 계시고, 또 하나님의 사랑이 우리 가운데서 완성된 것입니다.

묵상한 말씀을 나눈다.

찬송

천사찬송 하기를 (찬송가 126)

스가랴의 노래

기도로 부르심

예수님께서 말씀하셨습니다.
너희가 내 안에 거하면, 나의 말들이 너희 안에 거할 것이오,
원하는 것을 구하라, 그러면 그것이 너희에게 주어질 것이오,
너희가 내 이름으로 구하는 모든 것을 하나님께서 주실 것이다.

성육신의 하나님, 주님은 주님의 사람들을 평안케 하시고 고통 받는 자들에게

자비를 베푸십니다. 주님, 주님의 자비하심으로, 우리의 기도를 들어주소서

주님은 서로 사랑할 때 우리 안에 거하십니다. 자신과 사랑하는 이를 위해 기도합니다.
(합심기도) 주님, 주님의 자비하심으로, 우리의 기도를 들어주소서

주님은 엄청난 기쁨과 좋은 소식을 주십니다. 공동체와 이웃을 위해 기도합니다.
(합심기도) 주님, 주님의 자비하심으로, 우리의 기도를 들어주소서

주님은 평화의 계약을 세우십니다.
성령 안에서 자유로운 삶을 살도록 이 땅의 모든 교회를 위해 기도합니다.
(합심기도) 주님, 주님의 자비하심으로, 우리의 기도를 들어주소서

주님은 진리로 사람을 심판하십니다. 세상의 정치 지도자와 세계를 위해 기도합니다.
(합심기도) 주님, 주님의 자비하심으로, 우리의 기도를 들어주소서

우리 안의 다른 염려를 맡기어 드립니다.
(합심기도) 주님, 주님의 자비하심으로, 우리의 기도를 들어주소서

새벽을 깨우시는 하나님, 하나님은 땅을 흔들어 낮이 되게 하셨습니다.
스가랴가 침묵을 끝내며 용서받았음을 깨달은 것처럼
우리도 용서받았음을 기뻐합니다.
구원의 소식을 선포하고자 우리를 자유케 하시러 오신
메시아의 이름으로 기도합니다.

(주기도문) 하늘에 계신 우리 아버지 …

축도

우리 주 예수 그리스도와 하나님의 지혜 안에서.
은혜와 평화가 우리 안에 풍성하기를 축복합니다. 아멘.

주님께서 우리를 위해 위대하신 구주를 세우심

12월 25일 저녁

여는 말

주님께서 우리를 위해 위대하신 구주를 세우셨습니다.

주님의 종인 다윗의 집에서 태어나셨습니다.

찬양으로 부르심

임마누엘! 하나님은 우리와 함께하십니다.

지극히 높은 곳에서는 하나님께 영광을,

땅에서는 주님이 기뻐하는 사람에게 평화가!

처음부터 계셨고 …

시편 96편

새 노래로 주님께 노래하여라.

온 땅아, 주님께 노래하여라.

주님께 노래하며, 그 이름에 영광을 돌려라.

그의 구원을 날마다 전하여라.

그의 영광을 만국에 알리고 그가 일으키신 기적을 만민에게 알려라.

주님은 위대하시니, 그지없이 찬양 받으실 분이시다.

어떤 신들보다 더 두려워해야 할 분이시다.

만방의 모든 백성이 만든 신은 헛된 우상이다.

하지만, 주님은 하늘을 지으신 분이시다.

주님 앞에는 위엄과 영광이 있고, 주님의 성소에는 권능과 아름다움이 있다.

만방의 민족들아, 주님을 찬양하여라.
주님의 영광과 권능을 찬양하여라.
주님의 이름에 어울리는 영광을 주님께 돌려라.
예물을 들고, 성전 뜰로 들어가거라.
거룩한 옷을 입고, 주님께 경배하여라.
온 땅아, 그 앞에서 떨어라.
모든 나라에 이르기를 "주님께서 다스리시니,
세계는 굳게 서서, 흔들리지 않는다.
주님이 만민을 공정하게 판결하신다" 하여라.
하늘은 즐거워하고, 땅은 기뻐 외치며,
바다와 거기에 가득 찬 것들도 다 크게 외쳐라.
들과 거기에 있는 모든 것도 다 기뻐하며 뛰어라.
그러면 숲 속의 나무들도 모두 즐거이 노래할 것이다.
주님이 오실 것이니, 주님께서 땅을 심판하러 오실 것이니,
주님은 정의로 세상을 심판하시며,
그의 진실하심으로 뭇 백성을 다스리실 것이다.

감사드림

주님, 이 날은 주님이 만드신 날입니다.
우리는 함께 찬미하며 그 안에 즐거워할 것입니다.
(자유롭게 감사의 기도를 드립니다)
주님은 좋으신 분이시기에, 우리는 주님께 감사를 드립니다.
주님의 변함없는 사랑은 영원할 것입니다. 아멘.

찬송

읽은 성경말씀에 맞는 찬송을 선택하여 부른다.

고백

주님은 정의의 하나님이십니다.

주님을 기다리는 이들은 축복받아 마땅합니다.

(침묵기도)

주님은 우리에게 자비를 베푸시기를 기다립니다.

주님께서 우리에게 자비를 베푸시기 위해 하늘로 올라오실 것입니다.

제자로 부르심

온갖 좋은 선물들과 모든 완전한 은사는 .

위 곧 빛을 지으신 아버지에게서 내려옵니다.

누가복음 2:15-20

천사들이 목자들에게서 떠나 하늘로 올라간 뒤에, 목자들이 서로 말하였다. "베들레헴으로 가서, 주님께서 우리에게 알려주신 바, 일어난 그 일을 봅시다." 그리고 그들은 급히 달려가서, 마리아와 요셉과 구유에 누워 있는 아기를 찾아냈다. 그들은 이것을 보고 나서, 이 아기에 관하여 자기들이 들은 말을 사람들에게 알려주었다. 이것을 들은 사람들은 모두 목자들이 그들에게 전해준 말을 이상히 여겼다. 마리아는 이 모든 말을 고이 간직하고, 마음 속에 곰곰이 되새겼다. 목자들은 자기들이 듣고 본 모든 일이 자기들에게 일러주신 그대로임을 알고, 돌아가면서 하나님께 영광을 돌리며 그를 찬미하였다.

미가서 5:2

"그러나 너 베들레헴 에브라다야, 너는 유다의 여러 족속 가운데서 작은 족속이지만, 이스라엘을 다스릴 자가 네게서 내게로 나올 것이다. 그의 기원은 아득한 옛날, 태초에까지 거슬러 올라간다."

묵상한 말씀을 나눈다.

찬송

읽은 성경말씀에 맞는 찬송을 선택하여 부른다.

스가랴의 노래

기도로 부르심

오 하나님, 당신은 주님께 밤낮으로 부르짖는 선택된 이들에게 정의를 행하십니다.
그래서 그 마음을 잃지 않도록 항상 기도합니다.

성육신의 하나님, 주님은 땅 위의 사람들에게 평화를 베푸시고 고통 받는 자들에게 자비를 베푸십니다.
주님, 주님의 자비하심으로, **우리의 기도를 들어주소서**

주님은 우리가 서로를 사랑할 때 우리 안에 거하십니다.
우리 자신과 사랑하는 이들을 위해 기도합니다.
(합심기도) 주님, 주님의 자비하심으로, **우리의 기도를 들어주소서**

주님은 엄청난 기쁨과 함께 좋은 소식을 주십니다.
우리 공동체와 이웃을 위해 기도합니다.
(합심기도) 주님, 주님의 자비하심으로, **우리의 기도를 들어주소서**

주님은 평화의 언약을 세우십니다.
성령 안에서 자유로운 삶을 살도록 이 땅의 모든 교회를 위해 기도합니다.
(합심기도) 주님, 주님의 자비하심으로, **우리의 기도를 들어주소서**

주님은 진리로 사람들을 심판하십니다.
세상의 정치 지도자들과 세계를 위해 기도합니다.

(합심기도) 주님, 주님의 자비하심으로, 우리의 기도를 들어주소서

우리 안의 다른 염려를 맡기어 드립니다.
(합심기도) 주님, 주님의 자비하심으로, 우리의 기도를 들어주소서

예언적 약속의 하나님,
주님의 광채가 우리의 추운 밤을 밝힙니다.
부드러운 연민으로 우리에게 오셔서
두려움이 없는 신실함으로 평화의 길을 걷게 하소서.
거룩한 주님이자 예고된 출생을 가진 예수의 이름으로
기도합니다. 아멘.

(주기도문) *하늘에 계신 우리 아버지 …*

축도

오랜 세월 동안 비밀로 지켜졌지만,
그리스도의 탄생으로 드러난 신비 안에서
하나님께서 우리를 강하게 하시길 축복합니다.
아멘.

주님께서 오래 전부터 약속하심

12월 26일 아침

여는 말

주님은 오래 전부터 거룩한 예언자들을 통해
우리를 미워하는 적에게서 구하시겠다고 약속하셨습니다.

찬양으로 부르심

주님의 말씀이 육신이 되어 우리 안에 거하시니
은혜와 진리가 충만하였다.
주 안에 생명이 있고 그 생명이 모든 것의 빛이 되었다.

처음부터 계셨고 …

미가 4:6-10

"나 주가 선언한다. 그 날이 오면, 비틀거리며 사는 백성을 내가 다시 불러오고,
사로잡혀 가서 고생하던 나의 백성을 다시 불러모으겠다.
그들이 이역만리 타향에서 비틀거리며 살고 있으나,
거기에서 살아 남은 백성이 강한 민족이 될 것이다.
그 때로부터 영원토록, 나 주가 그들을 시온 산에서 다스리겠다.
너 양 떼의 망대야, 도성 시온의 산아, 너의 이전 통치가 회복되고
도성 예루살렘의 왕권이 네게로 돌아올 것이다."
어찌하여 너는 그렇게 큰소리로 우느냐? 왕이 없기 때문이냐?
어찌하여 너는 아이를 낳는 여인처럼 진통하느냐?
자문관들이 죽었기 때문이냐?

도성 시온아, 이제 네가 이 도성을 떠나서, 빈 들로 가서 살아야 할 것이니,
아이를 낳는 여인처럼, 몸부림치면서 신음하여라.
너는 바빌론으로 가야 할 것이다.
거기에서 주님께서 너를 건지시고, 너의 원수에게서 너를 속량하실 것이다.

감사드림

주님, 주님께서 우리에게 행하신 위대하고 선한 일을 우리가 기억합니다.
그 구원의 일을 천사나 전령을 통해서 하지 않고,
직접 우리와 함께 하심에 감사를 드립니다.
(자유롭게 감사의 기도를 드립니다)
주님은 사랑과 긍휼로 저희를 구원하십니다.
주님께서는 우리를 높이셨고 매일의 삶을 인도하십니다. 아멘.

찬송

읽은 성경말씀에 맞는 찬송을 선택하여 부른다.

제자로 부르심

내가 너를 사랑한 것처럼 네가 다른 이를 사랑하라.
이것이 주님의 계명입니다.

누가복음 2:21-24

여드레가 차서, 아기에게 할례를 행할 때에, 그 이름을 예수라고 하였다. 그것은, 아기가 수태되기 전에, 천사가 일러준 이름이다.
모세의 법대로 그들이 정결하게 되는 날이 차서, 그들은 아기를 주님께 드리려고 예루살렘으로 데리고 올라갔다. 그것은 주님의 율법에 기록된 바 "어머니의 태를 처음 여는 사내아이마다, 주님의 거룩한 사람으로 불릴 것이다" 한 대로 한 것이요, 또 주님의 율법에 이르신 바 "산비둘기 한 쌍이나, 어린 집비둘기 두 마리를 드

려야 한다" 한 대로, 희생제물을 드리기 위한 것이었다.

출애굽기 13:1-2, 11-16

주님께서 모세에게 말씀하셨다. "이스라엘 자손 가운데서 태를 제일 먼저 열고 나온 것 곧 처음 난 것은, 모두 거룩하게 구별하여 나에게 바쳐라. 사람이든지 짐승이든지, 처음 난 것은 모두 나의 것이다."

주님께서, 당신들과 당신들 조상에게 맹세하신 대로, 당신들을 가나안 사람의 땅에 이르게 하셔서 그 땅을 당신들에게 주시거든, 당신들은 태를 처음 열고 나오는 모든 것을 주님께 바치십시오. 그리고 당신들이 기르는 짐승이 처음 낳는 수컷은 다 주님의 것입니다. 그러나 나귀의 맏배는 어린 양을 대신 바쳐서 대속하도록 하십시오. 그렇게 대속하지 않으려거든, 그 목을 꺾으십시오. 당신들 자식들 가운데서 맏아들은 모두 대속하여야 합니다. 뒷날 당신들 아들딸이 당신들에게 묻기를, 무엇 때문에 이런 일을 하느냐고 하거든, 당신들은 아들딸에게 이렇게 일러주십시오. '주님께서 강한 손으로 이집트 곧 종살이하던 집에서 우리를 이끌어 내셨다. 그 때에 바로가 우리를 내보내지 않으려고 고집을 부렸으므로, 주님께서, 처음 난 것을, 사람뿐만 아니라 이집트 땅에 있는 모든 처음 난 것을 죽이셨다. 그래서 나는 처음 태를 열고 나온 모든 수컷을 주님께 제물로 바쳐서, 아들 가운데에서도 맏아들을 모두 대속하는 것이다. 이것을 각자의 손에 감은 표나 이마 위에 붙인 표처럼 여겨라. 이렇게 하는 것은, 주님께서 강한 손으로 우리를 이집트 땅에서 이끌어 내셨기 때문이다.'"

묵상한 말씀을 나눈다.

찬송

읽은 성경말씀에 맞는 찬송을 선택하여 부른다.

스가랴의 노래

기도로 부르심

예수님께서 말씀하셨습니다.
너희가 내 안에 거하면, 나의 말들이 너희 안에 거할 것이오,
원하는 것을 구하라, 그러면 그것이 너희에게 주어질 것이오,
너희가 내 이름으로 구하는 모든 것을 하나님께서 주실 것이오.

성육신의 하나님, 주님은 주님의 사람들을 평안케 하시고 고통 받는 자들에게 자비를 베푸십니다. 주님, 주님의 자비하심으로, **우리의 기도를 들어주소서**

주님은 우리가 서로를 사랑할 때 우리 안에 거하십니다.
우리 자신과 사랑하는 이들을 위해 기도합니다.
(합심기도) 주님, 주님의 자비하심으로, **우리의 기도를 들어주소서**

주님은 엄청난 기쁨과 함께 좋은 소식을 주십니다.
우리 공동체와 이웃을 위해 기도합니다.
(합심기도) 주님, 주님의 자비하심으로, **우리의 기도를 들어주소서**

주님은 평화의 계약을 세우십니다.
우리가 하나님의 신실한 사랑에 반응하도록 이 땅의 교회들을 위해 기도합니다.
(합심기도) 주님, 주님의 자비하심으로, **우리의 기도를 들어주소서**

주님은 진리로 사람들을 심판하십니다.
가난하고 도움이 필요한 이들과 세계를 위해 기도합니다.
(합심기도) 주님, 주님의 자비하심으로, **우리의 기도를 들어주소서**

우리 안의 다른 염려를 맡기어 드립니다.
(합심기도) 주님, 주님의 자비하심으로, **우리의 기도를 들어주소서**

주기도문) 하늘에 계신 우리 아버지 …

축도

우리 주 예수 그리스도와 하나님의 지혜 안에서,

은혜와 평화가 우리 안에 풍성하기를 축복합니다. 아멘.

주님께서 오래 전부터 약속하심

12월 26일 저녁

여는 말

주님은 오래 전부터 거룩한 예언자들을 통해
우리를 미워하는 적에게서 구하시겠다고 약속하셨습니다.
이는 우리 조상들에게 자비를 베푸시며,
또한 주님의 신실한 언약을 기억하기 위함입니다.

찬양으로 부르심

임마누엘! 하나님은 우리와 함께하십니다.
지극히 높은 곳에서는 하나님께 영광을,
땅에서는 주님이 기뻐하는 사람에게 평화가!

처음부터 계셨고 …

이사야 30:18-21

그러나 주님께서는 너희에게 은혜를 베푸시려고 기다리시며,
너희를 불쌍히 여기시려고 일어나신다.
참으로 주님께서는 공의의 하나님이시다.
주님을 기다리는 모든 사람은 복되다.
예루살렘에 사는 시온 백성아, 이제 너희는 울 일이 없을 것이다.
네가 살려 달라고 부르짖을 때에, 주님께서 틀림없이 은혜를 베푸실 것이니,
들으시는 대로 너에게 응답하실 것이다.
비록 주님께서 너희에게 환난의 빵과 고난의 물을 주셔도,

다시는 너의 스승들을 숨기지 않으실 것이니,

네가 너의 스승들을 직접 뵐 것이다.

네가 오른쪽이나 왼쪽으로 치우치려 하면,

너의 뒤에서 '이것이 바른길이니, 이 길로 가거라' 하는 소리가

너의 귀에 들릴 것이다.

감사드림

이 날은 주님께서 만드신 날입니다.

우리는 함께 찬미하며 그 안에서 기뻐할 것입니다.

(자유롭게 감사의 기도를 드립니다)

주님, 우리는 주님께 감사를 드립니다, 주님께서 좋으신 분이시기 때문입니다.

주님의 변함없는 사랑은 영원히 지속될 것입니다. 아멘.

찬송

열어주소서 열어주소서

고백

주님은 정의의 하나님이십니다.

하나님을 기다리는 자들은 복된 자들입니다.

(침묵기도)

하나님께서 우리에게 은혜를 베푸시길 원합니다.

주님께서 승천하셔서 우리에게 자비를 베푸실 것입니다.

제자로 부르심

온갖 좋은 선물들과 모든 완전한 은사는

위 곧 빛을 지으신 아버지에게서 내려옵니다.

누가복음 2:25-32

그런데 마침 예루살렘에 시므온이라는 사람이 있었는데, 그 사람은 의롭고 경건한 사람이므로, 이스라엘이 받을 위로를 기다리고 있었고, 또 성령이 그에게 임하여 계셨다. 그는 주님께서 세우신 그리스도를 보기 전에는 죽지 아니할 것이라는 성령의 지시를 받은 사람이었다. 그가 성령의 인도로 성전에 들어갔을 때에, 마침 아기의 부모가 율법이 정한 대로 행하고자 하여, 아기 예수를 데리고 들어왔다. 시므온이 아기를 자기 팔로 받아서 안고, 하나님을 찬양하여 말하였다.
"주님, 이제 주님께서는 주님의 말씀을 따라, 이 종을 세상에서 평안히 떠나가게 해주십니다. 내 눈이 주님의 구원을 보았습니다. 주님께서 이것을 모든 백성 앞에 마련하셨으니, 이는 이방 사람들에게는 계시하시는 빛이요, 주님의 백성 이스라엘에게는 영광입니다."

이사야 42:6-9

나 주가 의를 이루려고 너를 불렀다.
내가 너의 손을 붙들어 주고, 너를 지켜 주어서,
너를 백성의 언약과 이방의 빛이 되게 할 것이니,
네가 눈먼 사람의 눈을 뜨게 하고,
감옥에 갇힌 사람을 이끌어 내고,
어두운 영창에 갇힌 이를 풀어 줄 것이다.
나는 주다. 이것이 나의 이름이다.
나는, 내가 받을 영광을 다른 사람에게 넘겨 주지 않고,
내가 받을 찬양을 우상들에게 양보하지 않는다.
전에 예고한 일들이 다 이루어졌다.
이제 내가 새로 일어날 일들을 예고한다.
그 일들이 일어나기 전에,
내가 너희에게 일러준다."

묵상한 말씀을 나눈다.

찬송
읽은 성경말씀에 맞는 찬송을 선택하여 부른다.

스가랴의 노래

기도로 부르심

오 하나님, 당신은 주님께 밤낮으로 부르짖는 선택된 이들에게
정의를 행하십니다.
그래서 그 마음을 잃지 않도록 항상 기도합니다.
신실한 하나님, 주님은 세상에 평화를 가져다 주시려고 우리 안에 오셨습니다.
주님, 주님의 자비하심으로, **우리의 기도를 들어주소서**
주님 안에 생명이 있고, 이 것이 모든 이들의 빛입니다.
우리 자신과 사랑하는 이들을 위해 기도합니다.
(합심기도) 주님, 주님의 자비하심으로, **우리의 기도를 들어주소서**
주님은 떠나간 모든 이들을 함께 모으십니다.
우리 공동체와 이웃을 위해 기도합니다.
(합심기도) 주님, 주님의 자비하심으로, **우리의 기도를 들어주소서**
주님은 주님의 사람들을 모든 나라들에게 빛으로 주셨습니다.
우리가 하나님의 신실한 사랑에 반응하도록 이 땅의 교회들을 위해 기도합니다.
(합심기도) 주님, 주님의 자비하심으로, **우리의 기도를 들어주소서**
주님은 주님의 구원을 알리셨습니다.
가난하고 도움이 필요한 이들과 세계를 위해 기도합니다.
(합심기도) 주님, 주님의 자비하심으로, **우리의 기도를 들어주소서**
우리 안의 다른 염려를 맡기어 드립니다.
(합심기도) 주님, 주님의 자비하심으로, **우리의 기도를 들어주소서**

예언적 약속의 하나님,
주님의 광채가 우리의 추운 밤을 밝힙니다.
부드러운 연민으로 우리에게 오셔서
두려움이 없는 신실함으로 평화의 길을 걷게 하소서.
거룩한 주님이자 예고된 출생을 가진 예수의 이름으로
기도합니다. 아멘.

(주기도문) 하늘에 계신 우리 아버지 …

축도
오랜 세월 동안 비밀로 지켜졌지만,
그리스도의 탄생으로 드러난 신비 안에서
하나님께서 우리를 강하게 하시길 축복합니다.
아멘.

우리를 자유롭게 하신다 약속하심

12월 27일 아침

여는 말

이것은 우리 선조 아브라함에게 하나님께서 맹세하신 언약입니다.
하나님은 우리의 원수에게서 우리를 자유롭게 하십니다.

찬양으로 부르심

말씀이 육신이 되어 우리 안에 거하시니
은혜와 진리가 충만합니다.
그 안에 생명이 있고, 그 생명이 모든 이들에게 빛이 되었습니다.

처음부터 계셨고 …

시편 102:16-23 [15-22]

뭇 나라가 주님의 이름을 두려워하고,
이 땅의 왕들이 주님의 영광을 두려워할 것입니다.
주님께서 시온을 다시 세우시고, 그 영광 가운데 나타나실 것이기 때문입니다.
헐벗은 사람의 기도를 들으시며, 그들의 기도를 업신여기지 않을 것입니다.
다음 세대가 읽도록 주님께서 하신 일을 기록하여라.
아직 창조되지 않은 백성이, 그것을 읽고 주님을 찬양하도록 하여라.
주님께서 성소 높은 곳에서 굽어보시고, 하늘에서 땅을 살펴보셨다.
갇힌 사람들의 신음 소리를 들으시고, 죽게 된 사람들을 풀어 놓아 주셨다.
시온에서 주님의 이름이 널리 퍼지고,
예루살렘에서 주님께 드리는 찬양이 울려 퍼질 때에,

뭇 백성이 다 모이고, 뭇 나라가 함께 주님을 섬길 것이다.

감사드림

주님, 주님께서 우리에게 행하신 위대하고 선한 일을 우리가 기억합니다.
그 구원의 일을 천사나 전령을 통해서 하지 않고,
직접 우리와 함께 하심에 감사를 드립니다.
(자유롭게 감사의 기도를 드립니다)
주님은 사랑과 긍휼로 저희를 구원하십니다.
주님께서는 우리를 높이셨고 매일의 삶을 인도하십니다. 아멘.

찬송

시온성과 같은 교회 (찬송가 210)

제자로 부르심

내가 너를 사랑한 것처럼 네가 다른 이를 사랑하라.
이것이 주님의 계명입니다.

누가복음 2:33-35

아기의 아버지와 어머니는, 시므온이 아기에 대하여 하는 이 말을 듣고서, 이상하게 여겼다. 시므온이 그들을 축복한 뒤에, 아기의 어머니 마리아에게 말하였다. "보십시오, 이 아기는 이스라엘 가운데 많은 사람을 넘어지게도 하고 일어서게도 하려고 세우심을 받았으며, 비방 받는 표징이 되게 하려고 세우심을 받았습니다. 그리고 칼이 당신의 마음을 찌를 것입니다. 그리하여 많은 사람의 마음 속 생각들이 드러나게 될 것입니다."

이사야 49:6

주님께서 이렇게 말씀하신다.
"네가 내 종이 되어서, 야곱의 지파들을 일으키고 이스라엘 가운데 살아 남은 자들을 돌아오게 하는 것은, 네게 오히려 가벼운 일이다. 땅끝까지 나의 구원이 미치게 하려고, 내가 너를 '뭇 민족의 빛'으로 삼았다."

묵상한 말씀을 나눈다.

찬송
읽은 성경말씀에 맞는 찬송을 선택하여 부른다.

스가랴의 노래

기도로 부르심

예수님이 말씀하셨습니다.
만약 너희가 네 안아 머무르면, 나의 말이 너희 안에 머물것이다.
네가 모든 것을 구하면, 그것이 너에게 주어질 것이다.
아버지께서 네가 내 이름으로 구하는 모든 것을 주실 것이다.

보호하시는 하나님, 주님은 주님의 사람들을 평안케 하시고
고통 받는 자들에게 긍휼을 베푸십니다.
주님, **주님의 자비하심으로, 우리의 기도를 들어주소서**

주님은 우리에게 두렵지 말고 믿음을 가지라고 말씀하십니다.
우리 자신과 사랑하는 이들을 위해 기도합니다.
(합심기도) 주님, **주님의 자비하심으로, 우리의 기도를 들어주소서**

주님은 가난한 자들의 마음을 강하게 하십니다.
우리 공동체와 이웃을 위해 기도합니다.
(합심기도) 주님, **주님의 자비하심으로, 우리의 기도를 들어주소서**

주님의 사랑과 자비로 주님의 사람들을 구원하셨습니다.

정의와 평화, 기쁨이 있는 하나님 나라를 증거하도록
이 땅의 교회들을 위해 기도합니다.
(합심기도) 주님, 주님의 자비하심으로, 우리의 기도를 들어주소서

주님은 정의와 형평성을 지키십니다.
모든 탐욕과 폭력, 압제의 올무에 빠져있는 사람들을 생각하며
세계를 위해 기도합니다.
(합심기도) 주님, 주님의 자비하심으로, 우리의 기도를 들어주소서

우리 안의 다른 염려를 맡기어 드립니다.
(합심기도) 주님, 주님의 자비하심으로, 우리의 기도를 들어주소서

새벽을 깨우시는 하나님, 하나님은 땅을 흔들어 낮이 되게 하셨습니다.
스가랴가 침묵을 끝내며 용서받았음을 깨달은 것처럼 우리 또한
주님의 부활의 좋은 소식을 선포하며 기뻐할 수 있도록 하여 주십시오.
우리를 자유케 하실 메시아의 이름으로 기도합니다.

(주기도문) 하늘에 계신 우리 아버지 …

축도
우리 주 예수 그리스도의 하나님을 아는 지식의 풍요로움 안에
은혜와 평화가 넘쳐나길 축복합니다.
아멘.

두려움 없이 자유롭게 주님을 예배함

12월 27일 저녁

여는 말

이것은 우리 선조 아브라함에게 하나님께서 맹세하신 언약입니다.
하나님은 원수의 손에서 우리를 건져내시고 두려움없이 주를 예배하게 하시며,
우리를 주님 앞에서 의롭고 거룩하게 하셨습니다.

찬양으로 부르심

임마누엘! 하나님은 우리와 함께하십니다.
지극히 높은 곳에서는 하나님께 영광을,
땅에서는 주님이 기뻐하는 사람에게 평화가!

처음부터 계셨고 …

이사야 63:7-9

나는 주님께서 베풀어 주신 변함없는 사랑을 말하고,
주님께서 우리에게 하여 주신 일로 주님을 찬양하였습니다.
주님께서 우리 모두에게 베푸신 은혜, 그의 긍휼과 그의 풍성한 자비를 따라서
이스라엘 집에 베푸신 크신 은총을 내가 전하렵니다.
주님께서 이르시기를 "그들은 나의 백성이며,
그들은 나를 속이지 않는 자녀들이다" 하셨습니다.
그런 다음에 그들의 구원자가 되어 주셨습니다.
주님께서는, 그들이 고난을 받을 때에 주님께서도 친히 고난을 받으셨습니다.
천사를 보내셔서 그들을 구하시지 않고 주님께서 친히 그들을 구해 주셨습니다.

사랑과 긍휼로 그들을 구하여 주시고,

옛적 오랜 세월 동안 그들을 치켜들고 안아 주셨습니다.

감사드림

이 날은 주님이 만드신 날입니다,

우리는 함께 찬미하며 그 안에서 기뻐할 것입니다.

(자유롭게 감사의 기도를 드립니다)

주님, 우리는 주님께 감사를 드립니다. 주님은 좋으신 분이시기 때문입니다.

주님의 변함없는 사랑은 영원히 지속될 것입니다. 아멘.

찬송

읽은 성경말씀에 맞는 찬송을 선택하여 부른다.

고백

하나님은 정의의 하나님이십니다.

주님을 기다리는 자들은 복된 자들입니다.

(침묵기도)

주님께서는 우리에게 은혜를 베푸시기를 원하십니다.

주님은 승천하셔서 우리에게 자비를 베푸실 것입니다.

제자로 부르심

온갖 좋은 선물들과 모든 완전한 은사는 .

위 곧 빛을 지으신 아버지에게서 내려옵니다.

누가복음 2:36-38

아셀 지파에 속하는 바누엘의 딸로 안나라는 여예언자가 있었는데, 나이가 많았다. 그는 처녀 시절을 끝내고 일곱 해를 남편과 함께 살고, 과부가 되어서, 여든네 살이 되도록 성전을 떠나지 않고, 밤낮으로 금식과 기도로 하나님을 섬겨왔다. 바로 이 때에 그가 다가서서 하나님께 감사를 드리고, 예루살렘의 구원을 기다리는 모든 사람에게 이 아기에 대하여 말하였다.

이사야 12:1-2

그 날이 오면, 너는 이렇게 찬송할 것이다.
"주님, 전에는 주님께서 나에게 진노하셨으나, 이제는 주님의 진노를 거두시고, 나를 위로하여 주시니, 주님께 감사드립니다. 하나님은 나의 구원이시다. 나는 주님을 의지한다. 나에게 두려움 없다. 주 하나님은 나의 힘, 나의 노래, 나의 구원이시다."

묵상한 말씀을 나눈다.

찬송

보라 하나님은 나의 구원이시라
이새의 뿌리에서 (찬송가 101)

스가랴의 노래

기도로 부르심

오 하나님, 당신은 주님께 밤낮으로 부르짖는 선택된 이들에게
정의를 행하십니다.
그래서 그 마음을 잃지 않도록 항상 기도합니다.

신실한 하나님, 주님은 이 땅 위에 평화를 주시려고 우리 가운데 오셨습니다.
주님, 주님의 자비하심으로, 우리의 기도를 들어주소서

주님은 우리에게 두렵지 말고 믿음을 가지라고 말씀하십니다.
우리 자신과 사랑하는 이들을 위해 기도합니다.
(합심기도) 주님, 주님의 자비하심으로, 우리의 기도를 들어주소서

주님은 가난한 자의 마음을 강하게 하십니다. 공동체와 이웃을 위해 기도합니다.
(합심기도) 주님, 주님의 자비하심으로, 우리의 기도를 들어주소서

주님의 사랑과 자비로 주님의 사람들을 구원하셨습니다.
정의와 평화, 기쁨이 있는 하나님 나라를 증거하도록 교회를 위해 기도합니다.
(합심기도) 주님, 주님의 자비하심으로, 우리의 기도를 들어주소서

주님은 정의와 형평성을 지키십니다.
모든 탐욕과 폭력, 압제의 올무에 빠져있는 사람들을 생각하며
세계를 위해 기도합니다.
(합심기도) 주님, 주님의 자비하심으로, 우리의 기도를 들어주소서

우리 안의 다른 염려를 맡기어 드립니다.
(합심기도) 주님, 주님의 자비하심으로, 우리의 기도를 들어주소서

예언적 약속의 하나님,
주님의 광채가 우리의 추운 밤을 밝힙니다.
부드러운 연민으로 우리에게 오셔서
두려움이 없는 신실함으로 평화의 길을 걷게 하소서.
거룩한 주님이자 예고된 출생을 가진 예수의 이름으로 기도합니다. 아멘.

(주기도문) 하늘에 계신 우리 아버지 …

축도

오랜 세월 동안 비밀로 지켜졌지만,
그리스도의 탄생으로 드러난 신비 안에서
하나님께서 우리를 강하게 하시길 축복합니다.
아멘.

주님, 자녀, 예언자로 일컬음

12월 28일 아침

여는 말

한 아기가 가장 높으신 이의 예언자로 일컬음을 받을 것이니
이는 그가 오실 주님의 길을 준비할 것이기 때문입니다.

찬양으로 부르심

말씀이 육신이 되어 우리 안에 거하니
은혜와 진리가 충만하였다.

처음부터 계셨고 …

시편 114편

할렐루야!
이스라엘이 이집트에서 나올 때에,
야곱의 집안이 다른 언어를 쓰는 민족에게서 떠나올 때에,
유다는 주님의 성소가 되고, 이스라엘은 그의 영토가 되었다.
바다는 그들을 보고 도망쳤고, 요단 강은 뒤로 물러났으며,
산들은 숫양처럼 뛰놀고 언덕들도 새끼 양처럼 뛰놀았다.
바다야, 너는 어찌하여 도망을 쳤느냐?
요단 강아, 너는 어찌하여 뒤로 물러났느냐?
산들아, 너희는 어찌하여 숫양처럼 뛰놀았느냐?
언덕들아, 너희는 어찌하여 새끼양처럼 뛰놀았느냐?
온 땅아, 네 주님 앞에서 떨어라. 야곱의 하나님 앞에서 떨어라.

주님은 반석을 웅덩이가 되게 하시며, 바위에서 샘이 솟게 하신다.

감사드림

주님, 주님께서 우리에게 행하신 위대하고 선한 일을 우리가 기억합니다.

그 구원의 일을 천사나 전령을 통해서 하지 않고,

직접 우리와 함께 하심에 감사를 드립니다.

(자유롭게 감사의 기도를 드립니다)

주님은 사랑과 긍휼로 저희를 구원하십니다.

주님께서는 우리를 높이셨고 매일의 삶을 인도하십니다. 아멘.

찬송

내 영혼아 찬양하라 (찬송가 65)

주의 영광 빛나니 (찬송가 132)

구세주를 아는 이들 (찬송가 26)

제자로 부르심

사랑하는 여러분, 서로 사랑합시다.

사랑은 하나님에게서 난 것입니다.

사랑하는 사람은 다 하나님에게서 났고 하나님을 압니다.

마태복음 2:13-15

박사들이 돌아간 뒤에, 주님의 천사가 꿈에 요셉에게 나타나서 말하였다. "헤롯이 아기를 찾아서 죽이려고 하니, 일어나서, 아기와 그 어머니를 데리고 이집트로 피신하여라. 그리고 내가 너에게 말해 줄 때까지 거기에 있어라." 요셉이 일어나서, 밤 사이에 아기와 그 어머니를 데리고 이집트로 피신하여, 헤롯이 죽을 때까지 거기에 있었다. 이것은 주님께서 예언자를 시켜서 말씀하신 바, "내가 이집트에서 내 아들을 불러냈다" 하신 말씀을 이루시려는 것이었다.

이사야 49:13-15

하늘아, 기뻐하여라! 땅아, 즐거워하여라! 산들아, 노랫소리를 높여라.
주님께서 그의 백성을 위로하셨고, 또한 고난을 받은 그 사람들을 긍휼히 여기셨다.
그런데 시온이 말하기를 "주님께서 나를 버리셨고,
주님께서 나를 잊으셨다" 하는구나.
"어머니가 어찌 제 젖먹이를 잊겠으며,
제 태에서 낳은 아들을 어찌 긍휼히 여기지 않겠느냐!
비록 어머니가 자식을 잊는다 하여도, 나는 절대로 너를 잊지 않겠다."

묵상한 말씀을 나눈다.

찬송

그 어린 주예수 (찬송가 114)

저 아기 잠이 들었네 (찬송가 113)

스가랴의 노래

기도로 부르심

주님, 주님은 당신을 두려워하는 모든 사람들의 소망을 이루시며,
백성들의 부르짖음을 들으시고 그들을 구원하십니다.

약속의 하나님, 주님은 주님의 사람들을 평안케 하시고 고
통 받는 자들에게 긍휼을 베푸십니다.
주님, 주님의 자비하심으로, 우리의 기도를 들어주소서

주님은 우리의 외면이 아닌, 우리의 마음을 보십니다.
우리 자신과 사랑하는 이들을 위해 기도합니다.
(합심기도) 주님, 주님의 자비하심으로, 우리의 기도를 들어주소서

주님은 미래의 희망을 약속하십니다. 우리 공동체와 이웃을 위해 기도합니다.
(합심기도) 주님, 주님의 자비하심으로, **우리의 기도를 들어주소서**

주님은 주님의 사람들을 평안케 하셨습니다.
매일 예수 그리스도를 따라 살도록 이 땅의 모든 교회를 위해 기도합니다.
(합심기도) 주님, 주님의 자비하심으로, **우리의 기도를 들어주소서**

주님은 돌과 부싯돌을 샘물과 물 웅덩이로 바꾸십니다.
이 땅의 권력과 권세를 가진 이와 세계를 위해 기도합니다.
(합심기도) 주님, 주님의 자비하심으로, **우리의 기도를 들어주소서**

우리 안의 다른 염려를 맡기어 드립니다.
(합심기도) 주님, 주님의 자비하심으로, **우리의 기도를 들어주소서**

새벽을 깨우시는 하나님, 하나님은 땅을 흔들어 낮이 되게 하셨습니다.
스가랴가 침묵을 끝내며 용서받았음을 깨달은 것처럼 우리 또한
주님의 부활의 좋은 소식을 선포하며 기뻐할 수 있도록 하여 주십시오.
우리를 자유케 하실 메시아의 이름으로 기도합니다.

(주기도문) 하늘에 계신 우리 아버지 …

축도
우리 주 예수 그리스도의 하나님을 아는 지식의 풍요로움 안에
은혜와 평화가 넘쳐나길 축복합니다.
아멘.

주님께서 하나님 이 전에 오실 것임

12월 28일 저녁

여는 말

주님, 그의 자녀가 가장 높으신 이의 예언자라고 일컬음을 얻을 것이오,
왜냐하면 주님께서 하나님 이전에 그 길을 준비하시러 오실 것이기 때문입니다.

찬양으로 부르심

임마누엘! 하나님이 우리와 함께하십니다.
지극히 높은 곳에서는 하나님께 영광을, 땅에서는 주님이 기뻐하는 사람에게 평화가!

처음부터 계셨고 …

예레미야 31:15-17

나, 주가 말한다. 라마에서 슬픈 소리가 들린다. 비통하게 울부짖는 소리가 들린다.
라헬이 자식을 잃고 울고 있다. 자식들이 없어졌으니, 위로를 받기조차 거절하는구나.
나 주가 말한다. 이제는 울음소리도 그치고, 네 눈에서 눈물도 거두어라.
네가 수고한 보람이 있어서, 네 아들딸들이 적국에서 돌아온다.
나 주의 말이다. 너의 앞날에는 희망이 있다.
네 아들딸들이 고향 땅으로 돌아온다. 나 주의 말이다."

감사드림

하나님, 이 날은 주님이 만드신 날입니다.
우리는 이를 찬미하고 그 안에서 함께 기뻐합니다.
(자유롭게 감사의 기도를 드립니다)
주님이 좋으신 분이시기에, 우리는 주님께 감사를 드립니다.

주님의 변함없는 사랑은 영원히 지속될 것입니다. 아멘.

찬송

읽은 성경말씀에 맞는 찬송을 선택하여 부른다.

고백

주님은 정의의 하나님이십니다.

주님을 기다리는 이들은 복됩니다.

(침묵기도)

주님은 우리에게 은혜를 베푸시기를 기다리십니다.

주님께서 승천하셔서서 우리에게 자비를 베푸실 것입니다.

제자로 부르심

온갖 좋은 선물들과 모든 완전한 은사는 .

위 곧 빛을 지으신 아버지에게서 내려옵니다.

마태복음 2:16-18

헤롯은 박사들에게 속은 것을 알고, 몹시 노하였다. 그는 사람을 보내어, 그 박사들에게 알아 본 때를 기준으로, 베들레헴과 그 가까운 온 지역에 사는, 두 살짜리로부터 그 아래의 사내아이를 모조리 죽였다. 이리하여 예언자 예레미야를 시켜서 하신 말씀이 이루어졌다.

"라마에서 소리가 들려왔다. 울부짖으며, 크게 슬피 우는 소리다. 라헬이 자식들을 잃고 우는데, 자식들이 없어졌으므로, 위로를 받으려 하지 않았다."

요한1서 4:12-19

지금까지 하나님을 본 사람은 없습니다. 그러나 우리가 서로 사랑하면, 하나님이 우리 가운데 계시고, 또 하나님의 사랑이 우리 가운데서 완성된 것입니다. 하나님이 우리에게 자기 영을 나누어 주셨습니다. 이것으로 우리가 하나님 안에 있고, 또 하나님이 우리 안에 계시다는 것을 우리는 압니다. 우리는 아버지께서 아들을 세상의 구주로 보내신 것을 보았고, 또 그것을 증언합니다. 누구든지 예수를 하나님의 아들로 시인하면, 하나님이 그 사람 안에 계시고, 그 사람은 하나님 안에 있습니다. 우리는 하나님이 우리에게 베푸시는 사랑을 알았고, 또 믿었습니다. 하나님은 사랑이십니다. 사랑 안에 있는 사람은 하나님 안에 있고 하나님도 그 사람 안에 계십니다. 사랑이 우리에게서 완성되었다는 사실은 이 점에 있으니, 곧 우리로 하여금 심판 날에 담대함을 가지게 하려는 것입니다. 우리가 이렇게 담대해지는 것은, 그리스도께서 사신 대로 또한 우리도 이 세상에서 그렇게 살기 때문입니다. 사랑에는 두려움이 없습니다. 완전한 사랑은 두려움을 내쫓습니다. 두려움은 징벌과 관련이 있습니다. 두려워하는 사람은 아직 사랑을 완성하지 못한 사람입니다. 우리가 사랑하는 것은 하나님이 우리를 먼저 사랑하셨기 때문입니다.

묵상한 말씀을 나눈다.

찬송
저 아기 잠이 들었네 (찬송가 113)

스가랴의 노래

기도로 부르심

오 하나님, 당신은 주님께 밤낮으로 부르짖는 선택된 이들에게 정의를 행하십니다. 그래서 그 마음을 잃지 않도록 항상 기도합니다.

약속의 하나님, 주님은 주님의 사람들을 평안케 하시고 고통 받는 자들에게 긍휼을 베푸십니다. 주님, 주님의 자비하심으로, **우리의 기도를 들어주소서**

주님은 우리의 외면이 아닌, 우리의 마음을 보십니다.
우리 자신과 사랑하는 이들을 위해 기도합니다.

(합심기도) 주님, 주님의 자비하심으로, 우리의 기도를 들어주소서

주님은 미래의 희망을 약속하십니다. 우리 공동체와 이웃을 위해 기도합니다.
(합심기도) 주님, 주님의 자비하심으로, 우리의 기도를 들어주소서

주님은 주님의 사람들을 평안케 하셨습니다.
매일 예수 그리스도를 따라 살도록 이 땅의 모든 교회를 위해 기도합니다.
(합심기도) 주님, 주님의 자비하심으로, 우리의 기도를 들어주소서

주님은 돌과 부싯돌을 샘물과 물 웅덩이로 바꾸십니다.
이 땅의 권력과 권세를 가진 이와 세계를 위해 기도합니다.
(합심기도) 주님, 주님의 자비하심으로, 우리의 기도를 들어주소서

우리 안의 다른 염려를 맡기어 드립니다.
(합심기도) 주님, 주님의 자비하심으로, 우리의 기도를 들어주소서

예언적 약속의 하나님,
주님의 광채가 우리의 추운 밤을 밝힙니다.
부드러운 연민으로 우리에게 오셔서
두려움이 없는 신실함으로 평화의 길을 걷게 하소서.
거룩한 주님이자 예고된 출생을 가진 예수의 이름으로 기도합니다. 아멘.

(주기도문) 하늘에 계신 우리 아버지 …

축도

오랜 세월 동안 비밀로 지켜졌지만,
그리스도의 탄생으로 드러난 신비 안에서
하나님께서 우리를 강하게 하시길 축복합니다. 아멘.

부활의 지식을 주기 위해

12월 29일 아침

여는 말

한 아이가 주님보다 앞서 가서 그의 길을 예비하고,

죄 사함을 받아서 구원을 얻는 지식을 그의 백성에게 가르쳐 줄 것이다.

찬양으로 부르심

말씀이 육신이 되어 우리 안에 거하니

은혜와 진리가 충만하였다.

처음부터 계셨고 …

시편 85:2-8 [1-7]

주님, 주님께서 주님의 땅에 은혜를 베푸시어,

포로가 된 야곱 자손을 돌아오게 하셨습니다.

주님의 백성들이 지은 죄악을 용서해 주시며, 그 모든 죄를 덮어 주셨습니다. (셀라)

주님의 노여움을 말끔히 거두어 주시며,

주님의 맹렬한 진노를 거두어 주셨습니다.

우리를 구원해 주신 하나님, 우리에게 다시 돌아와 주십시오.

주님께서 우리에게 품으신 진노를 풀어 주십시오.

주님께서 우리에게 영원히 노하시며, 대대로 노여움을 품고 계시렵니까?

주님의 백성이 주님을 기뻐하도록 우리를 되살려 주시지 않겠습니까?

주님, 주님의 한결 같은 사랑을 보여 주십시오.

우리에게 주님의 구원을 베풀어 주십시오.

감사드림

주님, 주님께서 우리에게 행하신 위대하고 선한 일을 우리가 기억합니다.

그 구원의 일을 천사나 전령을 통해서 하지 않고,

직접 우리와 함께 하심에 감사 드립니다.

(자유롭게 감사의 기도를 드립니다)

주님은 사랑과 긍휼로 저희를 구원하십니다.

주님께서는 우리를 높이셨고 매일의 삶을 인도하십니다. 아멘.

찬송

읽은 성경말씀에 맞는 찬송을 선택하여 부른다.

제자로 부르심

사랑하는 여러분, 서로 사랑합시다. 사랑은 하나님에게서 난 것입니다.

사랑하는 사람은 다 하나님에게서 났고 하나님을 압니다.

마태복음 2:19-23

헤롯이 죽은 뒤에, 주님의 천사가 이집트에 있는 요셉에게 꿈에 나타나서 말하였다. "일어나서, 아기와 그 어머니를 데리고 이스라엘 땅으로 가거라. 그 아기의 목숨을 노리던 자들이 죽었다." 요셉이 일어나서, 아기와 그 어머니를 데리고 이스라엘 땅으로 들어왔다. 그러나 요셉은, 아켈라오가 그 아버지 헤롯을 이어서 유대 지방의 왕이 되었다는 말을 듣고, 그 곳으로 가기를 두려워하였다. 그는 꿈에 지시를 받고, 갈릴리 지방으로 물러가서, 나사렛이라는 동네로 가서 살았다. 이리하여 예언자들을 시켜서 말씀하신 바, "그는 나사렛 사람이라고 불릴 것이다" 하신 말씀이 이루어졌다.

에베소서 1:3-10

우리 주 예수 그리스도의 아버지이신 하나님을 찬양합시다. 하나님께서는 그리스도 안에서, 하늘에 속한 온갖 신령한 복을 우리에게 주셨습니다. 하나님은 세상 창조 전에 그리스도 안에서 우리를 택하시고 사랑해 주셔서, 하나님 앞에서 거룩하고 흠이 없는 사람이 되게 하셨습니다. 하나님은 하나님의 기뻐하시는 뜻을 따라 예수 그리스도를 통하여 우리를 하나님의 자녀로 삼으시기로 예정하신 것입니다. 그래서 하나님이 하나님의 사랑하시는 아들 안에서 우리에게 거저 주신 하나님의 영광스러운 은혜를 찬미하게 하셨습니다. 우리는 이 아들 안에서 하나님의 풍성한 은혜를 따라 그의 피로 구속 곧 죄 용서를 받게 되었습니다. 하나님은 우리에게 모든 지혜와 총명을 넘치게 주셔서, 그리스도 안에서 미리 세우신 하나님이 기뻐하시는 뜻을 따라 하나님의 신비한 뜻을 우리에게 알려 주셨습니다. 하나님의 계획은, 때가 차면, 하늘과 땅에 있는 모든 것을 그리스도 안에서 그분을 머리로 하여 통일시키는 것입니다.

묵상한 말씀을 나눈다.

찬송
천사 찬송하기를 (찬송가 126)

기도로 부르심

주님, 주님은 당신을 두려워하는 모든 사람들의 소망을 이루시며,
백성들의 부르짖음을 들으시고 그들을 구원하십니다.

구원하시는 하나님, 주님은 주님의 사람들을 평안케 하시고
고통 받는 자들에게 긍휼을 베푸십니다.
주님, 주님의 자비하심으로, 우리의 기도를 들어주소서

주님은 조화와 사랑 안에 살도록 부르십니다. 자신과 사랑하는 이를 위해 기도합니다.
(합심기도) 주님, 주님의 자비하심으로, 우리의 기도를 들어주소서

주님은 부드러운 연민으로 우리에게 다가오십니다.
우리 공동체와 이웃을 위해 기도합니다.
(합심기도) 주님, 주님의 자비하심으로, 우리의 기도를 들어주소서

주님은 우리가 어려움에 맞서 싸울 수 있도록 무장해 주십니다.
이 땅의 교회들이 예수 그리스도를 담대히 증거하고 전하기를 기도합니다.
(합심기도) 주님, 주님의 자비하심으로, 우리의 기도를 들어주소서

주님은 세계를 지배하기 위해 정의와 함께 오십니다.
예수 그리스도의 이름으로 섬기는 자와 평화를 위해 일하는 자들,
세계를 위해 기도합니다.
(합심기도) 주님, 주님의 자비하심으로, 우리의 기도를 들어주소서

우리 안의 다른 염려를 맡기어 드립니다.
(합심기도) 주님, 주님의 자비하심으로, 우리의 기도를 들어주소서

새벽을 깨우시는 하나님, 하나님은 땅을 흔들어 낮이 되게 하셨습니다.
스가랴가 침묵을 끝내며 용서받았음을 깨달은 것처럼 우리 또한
주님의 부활의 좋은 소식을 선포하며 기뻐할 수 있도록 하여 주십시오.
우리를 자유케 하실 메시아의 이름으로 기도합니다.

(주기도문) 하늘에 계신 우리 아버지 …

축도

우리 주 예수 그리스도의 하나님을 아는 지식의 풍요로움 안에
은혜와 평화가 넘쳐나길 축복합니다.
아멘.

높은 곳으로부터 빛이 비추어짐

12월 29일 저녁

여는 말

우리 주님의 부드러운 연민과 함께

높은 곳에서 우리에게 빛이 비추어질 것입니다.

찬양으로 부르심

임마누엘! 하나님은 우리와 함께하십니다.

지극히 높은 곳에서는 하나님께 영광을,

땅에서는 주님이 기뻐하는 사람에게 평화가!

처음부터 계셨고 …

시편 97:6-12

하늘은 그의 의로우심을 선포하고, 만백성은 그의 영광을 본다.

조각된 신상을 섬기는 자는 누구나 수치를 당할 것이며,

헛된 우상을 자랑하는 자들도 부끄러움을 당할 것이다.

모든 신들아, 주님 앞에 엎드려라.

주님, 주님이 공의로우심을 시온이 듣고 즐거워하며, 유다의 딸들이 기뻐 외칩니다.

주님, 주님은 온 땅을 다스리는 가장 높으신 분이시고,

어느 신들보다 더 높으신 분이십니다.

주님을 사랑하는 사람들아, 너희는 악을 미워하여라.

주님은 그의 성도를 지켜 주시며, 악인들의 손에서 건져 주신다.

빛은 의인에게 비치며, 마음이 정직한 사람에게는 즐거움이 샘처럼 솟을 것이다.

의인들아, 주님을 기뻐하여라. 주님의 거룩하신 이름에 감사를 드려라.

감사드림
이 날은 주님이 만드신 날입니다.
우리는 함께 찬미하며 그 안에서 기뻐합니다.
(자유롭게 감사의 기도를 드립니다)
주님, 우리가 주님께 감사를 드립니다.
주님은 좋으신 분이기 때문입니다. 아멘.

찬송
큰 영광 중에 계신 주 (찬송가 20)
다 찬양 하여라 (찬송가 21)

고백
주님은 정의의 주 하나님이십니다.
주님, 주님을 기다리는 자들은 복된 자들입니다.
(침묵기도)
주님은 우리에게 은혜를 베푸시길 원하십니다.
주님은 승천하셔서 우리에게 자비를 베푸실 것입니다.

제자로 부르심

온갖 좋은 선물들과 모든 완전한 은사는 .
위 곧 빛을 지으신 아버지에게서 내려옵니다.

누가복음 2:39-40
아기의 부모는 주님의 율법에 규정된 모든 일을 마친 뒤에, 갈릴리의 자기네 고향 동네 나사렛에 돌아왔다. 아기는 자라나면서 튼튼해지고, 지혜로 가득 차게 되었고, 또 하나님의 은혜가 그와 함께 하였다.

호세아 6:1-3

이제 주님께로 돌아가자.
주님께서 우리를 찢으셨으나 다시 싸매어 주시고,
우리에게 상처를 내셨으나 다시 아물게 하신다.
이틀 뒤에 우리를 다시 살려 주시고,
사흘 만에 우리를 다시 일으켜 세우실 것이니,
우리가 주님 앞에서 살 것이다. 우리가 주님을 알자. 애써 주님을 알자.
새벽마다 여명이 오듯이 주님께서도 그처럼 어김없이 오시고,
해마다 쏟아지는 가을비처럼 오시고, 땅을 적시는 봄비처럼 오신다.

묵상한 말씀을 나눈다.

찬송

오 신실하신 주 (찬송가 393)

스가랴의 노래

기도로 부르심

오 하나님, 당신은 주님께 밤낮으로 부르짖는 선택된 이들에게 정의를 행하십니다.
그래서 그 마음을 잃지 않도록 항상 기도합니다.

구원하시는 하나님, 주님은 주님의 사람들을 평안케 하시고 고통 받는 자들에게 궁휼을 베푸십니다. 주님, 주님의 자비하심으로, **우리의 기도를 들어주소서**

주님은 우리를 조화와 사랑 안에 살도록 부르십니다.
우리 자신과 사랑하는 이들을 위해 기도합니다.
(합심기도) 주님, 주님의 자비하심으로, **우리의 기도를 들어주소서**

주님은 부드러운 연민으로 우리에게 다가오십니다.
우리 공동체와 이웃을 위해 기도합니다.
(합심기도) 주님, 주님의 자비하심으로, 우리의 기도를 들어주소서

주님은 우리가 어려움에 맞서 싸울 수 있도록 무장해 주십니다.
이 땅의 교회들이 예수 그리스도를 담대히 증거하고 전하도록 기도합니다.
(합심기도) 주님, 주님의 자비하심으로, 우리의 기도를 들어주소서

주님은 세계를 지배하기 위해 정의와 함께 오십니다.
예수 그리스도의 이름으로 섬기는 자와 평화를 위해 일하는 자와
세계를 위해 기도합니다.
(합심기도) 주님, 주님의 자비하심으로, 우리의 기도를 들어주소서

우리 안의 다른 염려를 맡기어 드립니다.
(합심기도) 주님, 주님의 자비하심으로, 우리의 기도를 들어주소서

예언적 약속의 하나님,
주님의 광채가 우리의 추운 밤을 밝힙니다.
부드러운 연민으로 우리에게 오셔서
두려움이 없는 신실함으로 평화의 길을 걷게 하소서.
거룩한 주님이자 예고된 출생을 가진 예수의 이름으로 기도합니다. 아멘.

(주기도문) 하늘에 계신 우리 아버지 …

축도
오랜 세월 동안 비밀로 지켜졌지만,
그리스도의 탄생으로 드러난 신비 안에서
하나님께서 우리를 강하게 하시길 축복합니다. 아멘.

어두움에 속한 자들 위에 빛을 밝히심

12월 30일 아침

여는 말

어둠 속에서 헤매던 백성이 큰 빛을 보았고,
죽음의 그림자가 드리운 땅에 사는 사람들에게
지극히 높은 곳에서부터 빛이 비쳤다.

찬양으로 부르심

말씀이 육신이 되어 우리 안에 거하니
은혜와 진리가 충만하였다.

처음부터 계셨고 …

이사야 9:1-5

어둠 속에서 고통 받던 백성에게서 어둠이 걷힐 날이 온다.
옛적에는 주님께서 스불론 땅과 납달리 땅으로 멸시를 받게 버려두셨으나,
그 뒤로는 주님께서 서쪽 지중해로부터 요단 강 동쪽 지역에 이르기까지, 그리고
이방 사람이 살고 있는 갈릴리 지역까지,
이 모든 지역을 영화롭게 하실 것이다. 어둠 속에서 헤매던 백성이 큰 빛을 보았고,
죽음의 그림자가 드리운 땅에 사는 사람들에게 빛이 비쳤다.
"하나님, 주님께서 그들에게 큰 기쁨을 주셨고, 그들을 행복하게 하셨습니다.
사람들이 곡식을 거둘 때 기뻐하듯이, 그들이 주님 앞에서 기뻐하며,
군인들이 전리품을 나눌 때 즐거워하듯이, 그들이 주님 앞에서 즐거워합니다.
주님께서 미디안을 치시던 날처럼, 그들을 내리누르던 멍에를 부수시고,

그들의 어깨를 짓누르던 통나무와 압제자의 몽둥이를 꺾으셨기 때문입니다.
침략자의 군화와 피묻은 군복이 모두 땔감이 되어서,
불에 타 없어질 것이기 때문입니다."

감사드림
주님, 주님께서 우리에게 행하신 위대하고 선한 일을 우리가 기억합니다.
구원의 일을 천사나 전령을 통하지 않고, 직접 우리와 함께 하심에 감사 드립니다.
(자유롭게 감사의 기도를 드립니다)
주님은 사랑과 긍휼로 저희를 구원하십니다.
주님께서는 우리를 높이셨고 매일의 삶을 인도하십니다. 아멘.

찬송
찬란한 주의 영광은 (찬송가 130)

제자로 부르심

사랑하는 여러분, 서로 사랑합시다. 사랑은 하나님에게서 난 것입니다.
사랑하는 사람은 다 하나님에게서 났고 하나님을 압니다.

누가복음 2:41-47

예수의 부모는 해마다 유월절에 예루살렘으로 갔다. 예수가 열두 살이 되는 해에도, 그들은 절기 관습을 따라 유월절을 지키러 예루살렘에 올라갔다. 그런데 그들이 절기를 마치고 돌아올 때에, 소년 예수는 예루살렘에 그대로 머물러 있었다. 그의 부모는 이것을 모르고, 일행 가운데 있으려니 생각하고, 하룻길을 갔다. 그 뒤에 비로소 그들의 친척들과 친지들 가운데서 그를 찾았으나, 찾지 못하여, 예루살렘으로 되돌아가서 찾아 다녔다. 사흘 뒤에야 그들은 성전에서 예수를 찾아냈는데, 그는 선생들 가운데 앉아서, 그들의 말을 듣기도 하고, 그들에게 묻기도 하고 있었다. 그의 말을 듣고 있던 사람들은 모두 그의 슬기와 대답에 경탄하였다.

요한계시록 11:15, 17-18

"세상 나라는 우리 주님의 것이 되고, 그리스도의 것이 되었다.
주님께서 영원히 다스리실 것이다."말하였습니다.
"지금도 계시고 전에도 계시던 전능하신 분, 주 하나님, 감사합니다.
주님께서는 그 크신 권능을 잡으셔서 다스리기 시작하셨습니다.
뭇 민족이 이것에 분개하였으나 오히려 그들이 주님의 진노를 샀습니다.
이제는 죽은 사람들이 심판을 받을 때가 왔습니다.
주님의 종 예언자들과 성도들과 작은 사람이든 큰 사람이든
주님 이름을 두려워하는 사람들에게 상을 주실 때가 왔습니다.
땅을 망하게 하는 자들을 멸망시킬 때가 왔습니다."

묵상한 말씀을 나눈다.

찬송

기쁘다 구주 오셨네 (찬송가 115)
만 입이 내게 있으면 (찬송가 23)

스가랴의 노래

기도로 부르심

주님, 주님은 당신을 두려워하는 모든 사람들의 소망을 이루시며,
백성들의 부르짖음을 들으시고 그들을 구원하십니다.

인도하시는 하나님, 주님은 주님의 사람들을 평안케 하시고
고통 받는 자들에게 긍휼을 베푸십니다.
주님, 주님의 자비하심으로, 우리의 기도를 들어주소서

주님은 우리를 자비로운 나눔에 동참하도록 부르십니다.

우리 자신과 사랑하는 이들을 위해 기도합니다.
(합심기도) 주님, 주님의 자비하심으로, 우리의 기도를 들어주소서

주님 안에는 어두움과 고통이 없습니다. 우리 공동체와 이웃을 위해 기도합니다.
(합심기도) 주님, 주님의 자비하심으로, 우리의 기도를 들어주소서

주님은 주님의 사람들을 평화의 길로 인도하십니다.
세대와 지역을 넘어 하나됨으로 신실해지도록 이 땅의 교회를 위해 기도합니다.
(합심기도) 주님, 주님의 자비하심으로, 우리의 기도를 들어주소서

주님의 열정이 영원한 평화와 정의를 이룰 것입니다.
우리의 원수를 위해, 분쟁 가운데 있는 사람들을 위해 기도하고
세계를 위해 기도합니다.
(합심기도) 주님, 주님의 자비하심으로, 우리의 기도를 들어주소서

우리 안의 다른 염려를 맡기어 드립니다.
(합심기도) 주님, 주님의 자비하심으로, 우리의 기도를 들어주소서

새벽을 깨우시는 하나님, 하나님은 땅을 흔들어 낮이 되게 하셨습니다.
스가랴가 침묵을 끝내며 용서받았음을 깨달은 것처럼
우리 또한 주님의 부활의 좋은 소식을 선포하며
기뻐할 수 있도록 하여 주십시오.
우리를 자유케 하실 메시아의 이름으로 기도합니다.

(주기도문) 하늘에 계신 우리 아버지 …

축도
우리 주 예수 그리스도의 하나님을 아는 지식의 풍요로움 안에
은혜와 평화가 넘쳐나길 축복합니다. 아멘.

우리의 발을 평화의 길로 인도하시기 위해

12월 30일 저녁

여는 말

어둠 속에서 헤매던 백성이 큰 빛을 보았고,
죽음의 그림자가 드리운 땅에 사는 사람들에게
지극히 높은 곳에서부터 빛이 비쳤다.

찬양으로 부르심

임마누엘! 하나님은 우리와 함께하십니다.
지극히 높은 곳에서는 하나님께 영광을,
땅에서는 주님이 기뻐하는 사람에게 평화가!

처음부터 계셨고 …

이사야 9:6-7

한 아기가 우리를 위해 태어났다. 우리가 한 아들을 모셨다.
그는 우리의 통치자가 될 것이다.
그의 이름은 '놀라우신 조언자' '전능하신 하나님'
'영존하시는 아버지' '평화의 왕'이라고 불릴 것이다.
그의 왕권은 점점 더 커지고
나라의 평화도 끝없이 이어질 것이다.
그가 다윗의 보좌와 왕국 위에 앉아서,
이제부터 영원히, 공평과 정의로 그 나라를 굳게 세울 것이다.
만군의 주님의 열심이 이것을 반드시 이루실 것이다.

감사드림

이 날은 주님이 만드신 날입니다.

우리는 함께 찬미하며 그 안에서 기뻐합니다.

(자유롭게 감사의 기도를 드립니다)

주님, 우리가 주님께 감사를 드립니다.

주님은 좋으신 분이기 때문입니다. 아멘.

찬송

기쁘다 구주 오셨네 (찬송가 115)

고백

주님은 정의의 주 하나님이십니다.

주님, 주님을 기다리는 자들은 복된 자들입니다.

(침묵기도)

주님은 우리에게 은혜를 베푸시길 기다리십니다.

주님께서는 승천하셔서 우리에게 자비를 베푸실 것입니다.

제자로 부르심

온갖 좋은 선물들과 모든 완전한 은사는 .

위 곧 빛을 지으신 아버지에게서 내려옵니다.

누가복음 2:48-52

그 부모는 예수를 보고 놀라서, 어머니가 예수에게 말하였다. "애야, 이게 무슨 일이냐? 네 아버지와 내가 너를 찾느라고 얼마나 애를 태웠는지 모른다." 예수가 부모에게 말하였다. "어찌하여 나를 찾으셨습니까? 내가 내 아버지의 집에 있어야 할 줄을 알지 못하셨습니까?" 그러나 부모는 예수가 자기들에게 한 그 말이 무슨 뜻인지를 깨닫지 못하였다. 예수는 부모와 함께 내려가 나사렛으로 돌아가서, 그들에게 순종하면서 지냈다. 예수의 어머니는 이 모든 일을 마음에 간직하였다. 예수는 지혜와 키가 자라고, 하나님과 사람에게 더욱 사랑을 받았다.

나훔 1:15
보아라, 좋은 소식을 전하는 사람,
평화를 알리는 사람이 산을 넘어서 달려온다.
유다야, 네 절기를 지키고, 네 서원을 갚아라.
악한 자들이 완전히 사라졌으니, 다시는 너를 치러 오지 못한다.

묵상한 말씀을 나눈다.

찬송
읽은 성경말씀에 맞는 찬송을 선택하여 부른다.

스가랴의 노래

기도로 부르심

오 하나님, 당신은 주님께 밤낮으로 부르짖는 선택된 이들에게
정의를 행하십니다.
그래서 그 마음을 잃지 않도록 항상 기도합니다.

인도하시는 하나님, 주님은 주님의 사람들을 평안케 하시고 고통 받는 자들에게
긍휼을 베푸십니다. 주님, 주님의 자비하심으로, 우리의 기도를 들어주소서

주님은 우리를 자비로운 나눔에 동참하도록 부르십니다.
우리 자신과 사랑하는 이들을 위해 기도합니다.
(합심기도) 주님, 주님의 자비하심으로, 우리의 기도를 들어주소서

주님 안에는 어두움과 고통이 없습니다.

우리 공동체와 이웃을 위해 기도합니다.
(합심기도) 주님, 주님의 자비하심으로, **우리의 기도를 들어주소서**

주님은 주님의 사람들을 평화의 길로 인도하십니다.
세대와 지역을 넘어 하나됨으로 신실해지도록 이 땅의 교회를 위해 기도합니다.
(합심기도) 주님, 주님의 자비하심으로, **우리의 기도를 들어주소서**

주님의 열정이 영원한 평화와 정의를 설립할 것입니다.
우리의 원수를 위해, 분쟁 가운데 있는 사람들을 위해 기도하고
세계를 위해 기도합니다.
(합심기도) 주님, 주님의 자비하심으로, **우리의 기도를 들어주소서**

우리 안의 다른 염려를 맡기어 드립니다.
(합심기도) 주님, 주님의 자비하심으로, **우리의 기도를 들어주소서**

예언적 약속의 하나님,
주님의 광채가 우리의 추운 밤을 밝힙니다.
부드러운 연민으로 우리에게 오셔서
두려움이 없는 신실함으로 평화의 길을 걷게 하소서.
거룩한 주님이자 예고된 출생을 가진 예수의 이름으로
기도합니다. 아멘.

(주기도문) 하늘에 계신 우리 아버지 …

축도

오랜 세월 동안 비밀로 지켜졌지만,
그리스도의 탄생으로 드러난 신비 안에서
하나님께서 우리를 강하게 하시길 축복합니다. 아멘.

그 곳에 네 마음이 있을 것이니.

12월 31일 아침

여는 말

천국에 자신들의 보물을 쌓아 두어라.
거기에는 좀 먹고 녹이 슬어서 망가지는 일이 없고,
도둑들이 들어와 훔쳐가지 못한다.
네 보물이 있는 곳에, 네 마음 또한 있을 것이다.

찬양으로 부르심

주님, 주님께서는 모든 세대를 거쳐 우리의 거주지가 되셨습니다.
산들이 형성되기 전에, 지구와 세계를 손으로 빚으시기 전에
영원에서 영원까지 주님은 참 하나님이십니다.

시편 90:11-14

주님의 분노의 위력을 누가 알 수 있겠으며,
주님의 진노의 위세를 누가 알 수 있겠습니까?
우리에게 우리의 날을 세는 법을 가르쳐 주셔서
지혜의 마음을 얻게 해주십시오.
주님, 돌아와 주십시오. 언제까지입니까?
주님의 종들을 불쌍히 여겨 주십시오.
아침에는 주님의 사랑으로 우리를 채워 주시고,
평생토록 우리가 기뻐하고 즐거워하게 해주십시오.

감사드림

내가 낮에는 주님의 끊임없는 사랑과 인애를
밤에는 생명의 주를 찬양합니다.
(자유롭게 감사의 기도를 드립니다)
주님 안에서 하나님을 바라며,
나의 구원자이신 나의 하나님을 찬양합니다.

찬송

읽은 성경말씀에 맞는 찬송을 선택하여 부른다.

제자로 부르심

예수님께서 말씀하셨습니다. 목숨을 부지하려고 무엇을 먹을까 또는 무엇을 마실까 걱정하지 말고, 몸을 감싸려고 무엇을 입을까 걱정하지 말아라.
목숨이 음식보다 소중하지 아니하냐? 몸이 옷보다 소중하지 아니하냐?

마태복음 6:19-21

"너희는 자기를 위하여 보물을 땅에다가 쌓아 두지 말아라. 땅에서는 좀이 먹고 녹이 슬어서 망가지며, 도둑들이 뚫고 들어와서 훔쳐간다. 그러므로 너희를 위하여 보물을 하늘에 쌓아 두어라. 거기에는 좀이 먹고 녹이 슬어서 망가지는 일이 없고, 도둑들이 뚫고 들어와서 훔쳐 가지도 못한다. 너의 보물이 있는 곳에, 너의 마음도 있을 것이다."

야고보서 4:13-15

"오늘이나 내일 어느 도시에 가서, 일 년 동안 거기에서 지내며, 장사하여 돈을 벌겠다" 하는 사람들이여, 들으십시오. 여러분은 내일 일을 알지 못합니다. 여러분의 생명이 무엇입니까? 여러분은 잠깐 나타났다가 사라져버리는 안개에 지나지 않습니다. 도리어 여러분은 이렇게 말해야 할 것입니다. "주님께서 원하시면, 우리가 살 것이고, 또 이런 일이나 저런 일을 할 것이다."

묵상한 말씀을 나눈다.

찬송
너희는 먼저 그의 나라와

스가랴의 노래

기도로 부르심

어머니가 제 젖먹이를 잊을 수 있겠습니까?
제 태에서 낳은 아들을 어찌 긍휼히 여기지 않겠습니까?
비록 어머니가 자식을 잊을지라도 하나님은 절대로 우리를 잊지 않으십니다.
우리는 하나님의 손바닥에 새겨져 있기 때문입니다.

어머니처럼 우리를 돌보시는 하나님,
주님은 우리가 묻는 질문에 기꺼이 답하십니다.
주님, 주님의 자비하심으로, 우리의 기도를 들어주소서

주님의 부드러운 보살핌이 우리를 감쌉니다.
우리 자신과 사랑하는 이들을 위해 기도합니다.
(합심기도) 주님, 주님의 자비하심으로, 우리의 기도를 들어주소서

주님은 주님이 만드신 이들을 절대 잊지 않으십니다.
우리 공동체와 이웃을 위해 기도합니다.
(합심기도) 주님, 주님의 자비하심으로, 우리의 기도를 들어주소서

주님의 사랑은 주님을 경외하는 모든 이들에게 능력이 됩니다.
이 땅의 모든 교회의 하나됨을 위하여 기도합니다.
(합심기도) 주님, 주님의 자비하심으로, 우리의 기도를 들어주소서

주님은 핍박 받는 이들에게 정의를 약속하십니다.
주님의 나라와 그 뜻이 이 땅에 임하도록 세계를 위하여 기도합니다.
(합심기도) 주님, 주님의 자비하심으로, **우리의 기도를 들어주소서**

우리 안의 다른 염려를 맡기어 드립니다.
(합심기도) 주님, 주님의 자비하심으로, **우리의 기도를 들어주소서**

영원하신 하나님,
주님께서는 주님의 나이든 사람들을 매일 구름으로 지키시고
밤에는 불기둥으로 지키셨습니다.
주님께서 그들을 인도하셨던 것처럼 저희를 인도하소서.
그 이후로 저희를 영광으로 맞아들이셔서 우리의 마음과 살이 실패할지라도
주님께서 영원토록 우리의 일부분이 되고
우리의 힘이 될 수 있도록 하여 주십시오.
확신을 가지고, 주님께서 가르쳐주신 대로 기도합니다.

(주기도문) 하늘에 계신 우리 아버지 …

축도
주님께서 우리를 악으로부터 지키실 것입니다.
주님께서 우리의 생명을 지키실 것입니다.
주님께서 우리가 오고 가는 것을 지금은 물론 영원히 지키실 것입니다.
아멘.

주님이 들풀을 입히신다면

12월 31일 저녁

여는 말

하나님이 정말 오늘 살아 있다가 내일 불구덩이에 던져질
들풀을 입히시는 분이라면
그 하나님께서 당신을 더 잘 입히시지 않으시겠습니까?

찬양으로 부르심

주님, 주님께서는 모든 세대를 거쳐 우리의 안식처가 되셨습니다.
산들이 형성되기 전에, 지구와 세계를 손으로 빚으시기 전에
무한에서 무한으로 주님은 참 하나님이십니다.

시편 103:6-15

주님은 공의를 세우시며 억눌린 모든 사람의 권리를 변호하신다.
모세에게 주님의 뜻을 알려 주셨고,
이스라엘 자손에게 주님의 행적들을 알려 주셨다.
주님은 자비롭고, 은혜로우시며, 노하기를 더디하시며, 사랑이 그지없으시다.
두고두고 꾸짖지 않으시며, 노를 끝없이 품지 않으신다.
우리 죄를, 지은 그대로 갚지 않으시고
우리 잘못을, 저지른 그대로 갚지 않으신다.
하늘이 땅에서 높음 같이, 주님을 두려워하는 사람에게는, 그 사랑도 크시다.
동이 서에서부터 먼 것처럼, 우리의 반역을 우리에게서 멀리 치우시며,
부모가 자식을 가엾게 여기듯이,
주님께서는 주님을 두려워하는 사람을 가엾게 여기신다.

주님께서는 우리가 어떻게 창조되었음을 알고 계시기 때문이며,
우리가 한갓 티끌임을 알고 계시기 때문이다.
인생은, 그 날이 풀과 같고, 피고 지는 들꽃 같다.

감사드림

내가 낮에는 주님의 끊임없는 사랑과 인애를
밤에는 생명의 주를 찬양합니다.
(자유롭게 감사의 기도를 드립니다)
주님, 주님이 좋으신 분이시기에 주님께 감사를 드립니다.
주님의 변함없는 사랑은 영원히 지속될 것입니다. 아멘.

찬송

찬양하라 복되신 구세주 예수 (찬송가 31) / 오 신실 하신 주 (찬송가 393)

고백

오 주님, 주님께서 저를 찾으셨고 저를 아십니다.
주님은 제 모든 것을 알고 계십니다.
제가 주님의 영혼으로부터 어디를 갈 수 있겠습니까?
제가 주님의 존재로부터 어디로 도망갈 수 있겠습니까?
(침묵기도)
오 주님, 나를 살펴보시고 제 마음을 읽어 주소서.
나를 시험하사 내 뜻과 생각을 판단하소서.
내 안에 악한 길이 있는지 살피시고 영원한 길로 나를 인도하소서.

제자로 부르심

예수님께서 말씀하셨습니다.
목숨을 부지하려고 무엇을 먹을까 또는 무엇을 마실까 걱정하지 말고,

몸을 감싸려고 무엇을 입을까 걱정하지 말아라.
목숨이 음식보다 소중하지 아니하냐? 몸이 옷보다 소중하지 아니하냐?

마태복음 6:26-33

공중의 새를 보아라. 씨를 뿌리지도 않고, 거두지도 않고, 곳간에 모아 들이지도 않으나, 너희의 하늘 아버지께서 그것들을 먹이신다. 너희는 새보다 귀하지 아니하냐? 너희 가운데서 누가, 걱정을 해서, 자기 수명을 한 순간인들 늘일 수 있느냐? 어찌하여 너희는 옷 걱정을 하느냐? 들의 백합화가 어떻게 자라는가 살펴보아라. 수고도 하지 않고, 길쌈도 하지 않는다. 그러나 내가 너희에게 말한다. 온갖 영화로 차려 입은 솔로몬도 이 꽃 하나와 같이 잘 입지는 못하였다. 오늘 있다가 내일 아궁이에 들어갈 들풀도 하나님께서 이와 같이 입히시거든, 하물며 너희들을 입히시지 않겠느냐? 믿음이 적은 사람들아! 그러므로 무엇을 먹을까, 무엇을 마실까, 무엇을 입을까, 하고 걱정하지 말아라. 이 모든 것은 모두 이방사람들이 구하는 것이요, 너희의 하늘 아버지께서는, 이 모든 것이 너희에게 필요하다는 것을 아신다. 너희는 먼저 하나님의 나라와 하나님의 의를 구하여라. 그리하면 이 모든 것을 너희에게 더하여 주실 것이다.

로마서 8:31-39

그렇다면, 이런 일을 두고 우리가 무엇이라고 말할 수 있겠습니까? 하나님이 우리 편이시면, 누가 우리를 대적하겠습니까? 자기 아들을 아끼지 않으시고, 우리 모두를 위하여 내주신 분이, 어찌 그 아들과 함께 모든 것을 우리에게 선물로 거저 주지 않으시겠습니까? 하나님께서 택하신 사람들을, 누가 감히 고발하겠습니까? 의롭다 하시는 분이 하나님이신데, 누가 감히 그들을 정죄하겠습니까? 그리스도 예수는 죽으셨지만 오히려 살아나셔서 하나님의 오른쪽에 계시며, 우리를 위하여 대신 간구하여 주십니다. 누가 우리를 그리스도의 사랑에서 끊을 수 있겠습니까? 환난입니까, 곤고입니까, 박해입니까, 굶주림입니까, 헐벗음입니까, 위협입니까, 또는 칼입니까? 성경에 기록한 바 "우리는 종일 주님을 위하여 죽임을 당합니다. 우리는 도살당할 양과 같이 여김을 받았습니다" 한 것과 같습니다. 그러나 우리는 이 모든 일에서 우리를 사랑하여 주신 그분을 힘입어서, 이기고도 남습니다. 나는 확신합니다. 죽음도, 삶도, 천사들도, 권세자들도, 현재 일도, 장래 일도, 능력도, 높음도, 깊음도, 그 밖에 어떤 피조물도, 우리를 우리 주 예수 그리스도 안에 있는 하나님의 사랑에서 끊을 수 없습니다.

묵상한 말씀을 나눈다.

찬송
너희는 먼저 그의 나라와

마리아의 노래 또는 시므온의 노래

기도로 부르심

어머니가 제 젖먹이를 잊을 수 있겠습니까?
제 태에서 낳은 아들을 어찌 긍휼히 여기지 않겠습니까?
비록 어머니가 자식을 잊을지는 몰라도,
하나님은 절대로 우리를 잊지 않으십니다.
우리는 하나님의 손바닥에 새겨져 있기 때문입니다.

어머니처럼 우리를 돌보시는 하나님,
주님은 우리가 묻는 질문에 기꺼이 답하십니다.
주님, 주님의 자비하심으로, 우리의 기도를 들어주소서

주님의 부드러운 보살핌이 우리를 감쌉니다.
우리 자신과 사랑하는 이들을 위해 기도합니다.
(합심기도) 주님, 주님의 자비하심으로, 우리의 기도를 들어주소서

주님은 주님이 만드신 이들을 절대 잊지 않으십니다.
우리 공동체와 이웃을 위해 기도합니다.
(합심기도) 주님, 주님의 자비하심으로, 우리의 기도를 들어주소서

주님의 사랑은 주님을 경외하는 모든 이들에게 능력이 됩니다.
이 땅의 모든 교회의 하나됨을 위하여 기도합니다.
(합심기도) 주님, 주님의 자비하심으로, 우리의 기도를 들어주소서

주님은 핍박 받는 이들에게 정의를 약속하십니다.
주님의 나라와 그 뜻이 이 땅에 임하도록 세계를 위하여 기도합니다.
(합심기도) 주님, 주님의 자비하심으로, 우리의 기도를 들어주소서

우리 안의 다른 염려를 맡기어 드립니다.
(합심기도) 주님, 주님의 자비하심으로, 우리의 기도를 들어주소서

영원하신 하나님, 주님께서는 주님의 나이든 사람들을 매일 구름으로 지키시고 밤에는 불기둥으로 지키셨습니다.
주님께서 그들을 인도하셨던 것처럼 저희를 인도하소서.
그 이후로 저희를 영광으로 맞아들이셔서 우리의 마음과 살이 실패할지라도 주님께서 영원토록 우리의 일부분이 되고 우리의 힘이 되어 주십시오.
확신을 가지고, 주님께서 가르쳐주신 대로 기도합니다.

(주기도문) 하늘에 계신 우리 아버지 ...

축도

주님께서 우리를 악으로부터 지키실 것입니다.
주님께서 우리의 생명을 지키실 것입니다.
주님께서 우리가 오고 가는 것을 때때로, 또한 영원히 지키실 것입니다. 아멘.

그는 보이지 않는 하나님의 형상입니다

1월 1일 아침

여는 말

그는 보이지 않는 하나님의 형상이시요. 모든 피조물보다 먼저 나신 분이십니다.
하늘과 땅에 있는 보이는 것과 보이지 않는 모든 만들이
그 분 안에서 창조되었습니다.

찬양으로 부르심

오 하나님, 이 땅에 주님의 뜻이 알려지도록 하소서.
온 나라에 끼치는 주님의 구원의 힘을
사람들이 찬양하도록 해주십시오.
모든 사람들이 주님을 찬양하도록 하소서.

처음부터 계셨고 …

시편 102:25-28 [24-28]

나는 아뢰었다. "나의 하나님, 중년에 나를 데려가지 마십시오.
주님의 햇수는 대대로 무궁합니다."
그 옛날 주님께서는 땅의 기초를 놓으시며, 하늘을 손수 지으셨습니다.
하늘과 땅은 모두 사라지더라도, 주님만은 그대로 계십니다.
그것들은 모두 옷처럼 낡겠지만,
주님은 옷을 갈아입듯이 그것들을 바꾸실 것이니,
그것들은 다만, 지나가 버리는 것일 뿐입니다.

감사드림

주님의 말씀이 육신이 되어 우리 안에 거하시며
우리가 그의 영광을 보니,
아버지의 독생자의 영광이요. 은혜와 진리가 충만하였더라.
(자유롭게 감사의 기도를 드립니다)
그 빛이 어둠 속에서 비치니
어두움이 그 빛을 이기지 못하더라. 아멘.

찬송

예부터 도움 되시고 (찬송가 71)
빛의 사자들이여 (찬송가 502)
빛나고 높은 보좌와 (찬송가 27)

제자로 부르심

하나님께서 독생자인 아들을 세상에 보내심은 우리가 그를 통하여 생명을 얻고 더 풍성히 얻게 하려 하심입니다.
사랑하는 여러분 하나님께서 우리를 사랑하신 것처럼
우리도 서로 사랑해야 합니다.

요한복음 1:1-9

태초에 '말씀'이 계셨다. 그 '말씀'은 하나님과 함께 계셨다. 그 '말씀'은 하나님이셨다. 그는 태초에 하나님과 함께 계셨다. 모든 것이 그로 말미암아 창조되었으니, 그가 없이 창조된 것은 하나도 없다. 창조된 것은 그에게서 생명을 얻었으니, 그 생명은 사람의 빛이었다. 그 빛이 어둠 속에서 비치니, 어둠이 그 빛을 이기지 못하였다. 하나님께서 보내신 사람이 있었다. 그 이름은 요한이었다. 그 사람은 그 빛을 증언하러 왔으니, 자기를 통하여 모든 사람을 믿게 하려는 것이었다. 그 사람은 빛이 아니었다. 그는 그 빛을 증언하러 왔을 따름이다. 참 빛이 있었다. 그 빛이 세상에 와서 모든 사람을 비추고 있다.

창세기 1:1-5

태초에 하나님이 천지를 창조하셨다. 땅이 혼돈하고 공허하며, 어둠이 깊음 위에 있고, 하나님의 영은 물 위에 움직이고 계셨다. 하나님이 말씀하시기를 "빛이 생겨라" 하시니, 빛이 생겼다. 그 빛이 하나님 보시기에 좋았다. 하나님이 빛과 어둠을 나누셔서, 빛을 낮이라고 하시고, 어둠을 밤이라고 하셨다. 저녁이 되고 아침이 되니, 하루가 지났다.

묵상한 말씀을 나눈다.

찬송

하나님의 말씀으로 (찬송가 133)
골로새서 1:15-20

기도로 부르심

아침, 점심, 저녁 그리고 밤에 하나님의 이름을 부르짖으십시오.
그리하면 그가 들으실 것입니다.
무거운 짐을 주께 맡기십시오. 그러면 주께서 짐을 가볍게 하실 것입니다.

창조와 새로운 창조물의 하나님,
저희가 어떤 것으로 만들어졌는지 알기에 주님께 우리의 기도를 올려 드립니다.
주님, 주님의 자비하심으로, **우리의 기도를 들어주소서**

우리의 삶을 주님의 손에 맡겨 드립니다.
우리 자신과 사랑하는 이들을 위해 기도합니다.
(합심기도) 주님, 주님의 자비하심으로, **우리의 기도를 들어주소서**

주님은 고난 속에 형평성을 맞추기 위해 기쁨을 주십니다.
우리 공동체와 이웃을 위해 기도합니다.

(합심기도) 주님, 주님의 자비하심으로, 우리의 기도를 들어주소서

주님의 은혜가 주님의 사람들 위에 비추도록 하십시오.
성령 안에서 자유로운 삶을 살도록 이 땅의 모든 교회를 위해 기도합니다.
(합심기도) 주님, 주님의 자비하심으로, 우리의 기도를 들어주소서

주님은 모든 이들과 온 세계를 비추는 진실된 빛을 보내주셨습니다.
세상의 정치 지도자들과 세계를 위해 기도합니다.
(합심기도) 주님, 주님의 자비하심으로, 우리의 기도를 들어주소서

우리 안의 다른 염려를 맡기어 드립니다.
(합심기도) 주님, 주님의 자비하심으로, 우리의 기도를 들어주소서

보이지 않으시는 하나님, 주님은 예수 그리스도 안에 사시는 것을 기뻐하십니다.
그에게 주님의 충만함이 있습니다.
우리의 눈을 열어 임마누엘로 오시는 주님의 영광을 보게 하소서.
그리하여 모든 창조물과 더불어 주님의 이름을 높이며 찬양하게 하소서.

(주기도문) 하늘에 계신 우리 아버지 …

축도
우리 주 예수 그리스도의 지식의 풍요로움 안에
은혜와 평화가 우리 안에 있기를 축복합니다.
아멘.

주님 안에 모든 것이 창조됨

1월1일 저녁

여는 말

그는 보이지 않는 하나님의 형상이시요. 모든 피조물보다 먼저 나신 분이십니다.
하늘과 땅에 있는 보이는 것과 보이지 않는 모든 만들이
그 분 안에서 창조되었습니다.

찬양으로 부르심

새 노래로 주님을 찬양합시다. 신실한 회중으로 함께 찬양의 노래를 부릅시다.
주의 이름을 높여 기쁘게 찬양합시다.

처음부터 계셨고 …

시편 90:15-17

우리를 괴롭게 하신 날 수만큼, 우리가 재난을 당한 햇수만큼,
우리에게 즐거움을 주십시오.
주님의 종들에게 주님께서 하신 일을 드러내 주시고,
그 자손에게는 주님의 영광을 나타내 주십시오.
주 우리 하나님, 우리에게 은총을 베푸셔서,
우리의 손으로 하는 일이 견실하게 하여 주십시오.
(우리의 손으로 하는 일이 견실하게 하여 주십시오).

감사드림

때가 차매 하나님께서 아들을 보내셔서
우리를 자녀 삼아주셨습니다.

(자유롭게 감사의 기도를 드립니다)

말로 표현할 수 없는 귀한 선물을 주신 아버지 하나님께 감사드립니다. 아멘.

찬송

오 신실하신 주 (찬송가393)

고백

주는 길 잃은 양들을 인도하시는

선하시고 공평하신 하나님이십니다.

(침묵기도)

우리의 죄를 용서하시는 위대하신 하나님,

주님을 따라 겸손한 사람이 되게 우리를 가르쳐 주십시오.

제자로 부르심

그리스도의 말씀이 여러분 가운데 풍성히 살아 있게 하십시오.

온갖 지혜로 서로 가르치고 권고하십시오.

감사한 마음과 시와 찬미, 신령한 노래로 하나님께 마음을 다하여 찬양하십시오.

요한복음 1:9-13

참 빛이 있었다. 그 빛이 세상에 와서 모든 사람을 비추고 있다. 그는 세상에 계셨다. 세상이 그로 말미암아 생겨났는데도, 세상은 그를 알아보지 못하였다. 그가 자기 땅에 오셨으나, 그의 백성은 그를 맞아들이지 않았다. 그러나 그를 맞아들인 사람들, 곧 그 이름을 믿는 사람들에게는, 하나님의 자녀가 되는 특권을 주셨다. 이들은 혈통에서나, 육정에서나, 사람의 뜻에서 나지 아니하고, 하나님에게서 났다.

요한1서 2:29-3:2

여러분이 하나님께서 의로우신 분임을 알면, 의를 행하는 사람은 누구나 다 하나님에게서 났음을 알 것입니다. 아버지께서 우리에게 얼마나 큰 사랑을 베푸셨는지를 생각해 보십시오. 하나님께서 우리를 자기의 자녀라 일컬어 주셨으니 우리는 하나님의 자녀입니다. 세상이 우리를 알지 못하는 까닭은 하나님을 알지 못하기 때문입니다. 사랑하는 여러분, 이제 우리는 하나님의 자녀입니다. 앞으로 우리가 어떻게 될지는 아직 밝혀지지 않았습니다만, 그리스도께서 나타나시면, 우리도 그와 같이 될 것임을 압니다. 그 때에 우리가 그를 참 모습대로 뵙게 될 것이기 때문입니다.

묵상한 말씀을 나눈다.

찬송
사랑의 하나님 (찬송가 17)
사랑의 나눔 있는 곳에

골로새서 1:15-20

기도로 부르심

너희가 내 안에 머물러 있고, 내 말이 너희 안에 머물러 있으면,
너희가 무엇을 구하든지 다 그대로 이루어질 것이다.
너희가 아버지께 구하는 것은, 무엇이나 아버지께서 내 이름으로 주실 것이다.

창조와 새로운 창조물의 하나님, 저희가 어떤 것으로 만들어졌는지 알기에
주님께 우리의 기도를 올려 드립니다.
주님, 주님의 자비하심으로, **우리의 기도를 들어주소서**

우리의 삶을 주님의 손에 맡겨 드립니다.
우리 자신과 사랑하는 이들을 위해 기도합니다.
(합심기도) 주님, 주님의 자비하심으로, **우리의 기도를 들어주소서**

주님은 고난 속에 형평성을 맞추기 위해 기쁨을 주십니다.
우리 공동체와 이웃을 위해 기도합니다.
(합심기도) 주님, 주님의 자비하심으로, 우리의 기도를 들어주소서

주님의 은혜가 주님의 사람들 위에 비추도록 하십시오.
성령 안에서 자유로운 삶을 살도록 이 땅의 모든 교회를 위해 기도합니다.
(합심기도) 주님, 주님의 자비하심으로, 우리의 기도를 들어주소서

주님은 모든 이들과 온 세계를 비추는 진실된 빛을 보내주셨습니다.
세상의 정치 지도자들과 세계를 위해 기도합니다.
(합심기도) 주님, 주님의 자비하심으로, 우리의 기도를 들어주소서

우리 안의 다른 염려를 맡기어 드립니다.
(합심기도) 주님, 주님의 자비하심으로, 우리의 기도를 들어주소서

오 하나님, 주님은 예수 그리스도 안에서 모든 만물을 함께 붙드십니다.
우리의 부서진 세계에 오셔서. 저희 안에 기쁨으로 머무소서.
하나님께서는 주님을 통해 천국과 땅에 있는 모든 것을 화해시키십니다.
주님의 이름으로 함께 기도합니다.

(주기도문) 하늘에 계신 우리 아버지 …

축도

주님께서 우리를 악으로부터 지키실 것입니다.
주님께서 우리의 생명을 지키실 것입니다.
주님께서 지금부터 영원까지 우리의 출입을 지키실 것입니다.
아멘.

주님을 통해 모든 것이 만들어 지고 주님을 위해 만들어짐

1월 2일 아침

여는 말

왕좌이든 정복자든 통치자든 권력가든
모든 것은 주님을 통하여 만들어지고 주님을 위해 만들어졌습니다.

찬양으로 부르심

오 하나님, 이 땅에 주님의 뜻이 알려지도록 하소서.
온 나라에 걸친 주님의 구원의 힘을
오 하나님, 사람들이 주님을 찬양하도록 해주십시오.
모든 사람들이 주님을 찬양하도록 하소서.

처음부터 계셨고 …

시편 91:1-6

가장 높으신 분의 보호를 받으면서 사는 너는,
전능하신 분의 그늘 아래 머무를 것이다.
나는 주님께 "주님은 나의 피난처,
나의 요새, 내가 의지할 하나님"이라고 말하겠다.
정녕, 주님은 너를, 사냥꾼의 덫에서 빼내 주시고,
죽을 병에서 너를 건져 주실 것이다.
주님이 그의 깃으로 너를 덮어 주시고 너도 그의 날개 아래로 피할 것이니,
주님의 진실하심이 너를 지켜 주는 방패와 갑옷이 될 것이다.
그러므로 너는 밤에 찾아 드는 공포를 두려워하지 않고,

낮에 날아드는 화살을 무서워하지 않을 것이다.

흑암을 틈타서 퍼지는 염병과 백주에 덮치는 재앙도 두려워하지 말아라.

감사드림

주님의 말씀이 육신이 되어 우리 안에 거하시며 은혜와 진리가 충만하였다.

주님 안에 생명이 있었으니 그 생명이 모든 이들에게 빛이 되었다.

(자유롭게 감사의 기도를 드립니다)

그 빛이 어둠 속에서 비치니

어두움이 그 빛을 이기지 못하더라. 아멘.

찬송

읽은 성경말씀에 맞는 찬송을 선택하여 부른다.

제자로 부르심

하나님께서 독생자인 아들을 세상에 보내심은

우리가 그를 통하여 생명을 얻고 더 풍성히 얻게 하려 하심입니다.

사랑하는 여러분 하나님께서 우리를 사랑하신 것처럼

우리도 서로 사랑해야 합니다.

요한복음 1:14-18

그 말씀은 육신이 되어 우리 가운데 사셨다. 우리는 그의 영광을 보았다. 그것은 아버지께서 주신, 외아들의 영광이었다. 그는 은혜와 진리가 충만하였다. (요한은 그에 대하여 증언하여 외쳤다. "이분이 내가 말씀드린 바로 그분입니다. 내 뒤에 오시는 분이 나보다 앞서신 분이라고 말씀드린 것은, 이분을 두고 말한 것입니다. 그분은 사실 나보다 먼저 계신 분이기 때문입니다.") 우리는 모두 그의 충만함에서 선물을 받되, 은혜에 은혜를 더하여 받았다. 율법은 모세를 통하여 받았고, 은혜와 진리는 예수 그리스도로 말미암아 생겨났다. 일찍이, 하나님을 본 사람은 아무도 없다. 아버지의 품속에 계신 외아들이신 하나님께서 하나님을 알려주셨다.

에스겔 37:26-28

내가 그들과 평화의 언약을 세워서, 영원한 언약을 삼을 것이다. 내가 그들을 튼튼히 세우며, 번성하게 하며, 내 성소를 그들 한가운데 세워서 영원히 이어지게 하겠다. 내가 살 집이 그들 가운데 있을 것이며, 나는 그들의 하나님이 되고 그들은 내 백성이 될 것이다. 내 성소가 영원히 그들 한가운데 있을 그 때에야 비로소 세계 만민이, 내가 이스라엘을 거룩하게 하는 주인 줄 알 것이다.'"

묵상한 말씀을 나눈다.

찬송

읽은 성경말씀에 맞는 찬송을 선택하여 부른다.

골로새서 1.15-20

기도로 부르심

아침, 점심, 저녁 그리고 밤에 하나님의 이름을 부르짖으십시오.
그리하면 그가 들으실 것입니다.
무거운 짐을 주께 맡기십시오.
그러면 주께서 짐을 가볍게 하실 것입니다.

사랑의 하나님, 우리가 무엇으로 만들어졌는지 저희가 알기에 주님께 기도를 올려드립니다. 주님, 주님의 자비하심으로, **우리의 기도를 들어주소서**

주님은 예수님 안에서 새롭게 저희에게 오십니다.
우리 자신과 사랑하는 이들을 위해 기도합니다.

(합심기도) 주님, 주님의 자비하심으로, **우리의 기도를 들어주소서**

주님은 주님의 날개 아래 저희에게 피난처를 주십니다.
우리 공동체와 이웃을 위해 기도합니다.
(합심기도) 주님, 주님의 자비하심으로, **우리의 기도를 들어주소서**

주님은 은혜 위에 은혜를 더하여 주십니다.
우리가 하나님의 신실한 사랑에 반응하도록 이 땅의 교회들을 위해 기도합니다.
(합심기도) 주님, 주님의 자비하심으로, **우리의 기도를 들어주소서**

주님은 영원한 평화의 언약을 세우시길 소망하십니다.
가난하고 도움이 필요한 이들과 세계를 위해 기도합니다.
(합심기도) 주님, 주님의 자비하심으로, **우리의 기도를 들어주소서**

우리 안의 다른 염려를 맡기어 드립니다.
(합심기도) 주님, 주님의 자비하심으로, **우리의 기도를 들어주소서**

보이지 않으시는 하나님, 주님은 예수 그리스도 안에 거하길 즐거워하십니다.
그에게 주님의 충만함이 있습니다.
우리의 눈을 열어 임마누엘로 오신 주님의 영광을 보게 하소서.
그리하여 우리가 모든 창조물과 더불어
목소리 높여 주님께 영광과 찬양을 드리게 하소서.
우리가 주님의 이름으로 함께 기도합니다.

(주기도문) 하늘에 계신 우리 아버지 …

축도

하나님과 우리의 주님이신 예수 그리스도를 아는 지식의 풍성함으로
평화와 은혜가 충만하게 하소서. 아멘.

모든 것은 주님을 통해 주님을 위해 만들어짐

1월 2일 저녁

여는 말

왕좌이든 정복자든 통치자든 권력가든
모든 것은 주님을 통하여 만들어지고 주님을 위해 만들어졌습니다.

찬양으로 부르심

새 노래로 주님을 찬양합시다. 신실한 회중으로 주님께 찬양의 노래를 부릅시다.
주의 이름을 높여 기쁘게 찬양합시다.

처음부터 계셨고 …

시편 91:8-17

오직 너는 너의 눈으로 자세히 볼 것이니,
악인들이 보응을 받는 것을 보게 될 것이다.
네가 주님을 네 피난처로 삼았으니, 가장 높으신 분을 너의 거처로 삼았으니,
네게는 어떤 불행도 찾아오지 않을 것이다.
네 장막에는, 어떤 재앙도 가까이하지 못할 것이다.
그가 천사들에게 명하셔서 네가 가는 길마다 너를 지키게 하실 것이니,
너의 발이 돌부리에 부딪히지 않게 천사들이 그들의 손으로 너를 붙들어 줄 것이다.
네가 사자와 독사를 짓밟고 다니며, 사자 새끼와 살모사를 짓이기고 다닐 것이다.
"그가 나를 간절히 사랑하니, 내가 그를 건져 주겠다.
그가 나의 이름을 알고 있으니, 내가 그를 높여 주겠다.
그가 나를 부를 때에, 내가 응답하고, 그가 고난을 받을 때에, 내가 그와 함께 있겠다.

내가 그를 건져 주고, 그를 영화롭게 하겠다.
내가 그를 만족할 만큼 오래 살도록 하고
내 구원을 그에게 보여 주겠다."

감사드림

때가 차매 하나님께서 아들을 보내셔서
우리를 자녀 삼아주셨습니다.
(자유롭게 감사의 기도를 드립니다)
말로 표현할 수 없는 귀한 선물을 주신 아버지 하나님께 감사드립니다. 아멘.

찬송

읽은 성경말씀에 맞는 찬송을 선택하여 부른다.

고백

주는 길 잃은 양들을 인도하시는
선하시고 공평하신 하나님이십니다. (침묵기도)
우리의 죄를 용서하시는 위대하신 하나님,
주님을 따라 겸손한 사람이 되게 우리를 가르쳐 주십시오.

제자로 부르심

그리스도의 말씀이 여러분 가운데 풍성히 살아 있게 하십시오.
온갖 지혜로 서로 가르치고 권고하십시오.
감사한 마음과 시와 찬미, 신령한 노래로 하나님께 마음을 다하여 찬양하십시오.

요한복음 1:19-23

유대 사람들이 예루살렘에서 제사장들과 레위 지파 사람들을 [요한에게] 보내어서 "당신은 누구요?" 하고 물어 보게 하였다. 그 때에 요한의 증언은 이러하였다. 그는 거절하지 않고 고백하였다. "나는 그리스도가 아니오" 하고 그는 고백하였다.

그들이 다시 요한에게 물었다. "그러면, 당신은 누구란 말이오? 엘리야요?" 요한은 "아니오" 하고 대답하였다. "당신은 그 예언자요?" 하고 그들이 물으니, 요한은 "아니오" 하고 대답하였다. 그래서 그들이 말하였다. "그러면, 당신은 누구란 말이오? 우리를 보낸 사람들에게 대답할 말을 좀 해주시오. 당신은 자신을 무엇이라고 말하시오?" 요한이 대답하였다. "예언자 이사야가 말한 대로, 나는 '광야에서 외치는 이의 소리'요. '너희는 주님의 길을 곧게 하여라' 하고 말이오."

이사야 40:3

한 소리가 외친다.
"광야에 주님께서 오실 길을 닦아라.
사막에 우리의 하나님께서 오실 큰길을 곧게 내어라."

묵상한 말씀을 나눈다.

찬송

읽은 성경말씀에 맞는 찬송을 선택하여 부른다.

골로새서 1:15-20

기도로 부르심

예수님께서 말씀하셨습니다.
너희가 내 안에 내 안에 머물러 있고 내 말이 너희 안에 머물러 있으면
너희가 무엇을 구하든지 다 그대로 이루어질 것이다.

사랑의 하나님, 주님은 주의 자녀들에게 어떤 선물을 주실지 아십니다.
주님, 주님의 자비하심으로, 우리의 기도를 들어주소서

주님께서는 예수 그리스도 안에 은혜와 진리로 저희에게 새로이 오십니다.

우리 자신과 사랑하는 이들을 위해 기도합니다.
(합심기도) 주님, 주님의 자비하심으로, **우리의 기도를 들어주소서**

주님은 날개 아래 피난처를 제공하십니다. 공동체와 이웃을 위해 기도합니다.
(합심기도) 주님, 주님의 자비하심으로, **우리의 기도를 들어주소서**

주님은 은혜에 은혜를 더하여 주십니다.
우리가 하나님의 신실한 사랑에 반응하도록 이 땅의 교회들을 위해 기도합니다.
(합심기도) 주님, 주님의 자비하심으로, **우리의 기도를 들어주소서**

주님은 영원한 평화의 언약을 확립하길 원하십니다.
가난하고 도움이 필요한 이들과 세계를 위해 기도합니다
(합심기도) 주님, 주님의 자비하심으로, **우리의 기도를 들어주소서**

우리 안의 다른 염려를 맡기어 드립니다.
(합심기도) 주님, 주님의 자비하심으로, **우리의 기도를 들어주소서**

오 하나님, 주님은 예수 그리스도 안에서 모든 만물을 함께 붙드십니다.
우리의 부서진 세계에 오서서. 저희 안에 기쁨으로 머무소서.
하나님께서는 주님을 통해 천국과 땅에 있는 모든 것을 화해시키십니다.
주님의 이름으로 함께 기도합니다.

(주기도문) 하늘에 계신 우리 아버지 …

축도

주님께서 우리를 악으로부터 지키실 것입니다.
주님께서 우리의 생명을 지키실 것입니다.
주님께서 지금부터 영원까지 우리의 출입을 지키실 것입니다. 아멘.

주님 안에 모든 것을 결합하심

1월 3일 아침

여는 말

주님이 만물보다 먼저 계셨기에
주님 안에 만물이 존재합니다.

찬양으로 부르심

오 하나님, 이 땅에 주님의 뜻이 알려지게 하소서.
주님의 구원의 힘이 온 나라 위에 선포되게 하소서.
사람들이 주님을 찬양하게 하소서.
모든 사람들이 주님을 찬양하게 하소서.

처음부터 계셨고 …

시편 95:1-7

오너라, 우리가 주님께 즐거이 노래하자.
우리를 구원하시는 반석을 보고, 소리 높여 외치자.
찬송을 부르며 그의 앞으로 나아가서, 노래 가락에 맞추어,
그분께 즐겁게 소리 높여 외치자.
주님은 크신 하나님이시요, 모든 신들 위에 뛰어나신 왕이시다.
땅의 깊은 곳도 그 손 안에 있고, 산의 높은 꼭대기도 그의 것이다.
바다도 그의 것이며, 그가 지으신 것이다.
마른 땅도 그가 손으로 빚으신 것이다.
오너라, 우리가 엎드려 경배하자. 우리를 지으신 주님 앞에 무릎을 꿇자.

그는 우리의 하나님이시요,

우리는 그가 기르시는 백성이며, 그가 손수 이끄시는 양떼다.

오늘, 너희는 그의 음성을 들어 보아라.

감사드림

그 말씀은 육신이 되어 우리 가운데 사셨다. 우리는 그의 영광을 보았다.

그것은 아버지께서 주신, 외아들의 영광이었다. 그는 은혜와 진리가 충만하였다.

(자유롭게 감사의 기도를 드립니다)

그 빛이 어둠 속에서 비치니, 어둠이 그 빛을 이기지 못하였다. 아멘.

찬송

읽은 성경말씀에 맞는 찬송을 선택하여 부른다.

제자로 부르심

하나님께서 독생자인 아들을 세상에 보내심은

우리가 그를 통하여 생명을 얻고 더 풍성히 얻게 하려 하심입니다.

사랑하는 여러분 하나님께서 우리를 사랑하신 것처럼

우리도 서로 사랑해야 합니다.

요한복음 1:25-28

그들은 바리새파 사람들이 보낸 사람들이었다. 그들이 또 요한에게 물었다. "당신이 그리스도도 아니고, 엘리야도 아니고, 그 예언자도 아니면, 어찌하여 세례를 주시오?" 요한이 대답하였다. "나는 물로 세례를 주오. 그런데 여러분 가운데 여러분이 알지 못하는 이가 한 분 서 계시오. 그는 내 뒤에 오시는 분이지만, [나는] 그분의 신발 끈을 풀 만한 자격도 없소." 이것은 요한이 세례를 주던 요단 강 건너편 베다니에서 일어난 일이다.

신명기 18:15

주 당신들의 하나님은 당신들의 동족 가운데서 나와 같은 예언자 한 사람을 일으켜 세워 주실 것이니, 당신들은 그의 말을 들어야 합니다.

묵상한 말씀을 나눈다.

찬송
읽은 성경말씀에 맞는 찬송을 선택하여 부른다.

골로새서 1:15-20

기도로 부르심

아침, 점심, 저녁 그리고 밤에 하나님의 이름을 부르짖으십시오.
그리하면 그가 들으실 것입니다.
무거운 짐을 주께 맡기십시오.
그러면 주께서 짐을 가볍게 하실 것입니다.

진리의 하나님, 우리가 무엇으로 만들어졌는지 저희가 알기에 주님께 기도를 올려드립니다. 주님, 주님의 자비하심으로, **우리의 기도를 들어주소서**

주님은 우리 마음에 찬양과 기쁨을 심어주십니다.
우리 자신과 사랑하는 이들을 위해 기도합니다.
(합심기도) 주님, 주님의 자비하심으로, **우리의 기도를 들어주소서**

주님은 부모의 마음을 아이들에게, 아이들의 마음을 부모에게 향하도록 돌리십니다. 우리 공동체와 이웃을 위해 기도합니다.
(합심기도) 주님, 주님의 자비하심으로, **우리의 기도를 들어주소서**

주님은 사람들의 마음을 시험하십니다.
정의와 평화, 기쁨이 있는 하나님 나라를 증거하도록

이 땅의 교회들을 위해 기도합니다.
(합심기도) 주님, 주님의 자비하심으로, 우리의 기도를 들어주소서

주님께서 만드신 모든 것을 향해 주님의 사랑은 변함없으십니다.
모든 탐욕과 폭력, 압제의 올무에 빠져있는 사람들을 생각하며
세계를 위해 기도합니다.
(합심기도) 주님, 주님의 자비하심으로, 우리의 기도를 들어주소서

우리 안의 다른 염려를 맡기어 드립니다.
(합심기도) 주님, 주님의 자비하심으로, 우리의 기도를 들어주소서

보이지 않으시는 하나님, 주님은 예수 그리스도 안에 거하길 즐거워하십니다.
그에게 주님의 충만함이 있습니다.
우리의 눈을 열어 임마누엘로 오신 주님의 영광을 보게 하소서.
그리하여 우리가 모든 창조물과 더불어
목소리 높여 주님께 영광과 찬양을 드리게 하소서.
우리가 주님의 이름으로 함께 기도합니다.

(주기도문) 하늘에 계신 우리 아버지 …

축도

하나님과 우리의 주님이신 예수 그리스도를 아는 지식의 풍성함으로
평화와 은혜가 충만하게 하소서.
아멘.

주님 안에 모든 것이 결합함

1월 3일 저녁

여는 말

주님이 만물보다 먼저 계셨기에
주님 안에 만물이 존재합니다.

찬양으로 부르심

새 노래로 주님을 찬양합시다.
신실한 회중으로 주님께 찬양합시다.
주의 이름을 높여 기쁘게 찬양합시다.

처음부터 계셨고 …

시편 136:1-9

할렐루야! 주님께 감사하여라.
그는 선하시며 그 인자하심이 영원하다.
모든 신들 가운데 가장 크신 하나님께 감사하여라.
그 인자하심이 영원하다.
모든 주 가운데 가장 크신 주님께 감사하여라.
그 인자하심이 영원하다.
홀로 큰 기적을 일으키신 분께 감사하여라.
그 인자하심이 영원하다.
지혜로 하늘을 만드신 분께 감사하여라.
그 인자하심이 영원하다.

물 위에 땅을 펴 놓으신 분께 감사하여라.

그 인자하심이 영원하다.

큰 빛들을 지으신 분께 감사하여라.

그 인자하심이 영원하다.

낮을 다스릴 해를 지으신 분께 감사하여라.

그 인자하심이 영원하다.

밤을 다스릴 달과 별을 지으신 분께 감사하여라.

그 인자하심이 영원하다.

감사드림

때가 차매 하나님께서 아들을 보내셔서

우리를 자녀 삼아주셨습니다.

(자유롭게 감사의 기도를 드립니다)

말로 표현할 수 없는 귀한 선물을 주신 아버지 하나님께 감사드립니다. 아멘.

찬송

다 찬양 하여라 (찬송가 21)

거룩 하신 하나님 주께 감사 드리세

고백

주는 길 잃은 양들을 인도하시는

선하시고 공평하신 하나님이십니다.

(침묵기도)

우리의 죄를 용서하시는 위대하신 하나님,

주님을 따라 겸손한 사람이 되게 우리를 가르쳐 주십시오.

제자로 부르심

그리스도의 말씀이 여러분 가운데 풍성히 살아 있게 하십시오.
온갖 지혜로 서로 가르치고 권고하십시오.
감사한 마음으로 시와 찬미와 신령한 노래로
여러분의 하나님께 마음을 다하여 찬양하십시오.

요한복음 1:29-34

다음 날 요한은 예수께서 자기에게 오시는 것을 보고 말하였다. "보시오, 세상 죄를 지고 가는 하나님의 어린 양입니다. 내가 전에 말하기를 '내 뒤에 한 분이 오실 터인데, 그분은 나보다 먼저 계시기에, 나보다 앞서신 분입니다' 한 적이 있습니다. 그것은 이분을 두고 한 말입니다. 나도 이분을 알지 못하였습니다. 내가 와서 물로 세례를 주는 것은, 이분을 이스라엘에게 알리려고 하는 것입니다." 요한이 또 증언하여 말하였다. "나는 성령이 비둘기같이 하늘에서 내려와서 이분 위에 머무는 것을 보았습니다. 나도 이분을 몰랐습니다. 그러나 나를 보내어 물로 세례를 주게 하신 분이 나에게 말씀하시기를, '성령이 어떤 사람 위에 내려와서 머무는 것을 보거든, 그가 바로 성령으로 세례를 주시는 분임을 알아라' 하셨습니다. 그런데 나는 그것을 보았습니다. 그래서 나는, 이분이 하나님의 아들이라고 증언하였습니다."

말라기 4:5-6

주의 크고 두려운 날이 이르기 전에, 내가 너희에게 엘리야 예언자를 보내겠다. 그가 아버지의 마음을 자녀에게로 돌이키고, 자녀의 마음을 아버지에게로 돌이킬 것이다. 돌이키지 아니하면, 내가 가서 이 땅에 저주를 내리겠다."

묵상한 말씀을 나눈다.

찬송

읽은 성경말씀에 맞는 찬송을 선택하여 부른다.

골로새서 1:15-20

기도로 부르심

예수님께서 말씀하셨습니다.
너희가 내 안에 내 안에 머물러 있고 내 말이 너희 안에 머물러 있으면
너희가 무엇을 구하든지 다 그대로 이루어질 것이다.

진리의 하나님, 주님은 주의 자녀들에게 어떤 선물을 주실지 아십니다.
주님, 주님의 자비하심으로, **우리의 기도를 들어주소서**

주님은 우리의 마음에 기쁨과 찬양을 심어주십니다.
우리 자신과 사랑하는 이들을 위해 기도합니다.
(합심기도) 주님, 주님의 자비하심으로, **우리의 기도를 들어주소서**

주님은 부모의 마음을 아이들에게,
아이들의 마음을 부모를 향하도록 돌리십니다.
우리 공동체와 이웃을 위해 기도합니다.
(합심기도) 주님, 주님의 자비하심으로, **우리의 기도를 들어주소서**

주님은 주님의 사람들의 마음을 시험하시고 찾으십니다.
정의와 평화, 기쁨이 있는 하나님 나라를 증거하도록
이 땅의 교회들을 위해 기도합니다.
(합심기도) 주님, 주님의 자비하심으로, **우리의 기도를 들어주소서**

주님이 만드신 모든 이들에게 주님의 사랑은 영원합니다.
모든 탐욕과 폭력, 압제의 올무에 빠져있는 사람들을 생각하며
세계를 위해 기도합니다.
(합심기도) 주님, 주님의 자비하심으로, **우리의 기도를 들어주소서**

우리 안의 다른 염려를 맡기어 드립니다.

(합심기도) 주님, 주님의 자비하심으로, 우리의 기도를 들어주소서

오 하나님, 주님은 예수 그리스도 안에서 모든 만물을 함께 붙드십니다.
우리의 부서진 세계에 오셔서. 저희 안에 기쁨으로 머무소서.
하나님께서는 주님을 통해 천국과 땅에 있는 모든 것을 화해시키십니다.
주님의 이름으로 함께 기도합니다.

(주기도문) 하늘에 계신 우리 아버지 …

축도

주님께서 우리를 악한 것으로부터 지키실 것입니다.
주님께서 우리의 생명을 지키실 것입니다.
주님께서 지금부터 영원까지 우리의 출입을 지키실 것입니다.
아멘.

주님께서 몸의 머리가 되심

1월 4일 아침

여는 말

주님이 만물보다 먼저 계셨기에

주님 안에 만물이 존재합니다.

주님께서 몸과 교회의 머리가 되십니다.

찬양으로 부르심

오 하나님, 이 땅에 주님의 뜻이 알려지게 하소서.

주님의 구원의 힘이 온 나라 위에 선포되게 하소서.

사람들이 주님을 찬양하게 하소서.

모든 사람이 주님을 찬양하게 하소서.

처음부터 계셨고 …

시편 135:1-7

할렐루야!

주님의 이름을 찬송하여라. 주님의 종들아, 찬송하여라.

주님의 집 안에, 우리 하나님의 집 뜰 안에 서 있는 사람들아,

주님은 선하시니, 주님을 찬송하여라.

그가 은혜를 베푸시니, 그의 이름 찬송하여라.

주님께서는 야곱을 당신의 것으로 택하시며,

이스라엘을 가장 소중한 보물로 택하셨다.

나는 알고 있다. 주님은 위대하신 분이며, 어느 신보다 더 위대하신 분이시다.

주님은, 하늘에서도 땅에서도, 바다에서도 바다 밑 깊고 깊은 곳에서도,
어디에서나, 뜻하시는 것이면 무엇이든, 다 하시는 분이다.
땅 끝에서 안개를 일으키시고, 비를 내리시려 번개를 치시고,
바람을 창고에서 끌어내기도 하신다.

감사드림

그 말씀은 육신이 되어 우리 가운데 사셨다. 우리는 그의 영광을 보았다.
그것은 아버지께서 주신, 외아들의 영광이었다. 그는 은혜와 진리가 충만하였다.
(자유롭게 감사의 기도를 드립니다)
그 빛이 어둠 속에서 비치니, 어둠이 그 빛을 이기지 못하였다.

찬송

읽은 성경말씀에 맞는 찬송을 선택하여 부른다.

제자로 부르심

하나님께서 독생자인 아들을 세상에 보내심은
우리가 그를 통하여 생명을 얻고 더 풍성히 얻게 하려 하심입니다.
사랑하는 여러분 하나님께서 우리를 사랑하신 것처럼
우리도 서로 사랑해야 합니다.

요한복음 1:35-39

다음 날 요한이 다시 자기 제자 두 사람과 같이 서 있다가, 예수께서 지나가시는 것을 보고서, "보아라, 하나님의 어린 양이다" 하고 말하였다.
그 두 제자는 요한이 하는 말을 듣고, 예수를 따라갔다. 예수께서 돌아서서, 그들이 따라오는 것을 보시고 물으셨다. "너희는 무엇을 찾고 있느냐?" 그들은 "랍비님, 어디에 묵고 계십니까?" 하고 말하였다. ('랍비'는 '선생님'이라는 말이다.) 예수께서 그들에게 대답하셨다. "와서 보아라." 그들이 따라가서, 예수께서 묵고 계시는

곳을 보고, 그 날을 그와 함께 지냈다. 때는 오후 네 시 쯤이었다.

요한계시록 5:13-14

나는 또 하늘과 땅 위와 땅 아래와 바다에 있는 모든 피조물과, 또 그들 가운데 있는 만물이, 이런 말로 외치는 소리를 들었습니다. "보좌에 앉으신 분과 어린 양께서는 찬양과 존귀와 영광과 권능을 영원무궁 하도록 받으십시오." 그러자 네 생물은 "아멘!" 하고, 장로들은 엎드려서 경배하였습니다.

묵상한 말씀을 나눈다.

찬송

읽은 성경말씀에 맞는 찬송을 선택하여 부른다.

골로새서 1.15-20

기도로 부르심

아침, 점심, 저녁 그리고 밤에 하나님의 이름을 부르짖으십시오.
그리하면 그가 들으실 것입니다.
무거운 짐을 주께 맡기십시오.
그러면 주께서 짐을 가볍게 하실 것입니다.

세상을 돌보시는 하나님, 저희는 주님께서 우리를 무엇으로 만들어졌는지 아시기에 주님께 우리의 기도를 올려드립니다.
주님, 주님의 자비하심으로, 우리의 기도를 들어주소서

주님께서는 우리가 주님 안에 쉬도록 부르십니다.
우리 자신과 사랑하는 이들을 위해 기도합니다.
(합심기도) 주님, 주님의 자비하심으로, 우리의 기도를 들어주소서

주님의 사랑은 모든 다른 사랑이 존재하도록 합니다.
공동체와 이웃을 위해 기도합니다.
(합심기도) 주님, 주님의 자비하심으로, 우리의 기도를 들어주소서

주님께서는 예수 그리스도를 몸과 교회의 머리로 세우셨습니다.
매일 예수 그리스도를 따라 사는 삶을 살도록
이 땅의 모든 교회를 위해 기도합니다.
(합심기도) 주님, 주님의 자비하심으로, 우리의 기도를 들어주소서

주님의 존재만으로도 축복이며 존귀, 영광과 힘이십니다.
이 땅의 권력과 권세를 가진 이와 세계를 위해 기도합니다.
(합심기도) 주님, 주님의 자비하심으로, 우리의 기도를 들어주소서

우리 안의 다른 염려를 맡기어 드립니다.
(합심기도) 주님, 주님의 자비하심으로, 우리의 기도를 들어주소서

보이지 않으시는 하나님, 주님은 예수 그리스도 안에 거하길 즐거워하십니다.
그에게 주님의 충만함이 있습니다.
우리의 눈을 열어 임마누엘로 오신 주님의 영광을 보게 하소서.
그리하여 우리가 모든 창조물과 더불어
목소리 높여 주님께 영광과 찬양을 드리게 하소서.
우리가 주님의 이름으로 함께 기도합니다.

(주기도문) 하늘에 계신 우리 아버지 …

축도
하나님과 우리의 주님이신 예수 그리스도를 아는 지식의 풍성함으로
평화와 은혜가 충만하게 하소서. 아멘.

주님께서 몸의 머리가 되심

1월 4일 저녁

여는 말

주님이 만물보다 먼저 계셨기에

주님 안에 만물이 존재합니다.

주님께서 몸과 교회의 머리가 되십니다.

찬양으로 부르심

새 노래로 주님을 찬양합시다.

신실한 회중으로 주님께 찬양의 노래를 부릅시다.

주의 이름을 높여 기쁘게 찬양합시다.

처음부터 계셨고 …

시편 97:1-6

주님께서 다스리시니, 온 땅아, 뛸 듯이 기뻐하여라.

많은 섬들아, 즐거워하여라. 구름과 흑암이 그를 둘러쌌다.

정의와 공평이 그 왕좌의 기초다.

불이 그 앞에서 나와서 에워싼 대적을 불사른다.

그의 번개가 세상을 번쩍번쩍 비추면, 땅이 보고서 두려워 떤다.

산들은 주님 앞에서, 온 땅의 주님 앞에서, 초처럼 녹아 버린다.

하늘은 그의 의로우심을 선포하고, 만백성은 그의 영광을 본다.

감사드림

때가 차매 하나님께서 아들을 보내셔서

우리를 자녀 삼아주셨습니다.
(자유롭게 감사의 기도를 드립니다)
말로 표현할 수 없는 귀한 선물을 주신
아버지 하나님께 감사드립니다. 아멘.

찬송

어두운 내 눈 밝히사 (찬송가 366)
열어주소서 열어주소서

고백

주는 길 잃은 양들을 인도하시는
선하시고 공평하신 하나님이십니다.
(침묵기도)
우리의 죄를 용서하시는 위대하신 하나님,
주님을 따라 겸손한 사람이 되게 우리를 가르쳐 주십시오.

제자로 부르심

그리스도의 말씀이 여러분 가운데 풍성히 살아 있게 하십시오.
온갖 지혜로 서로 가르치고 권고하십시오.
감사한 마음으로 시와 찬미와 신령한 노래로
여러분의 하나님께 마음을 다하여 찬양하십시오.

요한복음 1:40-41

요한의 말을 듣고 예수를 따라간 두 사람 가운데 한 사람은, 시몬 베드로와 형제 간인 안드레였다. 이 사람은 먼저 자기 형 시몬을 만나서 말하였다. "우리가 메시아를 만났소." ('메시아'는 '그리스도'라는 말이다.)

이사야 25:9

그 날이 오면, 사람들은 이런 말을 할 것이다.

바로 이분이 우리의 하나님이시다. 우리가 하나님을 의지하였으니,

하나님께서 우리를 구원하신다.

바로 이분이 주님이시다. 우리가 주님을 의지한다.

우리를 구원하여 주셨으니 기뻐하며 즐거워하자.

묵상한 말씀을 나눈다.

찬송

기쁘다 구주 오셨네 (찬송가 115)

골로새서 1:15-20

기도로 부르심

예수님께서 말씀하셨습니다.

너희가 내 안에 내 안에 머물러 있고 내 말이 너희 안에 머물러 있으면
너희가 무엇을 구하든지 다 그대로 이루어질 것이다

세상을 돌보시는 하나님, 주님께서는 주님의 자녀들에게 좋은 선물을
주실 줄 아십니다. 주님, 주님의 자비하심으로, 우리의 기도를 들어주소서

주님은 우리가 주님 안에 쉬도록 부르십니다.
우리 자신과 사랑하는 이들을 위해 기도합니다.
(합심기도) 주님, 주님의 자비하심으로, 우리의 기도를 들어주소서

주님의 사랑은 모든 다른 사랑이 존재하도록 합니다.
우리 공동체와 이웃을 위해 기도합니다.
(합심기도) 주님, 주님의 자비하심으로, 우리의 기도를 들어주소서

주님께서는 예수 그리스도를 몸과 교회의 머리로 세우셨습니다.
매일 예수 그리스도를 따라 사는 삶을 살도록
이 땅의 모든 교회를 위해 기도합니다.
(합심기도) 주님, 주님의 자비하심으로, 우리의 기도를 들어주소서

주님의 존재만으로도 축복이며 존귀, 영광과 힘이십니다.
이 땅의 권력과 권세를 가진 이와 세계를 위해 기도합니다.
(합심기도) 주님, 주님의 자비하심으로, 우리의 기도를 들어주소서

우리 안의 다른 염려를 맡기어 드립니다.
(합심기도) 주님, 주님의 자비하심으로, 우리의 기도를 들어주소서

오 하나님, 주님은 예수 그리스도 안에서 모든 만물을 함께 붙드십니다.
우리의 부서진 세계에 오셔서. 저희 안에 기쁨으로 머무소서.
하나님께서는 주님을 통해 천국과 땅에 있는 모든 것을 화해시키십니다.
주님의 이름으로 함께 기도합니다.

(주기도문) 하늘에 계신 우리 아버지 …

축도

주님께서 우리를 악한 것으로부터 지키실 것입니다.
주님께서 우리의 생명을 지키실 것입니다.
주님께서 지금부터 영원까지 우리의 출입을 지키실 것입니다.
아멘.

죽음에서 부활의 첫 열매가 되신 주님

1월 5일 아침

여는 말

주님께서는 시작이시고, 죽은 자 가운데서 부활의 첫 열매가 되신 분이십니다.
이는 주님께서 모든 것의 첫 자리에 오시기 위함입니다.

찬양으로 부르심

오 하나님, 이 땅에 주님의 뜻이 알려지게 하소서.
주님의 구원의 힘이 온 나라 위에 선포되게 하소서.
사람들이 주님을 찬양하게 하소서.
모든 사람들이 주님을 찬양하게 하소서.

처음부터 계셨고 …

시편 98:1-4

새 노래로 주님께 찬송하여라.
주님은 기적을 일으키는 분이시다.
그 오른손과 그 거룩하신 팔로 구원을 베푸셨다.
주님께서 베푸신 구원을 알려 주시고,
주님께서 의로우심을 뭇 나라가 보는 앞에서 드러내어 보이셨다.
이스라엘 가문에 베푸신 인자하심과 성실하심을 기억해 주셨기에,
땅 끝에 있는 모든 사람까지도 우리 하나님의 구원하심을 볼 수 있었다.
온 땅아, 소리 높여 즐거이 주님을 찬양하여라.
함성을 터뜨리며, 즐거운 노래로 찬양하여라.

감사드림

그 말씀은 육신이 되어 우리 가운데 사셨다. 우리는 그의 영광을 보았다. 그것은 아버지께서 주신, 외아들의 영광이었다. 그는 은혜와 진리가 충만하였다. 그 빛이 어둠 속에서 비치니, 어둠이 그 빛을 이기지 못하였다. 아멘.

찬송

위대하신 주를 (찬송가 334)

제자로 부르심

하나님께서 독생자인 아들을 세상에 보내심은
우리가 그를 통하여 생명을 얻고 더 풍성히 얻게 하려 하심입니다.
사랑하는 여러분 하나님께서 우리를 사랑하신 것처럼
우리도 서로 사랑해야 합니다.

요한복음 1:42-44

그런 다음에 시몬을 예수께로 데리고 왔다. 예수께서 그를 보시고 말씀하셨다. "너는 요한의 아들 시몬이로구나. 앞으로는 너를 게바라고 부르겠다." ('게바'는 '베드로' 곧 '바위'라는 말이다.)
다음 날 예수께서 갈릴리로 떠나려고 하셨다. 그 때에 빌립을 만나서 말씀하셨다. "나를 따라오너라." 빌립은 벳새다 출신으로, 와 베드로와 한 고향 사람이었다.

여호수아 24:14-15

이렇게 말씀하셨으니, 당신들은 이제 주님을 경외하면서, 그를 성실하고 진실하게 섬기십시오. 그리고 여러분은 여러분의 조상이 강 저쪽의 메소포타미아와 이집트에서 섬기던 신들을 버리고, 오직 주님만 섬기십시오. 주님을 섬기고 싶지 않거든, 조상들이 강 저쪽의 메소포타미아에서 섬기던 신들이든지, 아니면 당신들이 살고 있는 땅 아모리 사람들의 신들이든지, 당신들이 어떤 신들을 섬길 것인지를 오늘 선택하십시오. 나와 나의 집안은 주님을 섬길 것입니다."

묵상한 말씀을 나눈다.

찬송
읽은 성경말씀에 맞는 찬송을 선택하여 부른다.

골로새서 1:15-20

기도로 부르심

아침, 점심, 저녁 그리고 밤에 하나님의 이름을 부르짖으십시오.
그리하면 그가 들으실 것입니다.
무거운 짐을 주께 맡기십시오.
그러면 주께서 짐을 가볍게 하실 것입니다.

변함없는 사랑의 하나님, 주님께서 저희를 무엇으로 만들어졌는지 아시기에 주님께 우리의 기도를 올려드립니다.
주님, 주님의 자비하심으로, 우리의 기도를 들어주소서

주님을 저희에 대해 하나부터 열까지 아십니다.
우리 자신과 사랑하는 이들을 위해 기도합니다.
(합심기도) 주님, 주님의 자비하심으로, 우리의 기도를 들어주소서

주님께서는 주님의 구원을 알리시길 원하십니다.
우리 공동체와 이웃을 위해 기도합니다.
(합심기도) 주님, 주님의 자비하심으로, 우리의 기도를 들어주소서

주님은 예수 그리스도의 몸을 위한 셀 수 없는 희망으로 저희를 부르십니다.
이 땅의 교회들이 예수 그리스도를 담대히 증거하고 전하기를 기도합니다.

(합심기도) 주님, 주님의 자비하심으로, 우리의 기도를 들어주소서

주님은 모든 나라들에게 정의, 진실과 사랑을 보여주십니다.
예수 그리스도의 이름으로 섬기는 자와 평화를 위해 일하는 자들,
세계를 위해 기도합니다.
(합심기도) 주님, 주님의 자비하심으로, 우리의 기도를 들어주소서

우리 안의 다른 염려를 맡기어 드립니다.
(합심기도) 주님, 주님의 자비하심으로, 우리의 기도를 들어주소서

보이지 않으시는 하나님, 주님은 예수 그리스도 안에 거하길 즐거워하십니다.
그에게 주님의 충만함이 있습니다.
우리의 눈을 열어 임마누엘로 오신 주님의 영광을 보게 하소서.
그리하여 우리가 모든 창조물과 더불어
목소리 높여 주님께 영광과 찬양을 드리게 하소서.
우리가 주님의 이름으로 함께 기도합니다.

(주기도문) 하늘에 계신 우리 아버지 ···

축도
하나님과 우리의 주님이신 예수 그리스도를 아는 지식의 풍성함으로
평화와 은혜가 충만하게 하소서.
아멘.

죽음에서 부활의 첫 열매가 되신 주님

1월 5일 저녁

여는 말

주님께서는 시작이시고, 죽은 자 가운데서 부활의 첫 열매가 되신 분이십니다. 이는 주님께서 모든 것의 첫 자리에 오시기 위함입니다.

찬양으로 부르심

새 노래로 주님을 찬양합시다.
신실한 회중으로 주님께 찬양의 노래를 부릅시다.
주의 이름을 높여 기쁘게 찬양합시다.

처음부터 계셨고 …

시편 150편

할렐루야!
주님의 성소에서 하나님을 찬양하여라.
하늘 웅장한 창공에서 찬양하여라.
주님이 위대한 일을 하셨으니, 주님을 찬양하여라.
주님은 더없이 위대하시니, 주님을 찬양하여라.
나팔소리를 울리면서 주님을 찬양하고,
거문고와 수금을 타면서 주님을 찬양하여라.
소구치며 춤추면서 주님을 찬양하고,
현금을 뜯고 피리 불면서 주님을 찬양하여라.
오묘한 소리 나는 제금을 치면서 주님을 찬양하고,

큰소리 나는 제금을 치면서 주님을 찬양하여라.
숨쉬는 사람마다 주님을 찬양하여라. 할렐루야!

감사드림

때가 차매 하나님께서 아들을 보내셔서
우리를 자녀 삼아주셨습니다.
(자유롭게 감사의 기도를 드립니다)
말로 표현할 수 없는 귀한 선물을 주신
아버지 하나님께 감사드립니다. 아멘.

찬송

다 찬양 하여라 (찬송가 21)
큰 영광 중에 계신 주 (찬송가 20)

고백

주는 길 잃은 양들을 인도하시는
선하시고 공평하신 하나님이십니다.
(침묵기도)
우리의 죄를 용서하시는 위대하신 하나님,
주님을 따라 겸손한 사람이 되게 우리를 가르쳐 주십시오.

제자로 부르심

그리스도의 말씀이 여러분 가운데 풍성히 살아 있게 하십시오.
온갖 지혜로 서로 가르치고 권고하십시오.
감사한 마음으로 시와 찬미와 신령한 노래로
여러분의 하나님께 마음을 다하여 찬양하십시오.

요한복음 1:45-51

빌립이 나다나엘을 만나서 말하였다. "모세가 율법책에 기록하였고, 또 예언자들이 기록한 그분을 우리가 만났습니다. 그분은 나사렛 출신으로, 요셉의 아들 예수입니다." 나다나엘이 그에게 말하였다. "나사렛에서 무슨 선한 것이 나올 수 있겠소?" 빌립이 그에게 말하였다. "와서 보시오." 예수께서 나다나엘이 자기에게로 오는 것을 보시고, 그를 두고 말씀하셨다. "보아라, 저 사람이야말로 참으로 이스라엘 사람이다. 그에게는 거짓이 없다." 나다나엘이 예수께 물었다. "어떻게 나를 아십니까?" 예수께서 대답하셨다. "빌립이 너를 부르기 전에, 네가 무화과나무 아래에 있는 것을 내가 보았다." 나다나엘이 말하였다. "선생님, 선생님은 하나님의 아들이시요, 이스라엘의 왕이십니다." 예수께서 그에게 말씀하셨다. "네가 무화과나무 아래 있을 때에 내가 너를 보았다고 해서 믿느냐? 이것보다 더 큰 일을 네가 볼 것이다." 예수께서 그에게 또 말씀하셨다. "내가 진정으로 진정으로 너희에게 말한다. 너희는, 하늘이 열리고 하나님의 천사들이 인자 위에 오르락내리락하는 것을 보게 될 것이다."

에베소서 1:17-23

우리 주 예수 그리스도의 하나님이신 영광의 아버지께서 지혜와 계시의 영을 여러분에게 주셔서, 하나님을 알게 하시고, [여러분의] 마음의 눈을 밝혀 주셔서, 하나님의 부르심에 속한 소망이 무엇이며, 성도들에게 베푸시는 하나님의 영광스러운 상속이 얼마나 풍성한지를, 여러분이 알게 되기를 바랍니다. 또한 믿는 사람들인 우리에게 강한 힘으로 활동하시는 하나님의 능력이 얼마나 엄청나게 큰지를, 여러분이 알기 바랍니다. 하나님께서는 이 능력을 그리스도 안에 발휘하셔서, 그분을 죽은 사람들 가운데서 살리시고, 하늘에서 자기의 오른쪽에 앉히셔서 모든 정권과 권세와 능력과 주권 위에, 그리고 이 세상뿐만 아니라 오는 세상에서 일컬을 모든 이름 위에 뛰어나게 하셨습니다. 하나님께서는 만물을 그리스도의 발 아래 굴복시키시고, 그분을 만물 위에 교회의 머리로 삼으셨습니다. 교회는 그리스도의 몸이요, 만물 안에서 만물을 충만케 하시는 분의 충만함입니다.

묵상한 말씀을 나눈다.

찬송
주 예수 이름 높이어 (찬송가 36)
주 예수 이름 높이어 (찬송가 37)
주 예수 이름 소리 높여 (찬송가 356)
열어 주소서 열어 주소서

골로새서 1.15-20

기도로 부르심

예수님께서 말씀하셨습니다.
너희가 내 안에 내 안에 머물러 있고 내 말이 너희 안에 머물러 있으면
너희가 무엇을 구하든지 다 그대로 이루어질 것이다

변함없는 사랑의 하나님, 주님께서 저희를 무엇으로 만드셨는지 아시기에
주님께 우리의 기도를 올려드립니다.
주님, 주님의 자비하심으로, 우리의 기도를 들어주소서

주님은 저희에 대해 하나부터 열까지 아십니다.
우리 자신과 사랑하는 이들을 위해 기도합니다.
(합심기도) 주님, 주님의 자비하심으로, 우리의 기도를 들어주소서

주님께서는 주님의 구원을 알리시길 원하십니다.
우리가 매일 주님의 발자취를 따라갈 수 있도록
우리 공동체와 이웃을 위해 기도합니다.
(합심기도) 주님, 주님의 자비하심으로, 우리의 기도를 들어주소서

주님은 예수 그리스도의 몸을 위한 셀 수 없는 희망으로 저희를 부르십니다.
이 땅의 교회들이 예수 그리스도를 담대히 증거하고 전하기를 기도합니다.
(합심기도) 주님, 주님의 자비하심으로, 우리의 기도를 들어주소서

주님은 모든 나라들에게 정의, 진실과 사랑을 보여주십니다.
예수 그리스도의 이름으로 섬기는 자와 평화를 위해 일하는 자들,
세계를 위해 기도합니다.
(합심기도) 주님, 주님의 자비하심으로, 우리의 기도를 들어주소서

우리 안의 다른 염려를 맡기어 드립니다.
(합심기도) 주님, 주님의 자비하심으로, 우리의 기도를 들어주소서

오 하나님, 주님은 예수 그리스도 안에서 모든 만물을 함께 붙드십니다.
우리의 부서진 세계에 오서서. 저희 안에 기쁨으로 머무소서.
하나님께서는 주님을 통해 천국과 땅에 있는 모든 것을 화해시키십니다.
주님의 이름으로 함께 기도합니다.

(주기도문) 하늘에 계신 우리 아버지 …

축도

주님께서 우리를 악한 것으로부터 지키실 것입니다.
주님께서 우리의 생명을 지키실 것입니다.
주님께서 지금부터 영원까지 우리의 출입을 지키실 것입니다.
아멘.

주현절

주현절 기도

우리는 크리스마스 후에 곧 바로 이어지는 주현절(공현절)을 지키는데 이는 서구 교회의 전통에는 동방의 박사들이 방문한 사건을 기념하는 절기로 알려져 있고, 동방 교회의 전통에는 예수의 세례를 기념하는 절기로 알려져 있다. 이 책에서는 크리스마스 절기 즉 대림절이 끝나는 때인 1월 1부터 시작하여 1월 6일 한 주를 주기로 잡았다. 주현절 주간에 드리는 예배를 실었으며 하나님께서 예수 그리스도를 통해 그리고 때로는 시간과 장소와 여러 다른 방식을 통해 자신을 드러내신 것을 기념하는 것이다. 이 주간에 드리는 예배는 사순절이 시작되는 재의 수요일까지 사용 가능하다.

주님께서 자신을 드러내는 성경의 중심 주제 중 하나가 바로 빛이다. 빛의 이미지는 찬양, 제자도, 기도 등 모든 예배의 구성 요소들을 일깨우는 언어로 충분히 표현 가능하다. "어둠이 빛을 이기지 못하더라." "하늘 문이 열리고" "빛의 열매인 선함" 등은 이러한 표현의 대표적 예다. 이러한 표현의 최고봉은 하나님을 빛의 하나님으로 묘사하고 있다.

주현절 예배 주간 동안, 우리는 구약과 신약의 성경구절을 모두 사용할 것이다. 우리가 사용할 성경구절을 통해 우리는 여러 차례에 걸쳐 다양한 방식으로 자신을 드러내시는 하나님의 신실하심에 대해 감사를 드리게 될 것이다. 이러한 하나님의 현존과 드러나심은 이스라엘을 자녀로 삼은 어머니와 아버지의 형태를 모두 취한다. 그리스도를 통해서 뿐만 아니라 예언자들이 이러한 하나님의 모습을 하나님의 백성들에게 알리고 있다. 우리를 향한 하나님의 열심은 단순히 우리 위에만 머무는 것이 아니라 빛을 통해 다른 사람들과 나누도록 축복한다. 이스라엘에게 불기둥으로 나타나셨던 하나님은 모든 열방의 빛이 되셨다. 그래서 우리는 하나님을 이 빛을 드러내는 일을 하나님의 선교라고 부르기도 한다. 주현절은 선교에까지 이르도록 우리를 안내한다.

이러한 절기에 누가복음 2장의 시므온의 노래는 그 자체로 적절한 의미를 드러내므로 주현절의 찬송시로 사용하였다. 인생의 말년에 부른 그의 노래는 죽기 전에 한 노인이 부른 노래라기보다는 자신이 갖고 있는 비전과 희망에 대한 그의 감각을 노래한 시로써 빛 되신 하나님의 능력을 드러내는 놀라운 간증일 뿐 아니라 빛을 증거하고자 하는 인간의 강한 의지가 드러나 있다. 그와 더불어 우리는 "주님께서 이것을 모든 백성 앞에 마련하셨으니, 내 눈이 주님의 구원을 보았습니다." 라는 구원의 노래를 기쁘게 부를 수 있을 것이다.

그를 통해 하나님께서 모든 것과 화해하기를 기뻐하심

주현절 아침

여는 말

하나님께서는 그분 안에 모든 충만함을 머무르게 하시기를 기뻐하시고,
십자가의 피로 평화를 이루셔서, 그분으로 말미암아,
땅에 있는 것들이나 하늘에 있는 모든 것들을 자기와 화해시켰습니다.

찬양으로 부르심

일어나서 빛을 비추어라. 구원의 빛이 너에게 비치었으며,
주님의 영광이 아침 해처럼 너의 위에 떠올랐다
이방 나라들이 너의 빛을 보고 찾아오고,
뭇 왕이 떠오르는 너의 광명을 보고, 너에게로 올 것이다.
처음부터 계셨고 지금도 계시며 앞으로도 영원히 계실 하나님 우리 아버지와
우리 주 예수 그리스도와 성령님께 영광을 올립니다. 아멘.

이사야 60:1~3

예루살렘아, 일어나서 빛을 비추어라.
구원의 빛이 너에게 비치었으며, 주님의 영광이 아침 해처럼 네 위에 떠올랐다.
어둠이 땅을 덮으며, 짙은 어둠이 민족들을 덮을 것이다.
그러나 오직 너의 위에는 주님께서 아침 해처럼 떠오르시며,
그의 영광이 너의 위에 나타날 것이다.
이방 나라들이 너의 빛을 보고 찾아오고, 뭇 왕이 떠오르는 너의 광명을 보고,
너에게로 올 것이다.

감사드림

의인들아, 기뻐하여라.

야훼께 감사하며 즐거워하여라.

(자유롭게 감사의 기도를 드립니다)

주님, 내가 주님의 능력을 찬양합니다.

매일 아침 내가 주님의 신실하신 사랑을 노래하리이다. 아멘.

찬양으로 부르심

읽은 성경말씀에 맞는 찬송을 선택하여 부른다.

제자로 부르심

너희가 전에는 어둠이더니 이제는 주 안에서 빛이라, 빛의 자녀들처럼 행하라
빛의 열매는 모든 착함과 의로움과 진실함에 있느니라.

마태복음 2:1-6

헤롯 왕 때에, 예수께서 유대 베들레헴에서 나셨다. 그런데 동방으로부터 박사들이 예루살렘에 와서 말하였다. "유대인의 왕으로 나신 이가 어디에 계십니까? 우리가 동방에서 그의 별을 보고, 그에게 경배하러 왔습니다." 헤롯 왕은 이 말을 듣고 당황하였고, 온 예루살렘 사람들도 그와 함께 당황하였다. 왕은 백성의 대제사장들과 율법 교사들을 다 모아 놓고서, 그리스도가 어디에서 태어나실지를 그들에게 물어 보았다. 그들이 왕에게 말하였다. "유대 베들레헴입니다. 예언자가 이렇게 기록하여 놓았습니다.
'너 유대 땅에 있는 베들레헴아, 너는 유대 고을 가운데서 아주 작지가 않다. 너에게서 통치자가 나올 것이니, 그가 내 백성 이스라엘을 다스릴 것이다.'"

출애굽기 13:17~22

바로는 마침내 이스라엘 백성을 내보냈다. 그러나 그들이 블레셋 사람의 땅을 거

쳐서 가는 것이 가장 가까운데도, 하나님은 백성을 그 길로 인도하지 않으셨다. 그것은 하나님이, 이 백성이 전쟁을 하게 되면 마음을 바꾸어서 이집트로 되돌아가지나 않을까, 하고 염려하셨기 때문이다. 그래서 하나님은 이 백성을 홍해로 가는 광야 길로 돌아가게 하셨다. 이스라엘 자손은 대열을 지어 이집트 땅에서 올라왔다. 모세는 요셉의 유골을 가지고 나왔다. 요셉이 이스라엘 자손에게 엄숙히 맹세까지 하게 하며 "하나님이 틀림없이 너희를 찾아오실 터이니, 그 때에 너희는 여기에서 나의 유골을 가지고 나가거라" 하고 말하였기 때문이다. 그들은 숙곳을 떠나 광야 끝에 있는 에담에 장막을 쳤다.
주님께서는, 그들이 밤낮으로 행군할 수 있도록, 낮에는 구름기둥으로 앞서 가시며 길을 인도하시고, 밤에는 불기둥으로 앞 길을 비추어 주셨다.
낮에는 구름기둥 밤에는 불기둥이 그 백성 앞을 떠나지 않았다.
매일 아침 내가 주님의 신실하신 사랑을 노래하리이다. 아멘.

묵상한 말씀을 나눈다.

골로새서 1:15~20

찬송
읽은 성경말씀에 맞는 찬송을 선택하여 부른다.

기도로 부르심

주 여호와께서 이르시기를 내가 너를 위해 하늘 문을 열고 넘치는 복을 부어 줄 것이다.
주님의 이름을 경배하는 자에게는 의로운 해가 떠올라서 그의 날개를 치료할 것이다.

영광의 하나님, 주님은 주님의 빛이 우리 삶에 스며들기를 원하십니다.
주님, 주님의 자비하심으로, 우리의 기도를 들어주소서

하나님은 빛의 열매로 삶을 충만케 하십니다. 자신과 사랑하는 이를 위해 기도합니다.

(합심기도) 주님, 주님의 자비하심으로, 우리의 기도를 들어주소서

주님의 변함없는 사랑은 결코 멈추지 않습니다. 공동체와 이웃을 위해 기도합니다.
(합심기도) 주님, 주님의 자비하심으로, 우리의 기도를 들어주소서

주님은 백성들을 일일이 돌아보십니다.
이 땅에 있는 모든 교회들이 하나님의 정의, 평화 기쁨의 통치를
증거할 수 있도록 기도합니다.
(합심기도) 주님, 주님의 자비하심으로, 우리의 기도를 들어주소서

주님의 영광이 열방에 선포될 것입니다.
주님의 나라와 그 뜻이 폭력과 압제와 욕망으로 사로잡혀 있는
이 땅 위에 임하도록 세계를 위하여 기도합니다.
(합심기도) 주님, 주님의 자비하심으로, 우리의 기도를 들어주소서

우리 안의 다른 염려를 맡기어 드립니다.
(합심기도) 주님, 주님의 자비하심으로, 우리의 기도를 들어주소서

빛 되신 하나님, 주님의 해가 떠올라 만물을 있는 그대로 드러냅니다.
주님의 빛이 삶을 비춰 바로 보고 깊이 사랑하며 공의를 실천하게 할 것입니다.
그리스도 예수를 본받아 주님의 통치가 임하기를 기도합니다.

(주기도문) 하늘에 계신 우리 아버지 …

축도

주님께서 당신들에게 복을 주시고, 당신들을 지켜 주시며,
주님께서 당신들을 밝은 얼굴로 대하시고, 당신들에게 은혜를 베푸시며,
주님께서 당신들을 고이 보시어서, 당신들에게 평화를 주시기를 빕니다. 아멘.

그를 통해 하나님께서 모든 것과 화해하기를 기뻐하심

주현절 저녁

여는 말

하나님께서는 그분 안에 모든 충만함을 머무르게 하시기를 기뻐하시고,
십자가의 피로 평화를 이루셔서,
그분으로 말미암아 땅에 있는 것들이나 하늘에 있는 모든 것들을
자기와 화해시켰습니다.

찬양으로 부르심

하나님의 은혜가 나타나 모든 사람이 구원에 이르게 되었습니다.
예수 그리스도의 빛과 평화가 우리와 함께 하십니다.

처음부터 계셨고 …

이사야 60:4~6

눈을 들어 사방을 둘러보아라. 그들이 모두 모여 너에게로 오고 있다.
너의 아들들이 먼 곳으로부터 오며, 너의 딸들이 팔에 안겨서 올 것이다.
그 때에 이것을 보는 너의 얼굴에는 기쁨이 넘치고, 흥분한 너의 가슴은 설레고, 기쁨에 벅찬 가슴은 터질 듯 할 것이다. 풍부한 재물이 뱃길로 너에게로 오며, 이방 나라의 재산이 너에게로 들어올 것이다.
많은 낙타들이 너의 땅을 덮을 것이며, 미디안과 에바의 어린 낙타가 너의 땅을 뒤덮을 것이다. 스바의 모든 사람이 금과 유향을 가지고 와서, 주님께서 하신 일을 찬양할 것이다.

감사드림

오 하나님, 우리 입에 주를 찬송함과
주께 영광 돌림이 종일토록 가득합니다
(자유롭게 감사의 기도를 드립니다)
주님, 주님의 사랑은 변함이 없으시며
주님의 자비는 끝이 없습니다. 아멘.

찬양으로 부르심

글로리아 글로리아 아바
영광 영광 높이 계신 주께
주빌라테
전능하고 놀라우신 (찬송가 30)

고백

우리가 우리 죄를 자백하면, 하나님은 신실하시고 의로우신 분이셔서,
우리 죄를 용서하시고, 모든 불의에서 우리를 깨끗하게 해주실 것입니다.
(침묵기도)
하나님께서 빛 가운데 계신 것과 같이, 우리가 빛 가운데 살아가면, 우리는 서로 사귐을 가지게 되고,
하나님의 아들 예수의 피가 우리를 모든 죄에서 깨끗하게 해주십니다.

제자로 부르심

예수께서 다시 그들에게 말씀하셨다. "나는 세상의 빛이다."
"나를 따르는 사람은 어둠 속에 다니지 아니하고, 생명의 빛을 얻을 것이다."

마태복음 2:7-12

그 때에 헤롯은 그 박사들을 가만히 불러서, 별이 나타난 때를 캐어묻고,

그들을 베들레헴으로 보내며 말하였다. "가서, 그 아기를 샅샅이 찾아보시오. 찾거든, 나에게 알려 주시오. 나도 가서, 그에게 경배할 생각이오."
그들은 왕의 말을 듣고 떠났다. 그런데 동방에서 본 그 별이 그들 앞에 나타나서 그들을 인도해 가다가, 아기가 있는 곳에 이르러서, 그 위에 멈추었다.
그들은 그 별을 보고, 무척이나 크게 기뻐하였다.
그들은 그 집에 들어가서, 아기가 그의 어머니 마리아와 함께 있는 것을 보고, 엎드려서 그에게 경배하였다. 그리고 그들의 보물 상자를 열어서, 아기에게 황금과 유향과 몰약을 예물로 드렸다.
그리고 그들은 꿈에 헤롯에게 돌아가지 말라는 지시를 받아, 다른 길로 자기 나라에 돌아갔다.

에베소서 3:1-6

그러므로 이방 사람 여러분을 위하여 그리스도 [예수]의 일로 갇힌 몸이 된 나 바울이 말합니다. 하나님께서 여러분을 위하여 일하도록 나에게 이 직분을 은혜로 주셨다는 것을, 여러분은 이미 들었을 줄 압니다. 하나님께서는 나에게 그 비밀을 계시로 알려 주셨습니다. 그것은 내가 이미 간략하게 적은 바와 같습니다. 여러분이 그것을 읽어보면, 내가 그리스도의 비밀을 어떻게 이해하고 있는지를 알게 될 것입니다. 지나간 다른 세대에서는 하나님께서 그 비밀을 사람의 아들들에게 알려주지 아니하셨는데, 지금은 그분의 거룩한 사도들과 예언자들에게 성령으로 계시하여 주셨습니다. 그 비밀의 내용인즉 이방 사람들이 복음을 통하여 그리스도 예수 안에서 유대 사람들과 공동 상속자가 되고, 함께 한 몸이 되고, 약속을 함께 가지는 자가 되는 것입니다.

묵상한 말씀을 나눈다.

찬송
거룩한 주님께 (찬송가 42)

골로새서 1:15~20

기도로 부르심

오 하나님, 하나님은 밤 낮으로 외치는 주의 선택한 백성들에게
정의를 행하셨습니다.
항상 깨어 낙심하지 않고 기도하게 하십니다.

영광의 하나님, 이 세상의 어두움이 주님의 사랑의 빛을 이기지 못합니다.
주님, 주님의 자비하심으로, 우리의 기도를 들어주소서

하나님은 빛의 열매로 우리의 삶을 충만케 하십니다.
우리자신과 사랑하는 이들을 위해 기도합니다.
(합심기도) 주님, 주님의 자비하심으로, 우리의 기도를 들어주소서

주님의 변함없는 사랑은 결코 멈추지 않습니다.
우리 공동체와 이웃을 위해 기도합니다.
(합심기도) 주님, 주님의 자비하심으로, 우리의 기도를 들어주소서

주님은 백성들을 일일이 돌아보십니다.
이 땅에 있는 모든 교회들이 하나님의 정의, 평화 기쁨의 통치를
증거할 수 있도록 기도합니다.
(합심기도) 주님, 주님의 자비하심으로, 우리의 기도를 들어주소서

주님의 영광이 열방에 선포될 것입니다.
주님의 나라와 그 뜻이 폭력과 압제와 욕망으로 사로잡혀 있는
이 땅 위에 임하도록 세계를 위하여 기도합니다.
(합심기도) 주님, 주님의 자비하심으로, 우리의 기도를 들어주소서

우리 안의 다른 염려를 맡기어 드립니다.

(합심기도) 주님, 주님의 자비하심으로, 우리의 기도를 들어주소서

빛 되신 하나님, 주님의 해가 떠올라 만물을 있는 그대로 드러냅니다.
주님의 빛이 우리 삶을 비추어 바로 보고
깊이 사랑하며 공의를 실천하게 할 것입니다.
그리스도 예수를 본받아 주님의 통치가 임하기를 기도합니다.

(주기도문) *하늘에 계신 우리 아버지* …

축도

주님께서 당신들에게 복을 주시고, 당신들을 지켜 주시며,
주님께서 당신들을 밝은 얼굴로 대하시고, 당신들에게 은혜를 베푸시며,
주님께서 당신들을 고이 보시어서, 당신들에게 평화를 주시기를 빕니다.
아멘.

주님의 종을 평안히 떠나가게 해주소서

주현절 주일 아침

여는 말

주님, 이제 주님께서는 주님의 말씀을 따라,
이 종을 세상에서 평안히 떠나가게 해주십시오.

찬양으로 부르심

일어나서 빛을 비추어라. 구원의 빛이 너에게 비치었으며,
주님의 영광이 아침 해처럼 너의 위에 떠올랐다.
이방 나라들이 너의 빛을 보고 찾아오고,
뭇 왕이 떠오르는 너의 광명을 보고, 너에게로 올 것이다.

처음부터 계셨고 …

시편 139:13-18

주님께서 내 장기를 창조하시고,
내 모태에서 나를 짜 맞추셨습니다.
내가 이렇게 빚어진 것이 오묘하고 주님께서 하신 일이 놀라워,
이 모든 일로 내가 주님께 감사를 드립니다.
내 영혼은 이 사실을 너무도 잘 압니다.
은밀한 곳에서 나를 지으셨고,
땅 속 깊은 곳 같은 저 모태에서 나를 조립하셨으니
내 뼈 하나하나도, 주님 앞에서는 숨길 수 없습니다.
나의 형질이 갖추어지기도 전부터,

주님께서는 나를 보고 계셨으며,
나에게 정하여진 날들이 아직 시작되기도 전에
이미 주님의 책에 다 기록되었습니다.
하나님, 주님의 생각이 어찌 그리도 심오한지요?
그 수가 어찌 그렇게도 많은지요?
내가 세려고 하면 모래보다 더 많습니다.
깨어나 보면 나는 여전히 주님과 함께 있습니다.

감사드림
의인은 기뻐하여 하나님 앞에서 뛰놀며 기뻐하고 즐거워할 것입니다.
오 하나님, 기쁨이 넘치게 하십시오.
(자유롭게 감사의 기도를 드립니다)
주님, 주님의 권능을 찬양하렵니다
이 아침 주님의 변함없는 사랑을 소리 높여 노래하렵니다. 아멘.

찬송
예수께로 가면 (찬송가 565)
예수가 우리를 부르는 소리 (찬송가 528)

제자로 부르심
너희가 전에는 어둠이더니 이제는 주 안에서 빛이라
빛의 자녀들처럼 행하라
빛의 열매는 모든 착함과 의로움과 진실함에 있느니라.

마가복음 1:4-11
세례자 요한이 광야에 나타나서, 죄를 용서받게 하는 회개의 세례를 선포하였다.
그래서 온 유대 지방 사람들과 온 예루살렘 주민들이 그에게로 나아가서, 자기들의 죄를 고백하며, 요단 강에서 그에게 세례를 받았다. 요한은 낙타 털옷을 입고, 허리에 가죽 띠를 띠고, 메뚜기와 들꿀을 먹고 살았다. 그는 이렇게 선포하였다. "나보다 더 능력이 있는 이가 내 뒤에 오십니다. 나는 몸을 굽혀서 그의 신발 끈을 풀 자격조차 없습니다. 나는 여러분에게 물로 세례를 주었지만, 그는 여러분에게 성령으로 세례를 주실 것입니다." 그 무렵에 예수께서 갈릴리 나사렛으로부터 오셔서, 요단 강에서 요한에게 세례를 받으셨다. 예수께서 물 속에서 막 올라오시는데, 하늘이 갈라지고, 성령이 비둘기같이 자기에게 내려오는 것을 보셨다. 그리고 하늘로부터 소리가 났다. "너는 내 사랑하는 아들이다. 내가 너를 좋아한다."

예레미야 1:4-10

주님께서 나에게 말씀하셨다.
"내가 너를 모태에서 짓기도 전에 너를 선택하고,
네가 태어나기도 전에 너를 거룩하게 구별해서,
뭇 민족에게 보낼 예언자로 세웠다."
내가 아뢰었다. "아닙니다. 주 나의 하나님, 저는 말을 잘 할 줄 모릅니다. 저는 아직 너무나 어립니다." 그러나 주님께서 나에게 말씀하셨다.
"너는 아직 너무나 어리다고 말하지 말아라.
내가 너를 누구에게 보내든지 너는 그에게로 가고,
내가 너에게 무슨 명을 내리든지 너는 그대로 말하여라.
너는 그런 사람들을 두려워하지 말아라.
내가 늘 너와 함께 있으면서 보호해 주겠다. 나 주의 말이다."
그런 다음에, 주님께서 손을 내밀어 내 입에 대시고, 내게 말씀하셨다. "내가 내 말을 네 입에 맡긴다.
똑똑히 보아라. 오늘 내가 뭇 민족과 나라들 위에 너를 세우고,
네가 그것들을 뽑으며 허물며,

멸망시키며 파괴하며,
세우며 심게 하였다."

묵상한 말씀을 나눈다.

찬송
나 맡은 본분은 (찬송가 595)

시므온의 노래

기도로 부르심

주인 되신 하나님께서,
우리에게 하늘의 창을 열어 넘치는 은혜를 부어주시겠다고 하셨습니다.
오 하나님, 주님의 이름을 경외하는 이들에게는
의로운 해가 떠올라 치료하는 광선을 발할 것입니다.

신비의 하나님, 주님은 주님의 빛이 우리 삶에 스며들기를 원하십니다.
주님, 주님의 자비하심으로, 우리의 기도를 들어주소서

주님은 우리와 함께 하시며 침묵하지 않으십니다.
우리자신과 사랑하는 이들을 위해 기도합니다.
(합심기도) 주님, 주님의 자비하심으로, 우리의 기도를 들어주소서

어둠이 주님의 빛을 가리지 못합니다. 우리 공동체와 이웃을 위해 기도합니다.
(합심기도) 주님, 주님의 자비하심으로, 우리의 기도를 들어주소서

주님께서 모든 사람에게 구원의 은혜를 나타내셨습니다.
이 땅의 모든 교회의 하나됨을 위하여 기도합니다.
(합심기도) 주님, 주님의 자비하심으로, 우리의 기도를 들어주소서

주님은 선함과 공의, 진리를 기뻐하십니다.
주님의 나라와 그 뜻이 이 땅에서도 임할 수 있도록 세계를 위하여 기도합니다.
(합심기도) 주님, 주님의 자비하심으로, 우리의 기도를 들어주소서

우리 안의 다른 염려를 맡기어 드립니다.
(합심기도) 주님, 주님의 자비하심으로, 우리의 기도를 들어주소서

빛 되신 하나님,
주님의 해가 떠올라 만물을 있는 그대로 드러냅니다.
주님의 빛이 우리 삶을 비추어 바로 보고
깊이 사랑하며 공의를 실천하게 할 것입니다.
그리스도 예수를 본받아
주님의 통치가 임하기를 기도합니다.

(주기도문) 하늘에 계신 우리 아버지 …

축도

주님께서 당신들에게 복을 주시고, 당신들을 지켜 주시며,
주님께서 당신들을 밝은 얼굴로 대하시고, 당신들에게 은혜를 베푸시며,
주님께서 당신들을 고이 보시어서, 당신들에게 평화를 주시기를 빕니다.
아멘.

주님의 종을 평안히 떠나가게 해주소서

주현절 일요일 저녁

여는 말

주님, 이제 주님께서는 주님의 말씀을 따라,
이 종을 세상에서 평안히 떠나가게 해주십시오.

찬양으로 부르심

모든 이에게 구원을 주시는 하나님의 은혜가 나타났습니다.
예수 그리스도의 빛과 평화가 우리와 함께 하십니다.

처음부터 계셨고 …

시편 50:1-6

전능하신 분, 주 하나님께서 말씀하시어,
해가 돋는 데서부터 해 지는 데까지,
온 세상을 불러모으신다.
더없이 아름다운 시온으로부터 하나님께서 눈부시게 나타나신다.
(우리 하나님은 오실 때에, 조용조용 오시지 않고)
삼키는 불길을 앞세우시고,
사방에서 무서운 돌풍을 일으키면서 오신다.
당신의 백성을 판단하시려고,
위의 하늘과 아래의 땅을 증인으로 부르신다.
"나를 믿는 성도들을 나에게로 불러모아라.
희생제물로 나와 언약을 세운 사람들을 나에게로 불러모아라."

하늘이 주님의 공의를 선포함은,

하나님, 그 분만이 재판장이시기 때문이다.

감사드림

오 하나님, 우리 입에 주를 찬송함과

주께 영광 돌림이 종일토록 가득합니다.

(자유롭게 감사의 기도를 드립니다)

주님, 우리의 변함없는 사랑이 계속 되며

주님의 자비하심은 끝이 없습니다. 아멘.

찬송

이 천지간 만물들아 (찬송가 5)

목소리 높여서 (찬송가 6)

하늘에 가득한 영광의 하나님 (찬송가 9)

고백

만일 우리가 우리 죄를 고백하면

주님은 미쁘시고 의로우사 우리 죄를 사하시며

우리를 모든 불의에서 깨끗하게 하실 것입니다.

(침묵기도)

빛 가운데 계신 하나님과 같이 우리도 빛 가운데 행하면

우리가 서로 사귐이 있고

그 아들 예수의 피가 우리를 모든 죄에서 깨끗하게 하실 것입니다.

제자로 부르심

예수께서 다시 그들에게 말씀하셨다. "나는 세상의 빛이다."

"나를 따르는 사람은 어둠 속에 다니지 아니하고, 생명의 빛을 얻을 것이다."

누가복음 24:1-11

이레의 첫날 이른 새벽에, 여자들은 준비한 향료를 가지고 무덤으로 갔다. 그들은 무덤 어귀를 막은 돌이 무덤에서 굴려져 나간 것을 보았다. 그들이 안으로 들어가 보니, 주 예수의 시신이 없었다. 그래서 그들이 이 일을 어떻게 해야 할지를 몰라서 당황하고 있는데, 눈부신 옷을 입은 두 남자가 갑자기 그들 앞에 나섰다. 여자들은 두려워서 얼굴을 아래로 숙이고 있는데, 그 남자들이 그들에게 말하였다. "어찌하여 너희들은 살아 계신 분을 죽은 사람들 가운데서 찾고 있느냐? 그분은 여기에 계시지 않고, 살아나셨다. 갈릴리에 계실 때에, 너희들에게 하신 말씀을 기억해 보아라. '인자는 반드시 죄인의 손에 넘어가서, 십자가에 처형되고, 사흘째 되는 날에 살아나야 한다'고 하셨다." 여자들은 예수의 말씀을 회상하였다. 그들은 무덤에서 돌아와서, 열한 제자와 그 밖의 모든 사람에게 이 모든 일을 알렸다. 이 여자들은 막달라 마리아와 요안나와 야고보의 어머니인 마리아이다. 이 여자들과 함께 있던 다른 여자들도, 이 일을 사도들에게 말하였다. 그러나 사도들에게는 이 말이 어처구니없는 말로 들렸으므로, 그들은 여자들의 말을 믿지 않았다.

골로새서 3:1-4

그러므로 여러분이 그리스도와 함께 살려 주심을 받았으면, 위에 있는 것들을 추구하십시오. 거기에는, 그리스도께서 하나님의 오른쪽에 앉아 계십니다. 여러분은 땅에 있는 것들을 생각하지 말고, 위에 있는 것들을 생각하십시오. 여러분은 이미 죽었고, 여러분의 생명은 그리스도와 함께 하나님 안에 감추어져 있습니다. 여러분의 생명이신 그리스도께서 나타나실 때에, 여러분도 그분과 함께 영광에 싸여 나타날 것입니다.

묵상한 말씀을 나눈다.

찬송
큰 영광 중에 계신 주 (찬송가 20)

다 찬양하여라 (찬송가 21)

시므온의 노래

기도로 부르심

오 하나님, 하나님은 밤 낮으로 외치는 주의 선택한 백성들에게
정의를 행하셨습니다.
항상 깨어 낙심하지 않고 기도하게 하십니다.

신비의 하나님, 어둠이 당신의 사랑의 빛을 가릴 수 없습니다.
주님, 주님의 자비하심으로, 우리의 기도를 들어주소서

주님은 우리와 함께 하시며 침묵하지 않으십니다.
우리자신과 사랑하는 이들을 위해 기도합니다.
(합심기도) 주님, 주님의 자비하심으로, **우리의 기도를 들어주소서**

어둠이 주님의 빛을 가리지 못합니다. 우리 공동체와 이웃을 위해 기도합니다.
(합심기도) 주님, 주님의 자비하심으로, **우리의 기도를 들어주소서**

주님께서 모든 사람에게 구원의 은혜를 나타내셨습니다.
이 땅의 모든 교회의 하나됨을 위하여 기도합니다.
(합심기도) 주님, 주님의 자비하심으로, **우리의 기도를 들어주소서**

주님은 선함과 공의, 진리를 기뻐하십니다.
주님의 나라와 그 뜻이 이 땅에서도 임할 수 있도록 세계를 위하여 기도합니다.
(합심기도) 주님, 주님의 자비하심으로, **우리의 기도를 들어주소서**

우리 안의 다른 염려를 맡기어 드립니다.
(합심기도) 주님, 주님의 자비하심으로, **우리의 기도를 들어주소서**

빛 되신 하나님
주님은 가장 어두운 흑암도 밝히십니다.
오늘 우리의 슬픔과 기쁨을 아시고
소망이 넘치게 하시며 진정한 기쁨과 확고한 믿음을 주십시오.
그리하면 당신의 사랑으로 우리 삶이 밝게 빛날 것입니다.
그리스도 예수를 본받아 주님의 통치가 임하기를 기도합니다.

(주기도문) 하늘에 계신 우리 아버지 …

축도

우리 하나님의 긍휼로 말미암아
하늘의 여명이 우리 앞에 밝은 빛을 낼 때
그 긍휼이 어둠 속과 죽음의 그늘 아래 있는 이들에게 빛을 비추시고
우리의 발을 평화의 길로 인도하실 것입니다.
아멘.

주님의 말씀이 이루어졌느니라

주현절 월요일 아침

여는 말

주님, 이제 주님께서는 주님의 말씀을 따라,
이 종을 세상에서 평안히 떠나가게 해주십시오.

찬양으로 부르심

일어나서 빛을 비추어라 구원의 빛이 너에게 비치었으며
주님의 영광이 너희 위에 떠올랐다.
구원의 빛이 어둠 속에서 비치니
어둠이 그 빛을 이기지 못하였다.

처음부터 계셨고 …

이사야 49:1-6
주님께서 이미 모태에서부터 나를 부르셨고,
내 어머니의 태 속에서부터 내 이름을 기억하셨다.
내 입을 날카로운 칼처럼 만드셔서,
나를 주님의 손 그늘에 숨기셨다.
나를 날카로운 화살로 만드셔서,
주님의 화살통에 감추셨다.
주님께서 내게 말씀하셨다. "이스라엘아, 너는 내 종이다.
네가 내 영광을 나타낼 것이다."
그러나 나의 생각에는, 내가 한 것이 모두 헛수고 같았고,
쓸모 없고 허무한 일에 내 힘을 허비한 것 같았다.

그러나 참으로 주님께서 나를 올바로 심판하여 주셨으며,
내 하나님께서 나를 정당하게 보상하여 주셨다.
내가 태어나기도 전부터 주님께서는 나를 그의 종으로 삼으셨다.
야곱을 주님께로 돌아오게 하시고
흩어진 이스라엘을 다시 불러모으시려고, 나를 택하셨다.
그래서 나는 주님의 귀한 종이 되었고,
주님은 내 힘이 되셨다.
주님께서 내게 이렇게 말씀하신다. "네가 내 종이 되어서,
야곱의 지파들을 일으키고 이스라엘 가운데 살아 남은 자들을 돌아오게 하는 것
은, 네게 오히려 가벼운 일이다.
끝까지 나의 구원이 미치게 하려고, 내가 너를 '민족의 빛'으로 삼았다."

감사드림

의인은 기뻐하여 하나님 앞에서 뛰놀며 기뻐하고 즐거워할 것입니다.
오 하나님, 기쁨이 넘치게 하십시오.
(자유롭게 감사의 기도를 드립니다)
주님, 주님의 권능을 찬양하렵니다
이 아침 주님의 변함없는 사랑을 소리 높여 노래하렵니다. 아멘.

찬송

어둔 밤 마음에 잠겨 (찬송가 582)

제자로 부르심

빛의 열매는 모든 선과 의와 진실에 있습니다.
우리가 빛의 자녀답게 살겠습니다.

창세기 12:1-7

주님께서 아브람에게 말씀하셨다. "너는, 네가 살고 있는 땅과, 네가 난 곳과, 너의 아버지의 집을 떠나서, 내가 보여 주는 땅으로 가거라. 내가 너로 큰 민족이 되게 하고, 너에게 복을 주어서, 네가 크게 이름을 떨치게 하겠다. 너는 복의 근원이 될 것이다. 너를 축복하는 사람에게는 내가 복을 베풀고, 너를 저주하는 사람에게는 내가 저주를 내릴 것이다. 땅에 사는 모든 민족이 너로 말미암아 복을 받을 것이다."
아브람은 주님께서 말씀하신 대로 길을 떠났다. 롯도 그와 함께 길을 떠났다. 아브람이 하란을 떠날 때에, 나이는 일흔다섯이었다. 아브람은 아내 사래와 조카 롯과 하란에서 모은 재산과 거기에서 얻은 사람들을 거느리고, 가나안 땅으로 가려고 길을 떠나서, 마침내 가나안 땅에 이르렀다. 아브람은 그 땅을 지나서, 세겜 땅 곧 모레의 상수리나무가 있는 곳에 이르렀다. 그 때에 그 땅에는 가나안 사람들이 살고 있었다. 주님께서 아브람에게 나타나셔서 말씀하셨다. "내가 너의 자손에게 이 땅을 주겠다." 아브람은 거기에서 자기에게 나타나신 주님께 제단을 쌓아서 바쳤다.

갈라디아서 3:6-14

그것은, "아브라함이 하나님을 믿으니, 하나님께서 그것을 의로운 일로 여겨 주셨다"는 것과 같습니다. 그러므로 믿음에서 난 사람들이야말로 아브라함의 자손임을 여러분은 아십시오. 또 하나님께서 이방 사람을 믿음에 근거하여 의롭다고 여겨 주신다는 것을 성경은 미리 알고서, 아브라함에게 "모든 민족이 너로 말미암아 복을 받을 것이다" 하는 기쁜 소식을 미리 전하였습니다. 그러므로 믿음에서 난 사람들은 믿음을 가진 아브라함과 함께 복을 받습니다. 율법의 행위에 근거하여 살려고 하는 사람은 누구나 다 저주 아래에 있습니다. 기록된 바 "율법 책에 기록된 모든 것을 계속하여 행하지 않는 사람은 다 저주 아래에 있다" 하였습니다. 하나님 앞에서는, 율법으로는 아무도 의롭게 되지 못한다는 것이 명백합니다. "의인은 믿음으로 살 것이다" 하였기 때문입니다. 그러나 율법은 믿음에서 생긴 것이 아닙니다. 오히려 "율법의 일을 행하는 사람은 그 일로 살 것이다" 하였습니다. 그리스도께서 우리를 위하여 저주를 받은 사람이 되심으로써, 우리를 율법의 저주에서 속량해 주셨습니다. 기록된 바 "나무에 달린 자는 모두 저주를 받은 자이다" 하였기 때문입니다. 그것은, 아브라함에게 내리신 복을 그리스도 예수 안에서 이방 사람에게 미치게 하시고, 우리로 하여금 믿음으로 말미암아 약속하신 성령을 받게 하시려는 것입니다.

묵상한 말씀을 나눈다.

찬송
읽은 성경말씀에 맞는 찬송을 선택하여 부른다.

시므온의 노래

기도로 부르심

주인 되신 하나님께서,
우리에게 하늘의 창을 열어 넘치는 은혜를 부어주시겠다고 하셨습니다.
오 하나님, 주님의 이름을 경외하는 이들에게는
의로운 해가 떠올라 치료하는 광선을 발할 것입니다.

거룩하신 하나님, 주님은 주님의 빛이 우리 삶에 스며들기를 원하십니다.
주님, 주님의 자비하심으로, 우리의 기도를 들어주소서

주님은 우리를 주님의 손 그늘에 숨겨주십니다.
우리 자신과 사랑하는 이들을 위해 기도합니다.
(합심기도) 주님, 주님의 자비하심으로, **우리의 기도를 들어주소서**

주님은 약속하신 모든 것을 이루시는 분입니다.

우리 공동체와 이웃을 위해 기도합니다.
(합심기도) 주님, 주님의 자비하심으로, 우리의 기도를 들어주소서

주님께서 주님의 백성을 만백성의 빛으로 보내셨습니다.
성령 안에서 자유로운 삶을 살도록 이 땅의 모든 교회를 위해 기도합니다.
(합심기도) 주님, 주님의 자비하심으로, 우리의 기도를 들어주소서

주님은 이 땅 위에 있는 모든 것과 바다 안의 모든 것에 생명을 불어넣어 주십니다.
세상의 정치 지도자들과 세계를 위해 기도합니다.
(합심기도) 주님, 주님의 자비하심으로, 우리의 기도를 들어주소서

우리 안의 다른 염려를 맡기어 드립니다.
(합심기도) 주님, 주님의 자비하심으로, 우리의 기도를 들어주소서

빛 되신 하나님,
주님의 해가 떠올라 만물을 있는 그대로 드러냅니다.
주님의 빛이 우리 삶을 비추어 바로 보고
깊이 사랑하며 공의를 실천하게 할 것입니다.
그리스도 예수를 본받아 주님의 통치가 임하기를 기도합니다.

(주기도문) 하늘에 계신 우리 아버지 …

축도

주님께서 당신들에게 복을 주시고, 당신들을 지켜 주시며,
주님께서 당신들을 밝은 얼굴로 대하시고, 당신들에게 은혜를 베푸시며,
주님께서 당신들을 고이 보시어서, 당신들에게 평화를 주시기를 빕니다.
아멘.

주님의 말씀이 이루어졌느니라

주현절 월요일 저녁

여는 말

주님, 이제 주님께서는 주님의 말씀을 따라,
이 종을 세상에서 평안히 떠나가게 해주십시오.

찬양으로 부르심

모든 이에게 구원을 주시는 하나님의 은혜가 나타났습니다.
예수 그리스도의 빛과 평화가 우리와 함께 하십니다.

처음부터 계셨고 …

느헤미야 9:5-8

"모두 일어나서, 주 너희의 하나님을 찬양하여라." 영원 전부터 영원까지,
주님의 영화로운 이름은 찬양을 받아 마땅합니다.
어떠한 찬양이나 송축으로도, 주님의 이름을 다 기릴 수가 없습니다.
주님만이 홀로 우리의 주님이십니다.
주님께서는 하늘과, 하늘 위의 하늘과, 거기에 딸린 별들을 지으셨습니다.
땅과 그 위에 있는 온갖 것, 바다와 그 안에 있는 온갖 것들을 지으셨습니다.
주님께서는 이 모든 것에 생명을 주십니다. 하늘의 별들이 주님께 경배합니다.
주 하나님께서는, 아브람을 택하시어 바빌로니아의 우르에서 이끌어 내시고, 그의
이름을 아브라함이라고 고쳐서 부르셨습니다.
아브라함의 마음이 주님 앞에서 진실함을 아시고,
땅을 그 자손에게 주시겠다고, 그와 언약을 세우셨습니다.

주님께서는 의로우셔서, 말씀하신 것을 지키셨습니다.

감사드림

오 하나님, 우리 입에 주를 찬송함과
주께 영광 돌림이 종일토록 가득합니다.
(자유롭게 감사의 기도를 드립니다)
주님, 우리의 변함없는 사랑이 계속 되며
주님의 자비하심은 끝이 없습니다. 아멘.

찬송

구세주를 아는 이들 (찬송가 26)
크신 주께 영광 돌리세

고백

만일 우리가 우리 죄를 고백하면
주님은 미쁘시고 의로우사 우리 죄를 사하시며 모든 불의에서 깨끗하게 하실 것입니다.
(침묵기도)
빛 가운데 계신 하나님과 같이 우리도 빛 가운데 행하면 우리가 서로 사귐이 있고 그 아들 예수의 피가 우리를 모든 죄에서 깨끗하게 하실 것입니다.

제자로 부르심

예수께서 다시 그들에게 말씀하셨다. "나는 세상의 빛이다."
"나를 따르는 사람은 어둠 속에 다니지 아니하고, 생명의 빛을 얻을 것이다."

창세기 18:1-14

주님께서 마므레의 상수리나무 곁에서 아브라함에게 나타나셨다. 한창 더운 대낮에, 아브라함은 자기의 장막 어귀에 앉아 있었다. 아브라함이 고개를 들고 보니, 웬 사람 셋이 자기의 맞은쪽에 서 있었다. 그는 그들을 보자, 장막 어귀에서 달려

나가서, 그들을 맞이하며, 땅에 엎드려서 절을 하였다. 아브라함이 말하였다. "손님들께서 저를 좋게 보시면, 이 종의 곁을 그냥 지나가지 마시기 바랍니다. 물을 좀 가져 오라고 하셔서, 발을 씻으시고, 이 나무 아래에서 쉬시기 바랍니다. 손님들께서 잡수실 것을, 제가 조금 가져 오겠습니다. 이렇게 이 종에게로 오셨으니, 좀 잡수시고, 기분이 상쾌해진 다음에 길을 떠나시기 바랍니다." 그들이 대답하였다. "좋습니다. 정 그렇게 하라고 하시면, 사양하지 않겠습니다." 아브라함이 장막 안으로 뛰어 들어가서, 사라에게 말하였다. "빨리 고운 밀가루 세 스아를 가지고 와서, 반죽을 하여 빵을 좀 구우시오." 아브라함이 집짐승 떼가 있는 데로 달려가서, 기름진 좋은 송아지 한 마리를 끌어다가, 하인에게 주니, 하인이 재빨리 그것을 잡아서 요리하였다. 아브라함이 엉긴 젖과 우유와 하인이 만든 송아지 요리를 나그네들 앞에 차려 놓았다. 그들이 나무 아래에서 먹는 동안에, 아브라함은 서서, 시중을 들었다. 그들이 아브라함에게 물었다. "댁의 부인 사라는 어디에 있습니까?" 아브라함이 대답하였다. "장막 안에 있습니다." 그 때에 주님께서 말씀하셨다. "다음 해 이맘때에, 내가 반드시 너를 다시 찾아오겠다. 그 때에 너의 아내 사라에게 아들이 있을 것이다." 사라는, 아브라함이 등지고 서 있는 장막 어귀에서 이 말을 들었다. 아브라함과 사라는 이미 나이가 많은 노인들이고, 사라는 월경마저 그쳐서, 아이를 낳을 나이가 지난 사람이다. 그러므로 사라는 "나는 기력이 다 쇠진하였고, 나의 남편도 늙었는데, 어찌 나에게 그런 즐거운 일이 있으랴!" 하고, 속으로 웃으면서 중얼거렸다. 그 때에 주님께서 아브라함에게 말씀하셨다. "어찌하여 사라가 웃으면서 '이 늙은 나이에 내가 어찌 아들을 낳으랴?' 하느냐? 나 주가 할 수 없는 일이 있느냐?
다음 해 이맘때에, 내가 다시 너를 찾아오겠다. 그 때에 사라에게 아들이 있을 것이다."

로마서 4:18-22
아브라함은 희망이 사라진 때에도 바라면서 믿었으므로 "너의 자손이 이와 같이 많아질 것이다" 하신 말씀대로, 많은 민족의 조상이 되었습니다. 그는 나이가 백 세가 되어서, 자기 몸이 [이미] 죽은 것이나 다름없고, 또한 사라의 태도 죽은 것이나 다름없는 줄 알면서도, 그는 믿음이 약해지지 않았습니다. 그는 하나님의 약속을 믿고 의심하지 않았습니다. 오히려 그는 믿음이 굳세어져서 하나님께 영광을 돌렸습니다. 그는, 하나님께서 스스로 약속하신 바를 능히 이루실 것이라고 확신하였습니다. 그래서 하나님께서는 이것을 보시고 "그를 의롭다고 여겨 주셨습니다."

묵상한 말씀을 나눈다.

찬송
나 같은 죄인 살리신 (찬송가 305)
오 신실하신 주 (찬송가 393)
주님여 이 손을 꼭 잡고 가소서

시므온의 노래

기도로 부르심

오 하나님, 하나님은 밤 낮으로 외치는 주의 선택한 백성들에게
정의를 행하셨습니다.
항상 깨어 낙심하지 않고 기도하게 하십니다.

거룩하신 하나님, 어둠이 당신의 사랑의 빛을 가릴 수 없습니다.
주님, 주님의 자비하심으로, 우리의 기도를 들어주소서

주님은 우리를 주님의 손 그늘에 숨겨주십니다.
우리자신과 사랑하는 이들을 위해 기도합니다.
(합심기도) 주님, 주님의 자비로우심으로, 우리의 기도를 들어주소서

주님은 약속하신 모든 것을 이루시는 분입니다.
우리 공동체와 이웃을 위해 기도합니다.
(합심기도) 주님, 주님의 자비로우심으로, 우리의 기도를 들어주소서

주님께서 주님의 백성을 만백성의 빛으로 보내셨습니다.
성령 안에서 자유로운 삶을 살도록 이 땅의 모든 교회를 위해 기도합니다.
(합심기도) 주님, 주님의 자비하심으로, 우리의 기도를 들어주소서

주님은 이 땅 위에 있는 모든 것과 바다 안의 모든 것에 생명을 불어넣어 주십니다.
세상의 정치 지도자들과 세계를 위해 기도합니다.
(합심기도) 주님, 주님의 자비하심으로, 우리의 기도를 들어주소서

우리 안의 다른 염려를 맡기어 드립니다.
(합심기도) 주님, 주님의 자비하심으로, 우리의 기도를 들어주소서

빛 되신 하나님, 주님은 가장 어두운 흑암도 밝히십니다.
오늘 우리의 슬픔과 기쁨을 아시고
소망이 넘치게 하시며 진정한 기쁨과 확고한 믿음을 주십시오.
그리하면 당신의 사랑으로 우리 삶이 밝게 빛날 것입니다.
그리스도 예수를 본받아 주님의 통치가 임하기를 기도합니다.

(주기도문) 하늘에 계신 우리 아버지 …

축도

우리 하나님의 긍휼로 말미암아 하늘의 여명이 우리 앞에 밝은 빛을 낼 때
그 긍휼이 어둠 속과 죽음의 그늘 아래 있는 이들에게 빛을 비추시고
우리의 발을 평화의 길로 인도하실 것입니다.
아멘.

우리가 주의 구원을 보았나이다

주현절 화요일 아침

여는 말

주님께서 예비하신 구원을 우리가 보았습니다.
주님께서 예비하신 구원을 우리가 보았습니다.

찬양으로 부르심

일어나서 빛을 비추어라 구원의 빛이 너에게 비치었으며
주님의 영광이 너희 위에 떠올랐다.
구원의 빛이 어둠 속에서 비치니
어둠이 그 빛을 이기지 못하였다.

처음부터 계셨고 …

시편 29

하나님을 모시는 권능 있는 자들아,
영광과 권능을 주님께 돌려드리고 또 돌려드려라.
그 이름에 어울리는 영광을 주님께 돌려드려라.
거룩한 옷을 입고 주님 앞에 꿇어 엎드려라.

주님의 목소리가 물 위로 울려 퍼진다.
영광의 하나님이 우렛소리로 말씀하신다.
주님께서 큰 물을 치신다.
주님의 목소리는 힘이 있고,
주님의 목소리는 위엄이 넘친다.

주님께서 목소리로 백향목을 쩌개고, 레바논의 백향목을 쩌개신다.
레바논 산맥을 송아지처럼 뛰놀게 하시고,
시룐 산을 들송아지처럼 날뛰게 하신다.

주님의 목소리에 불꽃이 튀긴다.

주님의 목소리가 광야를 흔드시고,
주님께서 가데스 광야를 뒤흔드신다.
주님의 목소리가, 암사슴을 놀래켜 낙태하게 하고,
우거진 숲조차 벌거숭이로 만드시니,

그분의 성전에 모인 사람들이 하나같이, "영광!" 하고 외치는구나.
주님께서 범람하는 홍수를 정복하신다. 주님께서 영원토록 왕으로 다스리신다.

주님은 당신을 따르는 백성에게 힘을 주신다.
주님은 당신을 따르는 백성에게 평화의 복을 내리신다.

감사드림
의인은 기뻐하여 하나님 앞에서 뛰놀며 기뻐하고 즐거워할 것입니다.
오 하나님, 기쁨이 넘치게 하십시오.
(자유롭게 감사의 기도를 드립니다)
주님, 주님의 권능을 찬양하렵니다
이 아침 주님의 변함없는 사랑을 소리 높여 노래하렵니다. 아멘.

찬송
글로리아, 글로리아, 아바
영광, 영광, 높이 계신 주께
기뻐하며 경배하세 (찬송가 64)

제자로 부르심

예수께서 다시 그들에게 말씀하셨다. "나는 세상의 빛이다."
"나를 따르는 사람은 어둠 속에 다니지 아니하고, 생명의 빛을 얻을 것이다."

창세기 21:15-19

가죽부대에 담아 온 물이 다 떨어지니, 하갈은 아이를 덤불 아래에 뉘어 놓고서 "아이가 죽어가는 꼴을 차마 볼 수가 없구나!" 하면서, 화살 한 바탕 거리만큼 떨어져서, 주저 앉았다. 그 여인은 아이 쪽을 바라보고 앉아서, 소리를 내어 울었다. 하나님이 그 아이가 우는 소리를 들으셨다. 하늘에서 하나님의 천사가 하갈을 부르며 말하였다. "하갈아, 어찌 된 일이냐? 무서워하지 말아라. 아이가 저기에 누워서 우는 저 소리를 하나님이 들으셨다. 아이를 안아 일으키고, 달래어라. 내가 저 아이에게서 큰 민족이 나오게 하겠다." 하나님이 하갈의 눈을 밝히시니, 하갈이 샘을 발견하고, 가서, 가죽부대에 물을 담아다가 아이에게 먹였다.

요한복음 17:20-24

"나는 이 사람들을 위해서만 비는 것이 아니고, 이 사람들의 말을 듣고 나를 믿는 사람들을 위해서도 빕니다. 아버지, 아버지께서 내 안에 계시고, 내가 아버지 안에 있는 것과 같이, 그들도 하나가 되어서 우리 안에 있게 하여 주십시오. 그래서 아버지께서 나를 보내셨다는 것을, 세상이 믿게 하여 주십시오. 나는 아버지께서 내게 주신 영광을 그들에게 주었습니다. 그것은, 우리가 하나인 것과 같이, 그들도 하나가 되게 하려는 것입니다. 내가 그들 안에 있고, 아버지께서 내 안에 계신 것은, 그들이 완전히 하나가 되게 하려는 것입니다. 그것은 또, 아버지께서 나를 보내셨다는 것과, 아버지께서 나를 사랑하신 것과 같이 그들도 사랑하셨다는 것을, 세상이 알게 하려는 것입니다. 아버지, 아버지께서 내게 주신 사람들도, 내가 있는 곳에 나와 함께 있게 하여 주시고, 창세전부터 아버지께서 나를 사랑하셔서 내게 주신 내 영광을, 그들도 보게 하여 주시기를 빕니다.

묵상한 말씀을 나눈다.

찬송
오 신실 하신 주 (찬송가 393)
너 근심 걱정 말아라 (찬송가 382)

시므온의 노래

기도로 부르심

주인 되신 하나님께서,
우리에게 하늘의 창을 열어 넘치는 은혜를 부어주시겠다고 하셨습니다.
오 하나님, 주님의 이름을 경외하는 이들에게는
의로운 해가 떠올라 치료하는 광선을 발할 것입니다.

축복의 하나님, 주님은 주님의 빛이 우리 삶에 스며들기를 원하십니다.
주님, 주님의 자비하심으로, 우리의 기도를 들어주소서

하나님은 우리를 괴롭게 하는 것과 마음에 있는 필요를 아십니다.
우리 자신과 사랑하는 이들을 위해 기도합니다.
(합심기도) **주님, 주님의 자비하심으로, 우리의 기도를 들어주소서**

주님께서는 모든 사람을 주님 앞으로 이끄십니다.
우리 공동체와 이웃을 위해 기도합니다.
(합심기도) **주님, 주님의 자비하심으로, 우리의 기도를 들어주소서**

주님께서는 주님의 백성에게 힘을 주시며 평화의 복을 주실 것입니다.
우리가 하나님의 신실한 사랑에 반응하도록 이 땅의 교회들을 위해 기도합니다.
(합심기도) **주님, 주님의 자비하심으로, 우리의 기도를 들어주소서**

주님은 통곡하는 자의 소리를 들으십니다.
가난하고 도움이 필요한 이들과 세계를 위해 기도합니다.
(합심기도) 주님, 주님의 자비하심으로, 우리의 기도를 들어주소서

우리 안의 다른 염려를 맡기어 드립니다.
(합심기도) 주님, 주님의 자비하심으로, 우리의 기도를 들어주소서

빛 되신 하나님,
주님의 해가 떠올라 만물을 있는 그대로 드러냅니다.
주님의 빛이 우리 삶을 비추어 바로 보고
깊이 사랑하며 공의를 실천하게 할 것입니다.
그리스도 예수를 본받아
주님의 통치가 임하기를 기도합니다.

(주기도문) 하늘에 계신 우리 아버지 …

축도

주님께서 당신들에게 복을 주시고, 당신들을 지켜 주시며,
주님께서 당신들을 밝은 얼굴로 대하시고, 당신들에게 은혜를 베푸시며,
주님께서 당신들을 고이 보시어서, 당신들에게 평화를 주시기를 빕니다.
아멘.

우리가 주의 구원을 보았나이다

주현절 화요일 저녁

여는 말

주님께서 예비하신 구원을 우리가 보았습니다.
주님께서 예비하신 구원을 우리가 보았습니다.

찬양으로 부르심

모든 이에게 구원을 주시는 하나님의 은혜가 나타났습니다.
예수 그리스도의 빛과 평화가 우리와 함께 하십니다.

처음부터 계셨고 …

시편 77:5-16

주님께서 나를 뜬눈으로 밤을 지새우게 하시니,
내가 지쳐서 말할 힘도 없습니다.
내가 옛날, 곧 흘러간 세월을 회상하며
밤에 부르던 내 노래를 생각하면서,
생각에 깊이 잠길 때에, 내 영혼이 속으로 묻기를
"주님께서 나를 영원히 버리시는 것일까?
다시는 은혜를 베풀지 않으시는 것일까?
한결 같은 그분의 사랑도 이제는 끊기는 것일까?
그분의 약속도 이제는 영원히 끝나 버린 것일까?
하나님께서 은혜를 베푸시는 일을 잊으신 것일까?
그의 노여움이 그의 긍휼을 거두어들이신 것일까?" 하였습니다.

그 때에 나는 또 이르기를 "가장 높으신 분께서 그 오른손으로
일하시던 때, 나는 그때를 사모합니다" 하였습니다.
주님께서 하신 일을, 나는 회상하렵니다.
그 옛날에 주님께서 이루신, 놀라운 그 일들을 기억하렵니다.
주님께서 해주신 모든 일을 하나하나 되뇌고,
주님께서 이루신 그 크신 일들을 깊이깊이 되새기겠습니다.
하나님, 주님의 길은 거룩합니다.
하나님만큼 위대하신 신이 누구입니까?
주님은 기적을 행하시는 하나님이시니,
주님께서는 주님의 능력을 만방에 알리셨습니다.
주님의 백성 곧 야곱과 요셉의 자손을
주님의 팔로 속량하셨습니다.

감사드림

오 하나님, 우리 입에 주를 찬송함과
주께 영광 돌림이 종일토록 가득합니다.
(자유롭게 감사의 기도를 드립니다)
주님, 우리의 변함없는 사랑이 계속 되며
주님의 자비하심은 끝이 없습니다. 아멘.

찬송

위대하고 강하신 주님
주 여호와는 광대하시도다

고백

만일 우리가 우리 죄를 고백하면
주님은 미쁘시고 의로우사 우리 죄를 사하시며
우리를 모든 불의에서 깨끗하게 하실 것입니다.

(침묵기도)
빛 가운데 계신 하나님과 같이 우리도 빛 가운데 행하면
우리가 서로 사귀며, 예수의 피가 우리를 모든 죄에서 깨끗하게 하실 것입니다.

제자로 부르심

예수께서 다시 그들에게 말씀하셨다. "나는 세상의 빛이다."
"나를 따르는 사람은 어둠 속에 다니지 아니하고, 생명의 빛을 얻을 것이다."

창세기 32:22-30

그 밤에 야곱은 일어나서, 두 아내와 두 여종과 열한 아들을 데리고, 얍복 나루를 건넜다. 야곱은 이렇게 식구들을 인도하여 개울을 건너 보내고, 자기에게 딸린 모든 소유도 건너 보내고 난 다음에, 뒤에 홀로 남았는데, 어떤 이가 나타나 야곱을 붙잡고 동이 틀 때까지 씨름을 하였다. 그는 야곱을 이길 수 없다는 것을 알고, 야곱의 엉덩이 뼈를 쳤다. 야곱은 그와 씨름을 하다가 엉덩이 뼈를 다쳤다. 날이 새려고 하니 그가 놓아달라고 하였지만, 야곱은 자기에게 축복해 주지 않으면 보내지 않겠다고 떼를 썼다. 그가 야곱에게 물었다. "너의 이름이 무엇이냐?" 야곱이 대답하였다. "야곱입니다" 그 사람이 말하였다. "네가 하나님과도, 사람과도 겨루어 이겼으니, 이제 네 이름은 야곱이 아니라 이스라엘이다." 야곱이 말하였다. "당신의 이름이 무엇인지 가르쳐 주십시오." 그러나 그는 "어찌하여 나의 이름을 묻느냐?" 하면서, 그 자리에서 야곱에게 축복하여 주었다. 야곱은 "내가 하나님의 얼굴을 직접 뵙고도 목숨이 이렇게 붙어 있구나!" 하면서, 그 곳 이름을 브니엘이라고 하였다.

요한복음 12:27-32

"지금 내 마음이 괴로우니, 무슨 말을 하여야 할까? '아버지, 이 시간을 벗어나게 하여 주십시오' 하고 말할까? 아니다. 나는 바로 이 일 때문에 이 때에 왔다. 아버지, 아버지의 이름을 영광스럽게 드러내십시오." 그 때에 하늘에서 소리가 들려 왔

다. "내가 이미 영광되게 하였고, 앞으로도 영광되게 하겠다." 거기에 서서 듣고 있던 무리 가운데서 더러는 천둥이 울렸다고 하고, 또 더러는 천사가 그에게 말하였다고 하였다. 예수께서 대답하셨다. "이 소리가 난 것은, 나를 위해서가 아니라 너희를 위해서이다. 지금은 이 세상이 심판을 받을 때이다. 이제는 이 세상의 통치자가 쫓겨날 것이다. 내가 땅에서 들려서 올라갈 때에, 나는 모든 사람을 내게로 이끌어 올 것이다."

묵상한 말씀을 나눈다.

찬송
전능왕 오셔서 (찬송가 10)
하나님의 크신 사랑 (찬송가 15)

시므온의 노래

기도로 부르심

오 하나님, 하나님은 밤 낮으로 외치는 주의 선택한 백성들에게 정의를 행하셨습니다.
항상 깨어 낙심하지 않고 기도하게 하십니다.

축복의 하나님, 어둠이 당신의 사랑의 빛을 가릴 수 없습니다.
주님, 주님의 자비하심으로, 우리의 기도를 들어주소서

하나님은 우리를 괴롭게 하는 것과 마음에 있는 필요를 아십니다.
우리자신과 사랑하는 이들을 위해 기도합니다.
(합심기도) 주님, 주님의 자비하심으로, 우리의 기도를 들어주소서

주님께서는 모든 사람을 주님 앞으로 이끄십니다.

우리 공동체와 이웃을 위해 기도합니다.
(합심기도) 주님, 주님의 자비하심으로, 우리의 기도를 들어주소서

주님께서는 주님의 백성에게 힘을 주시며 평화의 복을 주실 것입니다.
우리가 하나님의 신실한 사랑에 반응하도록 이 땅의 교회들을 위해 기도합니다.
(합심기도) 주님, 주님의 자비하심으로, 우리의 기도를 들어주소서

주님은 통곡하는 자의 소리를 들으십니다.
가난하고 도움이 필요한 이들과 세계를 위해 기도합니다.
(합심기도) 주님, 주님의 자비하심으로, 우리의 기도를 들어주소서

우리 안의 다른 염려를 맡기어 드립니다.
(합심기도) 주님, 주님의 자비하심으로, 우리의 기도를 들어주소서

빛 되신 하나님, 주님은 가장 어두운 흑암도 밝히십니다.
오늘 우리의 슬픔과 기쁨을 아시고
소망이 넘치게 하시며 진정한 기쁨과 확고한 믿음을 주십시오.
그리하면 당신의 사랑으로 우리 삶이 밝게 빛날 것입니다.
그리스도 예수를 본받아 주님의 통치가 임하기를 기도합니다.

(주기도문) 하늘에 계신 우리 아버지 …

축도

우리 하나님의 긍휼로 말미암아 하늘의 여명이 우리 앞에 밝은 빛을 낼 때
그 긍휼이 어둠 속과 죽음의 그늘 아래 있는 이들에게 빛을 비추시고
우리의 발을 평화의 길로 인도하실 것입니다.
아멘.

주님께서 예비하신 구원

주현절 수요일 아침

여는 말

주님께서 예비하신 구원을 우리가 보았습니다.
주님께서 예비하신 구원을 우리가 보았습니다.

찬양으로 부르심

일어나서 빛을 비추어라 구원의 빛이 너에게 비치었으며
주님의 영광이 너희 위에 떠올랐다.
구원의 빛이 어둠 속에서 비치니
어둠이 그 빛을 이기지 못하였다.

처음부터 계셨고 …

시편 133

그 얼마나 아름답고 즐거운가!
형제자매가 어울려서 함께 사는 모습!
머리 위에 부은 보배로운 기름이
수염 곧 아론의 수염을 타고 흘러서
그 옷깃까지 흘러내림 같고,
헤르몬의 이슬이 시온 산에 내림과 같구나.
주님께서 그곳에서 복을 약속하셨으니,
그 복은 곧 영생이다.

감사드림

의인은 기뻐하여 하나님 앞에서 뛰놀며 기뻐하고 즐거워할 것입니다.

오 하나님, 기쁨이 넘치게 하십시오.

(자유롭게 감사의 기도를 드립니다)

주님, 주님의 권능을 찬양하렵니다

이 아침 주님의 변함없는 사랑을 소리 높여 노래하렵니다. 아멘.

찬송

빛 나고 높은 보좌와 (찬송가 27)

제자로 부르심

예수께서 다시 그들에게 말씀하셨다. "나는 세상의 빛이다."
"나를 따르는 사람은 어둠 속에 다니지 아니하고, 생명의 빛을 얻을 것이다."

창세기 33:1-10

야곱이 고개를 들어 보니, 에서가 장정 사백 명을 거느리고 오고 있었다. 야곱은, 아이들을 레아와 라헬과 두 여종에게 나누어서 맡기고, 두 여종과 그들에게서 난 아이들은 앞에 세우고, 레아와 그에게서 난 아이들은 그 뒤에 세우고, 라헬과 요셉은 맨 뒤에 세워서 따라오게 하였다. 야곱은 맨 앞으로 나가서 형에게로 가까이 가면서, 일곱 번이나 땅에 엎드려 절을 하였다. 그러자 에서가 달려와서, 그를 끌어안았다. 에서는 두 팔을 벌려, 야곱의 목을 끌어안고서, 입을 맞추고, 둘은 함께 울었다. 에서가 고개를 들어, 여인들과 아이들을 보면서 물었다. "네가 데리고 온 이 사람들은 누구냐?" 야곱이 대답하였다. "이것들은 하나님이 형님의 못난 아우에게 은혜로 주신 자식들입니다." 그러자 두 여종과 그들에게서 난 아이들이 앞으로 나와서, 엎드려 절을 하였다. 다음에는 레아와 그에게서 난 아이들이 앞으로 나와서, 엎드려 절을 하였다. 마지막으로 요셉과 라헬이 나와서, 그들도 엎드려 절을 하였다.

에서가 물었다. "내가 오는 길에 만난 가축 떼는 모두 웬 것이냐?" 야곱이 대답하였다. "형님께 은혜를 입고 싶어서, 가지고 온 것입니다." 에서가 말하였다. "아우야, 나는 넉넉하다. 너의 것은 네가 가져라." 야곱이 말하였다. "아닙니다, 형님, 형님께서 저를 좋게 보시면, 제가 드리는 이 선물을 받아 주십시오. 형님께서 저를 이렇게 너그럽게 맞아 주시니, 형님의 얼굴을 뵙는 것이 하나님의 얼굴을 뵙는 듯합니다.

요한복음 13:31-35

유다가 나간 뒤에, 예수께서 말씀하셨다. "이제는 인자가 영광을 받았고, 하나님께서도 인자로 말미암아 영광을 받으셨다. [하나님께서 인자로 말미암아 영광을 받으셨으면,] 하나님께서도 몸소 인자를 영광되게 하실 것이다. 이제 곧 그렇게 하실 것이다. 어린 자녀들아, 아직 잠시 동안은 내가 너희와 함께 있겠다. 그러나 너희가 나를 찾을 것이다. 내가 일찍이 유대 사람들에게 '내가 가는 곳에 너희는 올 수 없다' 하고 말한 것과 같이, 지금 나는 너희에게도 말하여 둔다. 이제 나는 너희에게 새 계명을 준다. 서로 사랑하여라. 내가 너희를 사랑한 것 같이, 너희도 서로 사랑하여라. 너희가 서로 사랑하면, 모든 사람이 그것으로써 너희가 내 제자인 줄을 알게 될 것이다."

묵상한 말씀을 나눈다.

찬송

사랑의 나눔 있는 곳에
사랑의 주님이 날 사랑

시므온의 노래

기도로 부르심

주인 되신 하나님께서,

우리에게 하늘의 창을 열어 넘치는 은혜를 부어주시겠다고 하셨습니다.
오 하나님, 주님의 이름을 경외하는 이들에게는
의로운 해가 떠올라 치료하는 광선을 발할 것입니다.

은혜로우신 하나님,
주님은 주님의 빛이 우리 삶에 스며들기를 원하십니다.
주님, 주님의 자비하심으로, 우리의 기도를 들어주소서

주님께서 우리에게 생명의 길을 보이셨습니다.
우리 자신과 사랑하는 이들을 위해 기도합니다.
(합심기도) 주님, 주님의 자비하심으로, 우리의 기도를 들어주소서

주님께서 사람이 서로 화해할 때 크게 기뻐하십니다.
우리 공동체와 이웃을 위해 기도합니다.
(합심기도) 주님, 주님의 자비하심으로, 우리의 기도를 들어주소서

주님은 주님을 따르는 이들이 서로 사랑하기를 바라십니다.
정의와 평화, 기쁨이 있는 하나님 나라를 증거하도록
이 땅의 교회들을 위해 기도합니다.
(합심기도) 주님, 주님의 자비하심으로, 우리의 기도를 들어주소서

주님의 영이 계신 곳에는 자유가 있습니다.
모든 탐욕과 폭력, 압제의 올무에 빠져있는 사람들을 생각하며
세계를 위해 기도합니다.
(합심기도) 주님, 주님의 자비하심으로, 우리의 기도를 들어주소서

우리 안의 다른 염려를 맡기어 드립니다.
(합심기도) 주님, 주님의 자비하심으로, 우리의 기도를 들어주소서

빛 되신 하나님,
주님의 해가 떠올라 만물을 있는 그대로 드러냅니다.
주님의 빛이 우리 삶을 비추어 바로 보고
깊이 사랑하며 공의를 실천하게 할 것입니다.
그리스도 예수를 본받아
주님의 통치가 임하기를 기도합니다.

(주기도문) 하늘에 계신 우리 아버지 …

축도

주님께서 당신들에게 복을 주시고, 당신들을 지켜 주시며,
주님께서 당신들을 밝은 얼굴로 대하시고, 당신들에게 은혜를 베푸시며,
주님께서 당신들을 고이 보시어서, 당신들에게 평화를 주시기를 빕니다.
아멘.

주님께서 예비하신 구원

주현절 수요일 저녁

여는 말

주님께서 예비하신 구원을 우리가 보았습니다.
주님께서 예비하신 구원을 우리가 보았습니다.

찬양으로 부르심

모든 이에게 구원을 주시는 하나님의 은혜가 나타났습니다.
예수 그리스도의 빛과 평화가 우리와 함께 하십니다.

처음부터 계셨고 …

시편 16:7-11

줄로 재어서 나에게 주신 그 땅은 기름진 곳입니다.
참으로 나는, 빛나는 유산을 물려받았습니다.
주님께서 날마다 좋은 생각을 주시며,
밤마다 나의 마음에 교훈을 주시니, 내가 주님을 찬양합니다.
주님은 언제나 나와 함께 계시는 분,
그가 나의 오른쪽에 계시니, 나는 흔들리지 않는다.
주님, 참 감사합니다. 이 마음은 기쁨으로 가득 차고,
이 몸도 아무 해를 두려워하지 않는 까닭은,
주님께서 나를 보호하셔서 죽음의 세력이 나의 생명을 삼키지 못하게 하실 것이며
주님의 거룩한 자를 죽음의 세계에 버리지 않으실 것이기 때문입니다.
주님께서 몸소 생명의 길을 나에게 보여 주시니,

주님을 모시고 사는 삶에 기쁨이 넘칩니다.
주님께서 내 오른쪽에 계시니, 이 큰 즐거움이 영원토록 이어질 것입니다.

감사드림
오 하나님, 우리 입에 주를 찬송함과
주께 영광 돌림이 종일토록 가득합니다.
(자유롭게 감사의 기도를 드립니다)
주님, 우리의 변함없는 사랑이 계속 되며
주님의 자비하심은 끝이 없습니다. 아멘.

찬송
내 영혼아 찬양하라 (찬송가 65)
왕이신 나의 하나님
영광의 왕께 다 경배하며 (찬송가 67)

고백
만일 우리가 우리 죄를 고백하면
주님은 미쁘시고 의로우사 우리 죄를 사하시며
우리를 모든 불의에서 깨끗하게 하실 것입니다.
(침묵기도)
빛 가운데 계신 하나님과 같이 우리도 빛 가운데 행하면
우리가 서로 사귐이 있고
그 아들 예수의 피가 우리를 모든 죄에서 깨끗하게 하실 것입니다.

제자로 부르심
예수께서 다시 그들에게 말씀하셨다. "나는 세상의 빛이다."
"나를 따르는 사람은 어둠 속에 다니지 아니하고, 생명의 빛을 얻을 것이다."

출애굽기 33:17-22

주님께서 모세에게 말씀하셨다. "내가 너를 잘 알고, 또 너에게 은총을 베풀어서, 네가 요청한 이 모든 것을 다 들어 주마."
그 때에 모세가 "저에게 주님의 영광을 보여 주십시오" 하고 간청하였다.
주님께서 대답하셨다. "내가 나의 모든 영광을 네 앞으로 지나가게 하고, 나의 거룩한 이름을 선포할 것이다. 나는 주다. 은혜를 베풀고 싶은 사람에게 은혜를 베풀고, 불쌍히 여기고 싶은 사람을 불쌍히 여긴다."
주님께서 다시 말씀하셨다. "그러나 내가 너에게 나의 얼굴은 보이지 않겠다. 나를 본 사람은 아무도 살 수 없기 때문이다."
주님께서 말씀을 계속하셨다. "너는 나의 옆에 있는 한 곳, 그 바위 위에 서 있어라. 나의 영광이 지나갈 때에, 내가 너를 바위 틈에 집어 넣고, 내가 다 지나갈 때까지 너를 나의 손바닥으로 가리워 주겠다."

고린도후서 3:12-13, 16-18

우리는 이런 소망을 가지고 있으므로, 아주 대담하게 처신합니다.
모세는, 이스라엘 자손이 자기 얼굴의 광채가 사라져 가는 것을 보지 못하게 하려고 그 얼굴에 너울을 썼지만, 그와 같은 일은 우리는 하지 않습니다.
그러나, "사람이 주님께로 돌아서면, 그 너울은 벗겨집니다."
주님은 영이십니다. 주님의 영이 계신 곳에는 자유가 있습니다.
우리는 모두 너울을 벗어버리고, 주님의 영광을 바라봅니다. 이렇게 해서, 우리는 주님과 같은 모습으로 변화하여, 점점 더 큰 영광에 이르게 됩니다. 이것은 영이신 주님께서 하시는 일입니다.

묵상한 말씀을 나눈다.

찬송

하늘에 가득 찬 영광의 하나님 (찬송가 9)
영광, 영광, 높이 계신 주께
글로리아, 글로리아
하나님의 크신 사랑 (찬송가 15)

시므온의 노래

기도로 부르심

오 하나님, 하나님은 밤 낮으로 외치는 주의 선택한 백성들에게
정의를 행하셨습니다.
항상 깨어 낙심하지 않고 기도하게 하십니다.

은혜로우신 하나님, 어둠이 당신의 사랑의 빛을 가릴 수 없습니다.
주님, 주님의 자비하심으로, 우리의 기도를 들어주소서

주님께서 우리에게 생명의 길을 보이셨습니다.
우리 자신과 사랑하는 이들을 위해 기도합니다.
(합심기도) 주님, 주님의 자비하심으로, 우리의 기도를 들어주소서

주님께서 사람이 서로 화해할 때 크게 기뻐하십니다.
우리 공동체와 이웃을 위해 기도합니다.
(합심기도) 주님, 주님의 자비하심으로, 우리의 기도를 들어주소서

주님은 주님을 따르는 이들이 서로 사랑하기를 바라십니다.
정의와 평화, 기쁨이 있는 하나님 나라를 증거하도록
이 땅의 교회들을 위해 기도합니다.
(합심기도) 주님, 주님의 자비하심으로, 우리의 기도를 들어주소서

주님의 영이 계신 곳에는 자유가 있습니다.
모든 탐욕과 폭력, 압제의 올무에 빠져있는 사람들을 생각하며
세계를 위해 기도합니다.
(합심기도) 주님, 주님의 자비하심으로, 우리의 기도를 들어주소서

우리 안의 다른 염려를 맡기어 드립니다.
(합심기도) 주님, 주님의 자비하심으로, 우리의 기도를 들어주소서

빛 되신 하나님
주님은 가장 어두운 흑암도 밝히십니다.
오늘 우리의 슬픔과 기쁨을 아시고
소망이 넘치게 하시며 진정한 기쁨과 확고한 믿음을 주십시오.
그리하면 당신의 사랑으로 우리 삶이 밝게 빛날 것입니다.
그리스도 예수를 본받아 주님의 통치가 임하기를 기도합니다.

(주기도문) 하늘에 계신 우리 아버지 …

축도
우리 하나님의 긍휼로 말미암아
하늘의 여명이 우리 앞에 밝은 빛을 낼 때
그 긍휼이 어둠 속과 죽음의 그늘 아래 있는 이들에게 빛을 비추시고
우리의 발을 평화의 길로 인도하실 것입니다.
아멘.

모든 백성 앞에서

주현절 목요일 아침

여는 말

주님께서 예비하신 구원을 우리가 보았습니다.
주님께서 예비하신 구원을 우리가 보았습니다.

찬양으로 부르심

일어나서 빛을 비추어라 구원의 빛이 너에게 비치었으며
주님의 영광이 너희 위에 떠올랐다.
구원의 빛이 어둠 속에서 비치니
어둠이 그 빛을 이기지 못하였다.

처음부터 계셨고 …

시편 138:1-5

주님, 온 마음을 기울여서 주님께 감사를 드립니다.
신들 앞에서, 내가 주님께 찬양을 드립니다.
내가 주님의 성전을 바라보면서 경배하고,
주님의 인자하심과 주님의 진실하심을 생각하면서
주님의 이름에 감사를 드립니다.
주님은 주님의 이름과 말씀을 온갖 것보다 더 높이셨습니다.
내가 부르짖었을 때에, 주님께서는 나에게 응답해 주셨고,
나에게 힘을 한껏 북돋우어 주셨습니다.
주님, 주님께서 친히 하신 말씀을 들은 모든 왕들이 주님께 감사를 드립니다.

주님의 영광이 참으로 크시므로, 주님께서 하신 일을 그들이 노래합니다.

감사드림

의인은 기뻐하여 하나님 앞에서 뛰놀며 기뻐하고 즐거워할 것입니다.

오 하나님, 기쁨이 넘치게 하십시오.

(자유롭게 감사의 기도를 드립니다)

주님, 주님의 권능을 찬양하렵니다

이 아침 주님의 변함없는 사랑을 소리 높여 노래하렵니다. 아멘.

찬송

거룩 거룩 거룩 전능하신 주님 (찬송가 8)

진실하신 주 성령 (찬송가 189)

거룩 거룩 거룩한 하나님 (찬송가 625)

제자로 부르심

예수께서 다시 그들에게 말씀하셨다. "나는 세상의 빛이다."
"나를 따르는 사람은 어둠 속에 다니지 아니하고, 생명의 빛을 얻을 것이다."

출애굽기 34:29-35

모세가 두 증거판을 손에 들고 시내 산에서 내려왔다. 그가 산에서 내려올 때에, 그의 얼굴에서는 빛이 났다. 주님과 함께 말씀을 나누었으므로 얼굴에서 그렇게 빛이 났으나, 모세 자신은 전혀 알지 못하였다. 아론과 이스라엘의 모든 자손이 모세를 보니, 모세 얼굴의 살결이 빛나고 있었다. 그래서 그들은 그에게로 가까이 가기를 두려워하였으나, 모세가 그들을 부르자, 아론과 회중의 지도자들이 모두 그에게로 가까이 갔다. 모세가 먼저 그들에게 말을 거니, 그 때에야 모든 이스라엘 자손이 그에게로 가까이 갔다. 모세는, 주님께서 시내 산에서 자기에게 말씀하신 모든 것을 그들에게 명하였다. 모세는, 그들에게 하던 말을 다 마치자, 자기의 얼굴을 수건으로 가렸다. 그러나 모세는, 주님 앞으로 들어가서 주님과 함께 말할 때에는 수건을 벗고, 나올 때까지는 쓰지 않았다. 나와서 주님께서 명하신 것을 이스라엘 자손에게 전할 때에는, 이스라엘 자손이 자기의 얼굴에서 빛이 나는 것을 보게 되므로, 모세는 주님과 함께 이야기하러 들어갈 때까지는 다시 자기의 얼굴을 수건으로 가렸다.

사도행전 9:1-9

사울은 여전히 주님의 제자들을 위협하면서, 살기를 띠고 있었다. 그는 대제사장에게 가서, 다마스쿠스에 있는 여러 회당으로 보내는 편지를 써 달라고 하였다. 그는 그 '도'를 믿는 사람은 남자나 여자나 가리지 않고, 닥치는 대로 묶어서, 예루살렘으로 끌고 오려는 것이었다. 사울이 길을 가다가, 다마스쿠스 가까이에 이르렀을 때에, 갑자기 하늘에서 환한 빛이 그를 둘러 비추었다.
그는 땅에 엎어졌다. 그리고 그는 "사울아, 사울아, 네가 왜 나를 핍박하느냐?" 하는 음성을 들었다. 그래서 그가 "주님, 누구십니까?" 하고 물으니, "나는 네가 핍박하는 예수다. 일어나서, 성 안으로 들어가거라. 네가 해야 할 일을 일러 줄 사람이 있을 것이다" 하는 음성이 들려왔다. 그와 동행하는 사람들은 소리는 들었으나, 아무도 보이지는 않으므로, 말을 못하고 멍하게 서 있었다. 사울은 땅에서 일어나서 눈을 떴으나, 아무것도 볼 수가 없었다. 그래서 사람들이 그의 손을 끌고, 다마스쿠스로 데리고 갔다. 그는 사흘 동안 앞을 보지 못하는 상태에서, 먹지도 않고 마시지도 않았다.

묵상한 말씀을 나눈다.

찬송

영원하신 주님의 (찬송가 403)
주의 친절한 팔에 안기세 (찬송가 405)

시므온의 노래

기도로 부르심

주인 되신 하나님께서,
우리에게 하늘의 창을 열어 넘치는 은혜를 부어주시겠다고 하셨습니다.
오 하나님, 주님의 이름을 경외하는 이들에게는
의로운 해가 떠올라 치료하는 광선을 발할 것입니다.

구세주이신 하나님, 주님은 주님의 빛이 우리 삶에 스며들기를 원하십니다.
주님, 주님의 자비하심으로, 우리의 기도를 들어주소서

주님께서 우리 영혼에 힘을 주어 강하게 하셨습니다.
우리 자신과 사랑하는 이들을 위해 기도합니다.
(합심기도) 주님, 주님의 자비하심으로, 우리의 기도를 들어주소서

주님께서 생명의 빛을 약속하셨습니다.
우리 공동체와 이웃을 위해 기도합니다.
(합심기도) 주님, 주님의 자비하심으로, 우리의 기도를 들어주소서

주님이 주님의 백성에게 빛을 비추심으로,
모든 이가 주님의 도우심으로 인한 구원을 배웁니다.
매일 예수 그리스도를 따라 사는 삶을 살도록
이 땅의 모든 교회를 위해 기도합니다.
(합심기도) 주님, 주님의 자비하심으로, 우리의 기도를 들어주소서

주님은 모든 백성 앞에 구원을 예비하셨습니다.
이 땅의 권력과 권세를 가진 이와 세계를 위해 기도합니다.
(합심기도) 주님, 주님의 자비하심으로, 우리의 기도를 들어주소서

우리 안의 다른 염려를 맡기어 드립니다.

(합심기도) 주님, 주님의 자비하심으로, 우리의 기도를 들어주소서

빛되신 하나님,
주님의 해가 떠올라 만물을 있는 그대로 드러냅니다.
주님의 빛이 우리 삶을 비추어 바로 보고
깊이 사랑하며 공의를 실천하게 할 것입니다.
그리스도 예수를 본받아
주님의 통치가 임하기를 기도합니다.

(주기도문) *하늘에 계신 우리 아버지 …*

축도

주님께서 당신들에게 복을 주시고, 당신들을 지켜 주시며,
주님께서 당신들을 밝은 얼굴로 대하시고, 당신들에게 은혜를 베푸시며,
주님께서 당신들을 고이 보시어서, 당신들에게 평화를 주시기를 빕니다.
아멘.

모든 백성 앞에서

주현절 목요일 저녁

여는 말

주님께서 예비하신 구원을 우리가 보았습니다.
주님께서 예비하신 구원을 우리가 보았습니다.

찬양으로 부르심

모든 이에게 구원을 주시는 하나님의 은혜가 나타났습니다.
예수 그리스도의 빛과 평화가 우리와 함께 하십니다.

처음부터 계셨고 …

시편 67

하나님, 우리에게 은혜를 베풀어 주시고, 우리에게 복을 내려 주십시오.
주님의 얼굴을 환하게 우리에게 비추어 주시어서,
온 세상이 주님의 뜻을 알고 모든 민족이 주님의 구원을 알게 하여 주십시오.

하나님, 민족들이 주님을 찬송하게 하시며
모든 민족들이 주님을 찬송하게 하십시오.
주님께서 온 백성을 공의로 심판하시며,
세상의 온 나라를 인도하시니, 온 나라가 기뻐하며,
큰소리로 외치면서 노래합니다.
하나님, 민족들이 주님을 찬송하게 하시며,
모든 민족이 주님을 찬송하게 하십시오.

이 땅이 오곡백과를 냈으니, 하나님,
곧, 우리의 하나님께서 우리에게 복을 내려 주셨기 때문이다.
하나님께서 우리에게 복을 주실 것이니, 땅 끝까지 온 누리는 하나님을 경외하여라.
하나님, 민족들이 주님을 찬송하게 하시며, 모든 민족이 주님을 찬송하게 하십시오.

감사드림

오 하나님, 우리 입에 주를 찬송함과
주께 영광 돌림이 종일토록 가득합니다.
(자유롭게 감사의 기도를 드립니다)
주님, 우리의 변함없는 사랑이 계속 되며
주님의 자비하심은 끝이 없습니다. 아멘.

찬송

자비하신 예수여 (찬송가 395)
알렐루야

고백

만일 우리가 우리 죄를 고백하면
주님은 미쁘시고 의로우사 우리 죄를 사하시며
우리를 모든 불의에서 깨끗하게 하실 것입니다.
(침묵기도)
빛 가운데 계신 하나님과 같이 우리도 빛 가운데 행하면
우리가 서로 사귀며, 예수의 피가 우리를 모든 죄에서 깨끗하게 하실 것입니다.

제자로 부르심

빛의 열매는 모든 선과 의와 진실에 있습니다.
우리가 빛의 자녀답게 살겠습니다.

이사야서 6:1-8

웃시야 왕이 죽던 해에, 나는 높이 들린 보좌에 앉아 계시는 주님을 뵈었는데, 그의 옷자락이 성전에 가득 차 있었다. 그분 위로는 스랍들이 서 있었는데, 스랍들은 저마다 날개를 여섯 가지고 있었다. 둘로는 얼굴을 가리고, 둘로는 발을 가리고, 나머지 둘로는 날고 있었다. 그리고 그들은 큰소리로 노래를 부르며 화답하였다. "거룩하시다, 거룩하시다, 거룩하시다. 만군의 주님! 온 땅에 그의 영광이 가득하다." 우렁차게 부르는 이 노랫소리에 문지방의 터가 흔들리고, 성전에는 연기가 가득 찼다. 나는 부르짖었다. "재앙이 나에게 닥치겠구나! 이제 나는 죽게 되었구나! 나는 입술이 부정한 사람인데, 입술이 부정한 백성 가운데 살고 있으면서, 왕이신 만군의 주님을 만나 뵙다니!"

그 때에 스랍들 가운데서 하나가, 제단에서 타고 있는 숯을, 부집게로 집어, 손에 들고 나에게 날아와서, 그것을 나의 입에 대며 말하였다. "이것이 너의 입술에 닿았으니, 너의 악은 사라지고, 너의 죄는 사해졌다." 그 때에 나는 주님께서 말씀하시는 음성을 들었다. "내가 누구를 보낼까? 누가 우리를 대신하여 갈 것인가?" 내가 아뢰었다. "제가 여기에 있습니다. 저를 보내어 주십시오."

사도행전 9:10-18

그런데 다마스쿠스에는 아나니아라는 제자가 있었다. 주님께서 환상 가운데서 "아나니아야!" 하고 부르시니, 아나니아가 "주님, 여기 있습니다" 하고 대답하였다. 주님께서 아나니아에게 말씀하셨다. "일어나서 '곧은 길'이라 부르는 거리로 가서, 유다의 집에서 사울이라는 다소 사람을 찾아라. 그는 지금 기도하고 있다. 그는 [환상 속에] 아나니아라는 사람이 들어와서, 자기에게 손을 얹어 시력을 회복시켜 주는 것을 보았다." 아나니아가 대답하였다. "주님, 그가 예루살렘에서 주님의 성도들에게 얼마나 해를 끼쳤는지를, 나는 많은 사람에게서 들었습니다. 그리고 그는 주님의 이름을 부르는 사람들을 잡아 갈 권한을 대제사장들에게서 받아 가지고, 여기에 와 있습니다." 주님께서 그에게 말씀하셨다. "가거라, 그는 내 이름을 이방 사람들과 임금들과 이스라엘 자손들 앞에 가지고 갈, 내가 택한 내 그릇이다. 그가 내 이름을 위하여 얼마나 많은 고난을 받아야 할지를, 내가 그에게 보여주려고 한다." 그래서 아나니아가 떠나서, 그 집에 들어가, 사울에게 손을 얹고 "형제 사울이여, 그대가 오는 도중에 그대에게 나타나신 주 예수께서 나를 보내셨소. 그것은 그대가 시력을 회복하고, 성령으로 충만하게 되도록 하시려는 것이오" 하고 말하였다. 곧 사울의 눈에서 비늘 같은 것이 떨어져 나가고, 그는 시력을 회복하였다. 그리고 그는 일어나서 세례를 받고 음식을 먹고 힘을 얻었다.

묵상한 말씀을 나눈다.

찬송

주님 앞에 떨며 서서 (찬송가 99)
여기에 모인 우리
열어주소서

시므온의 노래

기도로 부르심

마음을 살피시는 하나님은 성령의 생각을 아십니다.
이는 성령이 하나님의 뜻대로 성도를 위해 간구하심입니다.

구세주이신 하나님, 어둠이 당신의 사랑의 빛을 가릴 수 없습니다.
주님, 주님의 자비하심으로, 우리의 기도를 들어주소서

주님께서 우리 영혼에 힘을 주어 강하게 하셨습니다.
우리 자신과 사랑하는 이들을 위해 기도합니다.
(합심기도) 주님, 주님의 자비하심으로, 우리의 기도를 들어주소서

주님께서 생명의 빛을 약속하셨습니다. 우리 공동체와 이웃을 위해 기도합니다.
(합심기도) 주님, 주님의 자비하심으로, 우리의 기도를 들어주소서

주님이 주님의 백성에게 빛을 비추심으로,
모든 이가 주님의 도우심으로 인한 구원을 배웁니다.
매일 예수 그리스도를 따라 살도록 이 땅의 모든 교회를 위해 기도합니다.
(합심기도) 주님, 주님의 자비하심으로, 우리의 기도를 들어주소서

주님은 모든 백성 앞에 구원을 예비하셨습니다.
이 땅의 권력과 권세를 가진 이와 세계를 위해 기도합니다.
(합심기도) 주님, 주님의 자비하심으로, 우리의 기도를 들어주소서

우리 안의 다른 염려를 맡기어 드립니다.
(합심기도) 주님, 주님의 자비하심으로, 우리의 기도를 들어주소서

빛 되신 하나님, 주님은 가장 어두운 흑암도 밝히십니다.
오늘 우리의 슬픔과 기쁨을 아시고
소망이 넘치게 하시며 진정한 기쁨과 확고한 믿음을 주십시오.
그리하면 당신의 사랑으로 우리 삶이 밝게 빛날 것입니다.
그리스도 예수를 본받아 주님의 통치가 임하기를 기도합니다.

(주기도문) 하늘에 계신 우리 아버지 …

축도

우리 하나님의 긍휼로 말미암아 하늘의 여명이 우리 앞에 밝은 빛을 낼 때
그 긍휼이 어둠 속과 죽음의 그늘 아래 있는 이들에게 빛을 비추시고
우리의 발을 평화의 길로 인도하실 것입니다.
아멘.

주님을 드러내는 빛

주현절 금요일 아침

여는 말

민족에게 주님을 드러내신 빛,
모든 백성 앞에 주님께서 예비하신 그 구원의 빛을 우리가 보았습니다.

찬양으로 부르심

일어나서 빛을 비추어라 구원의 빛이 너에게 비치었으며
주님의 영광이 너희 위에 떠올랐다.
구원의 빛이 어둠 속에서 비치니
어둠이 그 빛을 이기지 못하였다.

처음부터 계셨고 …

역대상 16:23-31

온 땅아, 주님께 노래하여라. 그의 구원을 날마다 전하여라.
그의 영광을 만국에 알리고, 그가 일으키신 기적을 만민에게 알려라.
주님은 위대하시니, 그지없이 찬양 받으실 분이시다. 어떤 신들보다 더 두려워해야 할 분이시다.
만방의 모든 백성이 만든 신은 헛된 우상이지만, 주님은 하늘을 지으신 분이시다.
주님 앞에는 위엄과 영광이 있고, 그의 처소에는 권능과 즐거움이 있다.
만방의 민족들아, 주님의 영광과 권능을 찬양하여라.
주님의 이름에 어울리는 영광을 주님께 돌리어라. 예물을 들고, 그 앞에 들어가거라. 거룩한 옷을 입고, 주님께 경배하여라.

온 땅아, 그의 앞에서 떨어라. 세계는 굳게 서서, 흔들리지 않는다.
하늘은 즐거워하고, 땅은 기뻐서 외치며, '주님께서 통치하신다'고 만국에 알릴 것이다.

감사드림

의인은 기뻐하여 하나님 앞에서 뛰놀며 기뻐하고 즐거워할 것입니다.
오 하나님, 기쁨이 넘치게 하십시오.
(자유롭게 감사의 기도를 드립니다)
주님, 주님의 권능을 찬양하렵니다
이 아침 주님의 변함없는 사랑을 소리 높여 노래하렵니다. 아멘.

찬송

왕이신 나의 하나님

제자로 부르심

예수께서 다시 그들에게 말씀하셨다. "나는 세상의 빛이다."
"나를 따르는 사람은 어둠 속에 다니지 아니하고, 생명의 빛을 얻을 것이다."

에스겔 43:1-7

그 뒤에 그가 나를 데리고 동쪽으로 난 문으로 갔다.
그런데 놀랍게도 이스라엘 하나님의 영광이 동쪽에서부터 오는데, 그의 음성은 많은 물이 흐르는 소리와도 같고, 땅은 그의 영광의 광채로 환해졌다.
그 모습이, 내가 본 환상, 곧 주님께서 예루살렘 도성을 멸하러 오셨을 때에 본 모습과 같았으며, 또 내가 그발 강 가에서 본 모습과도 같았다. 그래서 내가 얼굴을 땅에 대고 엎드렸다. 그러자 주님께서 영광에 싸여서, 동쪽으로 난 문을 지나 성전 안으로 들어가셨다. 그 때에 주님의 영이 나를 들어 올려, 안뜰로 데리고 갔는데, 주님의 영광이 성전을 가득 채웠다!

그 사람이 내 곁에 서 있는데, 나는 성전에서 들려 오는 소리를 들었다.
나는 말하는 소리를 들었다. "사람아, 이 곳은 내 보좌가 있는 곳, 내가 발을 딛는 곳, 내가 여기 이스라엘 자손과 더불어 영원히 살 곳이다. 그래서 이스라엘 자손이 내 거룩한 이름을 다시는 더럽히지 못할 것이다. 백성이나 왕들이 음란을 피우거나, 죽은 왕들의 시체를 근처에 묻어서, 내 거룩한 이름을 더럽히는 일이, 다시는 없을 것이다.

고린도후서 4:5-15

우리는 우리 자신을 전하는 것이 아니라, 예수 그리스도를 주님으로 선포합니다. 우리는 예수로 말미암아 우리 자신을 여러분의 종으로 내세웁니다. "어둠 속에 빛이 비쳐라" 하고 말씀하신 하나님께서, 우리의 마음 속을 비추셔서, [예수] 그리스도의 얼굴에 나타난 하나님의 영광을 아는 지식의 빛을 우리에게 주셨습니다. 우리는 이 보물을 질그릇에 간직하고 있습니다. 이 엄청난 능력은 하나님에게서 나는 것이지, 우리에게서 나는 것이 아닙니다. 우리는 사방으로 죄어들어도 움츠러들지 않으며, 답답한 일을 당해도 낙심하지 않으며,
박해를 당해도 버림받지 않으며, 거꾸러뜨림을 당해도 망하지 않습니다.
우리는 언제나 예수의 죽임 당하심을 우리 몸에 짊어지고 다닙니다. 그것은 예수의 생명도 또한 우리 몸에 나타나게 하기 위함입니다. 우리는 살아 있으나, 예수로 말미암아 늘 몸을 죽음에 내어 맡깁니다. 그것은 예수의 생명도 또한 우리의 죽을 육신에 나타나게 하기 위함입니다. 그리하여 죽음은 우리에게서 작용하고, 생명은 여러분에게서 작용합니다. 성경에 기록하기를, "나는 믿었다. 그러므로, 나는 말하였다." 하였습니다. 우리는 그와 똑같은 믿음의 영을 가지고 있으므로, 우리도 믿으며, 그러므로 말합니다. 주 예수를 살리신 분이 예수와 함께 우리도 살리시고, 여러분과 함께 세워주시리라는 것을 우리는 알고 있습니다.
이 모든 일은 다 여러분을 위한 것입니다. 그리하여 하나님의 은혜가 점점 더 많은 사람에게 퍼져서, 감사하는 마음이 넘치게 하고, 하나님께 영광을 돌리게 하려는

것입니다.

묵상한 말씀을 나눈다.

찬송
찬란한 주의 영광은 (찬송가 130)
주의 영광 빛나니 (찬송가 131)

시므온의 노래

기도로 부르심

주인 되신 하나님께서,
우리에게 하늘의 창을 열어 넘치는 은혜를 부어주시겠다고 하셨습니다.
오 하나님, 주님의 이름을 경외하는 이들에게는
의로운 해가 떠올라 치료하는 광선을 발할 것입니다.

우리를 새롭게 하시는 하나님,
주님은 주님의 빛이 우리 삶에 스며들기를 원하십니다.
주님, 주님의 자비하심으로, 우리의 기도를 들어주소서

주님은 보물을 진흙으로 만든 그릇에 담으십니다.
우리 자신과 사랑하는 이들을 위해 기도합니다.
(합심기도) 주님, 주님의 자비하심으로, 우리의 기도를 들어주소서

주님의 의로운 해가 떠올라 치료하는 광선을 발합니다.
우리 공동체와 이웃을 위해 기도합니다.
(합심기도) 주님, 주님의 자비하심으로, 우리의 기도를 들어주소서

주님은 주님의 백성과 영원히 함께 하실 것입니다.

이 땅의 교회들이 예수 그리스도를 담대히 증거하고 전하기를 기도합니다.
(합심기도) 주님, 주님의 자비하심으로, 우리의 기도를 들어주소서

주님께서 주님의 길을 가르치시면 나라와 나라가 칼을 들고 치지 않을 것입니다.
예수 그리스도의 이름으로 섬기는 자와 평화를 위해 일하는 자들,
세계를 위해 기도합니다.
(합심기도) 주님, 주님의 자비하심으로, 우리의 기도를 들어주소서

우리 안의 다른 염려를 맡기어 드립니다.
(합심기도) 주님, 주님의 자비하심으로, 우리의 기도를 들어주소서

빛 되신 하나님,
주님의 해가 떠올라 만물을 있는 그대로 드러냅니다.
주님의 빛이 우리 삶을 비추어 바로 보고
깊이 사랑하며 공의를 실천하게 할 것입니다.
그리스도 예수를 본받아
주님의 통치가 임하기를 기도합니다.

(주기도문) 하늘에 계신 우리 아버지 …

축도

주님께서 당신들에게 복을 주시고, 당신들을 지켜 주시며,
주님께서 당신들을 밝은 얼굴로 대하시고, 당신들에게 은혜를 베푸시며,
주님께서 당신들을 고이 보시어서, 당신들에게 평화를 주시기를 빕니다.
아멘.

주님을 드러내는 빛

주현절 금요일 저녁

여는 말

민족에게 주님을 드러내신 빛,
모든 백성 앞에 주님께서 예비하신 그 구원의 빛을 우리가 보았습니다.

찬양으로 부르심

모든 이에게 구원을 주시는 하나님의 은혜가 나타났습니다.
예수 그리스도의 빛과 평화가 우리와 함께 하십니다.

처음부터 계셨고 …

이사야 2:2-4

마지막 때에, 주님의 성전이 서 있는 산이 모든 산 가운데서 으뜸가는 산이 될 것이며, 모든 언덕보다 높이 솟을 것이니, 모든 민족이 물밀듯 그리로 모여들 것이다. 백성들이 오면서 이르기를 "자, 가자. 우리 모두 주님의 산으로 올라가자. 야곱의 하나님이 계신 성전으로 어서 올라가자. 주님께서 우리에게 주님의 길을 가르치실 것이니, 주님께서 가르치시는 길을 따르자" 할 것이다. 율법이 시온에서 나오며, 주님의 말씀이 예루살렘에서 나온다. 주님께서 민족들 사이의 분쟁을 판결하시고, 뭇 백성 사이의 갈등을 해결하실 것이니, 그들이 칼을 쳐서 보습을 만들고 창을 쳐서 낫을 만들 것이며, 나라와 나라가 칼을 들고 서로를 치지 않을 것이며, 다시는 군사훈련도 하지 않을 것이다.

감사드림

오 하나님, 우리 입에 주를 찬송함과
주께 영광 돌림이 종일토록 가득합니다.
(자유롭게 감사의 기도를 드립니다)
주님, 우리의 변함없는 사랑이 계속 되며
주님의 자비하심은 끝이 없습니다. 아멘.

찬송

내 맘에 한 노래 있어 (찬송가 410)
내 영혼의 그윽히 깊은 데서 (찬송가 412)
평안을 너에게 주노라

고백

만일 우리가 우리 죄를 고백하면
주님은 미쁘시고 의로우사 우리 죄를 사하시며
우리를 모든 불의에서 깨끗하게 하실 것입니다.
(침묵기도)
빛 가운데 계신 하나님과 같이 우리도 빛 가운데 행하면
우리가 서로 사귐이 있고
그 아들 예수의 피가 우리를 모든 죄에서 깨끗하게 하실 것입니다.

제자로 부르심

빛의 열매는 모든 선과 의와 진실에 있습니다.
우리가 빛의 자녀답게 살겠습니다.

다니엘 7:13-14

내가 밤에 이러한 환상을 보고 있을 때에 인자 같은 이가 오는데, 하늘 구름을 타

고 와서, 옛적부터 계신 분에게로 나아가, 그 앞에 섰다. 예부터 계신 분이 그에게 권세와 영광과 나라를 주셔서, 민족과 언어가 다른 뭇 백성이 그를 경배하게 하셨다. 그 권세는 영원한 권세여서, 옮겨가지 않을 것이며, 그 나라가 멸망하지 않을 것이다.

요한계시록 1:12-20

그래서 나는 내게 들려 오는 그 음성을 알아보려고 돌아섰습니다.
돌아서서 보니, 일곱 금 촛대가 있는데,
그 촛대 한가운데 '인자와 같은 분'이 계셨습니다.
그는 발에 끌리는 긴 옷을 입고, 가슴에는 금띠를 띠고 계셨습니다.
머리와 머리털은 흰 양털과 같이, 또 눈과 같이 희고, 눈은 불꽃과 같고,
발은 풀무불에 달구어 낸 놋쇠와 같고, 음성은 큰 물소리와 같았습니다.

또 오른손에는 일곱 별을 쥐고, 입에서는 날카로운 양날 칼이 나오고,
얼굴은 해가 강렬하게 비치는 것과 같았습니다.
그를 뵐 때에, 내가 그의 발 앞에 엎어져서 죽은 사람과 같이 되니,
그가 내게 오른손을 얹고 말씀하셨습니다.
"두려워하지 말아라. 나는 처음이며 마지막이요,
살아 있는 자다. 나는 한 번은 죽었으나,
보아라, 영원무궁 하도록 살아 있어서, 사망과 지옥의 열쇠를 가지고 있다.
그러므로 너는, 네가 본 것과 지금의 일들과
이 다음에 일어날 일들을 기록하여라.
네가 본 내 오른손의 일곱 별과 일곱 금 촛대의 비밀은 이러하다.
일곱 별은 일곱 교회의 심부름꾼이요, 일곱 촛대는 일곱 교회다."

묵상한 말씀을 나눈다.

찬송

하나님 사랑은 (찬송가 299)

예수로 나의 구주삼고 (찬송가 288)

시므온의 노래

기도로 부르심

마음을 살피시는 하나님은 성령의 생각을 아십니다.
이는 성령이 하나님의 뜻대로 성도를 위해 간구하심입니다.

우리를 새롭게 하시는 하나님, 어둠이 당신의 사랑의 빛을 가릴 수 없습니다.
주님, 주님의 자비하심으로, 우리의 기도를 들어주소서

주님은 보물을 진흙으로 만든 그릇에 담으십니다.
우리 자신과 사랑하는 이들을 위해 기도합니다.
(합심기도) 주님, 주님의 자비하심으로, 우리의 기도를 들어주소서

주님의 의로운 해가 떠올라 치료하는 광선을 발합니다.
우리 공동체와 이웃을 위해 기도합니다.
(합심기도) 주님, 주님의 자비하심으로, 우리의 기도를 들어주소서

주님은 주님의 백성과 영원히 함께 하실 것입니다.
이땅의 교회들이 예수 그리스도를 담대히 증거하고 전하기를 기도합니다.
(합심기도) 주님, 주님의 자비하심으로, 우리의 기도를 들어주소서

주님께서 주님의 길을 가르치시면 나라와 나라가 칼을 들고 치지 않을 것입니다.
예수 그리스도의 이름으로 섬기는 자와 평화를 위해 일하는 자들,
세계를 위해 기도합니다.

(합심기도) 주님, 주님의 자비하심으로, 우리의 기도를 들어주소서

우리 안의 다른 염려를 맡기어 드립니다.

(합심기도) 주님, 주님의 자비하심으로, 우리의 기도를 들어주소서

빛 되신 하나님
주님은 가장 어두운 흑암도 밝히십니다.
오늘 우리의 슬픔과 기쁨을 아시고
소망이 넘치게 하시며 진정한 기쁨과 확고한 믿음을 주십시오.
그리하면 당신의 사랑으로 우리 삶이 밝게 빛날 것입니다.
그리스도 예수를 본받아 주님의 통치가 임하기를 기도합니다.

(주기도문) 하늘에 계신 우리 아버지 …

축도

우리 하나님의 긍휼로 말미암아
하늘의 여명이 우리 앞에 밝은 빛을 낼 때
그 긍휼이 어둠 속과 죽음의 그늘 아래 있는 이들에게 빛을 비추시고
우리의 발을 평화의 길로 인도하실 것입니다.
아멘.

세상 나라와 하나님의 백성

주현절 토요일 아침

여는 말

민족에게 주님을 드러내신 빛이요
주님의 백성 이스라엘에게는 영광이니
모든 백성 앞에 주님께서 예비하신 구원을 우리가 보았습니다.

찬양으로 부르심

일어나서 빛을 비추어라 구원의 빛이 너에게 비치었으며
주님의 영광이 너희 위에 떠올랐다.
구원의 빛이 어둠 속에서 비치니
어둠이 그 빛을 이기지 못하였다.

처음부터 계셨고 …

이사야 43:1-3

그러나 이제 야곱아,
너를 창조하신 주님께서 말씀하신다.
이스라엘아, 너를 지으신 주님께서 말씀하신다.
"내가 너를 속량하였으니, 두려워하지 말아라.
내가 너를 지명하여 불렀으니, 너는 나의 것이다.
네가 물 가운데로 건너갈 때에, 내가 너와 함께 하고,
네가 강을 건널 때에도 물이 너를 침몰시키지 못할 것이다.
네가 불 속을 걸어가도, 그을리지 않을 것이며,

불꽃이 너를 태우지 못할 것이다.
나는 주, 너의 하나님이다. 이스라엘의 거룩한 하나님이다. 너의 구원자다.

감사드림

의인은 기뻐하여 하나님 앞에서 뛰놀며 기뻐하고 즐거워할 것입니다.
오 하나님, 기쁨이 넘치게 하십시오.
(자유롭게 감사의 기도를 드립니다)
주님, 주님의 권능을 찬양하렵니다
이 아침 주님의 변함없는 사랑을 소리 높여 노래하렵니다. 아멘.

찬송

읽은 성경말씀에 맞는 찬송을 선택하여 부른다.

제자로 부르심

예수께서 다시 그들에게 말씀하셨다. "나는 세상의 빛이다."
"나를 따르는 사람은 어둠 속에 다니지 아니하고, 생명의 빛을 얻을 것이다."

마태복음 17:1-8

그리고 엿새 뒤에, 예수께서는 베드로와 야고보와 그의 동생 요한을 따로 데리고 서 높은 산에 올라가셨다. 그런데 그들이 보는 앞에서 그의 모습이 변하였다. 그의 얼굴은 해와 같이 빛나고, 옷은 빛과 같이 희게 되었다. 그리고 모세와 엘리야가 그들에게 나타나더니, 예수와 더불어 말을 나누었다. 그 때에 베드로가 예수께 말하였다. "선생님, 우리가 여기에 있는 것이 좋습니다. 원하시면, 제가 여기에 다가 초막을 셋 지어서, 하나에는 선생님을, 하나에는 모세를, 하나에는 엘리야를 모시도록 하겠습니다." 베드로가 아직도 말을 하고 있는데, 갑자기 빛나는 구름이 그들을 뒤덮었다. 그리고 구름 속에서 "이는 내 사랑하는 아들이다. 나는 그를 좋아한다. 너희는 그의 말을 들어라" 하는 소리가 들려 왔다. 제자들은 이 말을 듣고서, 얼굴을 땅에 대고 엎드렸으며, 몹시 두려워하였다. 예수께서 가까이 오셔서, 그들에게 손을 대시고 말씀하셨다. "일어나거라. 두려워하지 말아라." 그들이 눈을 들어서 보니, 예수 밖에는 아무도 없었다.

출애굽기 3:1-12

모세는 미디안 제사장인 그의 장인 이드로의 양 떼를 치는 목자가 되었다. 그가 양 떼를 몰고 광야를 지나서 하나님의 산 호렙으로 갔을 때에, 거기에서 주님의 천사가 떨기 가운데서 이는 불꽃으로 그에게 나타났다. 그가 보니, 떨기에 불이 붙는데도, 그 떨기가 타서 없어지지 않았다. 모세는, 이 놀라운 광경을 좀 더 자세히 보고, 어째서 그 떨기가 불에 타지 않는지를 알아 보아야 하겠다고 생각하였다. 모세가 그것을 보려고 오는 것을 보시고, 하나님이 떨기 가운데서 "모세야, 모세야!" 하고 그를 부르셨다. 모세가 대답하였다. "예, 제가 여기에 있습니다." 하나님이 말씀하셨다. "이리로 가까이 오지 말아라. 네가 서 있는 곳은 거룩한 땅이니, 너는 신을 벗어라." 하나님이 또 말씀하셨다. "나는 너의 조상의 하나님, 곧 아브라함의 하나님, 이삭의 하나님, 야곱의 하나님이다." 모세는 하나님을 뵙기가 두려워서, 얼굴을 가렸다.

주님께서 다시 말씀하셨다. "나는 이집트에 있는 나의 백성이 고통받는 것을 똑똑히 보았고, 또 억압 때문에 괴로워서 부르짖는 소리를 들었다. 그러므로 나는 그들의 고난을 분명히 안다. 이제 내가 내려가서 이집트 사람의 손아귀에서 그들을 구하여, 이 땅으로부터 저 아름답고 넓은 땅, 젖과 꿀이 흐르는 땅, 곧 가나안 사람과 헷 사람과 아모리 사람과 브리스 사람과 히위 사람과 여부스 사람이 사는 곳으로 데려 가려고 한다. 지금도 이스라엘 자손이 부르짖는 소리가 나에게 들린다. 이집트 사람들이 그들을 학대하는 것도 보인다. 이제 나는 너를 바로에게 보내어, 나의 백성 이스라엘 자손을 이집트에서 이끌어 내게 하겠다." 모세가 하나님께 아뢰었다. "제가 무엇이라고, 감히 바로에게 가서, 이스라엘자손을 이집트에서 이끌어 내겠습니까?" 하나님이 대답하셨다. "내가 너와 함께 있겠다. 네가 이 백성을 이집트에서 이끌어 낸 다음에, 너희가 이 산 위에서 하나님을 예배하게 될 때에, 그것이 바로 내가 너를 보냈다는 징표가 될 것이다."

묵상한 말씀을 나눈다.

찬송
큰 영화로신 주 (찬송가 35)
주 예수 이름 높이어 (찬송가 36)
예수 우리 왕이여 (찬송가 37)

시므온의 노래

기도로 부르심

주인 되신 하나님께서,
우리에게 하늘의 창을 열어 넘치는 은혜를 부어주시겠다고 하셨습니다.
오 하나님, 주님의 이름을 경외하는 이들에게는
의로운 해가 떠올라 치료하는 광선을 발할 것입니다.

소망의 하나님, 주님은 주님의 빛이 우리 삶에 스며들기를 원하십니다.
주님, 주님의 자비하심으로, 우리의 기도를 들어주소서

주님께서 우리를 지명해 부르셨으니 우리는 주님의 백성입니다.
우리 자신과 사랑하는 이들을 위해 기도합니다.
(합심기도) 주님, 주님의 자비하심으로, **우리의 기도를 들어주소서**

주님은 깊은 물 가운데로 건너가는 이들과 함께 하십니다.
우리 공동체와 이웃을 위해 기도합니다.
(합심기도) 주님, 주님의 자비하심으로, **우리의 기도를 들어주소서**

주님께서 우리를 속량하셨으니 우리가 더 이상 두려워할 필요가 없습니다.
세대와 지역을 넘어 하나됨으로 신실해지도록 이땅의 교회들을 위해 기도합니다.
(합심기도) 주님, 주님의 자비하심으로, 우리의 기도를 들어주소서

주님은 억압 가운데 고통 받는 이들을 살펴주십니다.
우리의 원수를 위해, 분쟁 가운데 있는 사람들을 위해 기도하고
세계를 위해 기도합니다.
(합심기도) 주님, 주님의 자비하심으로, 우리의 기도를 들어주소서

우리 안의 다른 염려를 맡기어 드립니다.
(합심기도) 주님, 주님의 자비하심으로, 우리의 기도를 들어주소서

빛 되신 하나님,
주님의 해가 떠올라 만물을 있는 그대로 드러냅니다.
주님의 빛이 우리 삶을 비추어 바로 보고
깊이 사랑하며 공의를 실천하게 할 것입니다.
그리스도 예수를 본받아 주님의 통치가 임하기를 기도합니다.

(주기도문) 하늘에 계신 우리 아버지 …

축도

주님께서 당신들에게 복을 주시고, 당신들을 지켜 주시며,
주님께서 당신들을 밝은 얼굴로 대하시고, 당신들에게 은혜를 베푸시며,
주님께서 당신들을 고이 보시어서, 당신들에게 평화를 주시기를 빕니다.
아멘.

세상 나라와 하나님의 백성

주현절 토요일 저녁

여는 말

민족에게 주님을 드러내신 빛이요
주님의 백성 이스라엘에게는 영광이니
모든 백성 앞에 주님께서 예비하신 구원을 우리가 보았습니다.

찬양으로 부르심

모든 이에게 구원을 주시는 하나님의 은혜가 나타났습니다.
예수 그리스도의 빛과 평화가 우리와 함께 하십니다.

처음부터 계셨고 …

시편 2:1-8

어찌하여 뭇 나라가 술렁거리며,
어찌하여 뭇 민족이 헛된 일을 꾸미는가?
어찌하여 세상의 임금들이 전선을 펼치고,
어찌하여 통치자들이 음모를 함께 꾸며 주님을 거역하고,
주님과 그의 기름 부음 받은 이를 거역하면서 이르기를
"이 족쇄를 벗어 던지자. 이 사슬을 끊어 버리자" 하는가?

하늘 보좌에 앉으신 이가 웃으신다.
내 주님께서 그들을 비웃으신다.
마침내 주님께서 분을 내고 진노하셔서,
그들에게 호령하시며 이르시기를

"내가 나의 거룩한 산 시온 산에
'나의 왕'을 세웠다" 하신다.

"나 이제 주님께서 내리신 칙령을 선포한다.
주님께서 나에게 이르시기를 '너는 내 아들,
내가 오늘 너를 낳았다.
내게 청하여라. 뭇 나라를 유산으로 주겠다.
땅 이 끝에서 저 끝까지 너의 소유가 되게 하겠다."

감사드림
오 하나님, 우리 입에 주를 찬송함과
주께 영광 돌림이 종일토록 가득합니다.
(자유롭게 감사의 기도를 드립니다)
주님, 우리의 변함없는 사랑이 계속 되며
주님의 자비하심은 끝이 없습니다. 아멘.

찬송
기뻐하며 경배하세 (찬송가 64)
주 예수 이름 높이어 (찬송가 37)

고백
만일 우리가 우리 죄를 고백하면
주님은 미쁘시고 의로우사 우리 죄를 사하시며
우리를 모든 불의에서 깨끗하게 하실 것입니다.
(침묵기도)
빛 가운데 계신 하나님과 같이 우리도 빛 가운데 행하면
우리가 서로 사귐이 있고
그 아들 예수의 피가 우리를 모든 죄에서 깨끗하게 하실 것입니다.

제자로 부르심

빛의 열매는 모든 선과 의와 진실에 있습니다.
우리가 빛의 자녀답게 살겠습니다.

마태복음 17:9-13

그들이 산에서 내려올 때에, 예수께서 그들에게 명하셨다. "인자가 죽은 사람들 가운데서 살아날 때까지는, 그 광경을 아무에게도 말하지 말아라." 제자들이 예수께 물었다. "그런데 율법학자들은 어찌하여 엘리야가 먼저 와야 한다고 합니까?" 예수께서 대답하셨다. "확실히, 엘리야가 와서, 모든 것을 회복시킬 것이다. 내가 너희에게 말한다. 엘리야는 이미 왔다. 그러나 사람들이 그를 알지 못하고, 그를 함부로 대하였다. 인자도 이와 같이, 그들에게 고난을 받을 것이다." 그제서야 비로소 제자들은, 예수께서 세례자 요한을 두고 하신 말씀인 줄을 깨달았다.

열왕기상 19:9-12

엘리야는 거기에 있는 동굴에 이르러, 거기에서 밤을 지냈다. 그 때에 주님께서 그에게 말씀하셨다. "엘리야야, 너는 여기에서 무엇을 하고 있느냐?" 엘리야가 대답하였다. "나는 이제까지 주 만군의 하나님만 열정적으로 섬겼습니다. 그러나 이스라엘 자손은 주님과 맺은 언약을 버리고, 주님의 제단을 헐었으며, 주님의 예언자들을 칼로 쳐서 죽였습니다. 이제 나만 홀로 남아 있는데, 그들은 내 목숨마저도 없애려고 찾고 있습니다."
주님께서 말씀하셨다. "이제 곧 나 주가 지나갈 것이니, 너는 나가서, 산 위에, 주 앞에 서 있어라." 크고 강한 바람이 주님 앞에서 산을 쪼개고, 바위를 부수었으나, 그 바람 속에 주님께서 계시지 않았다. 그 바람이 지나가고 난 뒤에 지진이 일었지만, 그 지진 속에도 주님께서 계시지 않았다. 지진이 지나가고 난 뒤에 불이 났지만, 그 불 속에도 주님께서 계시지 않았다. 그 불이 난 뒤에, 부드럽고 조용한 소리가 들렸다.

묵상한 말씀을 나눈다.

찬송

읽은 성경말씀에 맞는 찬송을 선택하여 부른다.

시므온의 노래

기도로 부르심

마음을 살피시는 하나님은 성령의 생각을 아십니다.
이는 성령이 하나님의 뜻대로 성도를 위해 간구하심입니다.

소망의 하나님, 어둠이 당신의 사랑의 빛을 가릴 수 없습니다.
주님, 주님의 자비하심으로, 우리의 기도를 들어주소서

주님께서 우리를 지명해 부르셨으니 우리는 주님의 백성입니다.
우리 자신과 사랑하는 이들을 위해 기도합니다.
(합심기도) 주님, 주님의 자비하심으로, 우리의 기도를 들어주소서

주님은 깊은 물 가운데로 건너가는 이들과 함께 하십니다.
우리 공동체와 이웃을 위해 기도합니다.
(합심기도) 주님, 주님의 자비하심으로, 우리의 기도를 들어주소서

주님께서 우리를 속량하셨으니 우리가 더 이상 두려워할 필요가 없습니다.
세대와 지역을 넘어 하나됨으로 신실해지도록 이땅의 교회들을 위해 기도합니다.
(합심기도) 주님, 주님의 자비하심으로, 우리의 기도를 들어주소서

주님은 억압 가운데 고통 받는 이들을 살펴주십니다.
우리의 원수를 위해, 분쟁 가운데 있는 사람들을 위해 기도하고
세계를 위해 기도합니다.

(합심기도) 주님, 주님의 자비하심으로, 우리의 기도를 들어주소서

우리 안의 다른 염려를 맡기어 드립니다.
(합심기도) 주님, 주님의 자비하심으로, 우리의 기도를 들어주소서

빛 되신 하나님
주님은 가장 어두운 흑암도 밝히십니다.
오늘 우리의 슬픔과 기쁨을 아시고
소망이 넘치게 하시며 진정한 기쁨과 확고한 믿음을 주십시오.
그리하면 당신의 사랑으로 우리 삶이 밝게 빛날 것입니다.
그리스도 예수를 본받아 주님의 통치가 임하기를 기도합니다.

(주기도문) 하늘에 계신 우리 아버지…

축도

우리 하나님의 긍휼로 말미암아
하늘의 여명이 우리 앞에 밝은 빛을 낼 때
그 긍휼이 어둠 속과 죽음의 그늘 아래 있는 이들에게 빛을 비추시고
우리의 발을 평화의 길로 인도하실 것입니다.
아멘.

사순절

사순절 기도

사순절은 대략 3세기 후반부터 부활절에 세례를 준비하는 과정에서 기독교의 절기로 자리하게 되었다. 자신의 공생애 사역을 준비하기 위해 광야에서 40일을 보냈던 예수의 삶을 본받아, 세례를 받기 원하는 그리스도인들은 사순절 기간 동안 기도와 금식과 이들의 필요를 돕는 40일 간의 훈련을 받았다.

서로 강조점이 유사하기 때문에 이 기도책에서 우리는 사순절과 고난주간을 하나의 단위로 다루었다. 기도를 드리면서 우리는 우리가 잘 알고 있는 성서자료를 묵상함으로써 예수의 영성을 따라 여행하는 여정을 밟을 것이다. 복음서의 저자들은 광야에서 시험을 받았던 사역 초기부터 겟세마네 동산의 기도와 더 나아가 십자가에서 돌아가시는 마지막 순간까지 모세오경과 시편의 말씀을 기억하고 염두에 두고 살았던 사람으로 예수를 기억하였다.

사순절과 고난주간 동안 우리는 성경적인 관점뿐만 아니라 아나뱁티스트 관점으로 예수의 구속사역과 십자가를 묵상하게 될 것이다. 최소한 이것은 예수의 삶과 가르침, 설교, 치유의 사역과 함께 십자가에서 우리를 위해 피 흘리신 그리스도의 삶을 바라본다는 의미가 있다. 이러한 목적 아래, 우리는 새로운 십자가의 사역을 이해하기 위해 새로운 일을 시작하신 하나님의 주도권뿐만 아니라 구약의 배경을 존중하는 가운데 성경말씀을 선택하였다. 이 책의 성경구절을 선택함에 있어서 신학과 기독론을 모두 고려하였다.

사순절을 위해 이야기의 반전을 잘 기록해 놓은 누가복음을 선택한 것은 십자가를 향해 예루살렘으로 올라가는 예수의 결정이 곧 원수를 사랑하고 가난한 사람들을 돌보시는 하나님께 대한 특별하면서도 직접적인 순종을 상기시켜준다. 사순절 기도집의 주제선정과 시작 문장은 베드로전서 2장 21~24절에서 택하였다. 이 베드로서신은 초기 기독교인들이 어떻게 십자가를 이해했는지를 잘 반영하고 있는 편지로 우리의 죄를 지고 가신 예수님의 모습과 원수를 갖지 않는 모습을 하나로 엮어 놓았다. 베드로전서 1장은 사순절과 고난주간에 대한 찬송이 들어 있다. 이 구절은 보복을 거부하고 사랑을 선택한 그리스도께서 어떻게 우리의 상처를 치유하시는지 더 나아가 예수 그리스도께서 신실하신 창조주 하나님을 얼마나 신뢰하는지 정확하게 이해할 수 있도록 도와준다. 십자가 사건을 통해 전해지는 누가복음과 베드로전서의 반전과 함께 많은 이의 사랑을 받아온 아나뱁티스트 영성 또한 사순절 기도가 하나님의 은혜와 예수 그리스도의 비폭력적 순종에 깊이 뿌리박고 있음을 볼 수 있을 것이다.

이 기도문들 통해 하나님을 예배하면서 재의 수요일에서 고난주간, 종려주일에 이르는 여정을 함께 걸어보자.

주님과 하나님께로 돌아감

재의 수요일 아침

여는 말

은혜롭고 자비로우신 주, 하나님께로 돌아오십시오.
하나님은 오래 참으시며, 한결같은 사랑을 베푸시는 분이십니다.

찬양으로 부르심

주님이 나의 빛, 나의 구원이신데, 내가 누구를 두려워하랴?
주님이 내 생명의 피난처이신데, 내가 누구를 무서워하랴?

처음부터 계셨고 …

이사야 58:1-5

"목소리를 크게 내어 힘껏 외쳐라. 주저하지 말아라.
너의 목소리를 나팔 소리처럼 높여서 나의 백성에게 그들의 허물을 알리고,
야곱의 집에 그들의 죄를 알려라.
그들이 마치 공의를 행하고 하나님의 규례를 저버리지 않는 민족이나 되듯이,
날마다 나를 찾으며, 나의 길을 알기를 좋아한다. 그들은 무엇이 공의로운 판단인
가를 나에게 묻고, 하나님께 가까이 나가기를 즐거워한다고 한다."
주님께서 보시지도 않는데, 우리가 무엇 때문에 금식을 합니까?
주님께서 알아 주시지도 않는데, 우리가 무엇 때문에 고행을 하겠습니까?
너희들이 금식하는 날, 너희 자신의 향락만을 찾고, 일꾼들에게는 무리하게 일을
시킨다. 너희가 다투고 싸우면서, 금식을 하는구나. 이렇게 못된 주먹질이나 하려
고 금식을 하느냐? 너희의 목소리를 저 높은 곳에 들리게 할 생각이 있다면, 오늘

과 같은 이런 금식을 해서는 안 된다.
"이것이 어찌 내가 기뻐하는 금식이겠느냐? 이것이 어찌 사람이 통회하며 괴로워하는 날이 되겠느냐?" 머리를 갈대처럼 숙이고 굵은 베와 재를 깔고 앉는다고 해서 어찌 이것을 금식이라고 하겠으며, 주님께서 너희를 기쁘게 반기실 날이라고 할 수 있겠느냐?

감사드림

주님을 경외하는 사람아, 주님을 의지하여라. 우리의 도움이 되시고, 방패가 되신다. 주의 거룩한 이름을 신뢰하라. 그러면 너희 마음이 기쁨을 누리게 될 것이다.
(자유롭게 감사의 기도를 드립니다)
주님, 우리의 변함없는 사랑을 우리에게 베풀어 주심에 감사드립니다. 아멘.

찬송

성부 성자 성령 (찬송가 7)

제자로 부르심

사람이 떡으로만 살 것이 아니라, 하나님의 입에서 나오는 모든 말씀으로 살 것이다
주 너의 하나님께 경배하고, 그분만을 섬겨라

마태복음 6:1-6

"너희는 남에게 보이려고 의로운 일을 사람들 앞에서 하지 않도록 조심하여라. 그렇지 않으면, 너희는 하늘에 계신 너희 아버지에게서 상을 받지 못한다. 그러므로 네가 자선을 베풀 때에는, 위선자들이 사람들에게 칭찬을 받으려고 회당과 거리에서 그렇게 하듯이, 네 앞에 나팔을 불지 말아라. 내가 진정으로 너희에게 말한다. 그들은 자기네 상을 이미 다 받았다. 너는 자선을 베풀 때에는, 오른손이 하는 일을 왼손이 모르게 하여, 네 자선 행위를 숨겨두어라. 그리하면, 남모르게 숨어서 보시는 네 아버지께서 너에게 갚아 주실 것이다." "너희는 기도할 때에, 위선자들처럼 하지 말아라. 그들은 사람들에게 보이려고, 회당과 큰 길 모퉁이에 서서 기

도하기를 좋아한다. 내가 진정으로 너희에게 말한다. 그들은 자기네 상을 이미 다 받았다. 너는 기도할 때에, 골방에 들어가 문을 닫고서, 숨어서 계시는 네 아버지께 기도하여라. 그리하면 숨어서 보시는 너의 아버지께서 너에게 갚아 주실 것이다.

고린도후서 5:20~21
그러므로 우리는 그리스도의 사절입니다. 하나님께서는 우리를 시켜서 여러분에게 권고하십니다. 우리는 그리스도를 대리하여 간청합니다. 여러분은 하나님과 화해하십시오. 하나님께서는 죄를 모르시는 분에게 우리 대신으로 죄를 씌우셨습니다. 그것은 우리가 그리스도 안에서 하나님의 의가 되게 하시려는 것입니다.

묵상한 말씀을 나눈다.

찬송
읽은 성경말씀에 맞는 찬송을 선택하여 부른다.

베드로전서 2:21-24

기도로 부르심

너는 주님을 기다려라.
강하고 담대하게 주님을 기다려라.
은혜의 주님, 우리가 부르짖을 때,
귀를 기울이시고 응답하여 주십시오.

곤고한 영혼을 자유케 하시는 하나님, 우리가 주 예수의 이름으로 기도를 드립니다.
주님, 주님의 자비하심으로, **우리의 기도를 들어주소서**

주님께서 원하는 금식은 어두움에 빛을 비추며 상한 심령을 치유하는 것입니다.
우리가 우리 자신과 사랑하는 이들을 위해 기도합니다.
(합심기도) 주님, 주님의 자비하심으로, **우리의 기도를 들어주소서**

주님께서 기뻐하는 금식은, 부당한 결박을 풀어 주는 것,
멍에의 줄을 끌러 주는 것, 압제 받는 사람을 놓아 주는 것입니다.
우리 공동체와 이웃을 위해 기도합니다.
(합심기도) 주님, 주님의 자비하심으로, 우리의 기도를 들어주소서

주님께서 원하시는 금식을 위해 우리가 가난한 사람과 함께 빵을 나눕니다.
세상의 모든 교회들이 정의와 평화와 기쁨으로 주의 통치를 증거하도록
이 땅의 교회들을 위해 기도합니다.
(합심기도) 주님, 주님의 자비하심으로, 우리의 기도를 들어주소서

주님께서 원하시는 금식은 불의로 인해 고통 받는 이들을 풀어주는 것입니다.
탐욕과 폭력과 억압으로 고통 받는 사람들과 세계를 위해 기도합니다.
(합심기도) 주님, 주님의 자비하심으로, 우리의 기도를 들어주소서

우리 안의 다른 염려를 맡기어 드립니다.
(합심기도) 주님, 주님의 자비하심으로, 우리의 기도를 들어주소서

우리의 유일한 희망이신 하나님,
주님은 두려움에 떨고 있는 우리를 원수와 음식을 먹도록 상을 베푸시는 분이십니다.
주님의 뜻을 행함으로 머리 위에 기름을 바르시고 주님의 말씀으로 먹이소서.

(주기도문) 하늘에 계신 우리 아버지 …

축도

우리 주 예수 그리스도와 은혜로 우리를 사랑하시는 하나님 아버지께서
영원한 위로와 희망을 주시며,
말에나 일에나 모든 일에 우리의 마음을 강건하게 해주시기를 축복합니다.
아멘.

주님과 하나님께로 돌아감

재의 수요일 저녁

여는 말

은혜롭고 자비로우신 주, 하나님께로 돌아오십시오.
하나님은 오래 참으시며, 한결같은 사랑을 베푸시는 분이십니다.

찬양으로 부르심

주님, 나에게 주님의 길을 알려주시고
나를 가르쳐 진리로 인도하여 주십시오.
구원의 하나님이신 주님을 내가 종일 기다립니다.

처음부터 계셨고 …

이사야 58:6-12

"목소리를 크게 내어 힘껏 외쳐라. 주저하지 말아라.
너의 목소리를 나팔 소리처럼 높여서 나의 백성에게 그들의 허물을 알리고,
야곱의 집에 그들의 죄를 알려라.
그들이 마치 공의를 행하고 하나님의 규례를 저버리지 않는 민족이나 되듯이,
날마다 나를 찾으며, 나의 길을 알기를 좋아한다.
그들은 무엇이 공의로운 판단인가를 나에게 묻고,
하나님께 가까이 나가기를 즐거워한다고 한다."
주님께서 보시지도 않는데, 우리가 무엇 때문에 금식을 합니까? 주님께서 알아 주시지도 않는데, 우리가 무엇 때문에 고행을 하겠습니까?
너희들이 금식하는 날, 너희 자신의 향락만을 찾고, 일꾼들에게는 무리하게 일을

시킨다. 너희가 다투고 싸우면서, 금식을 하는구나. 이렇게 못된 주먹질이나 하려고 금식을 하느냐? 너희의 목소리를 저 높은 곳에 들리게 할 생각이 있다면, 오늘과 같은 이런 금식을 해서는 안 된다.

"이것이 어찌 내가 기뻐하는 금식이겠느냐? 이것이 어찌 사람이 통회하며 괴로워하는 날이 되겠느냐?" 머리를 갈대처럼 숙이고 굵은 베와 재를 깔고 앉는다고 해서 어찌 이것을 금식이라고 하겠으며, 주님께서 너희를 기쁘게 반기실 날이라고 할 수 있겠느냐?

감사드림

오 하나님, 우리가 주님께 서원한 그대로,
주님께 감사의 제사를 드리겠습니다.
(자유롭게 감사의 기도를 드립니다)
내 발이 미끄러지지 않도록 보살펴주시고, 내 영혼을 죽음에서 건져주십시오.
그리하여 주님의 생명의 빛에 거하며 주님과 동행하게 하소서. 아멘.

찬송

읽은 성경말씀에 맞는 찬송을 선택하여 부른다.

고백

주님, 먼 옛날부터 변함 없이 베푸셨던,
주님의 긍휼하심과 한결 같은 사랑을 기억하여 주십시오.
나의 죄와 반역을 기억하지 마시고,
주님의 자비로우심과 선하심으로 나를 기억하여 주십시오.
(침묵기도)
내 마음의 고통에서 벗어나게 해 주시고, 나를 이 아픔에서 건져 주십시오.
내 괴로움과 근심을 살펴 주십시오. 내 모든 죄를 용서하여 주십시오.

제자로 부르심

사람이 떡으로만 살 것이 아니라,
하나님의 입에서 나오는 모든 말씀으로 살 것이다.
주 너의 하나님께 경배하고, 그분만을 섬겨라

마태복음 6:16-21

"너희는 금식할 때에, 위선자들과 같이 슬픈 기색을 띠지 말아라. 그들은 금식하는 것을 남에게 보이려고, 얼굴을 흉하게 한다. 내가 진정으로 너희에게 말한다. 그들은 자기네 상을 이미 받았다. 너는 금식할 때에, 머리에 기름을 바르고, 낯을 씻어라. 그리하여 금식하는 것을 사람들에게 드러내지 말고, 보이지 않게 숨어서 계시는 네 아버지께서 보시게 하여라. 그리하면 남모르게 숨어서 보시는 네 아버지께서 너에게 갚아 주실 것이다." "너희는 자기를 위하여 보물을 땅에다가 쌓아 두지 말아라. 땅에서는 좀이 먹고 녹이 슬어서 망가지며, 도둑들이 뚫고 들어와서 훔쳐간다. 그러므로 너희를 위하여 보물을 하늘에 쌓아 두어라. 거기에는 좀이 먹고 녹이 슬어서 망가지는 일이 없고, 도둑들이 뚫고 들어와서 훔쳐 가지도 못한다. 너의 보물이 있는 곳에, 너의 마음도 있을 것이다."

고린도후서 6:1-2

우리는 하나님과 함께 일하는 사람으로서 여러분에게 권면합니다. 하나님의 은혜를 헛되이 받지 않도록 하십시오.
하나님께서 말씀하시기를 "은혜의 때에, 나는 네 말을 들어주었다. 구원의 날에, 나는 너를 도와주었다" 하셨습니다. 보십시오, 지금이야말로 은혜의 때요, 지금이야말로 구원의 날입니다.

묵상한 말씀을 나눈다.

찬송
아 하나님의 은혜로 (찬송가 310)
하나님 사랑은 (찬송가 299)

베드로전서 2:21-24

기도로 부르심

이와 같이, 성령께서도 우리의 약함을 도와주십니다.
우리는 어떻게 기도해야 할지도 알지 못하지만,
성령께서 친히 이루 다 말할 수 없는 탄식으로,
우리를 대신하여 간구하여 주십니다.

곤고한 영혼을 자유케 하시는 하나님,
우리가 주 예수의 이름으로 기도를 드립니다.
주님, 주님의 자비하심으로, 우리의 기도를 들어주소서

주님께서 원하는 금식은 어두움에 빛을 비추며 상한 심령을 치유하는 것입니다.
우리가 우리 자신과 사랑하는 이들을 위해 기도합니다.
(합심기도) 주님, 주님의 자비하심으로, 우리의 기도를 들어주소서

주님께서 기뻐하는 금식은, 부당한 결박을 풀어 주는 것,
멍에의 줄을 끌러 주는 것, 압제 받는 사람을 놓아 주는 것입니다.
우리 공동체와 이웃을 위해 기도합니다.
(합심기도) 주님, 주님의 자비하심으로, 우리의 기도를 들어주소서

주님께서 원하시는 금식을 위해 우리가 가난한 사람과 함께 빵을 나눕니다.
세상의 모든 교회들이 정의와 평화와 기쁨으로 주의 통치를 증거하도록
이 땅의 교회들을 위해 기도합니다.

(합심기도) 주님, 주님의 자비하심으로, 우리의 기도를 들어주소서

주님께서 원하시는 금식은 불의로 인해 고통 받는 이들을 풀어주는 것입니다.
탐욕과 폭력과 억압으로 고통 받는 사람들과 세계를 위해 기도합니다.
(합심기도) 주님, 주님의 자비하심으로, 우리의 기도를 들어주소서

우리 안의 다른 염려를 맡기어 드립니다.
(합심기도) 주님, 주님의 자비하심으로, 우리의 기도를 들어주소서

인간의 보복으로 찢겨 돌아가신 예수님,
우리의 마음을 돌아보시고
우리의 굳은 마음을 경작하셔서
우리가 저 죽어가는 사람들을 자비로운 하나님의 손으로 옮기게 도와 주십시오.

(주기도문) 하늘에 계신 우리 아버지 …

축도

우리 주 예수 그리스도와
은혜로 우리를 사랑하시는 하나님 아버지께서
영원한 위로와 희망을 주시며,
말에나 일에나 모든 일에
우리의 마음을 강건하게 해주시기를 축복합니다.
아멘.

이를 위하여 부르심 받았나니

사순절 일요일 아침

여는말

이를 위하여 너희가 부르심을 받았으니
그리스도도 너희를 위하여 고난을 받으셨느니라

찬양으로 부르심

주님이 우리의 빛, 우리의 구원이신데, 우리가 누구를 두려워하겠습니까?
주님이 우리 생명의 피난처이신데, 우리가 누구를 무서워하겠습니까?

처음부터 계셨고 …

시편 82

하나님은 신들의 모임 가운데에 서시며 하나님은 그들 가운데에서 재판하시느니라
너희가 불공평한 판단을 하며 악인의 낯 보기를 언제까지 하려느냐
가난한 자와 고아를 위하여 판단하며 곤란한 자와 빈궁한 자에게 공의를 베풀지며
가난한 자와 궁핍한 자를 구원하여 악인들의 손에서 건질지니라 하시는도다
그들은 알지도 못하고 깨닫지도 못하여
흑암 중에 왕래하니 땅의 모든 터가 흔들리도다.
내가 말하기를 너희는 신들이며 다 지존자의 아들들이라 하였으나
그러나 너희는 사람처럼 죽으며 고관의 하나 같이 넘어지리로다
하나님이여 일어나사 세상을 심판하소서 모든 나라가 주의 소유이기 때문이니이다.

감사드림

주님, 우리가 주님의 거룩한 이름을 의지하기에
주님 안에서 우리 마음이 기쁩니다.
(자유롭게 감사의 기도를 드립니다)
오 주님, 우리가 주님을 기다릴 때에
주님의 변함없는 사랑을 우리에게 내려주십시오.

찬송

주 찬양합니다

제자로부르심

예수님께서 말씀하셨습니다. "성경에 기록하기를 '사람은 떡으로만 살 수 없고
주님의 입에서 나온 말씀으로 살 수 있다'
'주 너의 하나님께 경배하고, 그 분만을 섬겨라'하였다."

누가복음 4:17-19

선지자 이사야의 글을 드리거늘 책을 펴서 이렇게 기록된 데를 찾으시니 곧 주의 성령이 내게 임하셨으니 이는 가난한 자에게 복음을 전하게 하시려고 내게 기름을 부으시고 나를 보내사 포로 된 자에게 자유를, 눈 먼 자에게 다시 보게 함을 전파하며 눌린 자를 자유롭게 하고 주의 은혜의 해를 전파하게 하려 하심이라 하였더라

레위기 19:9-10

너희가 너희의 땅에서 곡식을 거둘 때에 너는 밭 모퉁이까지 다 거두지 말고 네 떨어진 이삭도 줍지 말며 네 포도원의 열매를 다 따지 말며 네 포도원에 떨어진 열매도 줍지 말고 가난한 사람과 거류민을 위하여 버려두라 나는 너희의 하나님 여호와이니라

묵상한 말씀을 나눈다.

찬송
읽은 성경말씀에 맞는 찬송을 선택하여 부른다.

베드로전서 2:21-24

기도로 부르심

너는 주님을 기다려라.
강하고 담대하게 주님을 기다려라.
은혜의 주님, 우리가 부르짖을 때,
귀를 기울이시고 응답하여 주십시오.

세밀하게 들으시는 하나님,
우리가 주님의 사랑과 돌보심을 믿고 우리의 기도를 가져왔습니다.
주님, 주님의 자비하심으로, 우리의 기도를 들어주소서

주님, 주님은 우리를 빛과 진리로 인도하시는 분이십니다.
우리가 우리 자신과 사랑하는 이들을 위해 기도합니다.
(합심기도) 주님, 주님의 자비하심으로, 우리의 기도를 들어주소서

주님은 가난한 자들과 이방인들의 필요를 채우시는 하나님이십니다.
우리 공동체와 이웃을 위해 기도합니다.
(합심기도) 주님, 주님의 자비하심으로, 우리의 기도를 들어주소서

주님의 백성들을 도우시고 희망이 되시는 하나님을 의지하며.
세상의 모든 교회들이 정의와 평화와 기쁨으로 주의 통치를 증거하도록
이 땅의 교회들을 위해 기도합니다.

(합심기도) 주님, 주님의 자비하심으로, 우리의 기도를 들어주소서

이 세상의 모든 민족들이 주께 속해 있습니다.
탐욕과 폭력과 억압으로 고통 받는 사람들과 세계를 위해 기도합니다.
(합심기도) 주님, 주님의 자비하심으로, 우리의 기도를 들어주소서

우리 안의 다른 염려를 맡기어 드립니다.
(합심기도) 주님, 주님의 자비하심으로, 우리의 기도를 들어주소서

우리의 유일한 희망이신 하나님,
주님은 두려움에 떨고 있는 우리를 원수와 음식을 먹도록 상을 베푸시는 분이십니다.
주님의 뜻을 행함으로 우리 머리 위에 기름을 바르시고
주님의 말씀으로 우리를 먹이소서.

(주기도문) 하늘에 계신 우리 아버지 …

축도

구세주이신 하나님, 예수 그리스도를 통하여
우리가 넘어지지 않도록 지켜주시며
주님의 영광 안에서 한 점 흠 없는 사람으로 세워주십시오.
아멘.

이를 위하여 부르심 받았나니

사순절 일요일 저녁

여는말

이를 위하여 너희가 부르심을 받았으니
그리스도도 너희를 위하여 고난을 받으셨느니라

찬양으로 부르심

주님은 내 구원의 하나님이시니,
주님의 진리로 나를 지도하시고 가르쳐 주십시오.
주는 나의 구원이시니
나가 종일 주님만을 기다립니다.

처음부터 계셨고 …

시편 43

하나님, 나를 변호하여 주십시오.
비정한 무리를 고발하는 내 송사를 변호하여 주십시오.
거짓을 일삼는 저 악한 사람들에게서 나를 구해 주십시오.
나의 요새이신 나의 하나님, 어찌하여 나를 버리셨습니까?
어찌하여 나는 원수에게 짓눌려 슬픔에 잠겨 있어야만 합니까?
주님의 빛과 주님의 진리를 나에게 보내 주시어, 나의 길잡이가 되게 하시고,
주님의 거룩한 산, 주님이 계시는 그 장막으로, 나를 데려가게 해주십시오.
하나님, 그 때에, 나는 하나님의 제단으로 나아가렵니다.
나를 크게 기쁘게 하시는 하나님께로 나아가렵니다.

하나님, 나의 하나님, 내가 기뻐하면서, 수금가락에 맞추어 주님께 감사하렵니다.
내 영혼아, 어찌하여 그렇게도 낙심하며, 어찌하여 그렇게도 괴로워하느냐?
하나님을 기다려라. 이제 내가, 나의 구원자, 나의 하나님을, 또다시 찬양하련다.

감사드림
주님, 우리가 주님의 거룩한 이름을 의지하기에
주님 안에서 우리 마음이 기쁩니다.
(자유롭게 감사의 기도를 드립니다)
오 주님, 우리가 주님을 기다릴 때에
주님의 변함없는 사랑을 우리에게 내려주십시오.

찬송
주 찬양합니다

고백
주님, 먼 옛날부터 변함 없이 베푸셨던,
주님의 궁휼하심과 한결 같은 사랑을 기억하여 주십시오.
나의 죄와 반역을 기억하지 마시고,
주님의 자비로우심과 선하심으로 나를 기억하여 주십시오.
(침묵기도)
내 마음의 고통에서 벗어나게 해 주시고, 나를 이 아픔에서 건져 주십시오.
내 괴로움과 근심을 살펴 주십시오. 내 모든 죄를 용서하여 주십시오.

제자로 부르심
예수께서 그들에게 대답하셨다. "인자가 영광을 받을 때가 왔다.
내가 진정으로 진정으로 너희에게 말한다. 밀알 하나가 땅에 떨어져서 죽지 않으면 한 알 그대로 있고, 죽으면 열매를 많이 맺는다.

누구든지 나를 섬기는 자는 나를 따라야만 한다. 내가 있는 곳에 나를 섬기는 자들도 있을 것이다.

누가복음 4:24-30

또 이르시되 내가 진실로 너희에게 이르노니 선지자가 고향에서는 환영을 받는 자가 없느니라. 내가 참으로 너희에게 이르노니 엘리야 시대에 하늘이 삼 년 육 개월 간 닫히어 온 땅에 큰 흉년이 들었을 때에 이스라엘에 많은 과부가 있었으되 엘리야가 그 중 한 사람에게도 보내심을 받지 않고 오직 시돈 땅에 있는 사렙다의 한 과부에게 뿐이었으며, 또 선지자 엘리사 때에 이스라엘에 많은 나병환자가 있었으되 그 중의 한 사람도 깨끗함을 얻지 못하고 오직 수리아 사람 나아만뿐이었느니라. 회당에 있는 자들이 이것을 듣고 다 크게 화가 나서 일어나 동네 밖으로 쫓아내어 그 동네가 건설된 산 낭떠러지까지 끌고 가서 밀쳐 떨어뜨리고자 하되 예수께서 그들 가운데로 지나서 가시니라.

고린도전서 1:18~25

십자가의 도가 멸망하는 자들에게는 미련한 것이요 구원을 받는 우리에게는 하나님의 능력이라. 기록된 바 내가 지혜 있는 자들의 지혜를 멸하고 총명한 자들의 총명을 폐하리라 하였으니 지혜 있는 자가 어디 있느냐 선비가 어디 있느냐 이 세대에 변론가가 어디 있느냐 하나님께서 이 세상의 지혜를 미련하게 하신 것이 아니냐. 하나님의 지혜에 있어서는 이 세상이 자기 지혜로 하나님을 알지 못하므로 하나님께서 전도의 미련한 것으로 믿는 자들을 구원하시기를 기뻐하셨도다. 유대인은 표적을 구하고 헬라인은 지혜를 찾으나, 우리는 십자가에 못 박힌 그리스도를 전하니 유대인에게는 거리끼는 것이요 이방인에게는 미련한 것이로되 오직 부르심을 받은 자들에게는 유대인이나 헬라인이나 그리스도는 하나님의 능력이요 하나님의 지혜니라. 하나님의 어리석음이 사람보다 지혜롭고 하나님의 약하심이 사람보다 강하니라.

묵상한 말씀을 나눈다.

찬송
읽은 성경말씀에 맞는 찬송을 선택하여 부른다.

베드로전서 2:21-24

기도로 부르심

이와 같이, 성령께서도 우리의 약함을 도와주십니다.
우리는 어떻게 기도해야 할지도 알지 못하지만,
성령께서 친히 이루 다 말할 수 없는 탄식으로,
우리를 대신하여 간구하여 주십니다.

보호하시는 하나님, 우리가 주님의 사랑과 돌보심을 믿고
우리의 마음을 주님께 쏟아 놓습니다. 기도를 가져왔습니다.
주님, 주님의 자비하심으로, 우리의 기도를 들어주소서

주님, 주님은 우리를 빛과 진리로 인도하시는 분이십니다.
우리가 우리 자신과 사랑하는 이들을 위해 기도합니다.
(합심기도) 주님, 주님의 자비하심으로, 우리의 기도를 들어주소서

주님은 가난한 자들과 이방인들의 필요를 채우시는 하나님이십니다.
우리 공동체와 이웃을 위해 기도합니다.
(합심기도) 주님, 주님의 자비하심으로, 우리의 기도를 들어주소서

주님의 백성들을 도우시고 희망이 되시는 하나님을 의지하며.
세상의 모든 교회들이 정의와 평화와 기쁨으로 주의 통치를 증거하도록
이 땅의 교회들을 위해 기도합니다.

(합심기도) 주님, 주님의 자비하심으로, 우리의 기도를 들어주소서

이 세상의 모든 민족들이 주께 속해 있습니다.
탐욕과 폭력과 억압으로 고통 받는 사람들과 세계를 위해 기도합니다.
(합심기도) 주님, 주님의 자비하심으로, 우리의 기도를 들어주소서

우리 안의 다른 염려를 맡기어 드립니다.
(합심기도) 주님, 주님의 자비하심으로, 우리의 기도를 들어주소서

우리의 유일한 희망이신 하나님,
주님은 두려움에 떨고 있는 우리를
원수와 함께 음식을 먹도록 상을 베푸시는 분이십니다.
주님의 뜻을 행함으로 우리 머리 위에 기름을 바르시고
주님의 말씀으로 우리를 먹이소서.

(주기도문) 하늘에 계신 우리 아버지 …

축도
구세주이신 하나님, 예수 그리스도를 통하여
우리가 넘어지지 않도록 지켜주시며
주님의 영광 안에서 한 점 흠 없는 사람으로 세워주십시오.
아멘.

그리스도도 너희를 위해 고난받으셨나니

사순절 월요일 아침

여는말

이를 위하여 너희가 부르심을 받았으니
그리스도도 너희를 위하여 고난을 받으셨느니라

찬양으로 부르심

주님이 우리의 빛, 우리의 구원이신데, 우리가 누구를 두려워하겠습니까?
주님이 우리 생명의 피난처이신데, 우리가 누구를 무서워하겠습니까?

처음부터 계셨고 …

시편 51:3-14

하나님이여 주의 인자를 따라 내게 은혜를 베푸시며
주의 많은 긍휼을 따라 내 죄악을 지워 주소서
나의 죄악을 말갛게 씻으시며 나의 죄를 깨끗이 제하소서

무릇 나는 내 죄과를 아오니 내 죄가 항상 내 앞에 있나이다
내가 주께만 범죄하여 주의 목전에 악을 행하였사오니,
주께서 말씀하실 때에 의로우시다 하고 주께서 심판하실 때에 순전하시다 하리이다.
내가 죄악 중에서 출생하였음이여 어머니가 죄 중에서 나를 잉태하였나이다.

보소서 주께서는 중심이 진실함을 원하시오니
내게 지혜를 은밀히 가르치시리이다.
우슬초로 나를 정결하게 하소서 내가 정하리이다

나의 죄를 씻어 주소서 내가 눈보다 희리이다.

내게 즐겁고 기쁜 소리를 들려 주시사 주께서 꺾으신 뼈들도 즐거워하게 하소서.
하나님이여 내 속에 정한 마음을 창조하시고 내 안에 정직한 영을 새롭게 하소서

나를 주 앞에서 쫓아내지 마시며 주의 성령을 내게서 거두지 마소서
주의 구원의 즐거움을 내게 회복시켜 주시고 자원하는 심령을 주사 나를 붙드소서
그리하면 내가 범죄자에게 주의 도를 가르치리니 죄인들이 주께 돌아오리이다.
하나님이여 나의 구원의 하나님이여 피 흘린 죄에서 나를 건지소서
내 혀가 주의 의를 높이 노래하리이다.

감사드림

주님, 우리가 주님의 거룩한 이름을 의지하기에
주님 안에서 우리 마음이 기쁩니다.
(자유롭게 감사의 기도를 드립니다)
오 주님, 우리가 주님을 기다릴 때에
주님의 변함없는 사랑을 우리에게 내려주십시오.

찬송

정결한 마음 주시옵소서
주 찬양합니다

제자로 부르심

예수님께서 말씀하셨습니다. "성경에 기록하기를 사람은 떡으로만 살 수 없고
주님의 입에서 나온 말씀으로 살 수 있다'
'주 너의 하나님께 경배하고, 그 분만을 섬겨라'하였다."

누가복음 5:18-26

그런데 사람들이 중풍병에 걸린 사람을 침상에 눕힌 채로 데려와서는, 안으로 들여서, 예수 앞에 놓으려고 하였다. 그러나 무리 때문에 그를 안으로 들여놓을 길이 없어서, 지붕으로 올라가서, 기와를 벗겨 그 자리를 뚫고, 그 병자를 침상에 누인 채, 무리 한가운데로 예수 앞에 달아 내렸다. 예수께서 그들의 믿음을 보시고 말씀하셨다. "이 사람아, 네 죄가 용서받았다." 그래서 율법학자들과 바리새파 사람들이 말하기를 "하나님을 모독하는 말을 하다니, 이 사람은 누구인가? 하나님 한 분 밖에, 누가 죄를 용서할 수 있는가?" 하면서, 의아하게 생각하기 시작하였다. 예수께서는 그들의 생각을 알아채시고 말씀하셨다. "어찌하여 너희는 마음 속으로 의아하게 생각하느냐? '네 죄가 용서받았다' 하고 말하는 것과 '일어나서 걸어가거라' 하고 말하는 것 가운데서 어느 쪽이 더 말하기가 쉬우냐? 그러나 너희는 인자가 땅에서 죄를 용서하는 권세를 가지고 있음을 알아야 한다." 그리고 예수께서 중풍병 환자에게 말씀하셨다. "내가 너에게 말한다. 일어나서 네 침상을 치워 들고 네 집으로 가거라." 그러자 곧 그는 사람들 앞에서 일어나, 자기가 누웠던 침상을 거두어 들고, 하나님을 찬양하면서, 집으로 갔다. 사람들은 모두 놀라서, 하나님을 찬양하였으며, 두려움에 차서 말하였다. "우리는 오늘 신기한 일을 보았다."

다니엘 9:3-6, 17-19

응답을 들으려고, 나는 금식을 하면서, 베옷을 걸치고, 재를 깔고 앉아서, 하나님께 기도를 드리면서 간구하였다. 나는 주 나의 하나님께 기도하면서, 백성의 죄를 고백하고 아뢰었다.

"위대하시고 두려우신 주 하나님, 하나님을 사랑하며 하나님의 계명을 지키는 사람들에게 언약과 인자를 베푸시는 하나님! 우리가 죄를 짓고 잘못을 저질렀습니다. 악한 일을 저지르며, 반역하며, 주님의 계명과 명령을 떠나서 살았습니다. 우리는, 주님의 종 예언자들이 주님의 이름으로 우리의 왕과 지도자와 조상과 모든 백성에게 말하는 것을 듣지 않았습니다.

우리의 하나님, 이제 주님의 종의 기도와 간구를 들어 주십시오. 무너진 주님의 성전을 복구하여 주십시오. 성전을 복구하셔서, 주님만이 하나님 이시라는 것을 모두가 알게 해주십시오. 나의 하나님, 귀를 기울이시고 들어 주십시오. 눈을 크게 뜨시고, 우리가 황폐해진 것과 주님의 이름을 빛내던 이 도성의 고통을 굽어보아 주십시오. 우리가 이렇게 주님께 간구하는 것은, 우리가 잘나서가 아니고, 주님께서 자비하시기 때문입니다. 주님, 들어 주십시오. 주님, 용서하여 주십시오. 주님께서 들어 주시고, 이루어 주십시오. 나의 하나님, 만민이 주님께서 하나님이심을 알아야 하니, 지체하지 마십시오. 이 도성과 이 백성이 주님의 것이기 때문입니다."

묵상한 말씀을 나눈다.

찬송

내가 깊은 곳에서 (찬송가 363)
면류관 벗어서 (찬송가 25)

베드로전서 2:21-24

기도로 부르심

주님을 기다립니다. 우리를 강하게 하시고 용기를 주십시오.
오 주님, 들어주소서, 우리가 크게 울부짖을 때
우리를 불쌍히 여기어 응답하여 주십시오.
심령이 "오라, 하나님의 얼굴을 찾으라" 하십니다.
주님, 우리가 당신의 얼굴 보기를 원합니다.

우리에게 귀 기울이시는 하나님, 주님께 기도합니다.
우리는 주님께서 보호하시고 공급해주심을 믿습니다.
주님, 주님의 자비하심으로, 우리의 기도를 들어주소서

우리가 주님의 큰 긍휼을 의지합니다. 우리 자신과 사랑하는 이를 위해 기도합니다.
(합심기도) 주님, 주님의 자비하심으로, 우리의 기도를 들어주소서

주님은 앙갚음하는 자를 책망하십니다. 우리 공동체와 이웃을 위해 기도합니다.
(합심기도) 주님, 주님의 자비하심으로, 우리의 기도를 들어주소서

우리가 주님의 이름을 증거합니다.
성령 안에서 자유로운 삶을 살도록 이 땅의 모든 교회를 위해 기도합니다.
(합심기도) 주님, 주님의 자비하심으로, 우리의 기도를 들어주소서

주님의 얼굴은 황폐한 상황 속에서도 빛이 납니다.
세상의 정치 지도자들과 세계를 위해 기도합니다.
(합심기도) 주님, 주님의 자비하심으로, 우리의 기도를 들어주소서

우리 안의 다른 염려를 맡기어드립니다.
(합심기도) 주님, 주님의 자비하심으로, 우리의 기도를 들어주소서

오직 우리의 소망이신 하나님,
주님은 불의를 모르는 척하는 사람을 질책하십니다.

주님, 우리가 주님의 능력으로 가난한 사람을 살피고,
외로운 사람들에게 귀 기울이고, 궁핍한 이웃을 살릴 수 있도록
우리를 말씀으로 먹여주세요. 주님께서는 우리에게 기도를 가르쳐 주셨습니다.

(주기도문) 하늘에 계신 우리 아버지 …

축도
구세주이신 하나님, 예수 그리스도를 통하여 우리가 넘어지지 않도록 지켜주시며
주님의 영광 안에서 한 점 흠 없는 사람으로 세워주십시오. 아멘.

그리스도도 너희를 위해 고난 받으셨나니

사순절 월요일 저녁

여는 말

이를 위하여 너희가 부르심을 받았으니
그리스도도 너희를 위하여 고난을 받으셨느니라

찬양으로 부르심

주님, 우리 영혼이 주님을 기다립니다. 하나님, 우리가 주님께 의지하였습니다.
주님은 우리 구원의 하나님이시니, 주님의 진리로 지도하시고 가르쳐 주십시오.
우리는 종일 주님만을 기다립니다.

처음부터 계셨고 …

이사야 53:1-9

우리가 들은 것을 누가 믿었느냐? 주님의 능력이 누구에게 나타났느냐?
그는 주님 앞에서, 마치 연한 순과 같이, 마른 땅에서 나온 싹과 같이 자라서,
그에게는 고운 모양도 없고, 훌륭한 풍채도 없으니,
우리가 보기에 흠모할 만한 아름다운 모습이 없다.
그는 사람들에게 멸시를 받고, 버림을 받고,
고통을 많이 겪었다. 그는 언제나 병을 앓고 있었다.
사람들이 그에게서 얼굴을 돌렸고,
그가 멸시를 받으니, 우리도 덩달아 그를 귀하게 여기지 않았다.
그는 실로 우리가 받아야 할 고통을 대신 받고,
우리가 겪어야 할 슬픔을 대신 겪었다.

그러나 우리는, 그가 징벌을 받아서 하나님에게 맞으며,
고난을 받는다고 생각하였다.
그러나 그가 찔린 것은 우리의 허물 때문이고,
그가 상처를 받은 것은 우리의 악함 때문이다.

그가 징계를 받음으로써 우리가 평화를 누리고,
그가 매를 맞음으로써 우리의 병이 나았다.
우리는 모두 양처럼 길을 잃고, 각기 제 갈 길로 흩어졌으나,

주님께서 우리 모두의 죄악을 그에게 지우셨다.
그는 굴욕을 당하고 고문을 당하였으나, 아무 말도 하지 않았다.
마치 도살장으로 끌려가는 어린 양처럼,
마치 털 깎는 사람 앞에서 잠잠한 암양처럼,
끌려가기만 할 뿐, 아무 말도 하지 않았다.
그가 체포되어 유죄판결을 받았지만
그 세대 사람들 가운데서 어느 누가,
그가 사람 사는 땅에서 격리된 것을 보고서,
그것이 바로 형벌을 받아야 할 내 백성의 허물 때문이라고 생각하였느냐?
그는 폭력을 휘두르지도 않았고, 거짓말도 하지 않았지만,
사람들은 그에게 악한 사람과 함께 묻힐 무덤을 주었고,
죽어서 부자와 함께 들어가게 하였다.

감사드림

오 하나님, 우리가 주님께 서원한 그대로,
주님께 감사의 제사를 드리겠습니다.
(자유롭게 감사의 기도를 드립니다)
주님께서 우리 생명을 죽음에서 건져 주시고,

우리가 생명의 빛을 받으면서, 하나님 앞에서 거닐 수 있게
우리 발을 지켜 주셨기 때문입니다.

찬송
읽은 성경말씀에 맞는 찬송을 선택하여 부른다.

고백
오 주님, 당신의 자비하심과 예부터 우리에게 보이신 사랑을 기억하여 주십시오.
우리가 지은 죄를 기억하지 마시고, 사랑으로 우리를 기억하여 주십시오.
(침묵기도)
주님은 우리 안의 어려움을 도우시고 곤궁에서 벗어나게 해주십니다.
우리 괴로움과 근심을 살펴 주십시오. 우리 모든 죄를 용서하여 주십시오.

제자로 부르심
예수님께서 말씀하셨습니다. 밀알 하나가 땅에 떨어져서 죽지 않으면
한 알 그대로 있고, 죽으면 열매를 많이 맺는다.
나를 섬기려고 하는 사람은, 누구든지 나를 따라오너라.
내가 있는 곳에는, 나를 섬기는 사람도 나와 함께 있을 것이다.

누가복음 9:51-56
예수께서 하늘에 올라가실 날이 다 되었다. 그래서 예수께서는 예루살렘에 가시기로 마음을 굳히시고 심부름꾼들을 앞서 보내셨다. 그들이 길을 떠나서 예수를 모실 준비를 하려고 사마리아 사람의 한 마을에 들어갔다. 그러나 그 마을 사람들은 예수가 예루살렘으로 가시는 도중이므로, 예수를 맞아들이지 않았다. 그래서 제자인 야고보와 요한이 이것을 보고 말하였다. "주님, 하늘에서 불이 내려와 그들을 태워 버리라고 우리가 명령하면 어떻겠습니까?" 예수께서 돌아서서 그들을 꾸짖으셨다. 그리고 그들은 다른 마을로 갔다.

베드로전서 4:1-6

그리스도께서는 육신으로 고난을 받으셨습니다. 여러분도 같은 마음으로 무장하십시오. 육신으로 고난을 받은 사람은 이미 죄와 인연을 끊은 것입니다. 이제부터는, 육신으로 살아갈 남은 때를 인간의 욕정대로 살지 말고, 하나님의 뜻대로 살아야 합니다. 여러분은 지난날에 이방 사람들이 하고 싶어하는 일을 하였으니, 곧 방탕과 정욕과 술 취함과 환락과 연회와 가증스러운 우상숭배에 빠져 살아 왔습니다. 그것은 지나간 때로 충분합니다. 그들은 여러분이 자기들과 함께 그런 지나친 방종에 빠지지 않는 것을 이상히 여기면서, 여러분을 비방합니다.

그들은 산 사람과 죽은 사람을 심판하실 분에게 사실을 죄다 아뢰어야 합니다. 죽은 사람들에게도 복음이 전해진 것은, 그들이 육신으로는 모든 사람이 심판 받는 대로 심판을 받으나, 영으로는 하나님을 따라 살게 하려는 것입니다.

묵상한 말씀을 나눈다.

찬송

십자가를 내가지고 (찬송가 341)
십자가를 질 수 있나 (찬송가 461)

베드로전서 2.21-24

기도로 부르심

성령께서는 우리의 약함을 도와주십니다.
우리가 때로는 어떻게 기도해야 할지 알지 못하지만,
성령께서 친히 이루 다 말할 수 없는 탄식으로, 우리를 대신하여 간구하여 주십니다.

우리를 보호하시는 하나님, 성령을 부어주시고, 피난처가 되어 주십시오.
주님, 주님의 자비하심으로, 우리의 기도를 들어주소서

우리가 주님의 큰 긍휼을 의지합니다.

우리 자신과 사랑하는 이들을 위해 기도합니다.

(합심기도) 주님, 주님의 자비하심으로, 우리의 기도를 들어주소서

주님은 앙갚음 하는 자를 책망하십니다. 우리 공동체와 이웃을 위해 기도합니다.

(합심기도) 주님, 주님의 자비하심으로, 우리의 기도를 들어주소서

우리가 주님의 이름을 증거합니다.

성령 안에서 자유로운 삶을 살도록 이 땅의 모든 교회를 위해 기도합니다.

(합심기도) 주님, 주님의 자비하심으로, 우리의 기도를 들어주소서

주님의 얼굴은 황폐한 상황 속에서도 빛이 납니다.

세상의 정치 지도자들과 세계를 위해 기도합니다.

(합심기도) 주님, 주님의 자비하심으로, 우리의 기도를 들어주소서

우리 안의 다른 염려를 맡기어드립니다.

(합심기도) 주님, 주님의 자비하심으로, 우리의 기도를 들어주소서

겸손하신 주님, 주님께서는 인간의 거칠고 완악한 마음을 회복하고자 자기 몸 드려 돌아가셨습니다. 하루를 마무리 하며 주님께서 우리를 돌보시고, 정결케 하시기를 원하고 자비하신 주님의 손에 우리를 맡겨 드리기를 기도합니다.

(주기도문) 하늘에 계신 우리 아버지 …

축도

구세주이신 하나님, 예수 그리스도를 통하여 우리가 넘어지지 않도록 지켜주시며 주님의 영광 안에서 한 점 흠 없는 사람으로 세워주십시오. 아멘.

주님께서 우리에게 본을 보이셨나니

사순절 화요일 아침

여는 말

주님께서 자기의 발자취를 따르게 하시려고
우리에게 본을 남겨 놓으셨느니라

찬양으로 부르심

주님이 우리의 빛, 우리의 구원이신데, 우리가 누구를 두려워하겠습니까?
주님이 우리 생명의 피난처이신데, 우리가 누구를 두려워하겠습니까?

처음부터 계셨고 …

시편 1

복 있는 사람은
악인의 꾀를 따르지 아니하며, 죄인의 길에 서지 아니하며,
오만한 자의 자리에 앉지 아니하며,
오로지 주님의 율법을 즐거워하며,
밤낮으로 율법을 묵상하는 사람이다.

그는 시냇가에 심은 나무가
철 따라 열매를 맺으며
그 잎이 시들지 아니함 같으니,
하는 일마다 잘 될 것이다.
그러나 악인은 그렇지 않으니,
한낱 바람에 흩날리는 쭉정이와 같다.

그러므로 악인은 심판 받을 때에 몸을 가누지 못하며,
죄인은 의인의 모임에 참여하지 못한다.
그렇다. 의인의 길은 주님께서 인정하시지만,
악인의 길은 망할 것이다.

감사드림

주님, 우리가 주님의 거룩한 이름을 의지하기에
주님 안에서 우리 마음이 기쁩니다.
(자유롭게 감사의 기도를 드립니다)
오 주님, 우리가 주님을 기다릴 때에
주님의 변함없는 사랑을 우리에게 내려주십시오.

찬송

읽은 성경말씀에 맞는 찬송을 선택하여 부른다.

제자로 부르심

예수님께서 말씀하셨습니다. "성경에 기록하기를 사람은 떡으로만 살 수 없고 주님의 입에서 나온 말씀으로 살 수 있다'
'주 너의 하나님께 경배하고, 그 분만을 섬겨라'하였다."

누가복음 6:20-26

예수께서 눈을 들어 제자들을 보시고 말씀하셨다.
"너희 가난한 사람들은 복이 있다.
하나님의 나라가 너희의 것이다.
너희 지금 굶주리는 사람들은 복이 있다.
너희가 배부르게 될 것이다.
너희 지금 슬피 우는 사람들은 복이 있다.

너희가 웃게 될 것이다.

사람들이 너희를 미워하고, 인자 때문에 너희를 배척하고, 욕하고,
너희의 이름을 악하다고 내칠 때에는, 너희는 복이 있다. 그 날에 기뻐하고 뛰놀아라.
보아라, 하늘에서 받을 너희의 상이 크다.
그들의 조상들이 예언자들에게 이와 같이 행하였다.
그러나 너희, 부요한 사람들은 화가 있다.
너희가 너희의 위안을 받고 있기 때문이다.
너희, 지금 배부른 사람들은 화가 있다.

너희가 굶주리게 될 것이기 때문이다.
너희, 지금 웃는 사람들은 화가 있다.
너희가 슬퍼하며 울 것이기 때문이다.
모든 사람이 너희를 좋게 말할 때에, 너희는 화가 있다.
그들의 조상들이 거짓 예언자들에게 이와 같이 행하였다."

고린도전서 12:12-26

몸은 하나이지만 많은 지체가 있고, 몸의 지체는 많지만 그들이 모두 한 몸이듯이, 그리스도도 그러하십니다. 우리는 유대 사람이든지 그리스 사람이든지, 종이든지 자유인이든지, 모두 한 성령으로 세례를 받아서 한 몸이 되었고, 또 모두 한 성령을 마시게 되었습니다. 몸은 하나의 지체로 되어 있는 것이 아니라, 여러 지체로 되어 있습니다. 발이 말하기를 "나는 손이 아니니까, 몸에 속한 것이 아니다" 한다고 해서 발이 몸에 속하지 않은 것이 아닙니다. 또 귀가 말하기를 "나는 눈이 아니니까, 몸에 속한 것이 아니다" 한다고 해서 귀가 몸에 속하지 않은 것이 아닙니다. 온몸이 다 눈이라면, 어떻게 듣겠습니까? 또 온몸이 다 귀라면, 어떻게 냄새를 맡겠습니까? 그런데 실은 하나님께서는, 원하시는 대로, 우리 몸에다가 각각 다른 여러 지체를 두셨습니다. 전체가 하나의 지체로 되어 있다고 하면, 몸은 어디에 있

습니까? 그런데 실은 지체는 여럿이지만, 몸은 하나입니다. 그러므로 눈이 손에게 말하기를 "너는 내게 쓸 데가 없다" 할 수가 없고, 머리가 발에게 말하기를 "너는 내게 쓸 데가 없다" 할 수 없습니다. 그뿐만 아니라, 몸의 지체 가운데서 비교적 더 약하게 보이는 지체들이 오히려 더 요긴합니다. 그리고 우리가 덜 명예스러운 것으로 여기는 지체들에게 더욱 풍성한 명예를 덧입히고, 볼품 없는 지체들을 더욱더 아름답게 꾸며 줍니다. 그러나 아름다운 지체들은 그럴 필요가 없습니다. 하나님께서는 몸을 골고루 짜 맞추셔서 모자라는 지체에게 더 풍성한 명예를 주셨습니다. 그래서 몸에 분열이 생기지 않게 하시고, 지체들이 서로 같이 걱정하게 하셨습니다. 한 지체가 고통을 당하면, 모든 지체가 함께 고통을 당합니다. 한 지체가 영광을 받으면, 모든 지체가 함께 기뻐합니다.

묵상한 말씀을 나눈다.

찬송
만복의 근원 하나님 (찬송가 1)

베드로전서 2:21-24

기도로 부르심

주님을 기다립니다. 우리를 강하게 하시고 용기를 주십시오.

오 주님, 들어주소서, 우리가 크게 울부짖을 때
우리를 불쌍히 여기어 응답하여 주십시오.

우리에게 귀 기울이시는 하나님, 주님께 기도합니다.
우리는 주님께서 보호하시고 공급해주심을 믿습니다.
주님, 주님의 자비하심으로, **우리의 기도를 들어주소서**

주님은 인내심 많으신 분입니다. 우리가 주님의 큰 긍휼을 의지합니다.

우리 자신과 사랑하는 이들을 위해 기도합니다.
(합심기도) 주님, 주님의 자비하심으로, 우리의 기도를 들어주소서

주님은 앙갚음하는 자를 책망하십니다. 우리 공동체와 이웃을 위해 기도합니다.
(합심기도) 주님, 주님의 자비하심으로, 우리의 기도를 들어주소서

우리가 주님의 이름을 증거합니다.
성령 안에서 자유로운 삶을 살도록 이 땅의 모든 교회를 위해 기도합니다.
(합심기도) 주님, 주님의 자비하심으로, 우리의 기도를 들어주소서

주님의 얼굴은 황폐한 상황 속에서도 빛이 납니다.
세상의 정치 지도자들과 세계를 위해 기도합니다.
(합심기도) 주님, 주님의 자비하심으로, 우리의 기도를 들어주소서

우리 안의 다른 염려를 맡기어드립니다.
(합심기도) 주님, 주님의 자비하심으로, 우리의 기도를 들어주소서

우리의 유일한 희망이신 하나님,
주님은 두려움에 떨고 있는 우리를 원수와 음식을 먹도록 상을 베푸시는 분이십니다.
주님의 뜻을 행함으로 우리 머리 위에 기름을 바르시고
주님의 말씀으로 우리를 먹이소서.

(주기도문) 하늘에 계신 우리 아버지 ···

축도
하나님께서 우리를 모든 악에서 구원하실 것입니다.
하나님께서 우리 생명을 지켜주실 것입니다.
우리가 나갈 때나 들어올 때나 이제부터 영원까지 지켜 주실 것입니다. 아멘.

그리스도의 발자취를 따르게 하시려고

사순절 화요일 저녁

여는 말

너희에게 본을 끼쳐

그 자취를 따라오게 하려 하셨느니라

찬양으로 부르심

오 하나님, 우리에게 주의 길을 알리시고

주님의 진리로 우리를 인도하시고 우리를 가르쳐 주십시오.

주님은 우리 구원의 하나님이시니

우리가 종일 주님을 기다립니다.

처음부터 계셨고 ...

시편 53

어리석은 사람은 마음 속으로

"하나님이 없다" 하는구나.

그들은 한결같이 썩어서 더러우니,

바른 일 하는 사람 아무도 없구나.

하나님께서는 하늘에서 사람을 굽어보시면서,

지혜로운 사람이 있는지,

하나님을 찾는 사람이 있는지를 살펴보신다.

너희 모두는 다른 길로 빗나가서

하나같이 썩었으니,
착한 일 하는 사람이 하나도 없구나.

죄악을 행하는 자는 다 무지한 자냐?
그들이 밥 먹듯이 내 백성을 먹으면서
나 하나님을 부르지 않는구나.

하나님이 경건하지 못한 자들의 뼈를 흩으셨기에,
그들은 두려움이 없는 곳에서도 크게 두려워할 것이다.
하나님이 그들을 물리치셨으니,
그들이 수치를 당할 것이다.

하나님, 시온에서 나오셔서, 이스라엘을 구원해 주십시오!
하나님께서 당신의 백성을 그들의 땅으로 되돌려 보내실 때에,
야곱은 기뻐하고, 이스라엘은 즐거워할 것이다.

감사드림

오 하나님, 우리가 주님께 서원한 그대로,
주님께 감사의 제사를 드리겠습니다.
(자유롭게 감사의 기도를 드립니다)
주님께서 우리 생명을 죽음에서 건져 주시고,
우리가 생명의 빛을 받으면서, 하나님 앞에서 거닐 수 있게
우리 발을 지켜 주셨기 때문입니다.

찬송

만유의 주재 (찬송가 32)

고백

오 주님, 당신의 자비하심과 예부터 우리에게 보이신 사랑을 기억하여 주십시오.
우리가 지은 죄를 기억하지 마시고, 사랑으로 우리를 기억하여 주십시오.
(침묵기도)
주님은 우리 안의 어려움을 도우시고, 곤궁에서 벗어나게 해주십니다.
우리 괴로움과 근심을 살펴 주십시오. 우리 모든 죄를 용서하여 주십시오.

제자로 부르심

예수님께서 말씀하셨습니다. 밀알 하나가 땅에 떨어져서 죽지 않으면
한 알 그대로 있고, 죽으면 열매를 많이 맺는다.
나를 섬기려고 하는 사람은, 누구든지 나를 따라오너라.
내가 있는 곳에는, 나를 섬기는 사람도 나와 함께 있을 것이다.

누가복음 7:36-50

바리새파 사람 가운데에서 어떤 사람이 예수께 청하여, 자기와 함께 음식을 먹자고 하였다. 그래서 예수께서는 그 바리새파 사람의 집에 들어가셔서, 상에 앉으셨다. 그런데 그 동네에 죄인인 한 여자가 있었는데, 예수께서 바리새파 사람의 집에서 음식을 잡숫고 계신 것을 알고서, 향유가 담긴 옥합을 가지고 와서, 예수의 등 뒤에 발 곁에 서더니, 울면서, 눈물로 그 발을 적시고, 자기 머리털로 닦고, 그 발에 입을 맞추고, 향유를 발랐다. 예수를 초대한 바리새파 사람이 이것을 보고, 혼자 중얼거렸다. "이 사람이 예언자라면, 자기를 만지는 저 여자가 누구이며, 어떠한 여자인지 알았을 터인데! 그 여자는 죄인인데!" 예수께서 그에게 말씀하셨다. "시몬아, 네게 할 말이 있다." 시몬이 말했다. "선생님, 말씀하십시오." 예수께서 말씀하셨다. "어떤 돈놀이꾼에게 빚진 사람 둘이 있었는데, 한 사람은 오백 데나리온을 빚지고, 또 한 사람은 오십 데나리온을 빚졌다. 둘이 다 갚을 길이 없으므로, 돈놀이꾼은 둘에게 빚을 없애주었다. 그러면 그 두 사람 가운데서 누가 그를 더 사랑

하겠느냐?" 시몬이 대답하였다. "더 많이 빚을 없애준 사람이라고 생각합니다." 예수께서 그에게 말씀하셨다. "네 판단이 옳다." 그런 다음에, 그 여자에게로 돌아서서, 시몬에게 말씀하셨다. "너는 이 여자를 보고 있는 거지? 내가 네 집에 들어왔을 때에, 너는 내게 발 씻을 물도 주지 않았다. 그러나 이 여자는 눈물로 내 발을 적시고, 자기 머리털로 닦았다. 너는 내게 입을 맞추지 않았으나, 이 여자는 들어와서부터 줄곧 내 발에 입을 맞추었다. 너는 내 머리에 기름을 발라 주지 않았으나, 이 여자는 내 발에 향유를 발랐다. 그러므로 내가 네게 말한다. 이 여자는 그 많은 죄를 용서받았다. 그것은 그가 많이 사랑하였기 때문이다. 용서받는 것이 적은 사람은 적게 사랑한다." 그리고 예수께서 그 여자에게 말씀하셨다. "네 죄가 용서받았다." 그러자 상에 함께 앉아 있는 사람들이 속으로 수군거리기를 "이 사람이 누구이기에 죄까지도 용서하여 준다는 말인가?" 하였다. 그러나 예수께서는 그 여자에게 말씀하셨다. "네 믿음이 너를 구원하였다. 평안히 가거라."

로마서 2:1-11

그러므로 남을 심판하는 사람이여, 그대가 누구이든지, 죄가 없다고 변명할 수 없습니다. 그대는 남을 심판하는 일로 결국 자기를 정죄하는 셈입니다. 남을 심판하는 그대도 똑같은 일을 하고 있기 때문입니다. 하나님의 심판이 이런 일을 하는 사람들에게 공정하게 내린다는 것을 우리는 압니다. 이런 일을 하는 사람들을 심판하면서, 스스로 그런 일을 하는 사람이여, 그대는 하나님의 심판을 피할 수 있을 줄로 생각합니까? 아니면, 하나님께서 인자하심을 베푸셔서 그대를 인도하여 회개하게 하신다는 것을 알지 못하고, 오히려 하나님의 풍성하신 인자하심과 너그러우심과 오래 참으심을 업신여기는 것입니까? 그대는 완고하여 회개할 마음이 없으니, 하나님의 공정한 심판이 나타날 진노의 날에 자기가 받을 진노를 스스로 쌓아 올리고 있는 것입니다. 하나님께서는 "각 사람에게 그가 한 대로 갚아 주실 것입니다." 참으면서 선한 하나님께서는 "각 사람에게 그가 한 대로 갚아 주실 것입니다."참으면서 선한 일을 하여 영광과 존귀와 불멸의 것을 구하는 사람에게는 영원한 생명을 주시고, 이기심에 사로 잡혀서 진리를 거스르고 불의를 따르는 사람에게는 진노와 분노를 쏟으실 것입니다. 악한 일을 하는 모든 사람에게는, 먼저 유대 사람을 비롯하여 그리스 사람에게 이르기까지, 환난과 고통을 주실 것이요, 선한 일을 하는 모든 사람에게는, 먼저 유대 사람을 비롯하여 그리스 사람에게 이르기까지, 영광과 존귀와 평강을 내리실 것입니다. 하나님께서는 사람을 차별함이 없이 대하시기 때문입니다.

묵상한 말씀을 나눈다.

찬송
변찮는 주님의 사랑과 (찬송가 270)
우리를 죄에서 구하시려 (찬송가 260)
샘물과 같은 보혈은 (찬송가 258)

베드로전서 2.21-24

기도로 부르심

성령께서 우리의 약함을 도와주십니다. 우리는 어떻게 기도해야 할지도 모르지만, 성령께서 친히 이루 다 말할 수 없는 탄식으로, 우리 대신 간구하여 주십니다.

피난처 되시는 하나님, 우리가 주님을 의지하며 속마음을 털어놓습니다.
주님, 주님의 자비하심으로, 우리의 기도를 들어주소서

주님은 인내심이 많으신 분입니다. 우리 자신과 사랑하는 이를 위해 기도합니다.
(합심기도) 주님, 주님의 자비하심으로, 우리의 기도를 들어주소서

주님께서는 인내하며 선한 일을 하는 사람에게 새 생명을 주십니다.
우리 공동체와 이웃을 위해 기도합니다.

(합심기도) 주님, 주님의 자비하심으로, 우리의 기도를 들어주소서

인자하신 하나님께서는 우리를 인도하여 회개하게 하십니다.
우리가 하나님의 신실한 사랑에 반응하도록 이 땅의 교회들을 위해 기도합니다.
(합심기도) 주님, 주님의 자비하심으로, 우리의 기도를 들어주소서

주님은 사람을 차별함 없이 대하십니다.
가난하고 도움이 필요한 이들과 세계를 위해 기도합니다.
(합심기도) 주님, 주님의 자비하심으로, 우리의 기도를 들어주소서

우리 안의 다른 염려를 맡기어드립니다.
(합심기도) 주님, 주님의 자비하심으로, 우리의 기도를 들어주소서

겸손하신 주님, 주님께서는 인간의 거칠고 완악한 마음을 회복시키기 위해
자기 몸 드려 돌아가셨습니다. 하루를 마무리 하며, 주님께서 우리를 돌보시고
우리 마음을 정결케 하시기를 원하고 자비하신 주님의 손에
우리 자신을 맡기어 드리기를 기도합니다.

(주기도문) 하늘에 계신 우리 아버지 …

축도

하나님께서 우리를 모든 악에서 구원하실 것입니다.
하나님께서 우리 생명을 지켜주실 것입니다.
우리가 나갈 때나 들어올 때나
이제부터 영원까지 지켜 주실 것입니다.
아멘.

그 분은 죄 짓지 않으셨으니

사순절 수요일 아침

여는 말

그는 죄를 범하지 아니하시고
그 입에 거짓도 없으시며

찬양으로 부르심

주님이 나의 빛, 나의 구원이신데, 내가 누구를 두려워하랴?
주님이 내 생명의 피난처이신데, 내가 누구를 무서워하랴?

처음부터 계셨고 ...

시편 15

주님, 누가 주님의 장막에서 살 수 있겠습니까?
누가 주님의 거룩한 산에 머무를 수 있겠습니까?

깨끗한 삶을 사는 사람,
정의를 실천하는 사람,
마음으로 진실을 말하는 사람,
혀를 놀려 남의 허물을 들추지 않는 사람,
친구에게 해를 끼치지 않는 사람,
이웃을 모욕하지 않는 사람,
하나님을 업신여기는 자를 경멸하고
주님을 두려워하는 사람을 존경하는 사람입니다.

맹세한 것은 해가 되더라도 깨뜨리지 않고 지키는 사람입니다.
높은 이자를 받으려고 돈을 꾸어 주지 않으며,
무죄한 사람을 해칠세라 뇌물을 받지 않는 사람입니다.
이러한 사람은 영원히 흔들리지 않을 것입니다.

감사드림

주님, 우리 영혼이 주님을 기다립니다.
우리 하나님, 우리가 주님께 의지하였습니다.
주님, 우리가 주님의 거룩한 이름을 의지하므로
주 안에서 우리 마음이 기뻐합니다.
(자유롭게 감사의 기도를 드립니다)
오 주님, 우리가 주님을 기다릴 때에
주님의 변함없는 사랑을 우리에게 내려주십시오.

찬송

내 영혼에 햇빛 비치니 (찬송가 428)

제자로 부르심

예수님께서 말씀하셨습니다. "성경에 기록하기를 '사람은 떡으로만 살 수 없고
주님의 입에서 나온 말씀으로 살 수 있다'
'주 너의 하나님께 경배하고, 그 분만을 섬겨라' 하였다."

누가복음 14:12-14

예수께서는 자기를 초대한 사람에게도 말씀하셨다. "네가 점심이나 만찬을 베풀 때에, 네 친구나 네 형제나 네 친척이나 부유한 이웃 사람들을 부르지 말아라. 그렇게 하면 그들도 너를 도로 초대하여 네게 되갚아, 네 은공이 없어질 것이다. 잔치를 베풀 때에는, 가난한 사람들과 지체에 장애가 있는 사람들과 다리 저는 사람

들과 눈먼 사람들을 불러라. 그리하면 네가 복될 것이다. 그들이 네게 갚을 수 없기 때문이다. 의인들이 부활할 때에, 하나님께서 네게 갚아 주실 것이다."

야고보서 2:1-9

나의 형제자매 여러분, 여러분은 영광의 우리 주 예수 그리스도를 믿고 있으니, 사람을 차별하여 대하지 마십시오. 이를테면, 여러분의 회당에 화려한 옷을 입은 사람이 금반지를 끼고 들어오고, 또, 남루한 옷을 입은 가난한 사람도 들어온다고 합시다. 여러분이 화려한 옷차림을 한 사람에게는 특별한 호의를 보이면서 "여기 좋은 자리에 앉으십시오" 하고, 가난한 사람에게는 "당신은 거기 서 있든지, 내 발치에 앉든지 하오" 하고 말하면, 바로 여러분은 서로 차별을 하고, 나쁜 생각으로 남을 판단하는 사람이 된 것이 아니고 무엇이겠습니까?
사랑하는 형제자매 여러분, 들으십시오. 하나님께서는 세상의 가난한 사람을 택하셔서 믿음에 부요한 사람이 되게 하시고, 하나님을 사랑하는 이들에게 약속하신 그 나라의 상속자가 되게 하시지 않았습니까? 그런데 여러분은 가난한 사람을 업신여겼습니다. 여러분을 압제하는 사람은 부자들이 아닙니까? 또 여러분을 법정으로 끌고 가는 사람도 부자들이 아닙니까? 여러분이 받는 그 존귀한 이름을 모독하는 사람도 부자들이 아닙니까? 여러분이 성경을 따라 "네 이웃을 네 몸같이 사랑하라"는 으뜸가는 법을 지키면, 잘하는 일입니다. 그러나 여러분이 사람을 차별해서 대하면 죄를 짓는 것이요, 여러분은 율법을 따라 범법자로 판정을 받게 됩니다.

묵상한 말씀을 나눈다.

찬송

읽은 성경말씀에 맞는 찬송을 선택하여 부른다.

베드로전서 2:21-24

기도로 부르심

주님을 기다립니다. 우리를 강하게 하시고 용기를 주십시오.
오 주님, 들어주소서, 우리가 크게 울부짖을 때
우리를 불쌍히 여기어 응답하여 주십시오.

우리에게 귀 기울이시는 하나님, 주님께 기도합니다.
우리는 주님께서 보호하시고 공급하심을 믿습니다.
오, 주님의 자비하심으로, 우리의 기도를 들어주소서

주님께서 우리 삶의 피난처 되십니다.
우리 자신과 사랑하는 이들을 위해 기도합니다.
(합심기도) 주님, 주님의 자비하심으로, 우리의 기도를 들어주소서

주님께서 우리 마음의 고통을 덜어주십니다.
우리 공동체와 이웃을 위해 기도합니다.
(합심기도) 주님, 주님의 자비하심으로, 우리의 기도를 들어주소서

주님께서는 신실한 사람을 눈 여겨 보십니다.
정의와 평화, 기쁨이 있는 하나님 나라를 증거하도록
이 땅의 교회들을 위해 기도합니다.
(합심기도) 주님, 주님의 자비하심으로, 우리의 기도를 들어주소서

주님께서는 가난한 사람을 택하여 믿음에 부요한 사람이 되게 하셨습니다.
모든 탐욕과 폭력, 압제의 올무에 빠져있는 사람들을 생각하며
세계를 위해 기도합니다.
(합심기도) 주님, 주님의 자비하심으로, 우리의 기도를 들어주소서

우리 안의 다른 염려를 맡기어 드립니다.

(합심기도) 주님, 주님의 자비하심으로, 우리의 기도를 들어주소서

우리의 유일한 희망이신 하나님,
주님은 두려움에 떨고 있는 우리를 원수와 함께 음식을 먹도록
상을 베푸시는 분이십니다.
주님의 뜻을 행함으로 우리 머리 위에 기름을 바르시고
주님의 말씀으로 우리를 먹이소서.

(주기도문) 하늘에 계신 우리 아버지 …

축도

우리를 사랑하시고 은혜로 영원한 위로와 선한 소망을 주시는
하나님 우리 아버지와 우리 주 예수 그리스도께서, 친히,
우리의 마음을 격려하시고,
모든 선한 일과 말에 굳세게 해 주시기를 기도합니다.
아멘.

그 입에 거짓이 없으시니

사순절 수요일 저녁

여는 말

그는 죄를 범하지 아니하시고
그 입에 거짓도 없으시며

찬양으로 부르심

오 하나님, 우리에게 주의 길을 알리시고
주님의 진리로 우리를 인도하시고 우리를 가르쳐 주십시오.
주님은 우리 구원의 하나님이시니
우리가 종일 주님을 기다립니다.

처음부터 계셨고 ...

시편 101

주님, 주님의 사랑과 정의를 노래하렵니다.
주님께 노래로 찬양 드리렵니다.
흠 없는 길을 배워 깨달으렵니다.
언제 나에게로 오시렵니까?

나는 내 집에서 흠이 없는 마음으로 살렵니다.
불의한 일은 눈 앞에 얼씬도 못하게 하렵니다.

거스르는 행위를 미워하고, 그런 일에는 집착하지 않겠습니다.
구부러진 생각을 멀리하고, 악한 일에는 함께 하지 않겠습니다.

숨어서 이웃을 헐뜯는 자는, 침묵하게 만들고,
눈이 높고 마음이 오만한 자는, 그대로 두지 않으렵니다.
나는 이 땅에서 믿음직한 사람을 눈여겨보았다가,
내 곁에 있게 하고,
흠이 없이 사는 사람을 찾아서 나를 받들게 하렵니다.

속이는 자는 나의 집에서 살지 못하게 하며,
거짓말하는 자는 내 앞에 서지 못하게 하렵니다.

이 땅의 모든 악인들에게 아침마다 입을 다물게 하고,
사악한 자들을 모두 주님의 성에서 끊어버리겠습니다.

감사드림

오 하나님, 우리가 주님께 서원한 그대로,
주님께 감사의 제사를 드리겠습니다.
(자유롭게 감사의 기도를 드립니다)
주님께서 우리 생명을 죽음에서 건져 주시고,
우리가 생명의 빛을 받으면서, 하나님 앞에서 거닐 수 있게
우리 발을 지켜 주셨기 때문입니다.

찬송

피난처 있으니 (찬송가 70)
예부터 도움 되시고 (찬송가 71)
큰 영화로신 주 (찬송가 35)
오 신실하신 주 (찬송가 393)

고백

오 주님, 당신의 자비하심과 예부터 우리에게 보이신 사랑을 기억하여 주십시오.
우리가 지은 죄를 기억하지 마시고, 사랑으로 우리를 기억하여 주십시오.
(침묵기도)
주님은 우리 안의 어려움을 도우시고 곤궁에서 벗어나게 해주십니다.
우리 괴로움과 근심을 살펴 주십시오. 우리 모든 죄를 용서하여 주십시오.

제자로 부르심

예수님께서 말씀하셨습니다. 밀알 하나가 땅에 떨어져서 죽지 않으면
한 알 그대로 있고, 죽으면 열매를 많이 맺는다.
나를 섬기려고 하는 사람은, 누구든지 나를 따라오너라.
내가 있는 곳에는, 나를 섬기는 사람도 나와 함께 있을 것이다.

누가복음 18:15-17

사람들이 아기들까지 예수께로 데려와서, 쓰다듬어 주시기를 바랐다. 제자들이 보고서, 그들을 꾸짖었다. 그러자 예수께서 아기들을 가까이에 부르시고, 말씀하셨다. "어린이들이 내게로 오는 것을 허락하고, 막지 말아라. 하나님의 나라는 이런 사람의 것이다. 내가 진정으로 너희에게 말한다. 누구든지 어린이와 같이 하나님의 나라를 받아들이지 않는 사람은 거기에 들어가지 못할 것이다."

말라기 2:5-6

내가 레위와 맺은 언약은, 생명과 평화가 약속된 언약이다. 나는 그가 나를 경외하도록 그와 언약을 맺었고, 그는 과연 나를 경외하며 나의 이름을 두려워하였다. 그는 늘 참된 법을 가르치고 그릇된 것을 말하지 않았다. 그는 나를 불편하게 하지 않고 나에게 늘 정직하였다. 그는 또한 많은 사람들을 도와서, 악한 길에서 돌아서게 하였다.

묵상한 말씀을 나눈다.

찬송

너희는 먼저 그의 나라와
예수께로 가면 (찬송가 565)
예수 사랑하심은 (찬송가 563)

베드로전서 2.21-24

기도로 부르심

성령께서 우리의 약함을 도와주십니다. 우리는 어떻게 기도해야 할지 모르지만, 성령께서 친히 이루 다 말할 수 없는 탄식으로, 우리 대신 간구하여 주십니다.

피난처 되시는 하나님, 우리가 주님을 의지하며 속마음을 털어놓습니다.
주님, 주님의 자비하심으로, 우리의 기도를 들어주소서

주님께서 우리 삶의 피난처 되십니다. 우리 자신과 사랑하는 이를 위해 기도합니다.
(합심기도) 주님, 주님의 자비하심으로, 우리의 기도를 들어주소서

주님께서 우리 마음의 고통을 덜어주십니다.
우리 공동체와 이웃을 위해 기도합니다.
(합심기도) 주님, 주님의 자비하심으로, 우리의 기도를 들어주소서

주님께서는 신실한 사람을 눈 여겨 보십니다.
정의와 평화, 기쁨이 있는 하나님 나라를 증거하도록
이 땅의 교회들을 위해 기도합니다.
(합심기도) 주님, 주님의 자비하심으로, 우리의 기도를 들어주소서

주님께서는 가난한 사람을 택하여 믿음에 부요한 사람이 되게 하셨습니다.

모든 탐욕과 폭력, 압제의 올무에 빠져있는 사람들을 생각하며
세계를 위해 기도합니다.

(합심기도) 주님, 주님의 자비하심으로, 우리의 기도를 들어주소서

우리 안의 다른 염려를 맡기어드립니다.

(합심기도) 주님, 주님의 자비하심으로, 우리의 기도를 들어주소서

겸손하신 주님, 주님께서는 인간의 거칠고 완악한 마음을 회복시키기 위해 자기 몸 드려 돌아가셨습니다. 하루를 마무리 하며, 주님께서 우리를 돌보시고 우리 마음을 정결케 하시기를 원하고 자비하신 주님의 손에 우리 자신을 맡기어 드리기를 기도합니다.

(주기도문) 하늘에 계신 우리 아버지 …

축도

우리를 사랑하시고 은혜로 영원한 위로와 선한 소망을 주시는
하나님 우리 아버지와 우리 주 예수 그리스도께서
친히 우리의 마음을 격려하시고,
모든 선한 일과 말에 굳세게 해 주시기를 기도합니다.
아멘.

모욕당하셨으나 모욕으로 갚지 않으시고

사순절 목요일 아침

여는 말

주님은 욕을 당하시되 맞대어 욕하지 아니하시고
위협을 당하시되 위협하지 아니하셨습니다.

찬양으로 부르심

주님이 우리의 빛, 우리의 구원이신데, 우리가 누구를 두려워하겠습니까?
주님이 우리 생명의 피난처이신데, 우리가 누구를 두려워하겠습니까?

처음부터 계셨고 …

시편 75

하나님, 우리가 주님께 감사하고 또 감사합니다.
주님의 이름을 부르는 이들이
주님께서 이루신 그 놀라운 일들을 전파합니다.

하나님께서 말씀하시기를 "내가 정하여 놓은 그 때가 되면,
나는 공정하게 판결하겠다.
땅이 진동하고 거기에 사는 사람들이 흔들리고 비틀거릴 때에,
땅의 기둥을 견고하게 붙드는 자는 바로 나다.

오만한 자들에게는 '오만하지 말아라' 하였으며,
악한 자들에게는 '오만한 뿔을 들지 말아라.
오만한 뿔을 높이 들지 말아라.

목을 곧게 세우고, 거만하게 말을 하지 말아라' 하였다."

높이 세우는 그 일은 동쪽에서나 서쪽에서 말미암지 않고,
남쪽에서 말미암지도 않는다.
오직 재판장이신 하나님만이,
이 사람을 낮추기도 하시고, 저 사람을 높이기도 하신다.

주님은 거품이 이는 잔을 들고 계신다.
잔 가득히 진노의 향료가 섞여 있다.
하나님이 이 잔에서 따라 주시면, 이 땅의 악인은 모두 받아 마시고,
그 찌끼까지도 핥아야 한다.

그러나 나는 쉬지 않고 주님만을 선포하며,
야곱의 하나님만을 찬양할 것이다.
주님은 악인의 오만한 뿔은 모두 꺾어 부수시고,
의인의 자랑스러운 뿔은 높이 들어 올리실 것이다.

감사드림
주님, 우리가 주님의 거룩한 이름을 의지하기에
주님 안에서 우리 마음이 기쁩니다.
(자유롭게 감사의 기도를 드립니다)
오 주님, 우리가 주님을 기다릴 때에
주님의 변함없는 사랑을 우리에게 내려주십시오.

찬송
읽은 성경말씀에 맞는 찬송을 선택하여 부른다.

제자로 부르심

예수님께서 말씀하셨습니다. "성경에 기록하기를 사람은 떡으로만 살 수 없고 주님의 입에서 나온 말씀으로 살 수 있다'
'주 너의 하나님께 경배하고, 그 분만을 섬겨라'하였다."

누가복음 6:27-31

그러나 내 말을 듣고 있는 너희에게 내가 말한다. 너희의 원수를 사랑하여라. 너희를 미워하는 사람들에게 잘 해 주고, 너희를 저주하는 사람들을 축복하고, 너희를 모욕하는 사람들을 위하여 기도하여라. 네 뺨을 치는 사람에게는 다른 쪽 뺨도 돌려대고, 네 겉옷을 빼앗는 사람에게는 속옷도 거절하지 말아라. 너에게 달라는 사람에게는 주고, 네 것을 가져가는 사람에게서 도로 찾으려고 하지 말아라. 너희는 남에게 대접을 받고자 하는 대로 남을 대접하여라.

사무엘상 24:1-7

블레셋 사람과 싸우고 돌아온 사울은, 다윗이 엔게디 광야에 있다는 소식을 듣고, 온 이스라엘에서 삼천 명을 뽑아 거느리고, 다윗과 그의 부하들을 찾으러 '들 염소 바위' 쪽으로 갔다. 사울이 길 옆에 양 우리가 많은 곳에 이르렀는데, 그 곳에 굴이 하나 있었다. 사울이 뒤를 보려고 그리로 들어갔는데, 그 굴의 안쪽 깊은 곳에 다윗과 그의 부하들이 숨어 있었다. 다윗의 부하들이 그에게 말하였다. "드디어 주님께서 대장님에게 약속하신 바로 그 날이 왔습니다. '내가 너의 원수를 너의 손에 넘겨 줄 것이니, 네가 마음대로 그를 처치하여라' 하신 바로 그 날이 되었습니다." 다윗이 일어나서 사울의 겉옷자락을 몰래 잘랐다. 다윗은 자기가 사울의 겉옷자락만을 자른 것뿐인데도 곧 양심에 가책을 받게 되었다. 그래서 다윗은 자기 부하들에게 타일렀다. "내가 감히 손을 들어, 주님께서 기름부어 세우신 우리의 임금님을 치겠느냐? 주님께서 내가 그런 일을 하지 못하도록 나를 막아 주시기를 바란다. 왕은 바로 주님께서 기름부어 세우신 분이기 때문이다." 다윗은 이런 말로 자기의 부하들을 타이르고, 그들이 일어나 사울을 치지 못하게 하였다. 마침내 사울이 일어나서 굴 속에서 나가 길을 걸어갔다. 여러분이 성경을 따라 "네 이웃을 네 몸같이 사랑하라"는 으뜸가는 법을 지키면, 잘하는 일입니다. 그러나 여러분이 사람을 차별해서 대하면 죄를 짓는 것이요, 여러분은 율법을 따라 범법자로 판정을 받게 됩니다.

묵상한 말씀을 나눈다.

찬송
진실하신 주 성령 (찬송가 189)
내가 매일 기쁘게 (찬송가 191)
만 입이 내게 있으면 (찬송가 23)

베드로전서 2:21-24

기도로 부르심

너는 주님을 기다려라. 강하고 담대하게 주님을 기다려라.
은혜의 주님, 우리가 부르짖을 때, 귀를 기울이시고 응답하여 주십시오.

우리에게 귀 기울이시는 하나님,
우리는 주님께서 보호하시고 공급해주심을 믿습니다.
주님, 주님의 자비하심으로, 우리의 기도를 들어주소서

주님께서 인자하심과 자비하심의 본을 보이셨습니다.
우리 자신과 사랑하는 이들을 위해 기도합니다.
(합심기도) 주님, 주님의 자비하심으로, 우리의 기도를 들어주소서

주님께서는 책망 없이 주님의 길을 걷는 사람에게 좋은 것으로 보답하십니다.

우리 공동체와 이웃을 위해 기도합니다.
(합심기도) 주님, 주님의 자비하심으로, 우리의 기도를 들어주소서

주님께서는 우리가 사랑하며 축복하고 자비로운 사람이 되기를 원하십니다.
매일 예수 그리스도를 따라 살도록 이 땅의 모든 교회를 위해 기도합니다.
(합심기도) 주님, 주님의 자비하심으로, 우리의 기도를 들어주소서

주님께서 우리를 직접 판단하시어서 어떤 이는 낮추고 어떤 이는 높이십니다.
이 땅의 권력과 권세를 가진 이와 세계를 위해 기도합니다.
(합심기도) 주님, 주님의 자비하심으로, 우리의 기도를 들어주소서

우리 안의 다른 염려를 맡기어드립니다.
(합심기도) 주님, 주님의 자비하심으로, 우리의 기도를 들어주소서

우리의 유일한 소망이신 하나님,
주님은 불의를 모르는 척하는 사람을 질책하십니다.

주님, 우리가 주님의 능력으로 가난한 사람을 살피고,
외로운 사람들에게 귀 기울이고, 궁핍한 이웃을 살릴 수 있도록
우리를 말씀으로 먹여주세요. 주님께서는 우리에게 기도를 가르쳐 주셨습니다.

(주기도문) 하늘에 계신 우리 아버지 …

축도

씨 뿌리는 이에게 심을 씨를 공급하시고, 먹을 양식을 마련해주시는 하나님,
우리에게도 씨를 마련해주시고 그것을 여러 갑절로 늘려 주시고
의의 열매를 더하여 주시기를 구합니다.
아멘.

위협 당하셨으나 위협하지 아니하시고

사순절 목요일 저녁

여는 말

주님은 욕을 당하시되 맞대어 욕하지 아니하시고
위협을 당하시되 위협하지 아니하셨습니다.

찬양으로 부르심

주님, 우리 영혼이 주님을 기다립니다. 하나님, 우리가 주님께 의지하였습니다.
주님은 구원의 하나님이시니, 주님의 진리로 우리를 지도하시고 가르쳐 주십시오.
우리는 종일 주님만을 기다립니다.

처음부터 계셨고 ...

시편 84

만군의 주님, 주님이 계신 곳이 얼마나 사랑스러운지요.

내 영혼이 주님의 궁전 뜰을 그리워하고 사모합니다.
내 마음도 이 몸도, 살아 계신 하나님께 기쁨의 노래 부릅니다.

만군의 주님, 나의 왕, 나의 하나님,
참새도 주님의 제단 곁에서 제 집을 짓고, 제비도 새끼 칠 보금자리를 얻습니다.

주님의 집에 사는 사람들은 복됩니다. 그들은 영원토록 주님을 찬양합니다.
주님께서 주시는 힘을 얻고,
마음이 이미 시온의 순례길에 오른 사람들은 복이 있습니다.

그들이 '눈물 골짜기'를 지나갈 때에, 샘물이 솟아서 마실 것입니다.
(가을비도 샘물을 가득 채울 것입니다.)
그들은 힘을 얻고 더 얻으며 올라가서, 시온에서 하나님을 우러러 뵐 것입니다.

주 만군의 하나님, 나의 기도를 들어 주십시오.
야곱의 하나님, 귀를 기울여 주십시오.
우리의 방패이신 하나님, 주님께서 기름을 부어 주신 사람을 돌보아 주십시오.

주님의 집 뜰 안에서 지내는 하루가 다른 곳에서 지내는 천 날보다 낫기에,
악인의 장막에서 살기보다는, 하나님의 집 문지기로 있는 것이 더 좋습니다.

주 하나님은 태양과 방패이시기에, 주님께서는 은혜와 영예를 내려 주시며,
정직한 사람에게 좋은 것을 아낌없이 내려 주십니다.
만군의 주님, 주님을 신뢰하는 사람에게 복이 있습니다.

감사드림

오 하나님, 우리가 주님께 서원한 그대로,
주님께 감사의 제사를 드리겠습니다.
(자유롭게 감사의 기도를 드립니다)
주님께서 우리 생명을 죽음에서 건져 주시고,
우리가 생명의 빛을 받으면서, 하나님 앞에서 거닐 수 있게
우리 발을 지켜 주셨기 때문입니다.

찬송

읽은 성경말씀에 맞는 찬송을 선택하여 부른다.

고백

오 주님, 당신의 자비하심과 예부터 우리에게 보이신 사랑을 기억하여 주십시오.
우리가 지은 죄를 기억하지 마시고, 사랑으로 우리를 기억하여 주십시오.

(침묵기도)

주님은 우리 안의 어려움을 도우시고, 곤궁에서 벗어나게 해주십니다.
우리 괴로움과 근심을 살펴 주십시오. 우리 모든 죄를 용서하여 주십시오.

제자로 부르심

예수님께서 말씀하셨습니다. 밀알 하나가 땅에 떨어져서 죽지 않으면
한 알 그대로 있고, 죽으면 열매를 많이 맺는다.
나를 섬기려고 하는 사람은, 누구든지 나를 따라오너라.
내가 있는 곳에는, 나를 섬기는 사람도 나와 함께 있을 것이다.

누가복음 6:32-36

너희가 너희를 사랑하는 사람들만 사랑하면, 그것이 너희에게 무슨 장한 일이 되겠느냐? 죄인들도 자기네를 사랑하는 사람들을 사랑한다. 너희를 좋게 대하여 주는 사람들에게만 너희가 좋게 대하면, 그것이 너희에게 무슨 장한 일이 되겠느냐? 죄인들도 그만한 일은 한다. 도로 받을 생각으로 남에게 꾸어 주면, 그것이 너희에게 무슨 장한 일이 되겠느냐? 죄인들도 고스란히 되받을 요량으로 죄인들에게 꾸어 준다. 그러나 너희는 너희 원수를 사랑하고, 좋게 대하여 주고, 또 아무것도 바라지 말고 꾸어 주어라. 그리하면 너희는 큰 상을 받을 것이요, 더없이 높으신 분의 아들이 될 것이다. 그분은 은혜를 모르는 사람들과 악한 사람들에게도 인자하시다. 너희의 아버지께서 자비로우신 것 같이, 너희도 자비로운 사람이 되어라.

로마서 5:6-11

우리가 아직 약할 때에, 그리스도께서는 제 때에, 경건하지 않은 사람을 위하여 죽으셨습니다. 의인을 위해서라도 죽을 사람은 거의 없습니다. 더욱이 선한 사람을 위해서라도 감히 죽을 사람은 드뭅니다. 그러나 우리가 아직 죄인이었을 때에, 그리스도께서 우리를 위하여 죽으셨습니다. 이리하여 하나님께서는 우리들에 대한 자기의 사랑을 실증하셨습니다. 그러므로 지금 우리가 그리스도의 피로 의롭

게 되었으니, 그리스도로 말미암아 하나님의 진노에서 구원을 얻으리라는 것은 더욱 확실합니다. 우리가 하나님의 원수일 때에도 하나님의 아들의 죽으심으로 말미암아 하나님과 화해하게 되었다면, 화해한 우리가 하나님의 생명으로 구원을 얻으리라는 것은 더욱더 확실한 일입니다. 그뿐만 아니라, 우리는 또한 우리 주 예수 그리스도로 말미암아 하나님을 자랑합니다. 우리는 지금 그로 말미암아 하나님과 화해를 하게 된 것입니다.

묵상한 말씀을 나눈다.

찬송
아 하나님의 은혜로 (찬송가 310)

베드로전서 2.21-24

기도로 부르심

성령께서 우리의 약함을 도와주십니다. 우리는 어떻게 기도해야 할지도 모르지만,
성령께서 친히 이루 다 말할 수 없는 탄식으로,
우리를 대신하여 간구하여 주십니다.

피난처 되시는 하나님, 우리가 주님을 의지하며 속마음을 털어놓습니다.
주님, 주님의 자비하심으로, 우리의 기도를 들어주소서

주님께서 인자하심과 자비하심의 본을 보이셨습니다.
우리 자신과 사랑하는 이들을 위해 기도합니다.
(합심기도) 주님, 주님의 자비하심으로, 우리의 기도를 들어주소서

주님께서는 책망 없이 주님의 길을 걷는 사람에게 좋은 것으로 보답하십니다.
우리 공동체와 이웃을 위해 기도합니다.

(합심기도) 주님, 주님의 자비하심으로, 우리의 기도를 들어주소서

주님께서는 우리가 사랑하며 축복하고 자비로운 사람이 되기를 원하십니다.
매일 예수 그리스도를 따라 살도록 이 땅의 모든 교회를 위해 기도합니다.
(합심기도) 주님, 주님의 자비하심으로, 우리의 기도를 들어주소서

주님께서 우리를 직접 판단하시어서 어떤 이는 낮추고 어떤 이는 높이십니다.
이 땅의 권력과 권세를 가진 이와 세계를 위해 기도합니다.
(합심기도) 주님, 주님의 자비하심으로, 우리의 기도를 들어주소서

우리 안의 다른 염려를 맡기어 드립니다.
(합심기도) 주님, 주님의 자비하심으로, 우리의 기도를 들어주소서

겸손하신 주님, 주님께서는 인간의 거칠고 완악한 마음을 회복하시려고
자기 몸 드려 돌아가셨습니다.
하루를 마무리 하며 주님께서 우리를 돌보시고 우리 마음을 정결케 하시기를
원하고 자비하신 주님의 손에 우리 자신을 맡기어 드리기를 기도합니다.

(주기도문) 하늘에 계신 우리 아버지 …

축도

씨 뿌리는 이에게 심을 씨를 공급하시고, 먹을 양식을 마련해주시는 하나님,
우리에게도 씨를 마련해주시고 그것을 여러 갑절로 늘려 주시고
의의 열매를 더하여 주시기를 구합니다.
아멘.

정의롭게 심판하시는 이에게 다 맡기셨으니

사순절 금요일 아침

여는 말

친히 나무에 달려 그 몸으로 우리 죄를 담당하셨으니
그리스도는 정의롭게 심판하시는 하나님께 맡기셨나이다.

찬양으로 부르심

주님이 우리의 빛, 우리의 구원이신데, 우리가 누구를 두려워하겠습니까?
주님이 우리 생명의 피난처이신데, 우리가 누구를 두려워하겠습니까?

처음부터 계셨고 …

시편 91

가장 높으신 분의 보호를 받으면서 사는 너는,
전능하신 분의 그늘 아래 머무를 것이다.
나는 주님께 "주님은 나의 피난처,
나의 요새, 내가 의지할 하나님"이라고 말하겠다.

주님은 너를, 사냥꾼의 덫에서 빼내 주시고, 죽을 병에서 너를 건져 주실 것이다.
주님이 그의 깃으로 너를 덮어 주시고, 너도 그의 날개 아래로 피할 것이니,
주님의 진실하심이 너를 지켜 주는 방패와 갑옷이 될 것이다.

그러므로 너는 밤에 찾아 드는 공포를 두려워하지 않고,
낮에 날아드는 화살을 무서워하지 않을 것이다.
흑암을 틈타서 퍼지는 염병과 백주에 덮치는 재앙도 두려워하지 말아라.

네 왼쪽에서 천 명이 넘어지고, 네 오른쪽에서 만 명이 쓰러져도,
네게는 재앙이 가까이 오지 못할 것이다.

오직 너는 너의 눈으로 자세히 볼 것이니, 악인들이 보응을 받는 것을 보게 될 것이다.
네가 주님을 네 피난처로 삼았으니, 가장 높으신 분을 너의 거처로 삼았으니,

네게는 어떤 불행도 찾아오지 않을 것이다.
네 장막에는, 어떤 재앙도 가까이하지 못할 것이다.
그가 천사들에게 명하셔서 네가 가는 길마다 너를 지키게 하실 것이니,

너의 발이 돌부리에 부딪히지 않게
천사들이 그들의 손으로 너를 붙들어 줄 것이다.
네가 사자와 독사를 짓밟고 다니며, 사자 새끼와 살모사를 짓이기고 다닐 것이다.

(하나님께서 말씀하신다.) "그가 나를 간절히 사랑하니, 내가 그를 건져 주겠다.
그가 나의 이름을 알고 있으니, 내가 그를 높여 주겠다.
그가 나를 부를 때에, 내가 응답하고, 그가 고난을 받을 때에,
내가 그와 함께 있겠다. 내가 그를 건져 주고, 그를 영화롭게 하겠다.
내가 그를 만족할 만큼 오래 살도록 하고, 내 구원을 그에게 보여 주겠다."

감사드림

주님은 우리의 구원자이시요, 우리의 방패이시니, 우리가 주님을 기다립니다.
우리가 그 거룩한 이름을 의지하기에 우리 마음이 그분 때문에 기쁩니다.
(자유롭게 감사의 기도를 드립니다)
우리는 주님을 기다립니다.
주님, 우리에게 주님의 한결같은 사랑을 베풀어 주십시오

찬송

오 신실하신 주 (찬송가 393)

제자로 부르심

예수님께서 말씀하셨습니다. "성경에 기록하기를 사람은 떡으로만 살 수 없고 주님의 입에서 나온 말씀으로 살 수 있다'
'주 너의 하나님께 경배하고, 그분만 섬겨라' 하였다."

누가복음 12:29-34

그러므로 너희는, 무엇을 먹을까 무엇을 마실까 하고 찾지 말고, 염려하지 말아라. 이런 것은 다 이방 사람들이 추구하는 것이다. 너희 아버지께서는, 이런 것이 너희에게 필요하다는 것을 아신다. 그러므로 너희는 그의 나라를 구하여라. 그리하면 이런 것들을 너희에게 더하여 주실 것이다.
두려워하지 말아라. 적은 무리여, 너희 아버지께서 그의 나라를 너희에게 주시기를 기뻐하신다. 너희 소유를 팔아서, 자선을 베풀어라. 너희는 자기를 위하여 낡아지지 않는 주머니를 만들고, 하늘에다가 없어지지 않는 재물을 쌓아 두어라. 거기에는 도둑이나 좀의 피해가 없다. 너희의 재물이 있는 곳에 너희의 마음도 있을 것이다."

에스더 4:12-16

하닥 일행이 에스더의 말을 그대로 모르드개에게 전하니, 모르드개는 그들을 시켜서 에스더에게 다음과 같이 전하라고 하였다. "왕후께서는 궁궐에 계시다고 하여, 모든 유다 사람이 겪는 재난을 피할 수 있다고 생각하십니까? 이런 때에 왕후께서 입을 다물고 계시면, 유다 사람들은 다른 곳에서라도 도움을 얻어서, 마침내는 구원을 받고 살아날 것이지만, 왕후와 왕후의 집안은 멸망할 것입니다. 왕후께서 이처럼 왕후의 자리에 오르신 것이 바로 이런 일 때문인지를 누가 압니까?" 에스더는 다시 그들을 시켜서, 모르드개에게 이렇게 전하라고 하였다. "어서 수산에 있는 유다 사람들을 한 곳에 모으시고, 나를 위하여 금식하게 하십시오. 사흘 동안은 밤낮 먹지도 마시지도 말게 하십시오. 나와 내 시녀들도 그렇게 금식하겠습니다. 그렇게 하고 난 다음에는, 법을 어기고서라도, 내가 임금님께 나아가겠습니다. 그러다가 죽으면, 죽으렵니다."

묵상한 말씀을 나눈다.

찬송
귀하신 주여 날 붙드사 (찬송가 433)
주와 같이 길 가는 것 (찬송가 430)

베드로전서 2:21-24

기도로 부르심

주님을 기다립니다. 우리를 강하게 하시고 용기를 주십시오.
오 주님, 들어주소서, 우리가 크게 울부짖을 때 불쌍히 여기어 응답하여 주십시오.

우리에게 귀 기울이시는 하나님, 주님께 기도합니다.
우리는 주님께서 보호하시고 공급해주심을 믿습니다.
주님, 주님의 자비하심으로, 우리의 기도를 들어주소서

주님께서는 우리의 필요를 아십니다. 우리 자신과 사랑하는 이를 위해 기도합니다.
(합심기도) 주님, 주님의 자비하심으로, 우리의 기도를 들어주소서

하나님께서 아들이신 예수 그리스도를 이 땅에 보내심으로,
모든 이에게 생명을 주셨습니다. 우리 공동체와 이웃을 위해 기도합니다.
(합심기도) 주님, 주님의 자비하심으로, 우리의 기도를 들어주소서

주님은 주님을 자신의 피난처 삼은 이들을 보호하십니다.
이 땅의 교회들이 예수 그리스도를 담대히 증거하고 전하기를 기도합니다.
(합심기도) 주님, 주님의 자비하심으로, 우리의 기도를 들어주소서

주님은 땅 끝까지 온 누리에게 주님의 구원을 나타내 보이셨습니다.
예수 그리스도의 이름으로 섬기는 자들과 평화를 위해 일하는 자들,
세계를 위해 기도합니다.
(합심기도) 주님, 주님의 자비하심으로, 우리의 기도를 들어주소서

우리 안의 다른 염려를 맡기어 드립니다.
(합심기도) 주님, 주님의 자비하심으로, 우리의 기도를 들어주소서

오직 우리의 소망이신 하나님,
주님은 불의를 모르는 척하는 사람을 질책하십니다.

주님, 우리가 주님의 능력으로 가난한 사람을 살피고,
외로운 사람들에게 귀 기울이고, 궁핍한 이웃을 살릴 수 있도록
우리를 말씀으로 먹여주세요. 주님께서는 우리에게 기도를 가르쳐 주셨습니다.

주기도문) 하늘에 계신 우리 아버지 …

축도
모든 은혜를 주시는 하나님,
곧 그리스도 안에서 우리를 자기의 영원한 영광에 불러들이신 분께서,
잠시 동안 고난을 받은 우리를 친히 온전하게 하시고,
굳게 세워 주시고, 강하게 하시고, 기초를 튼튼하게 하여 주실 것입니다.
아멘.

친히 나무에 달려 그 몸으로 우리 죄를 담당하셨으니

사순절 금요일 저녁

여는 말

친히 나무에 달려 그 몸으로 우리 죄를 담당하셨으니
그리스도는 정의롭게 심판하시는 하나님께 맡기셨나이다.

찬양으로 부르심

주님, 우리 영혼이 주님을 기다립니다. 우리 하나님, 우리가 주님께 의지하였습니다.
주님은 우리 구원의 하나님이시니, 주님의 진리로 지도하시고 가르쳐 주십시오.
우리는 종일 주님만을 기다립니다.

처음부터 계셨고 …

이사야 52:7-15

놀랍고도 반가워라! 희소식을 전하려고 산을 넘어 달려오는 저 발이여!
평화가 왔다고 외치며, 복된 희소식을 전하는구나.
구원이 이르렀다고 선포하면서,
시온을 보고 이르기를 "너의 하나님께서 통치하신다" 하는구나.
성을 지키는 파수꾼들의 소리를 들어 보아라.
그들이 소리를 높여서, 기뻐하며 외친다.
주님께서 시온으로 돌아오실 때에,
오시는 그 모습을 그들이 직접 눈으로 볼 수 있을 것이다.

너희 예루살렘의 황폐한 곳들아, 함성을 터뜨려라. 함께 기뻐 외쳐라.
주님께서 당신의 백성을 위로하셨고, 예루살렘을 속량하셨다.

주님께서 모든 이방 나라들이 보는 앞에서,
당신의 거룩하신 능력을 드러내시니,
땅 끝에 있는 사람들은 모두 우리 하나님의 구원을 볼 것이다.

너희는 떠나거라, 그 곳에서 떠나 나오너라.
부정한 것을 만지지 말아라.
그 가운데서 나오너라. 주님의 그릇을 운반하는 사람들아,
너희는 스스로 정결하게 하여라.

그러나 이제는 주님께서 너희 앞에 가시며,
이스라엘의 하나님께서 너희 뒤를 지켜 주시니,
너희가 나올 때에 황급히 나오지 않아도 되며,
도망 치듯 달아나지 않아도 된다.
"나의 종이 매사에 형통할 것이니,
그가 받들어 높임을 받고, 크게 존경을 받게 될 것이다.
전에는 그의 얼굴이 남들보다 더 안 되어 보였고,
그 모습이 다른 사람들보다 더욱 상해서,
그를 보는 사람마다 모두 놀랐다.
이제는 그가 많은 이방 나라를 놀라게 할 것이며,
왕들은 그 앞에서 입을 다물 것이다.
왕들은 이제까지 듣지도 못한 일들을 볼 것이며,
아무도 말하여 주지 않은 일들을 볼 것이다."

감사드림

오 하나님, 우리가 주님께 서원한 그대로,
주님께 감사의 제사를 드리겠습니다.
(자유롭게 감사의 기도를 드립니다)

주님께서 우리 생명을 죽음에서 건져 주시고,
우리가 생명의 빛을 받으면서, 하나님 앞에서 거닐 수 있게
우리 발을 지켜 주셨기 때문입니다.

찬송

주 예수 이름 높이어 (찬송가 36,37)
예수 우리 왕이여 (찬송가 38)

고백

오 주님, 당신의 자비하심과
예부터 우리에게 보이신 사랑을 기억하여 주십시오.
우리가 지은 죄를 기억하지 마시고, 사랑으로 우리를 기억하여 주십시오.
(침묵기도)
주님은 우리 안의 어려움을 도우시고 곤궁에서 벗어나게 해주십니다.
우리 괴로움과 근심을 살펴 주십시오. 우리 모든 죄를 용서하여 주십시오

제자로 부르심

예수님께서 말씀하셨습니다. 밀알 하나가 땅에 떨어져서 죽지 않으면
한 알 그대로 있고, 죽으면 열매를 많이 맺는다.
나를 섬기려고 하는 사람은, 누구든지 나를 따라오너라.
내가 있는 곳에는, 나를 섬기는 사람도 나와 함께 있을 것이다.

누가복음 9:23-27

그리고 예수께서 모든 사람에게 말씀하셨다. "나를 따라오려는 사람은, 자기를 부인하고, 날마다 자기 십자가를 지고, 나를 따라오너라. 누구든지 제 목숨을 구하려고 하는 사람은 잃을 것이요, 누구든지 나를 위하여 제 목숨을 잃는 사람은 목숨을 구할 것이다. 사람이 온 세상을 얻고도 자기를 잃거나 빼앗기면, 무슨 이득

이 있겠느냐? 누구든지 나와 내 말을 부끄럽게 여기면, 인자도 자기의 영광과 아버지와 거룩한 천사들의 영광에 싸여 올 때에, 그 사람을 부끄럽게 여길 것이다. 내가 진정으로 너희에게 말한다. 여기에 서 있는 사람 가운데는, 죽기 전에 하나님 나라를 볼 사람들이 있다."

요한1서 4:7-12

사랑하는 여러분, 서로 사랑합시다. 사랑은 하나님에게서 난 것입니다. 사랑하는 사람은 다 하나님에게서 났고, 하나님을 압니다. 사랑하지 않는 사람은 하나님을 알지 못합니다. 하나님은 사랑이시기 때문입니다. 하나님의 사랑이 우리에게 이렇게 드러났으니, 곧 하나님이 자기 외아들을 세상에 보내주셔서 우리로 하여금 그로 말미암아 살게 해주신 것입니다. 사랑은 이 사실에 있으니, 곧 우리가 하나님을 사랑한 것이 아니라, 하나님이 우리를 사랑하셔서, 자기 아들을 보내어 우리의 죄를 위하여 화목제물이 되게 하신 것입니다. 사랑하는 여러분, 하나님께서 이렇게까지 우리를 사랑하셨으니, 우리도 서로 사랑해야 합니다. 지금까지 하나님을 본 사람은 없습니다. 그러나 우리가 서로 사랑하면, 하나님이 우리 가운데 계시고, 또 하나님의 사랑이 우리 가운데서 완성된 것입니다.

묵상한 말씀을 나눈다.

찬송

사랑의 하나님 (찬송가 17)
사랑의 주 하나님 (찬송가 613)

베드로전서 2.21-24

기도로 부르심

성령께서 우리의 약함을 도와주십니다.
우리는 어떻게 기도해야 할지도 알지 못하지만,

성령께서 친히 이루 다 말할 수 없는 탄식으로,
우리를 대신하여 간구하여 주십니다.

피난처 되시는 하나님, 우리가 주님을 의지하며 속마음을 털어놓습니다.
주님, 주님의 자비하심으로, 우리의 기도를 들어주소서

주님께서는 우리의 필요를 아십니다.
우리 자신과 사랑하는 이들을 위해 기도합니다.
(합심기도) 주님, 주님의 자비하심으로, 우리의 기도를 들어주소서

주님께서 주님의 아들이신 그리스도 예수를 이 땅에 보내심으로,
모든 이가 그리스도를 통해 생명을 얻었습니다.
우리 공동체와 이웃을 위해 기도합니다.
(합심기도) 주님, 주님의 자비하심으로, 우리의 기도를 들어주소서

주님은 주님을 피난처 삼은 이들을 보호하십니다.
이 땅의 교회들이 예수 그리스도를 담대히 증거하고 전하기를 기도합니다.
(합심기도) 주님, 주님의 자비하심으로, 우리의 기도를 들어주소서

주님은 땅 끝까지 온 누리에게 주님의 구원을 나타내 보이셨습니다.
예수 그리스도의 이름으로 섬기는 자와 평화를 위해 일하는 자들,
세계를 위해 기도합니다.
(합심기도) 주님, 주님의 자비하심으로, 우리의 기도를 들어주소서

우리 안의 다른 염려를 맡기어 드립니다.
(합심기도) 주님, 주님의 자비하심으로, 우리의 기도를 들어주소서

겸손하신 주님,
주님께서는 인간의 거칠고 완악한 마음을 회복시키기 위해

자기 몸 드려 돌아가셨습니다.
하루를 마무리 하며 주님께서 우리를 돌보시고
우리 마음을 정결케 하시기를 원하고 자비하신 주님의 손에
우리 자신을 맡기어 드리기를 기도합니다.

(주기도문) 하늘에 계신 우리 아버지 …

축도

모든 은혜를 주시는 하나님,
곧 그리스도 안에서 우리를 자기의 영원한 영광에 불러들이신 분께서,
잠시 동안 고난을 받은 우리를 친히 온전하게 하시고,
굳게 세워 주시고, 강하게 하시고, 기초를 튼튼하게 하여 주실 것입니다.
아멘.

죄에는 죽고 의에는 살 것이니

사순절 토요일 아침

여는 말

친히 나무에 달려 그 몸으로 우리 죄를 담당하셨으니
이는 우리로 죄에 대하여 죽고 의에 대하여 살게 하려 하심이라
그가 채찍에 맞음으로 너희는 나음을 얻었나니

찬양으로 부르심

주님이 우리의 빛, 우리의 구원이신데, 우리가 누구를 두려워하겠습니까?
주님이 우리 생명의 피난처이신데, 우리가 누구를 무서워하겠습니까?

처음부터 계셨고 ...

시편 146

할렐루야!

내 영혼아, 주님을 찬양하여라.
내가 평생토록 주님을 찬양하며 내가 살아 있는 한, 내 하나님을 찬양하겠다.

너희는 힘있는 고관을 의지하지 말며, 구원할 능력이 없는 사람을 의지하지 말아라.
사람은 숨 한 번 끊어지면 흙으로 돌아가니,
그가 세운 모든 계획이 바로 그 날로 다 사라지고 만다.

야곱의 하나님을 자기의 도움으로 삼고
자기의 하나님이신 주님께 희망을 거는 사람은, 복이 있다.

주님은, 하늘과 땅과 바다 속에 있는 모든 것을 지으시며,

영원히 신의를 지키시며, 억눌린 사람을 위해 공의로 재판하시며,
굶주린 사람에게 먹을 것을 주시며, 감옥에 갇힌 죄수를 석방시켜 주시며

눈먼 사람에게 눈을 뜨게 해주시고,
낮은 곳에 있는 사람을 일으켜 세우시는 분이시다.
주님은 의인을 사랑하시고,
나그네를 지켜 주시고, 고아와 과부를 도와주시지만

악인의 길은 멸망으로 이끄신다.
시온아, 주님께서 영원히 다스리신다!
나의 하나님께서 대대로 다스리신다!
할렐루야.

감사드림

주님은 우리의 구원자이시요, 우리의 방패이시니, 우리가 주님을 기다립니다.
우리가 그 거룩한 이름을 의지하기에 우리 마음이 그분 때문에 기쁩니다.
(자유롭게 감사의 기도를 드립니다)
우리는 주님을 기다립니다.
주님, 우리에게 주님의 한결같은 사랑을 베풀어 주십시오

찬송

위대하신 주를 (찬송가 334)

제자로 부르심

예수님께서 말씀하셨습니다. "성경에 기록하기를
'사람은 떡으로만 살 수 없고 주님의 입에서 나온 말씀으로 살 수 있다'

'주 너의 하나님께 경배하고, 그 분만 섬겨라'하였다."

누가복음 19:1-10

예수께서 여리고에 들어가 지나가고 계셨다. 삭개오라고 하는 사람이 거기에 있었다. 그는 세관장이고, 부자였다. 삭개오는 예수가 어떤 사람인지를 보려고 애썼으나, 무리에게 가려서, 예수를 볼 수 없었다. 그가 키가 작기 때문이었다. 그래서 그는 예수를 보려고 앞서 달려가, 뽕나무에 올라갔다. 예수께서 거기를 지나가실 것이기 때문이었다. 예수께서 그 곳에 이르러서 쳐다보시고, 그에게 말씀하셨다. "삭개오야, 어서 내려오너라. 오늘은 내가 네 집에서 묵어야 하겠다."그러자 삭개오는 얼른 내려와서, 기뻐하면서 예수를 모셔 들였다. 그런데 사람들이 이것을 보고서, 모두 수군거리며 말하였다. "그가 죄인의 집에 묵으러 들어갔다."
삭개오가 일어서서 주님께 말하였다. "주님, 보십시오. 내 소유의 절반을 가난한 사람들에게 주겠습니다. 또 내가 누구에게서 강제로 빼앗은 것이 있으면, 네 배로 하여 갚아 주겠습니다." 예수께서 그에게 말씀하셨다. "오늘 구원이 이 집에 이르렀다. 이 사람도 아브라함의 자손이다. 인자는 잃은 것을 찾아 구원하러 왔다."

미가 6:6-8

내가 주님 앞에 나아갈 때에, 높으신 하나님께 예배드릴 때에, 무엇을 가지고 가야 합니까? 번제물로 바칠 일 년 된 송아지를 가지고 가면 됩니까? 수천 마리의 양이나, 수만의 강 줄기를 채울 올리브 기름을 드리면, 주님께서 기뻐하시겠습니까? 내 허물을 벗겨 주시기를 빌면서, 내 맏아들이라도 주님께 바쳐야 합니까? 내가 지은 죄를 용서하여 주시기를 빌면서, 이 몸의 열매를 주님께 바쳐야 합니까? 너 사람아, 무엇이 착한 일인지를 주님께서 이미 말씀하셨다. 주님께서 너에게 요구하시는 것이 무엇인지도 이미 말씀하셨다. 오로지 공의를 실천하며 인자를 사랑하며 겸손히 네 하나님과 함께 행하는 것이 아니냐!

묵상한 말씀을 나눈다.

찬송
샘물과 같은 보혈은 (찬송가 258)
우리를 죄에서 구하시려 (찬송가 260)

베드로전서 2:21-24

기도로 부르심

너는 주님을 기다려라.
강하고 담대하게 주님을 기다려라.
은혜의 주님, 우리가 부르짖을 때,
귀를 기울이시고 응답하여 주십시오.

우리에게 귀 기울이시는 하나님, 주님께 기도합니다.
우리는 주님께서 보호하시고 공급해주심을 믿습니다.
주님, 주님의 자비하심으로, 우리의 기도를 들어주소서

주님께서는 우리가 공의를 실천하며 인자를 사랑하며
겸손히 하나님과 함께 행하기를 원하십니다.
우리 자신과 사랑하는 이들을 위해 기도합니다.
(합심기도) 주님, 주님의 자비하심으로, 우리의 기도를 들어주소서

주님은 어려운 고비마다 우리 곁에 계시는 구원자이십니다.
우리 공동체와 이웃을 위해 기도합니다.
(합심기도) 주님, 주님의 자비하심으로, 우리의 기도를 들어주소서

주님의 백성은 주님의 입에서 나오는 모든 말씀으로 삽니다.
세대와 지역을 넘어 하나됨으로 신실해지도록 이 땅의 교회를 위해 기도합니다.
(합심기도) 주님, 주님의 자비하심으로, 우리의 기도를 들어주소서

주님은 땅 끝까지 전쟁을 그치게 하실 것입니다.
우리의 원수를 위해, 분쟁 가운데 있는 사람들을 위해 기도하고
세계를 위해 기도합니다.
(합심기도) 주님, 주님의 자비하심으로, 우리의 기도를 들어주소서

우리 안의 다른 염려를 맡기어 드립니다.
(합심기도) 주님, 주님의 자비하심으로, 우리의 기도를 들어주소서

오직 우리의 소망이신 하나님,
주님은 불의를 모르는 척하는 사람을 질책하십니다.

주님, 우리가 주님의 능력으로 가난한 사람을 살피고,
외로운 사람들에게 귀 기울이고, 궁핍한 이웃을 살릴 수 있도록
우리를 말씀으로 먹여주세요.
주님께서는 우리에게 기도를 가르쳐 주셨습니다.

(주기도문) 하늘에 계신 우리 아버지 …

축도
나는 확신합니다.
이 세상의 죽음도, 삶도, 천사도, 권세자도, 현재 일도, 장래 일도,
능력도, 높음도, 깊음도, 그 밖에 어떤 피조물도,
우리를 우리 주 예수 그리스도 안에 있는
하나님의 사랑에서 끊을 수 없습니다. 아멘.

그가 채찍에 맞음으로 너희는 나음을 얻었나니

사순절 토요일 저녁

여는 말
친히 나무에 달려 그 몸으로 우리 죄를 담당하셨으니
이는 우리로 죄에 대하여 죽고 의에 대하여 살게 하려 하심이라
그가 채찍에 맞음으로 너희는 나음을 얻었나니

찬양으로 부르심
주님, 우리 영혼이 주님을 기다립니다. 하나님, 우리가 주님께 의지하였습니다.
주님은 구원의 하나님이시니, 주님의 진리로 우리를 지도하시고 가르쳐 주십시오.
우리는 종일 주님만을 기다립니다.

처음부터 계셨고 …

시편 46
하나님은 우리의 피난처이시며, 우리의 힘이시며,
어려운 고비마다 우리 곁에 계시는 구원자이시니,
땅이 흔들리고 산이 무너져 바다 속으로 빠져 들어도, 우리는 두려워하지 않는다.
물이 소리를 내면서 거품을 내뿜고
산들이 노하여서 뒤흔들려도, 우리는 두려워하지 않는다.
만군의 주님이 우리와 함께 계신다. 야곱의 하나님이 우리의 피난처시다.

오, 강이여! 그대의 줄기들이 하나님의 성을 즐겁게 하며,
가장 높으신 분의 거룩한 처소를 즐겁게 하는구나.
하나님이 그 성 안에 계시니, 그 성이 흔들리지 않는다.

동틀 녘에 하나님이 도와주신다.
민족들이 으르렁거리고 왕국들이 흔들리는데,
주님이 한 번 호령하시면 땅이 녹는다.
만군의 주님이 우리와 함께 계신다. 야곱의 하나님이 우리의 피난처시다.

땅을 황무지로 만드신 주님의 놀라운 능력을 와서 보아라.
땅 끝까지 전쟁을 그치게 하시고, 활을 부러뜨리고 창을 꺾고, 방패를 불사르신다.
너희는 잠깐 손을 멈추고, 내가 하나님인 줄 알아라.
내가 뭇 나라로부터 높임을 받는다. 내가 이 땅에서 높임을 받는다.
만군의 주님이 우리와 함께 계신다. 야곱의 하나님이 우리의 피난처시다.

감사드림

오 하나님, 우리가 주님께 서원한 그대로,
주님께 감사의 제사를 드리겠습니다.
(자유롭게 감사의 기도를 드립니다)
주님께서 우리 생명을 죽음에서 건져 주시고,
우리가 생명의 빛을 받으면서, 하나님 앞에서 거닐 수 있게
우리 발을 지켜 주셨기 때문입니다.

찬송

피난처 있으니 (찬송가 70)
내 주는 강한 성이요 (찬송가 585)

고백

오 주님, 당신의 자비하심과
예부터 우리에게 보이신 사랑을 기억하여 주십시오.
우리가 지은 죄를 기억하지 마시고, 사랑으로 우리를 기억하여 주십시오.
(침묵기도)

주님은 우리 안의 어려움을 도우시고 곤궁에서 벗어나게 해주십니다.
우리 괴로움과 근심을 살펴 주십시오. 우리 모든 죄를 용서하여 주십시오.

제자로 부르심

예수님께서 말씀하셨습니다. 밀알 하나가 땅에 떨어져서 죽지 않으면
한 알 그대로 있고, 죽으면 열매를 많이 맺는다.
나를 섬기려고 하는 사람은, 누구든지 나를 따라오너라.
내가 있는 곳에는, 나를 섬기는 사람도 나와 함께 있을 것이다.

누가복음 23:39-43

예수와 함께 달려 있는 죄수 가운데 하나도 그를 모독하며 말하였다. "너는 그리스도가 아니냐? 너와 우리를 구원하여라." 그러나 다른 하나는 그를 꾸짖으며 말하였다. "똑같은 처형을 받고 있는 주제에, 너는 하나님이 두렵지도 않으냐? 우리야 우리가 저지른 일 때문에 그에 마땅한 벌을 받고 있으니 당연하지만, 이분은 아무 것도 잘못한 일이 없다." 그리고 나서 그는 예수께 말하였다. "예수님, 주님이 주님의 나라에 들어가실 때에, 나를 기억해 주십시오." 예수께서 그에게 말씀하셨다. "내가 진정으로 네게 말한다. 너는 오늘 나와 함께 낙원에 있을 것이다."

골로새서 2:8-15

누가 철학이나 헛된 속임수로, 여러분을 노획물로 삼을까 조심하십시오. 그런 것은 사람들의 전통과 세상의 유치한 원리를 따라 하는 것이요, 그리스도를 따라 하는 것이 아닙니다. 그리스도 안에 온갖 충만한 신성이 몸이 되어 머물고 계십니다. 여러분도 그분 안에서 충만함을 받았습니다. 그리스도는 모든 통치와 권세의 머리이십니다. 그분 안에서 여러분도 손으로 행하지 않은 할례, 곧 육신의 몸을 벗어버리는 그리스도의 할례를 받았습니다. 여러분은 세례로 그리스도와 함께 묻혔고, 또한 그분을 죽은 사람들 가운데서 살리신 하나님의 능력을 믿는 믿음으로, 그리스도 안에서, 그리스도와 함께 살아났습니다. 또 여러분은 죄를 지은 것과 육

신이 할례를 받지 않은 것 때문에 죽었으나, 하나님께서는 여러분을 그리스도와 함께 살리시고, 우리의 모든 죄를 용서하여 주셨습니다. 하나님께서는 우리에게 불리한 조문들이 들어 있는 빚 문서를 지워 버리시고, 그것을 십자가에 못박으셔서, 우리 가운데서 제거해버리셨습니다. 그리고 모든 통치자들과 권력자들의 무장을 해제시키고, 그들을 그리스도의 개선 행진에 포로로 내세우셔서, 뭇 사람의 구경거리로 삼으셨습니다.

묵상한 말씀을 나눈다.

찬송
예수 나를 위하여 (찬송가 144)

베드로전서 2.21-24

기도로 부르심

성령께서 우리의 약함을 도와주십니다. 우리는 어떻게 기도해야 할지도 모르지만, 성령께서 친히 이루 다 말할 수 없는 탄식으로, 우리 대신 간구하여 주십니다.

피난처 되시는 하나님, 우리가 주님을 의지하며 속마음을 털어놓습니다.
주님, 주님의 자비하심으로, **우리의 기도를 들어주소서**

주님께서는 우리가 공의를 실천하며 인자를 사랑하며
겸손히 하나님과 함께 행하기를 원하십니다.
우리 자신과 사랑하는 이들을 위해 기도합니다.
(합심기도) 주님, 주님의 자비하심으로, **우리의 기도를 들어주소서**

주님은 어려운 고비마다 우리 곁에 계시는 구원자이십니다.
우리 공동체와 이웃을 위해 기도합니다.

(합심기도) 주님, 주님의 자비하심으로, 우리의 기도를 들어주소서

주님의 백성은 주님의 입에서 나오는 모든 말씀으로 삽니다.
세대와 지역을 넘어 하나됨으로 신실해지도록 이 땅의 교회를 위해 기도합니다.
(합심기도) 주님, 주님의 자비하심으로, 우리의 기도를 들어주소서

주님은 땅 끝까지 전쟁을 그치게 하실 것입니다.
우리의 원수를 위해, 분쟁 가운데 있는 사람들을 위해 기도하고,
세계를 위해 기도합니다.
(합심기도) 주님, 주님의 자비하심으로, 우리의 기도를 들어주소서

우리 안의 다른 염려를 맡기어드립니다.
(합심기도) 주님, 주님의 자비하심으로, 우리의 기도를 들어주소서

겸손하신 주님, 주님께서는 인간의 거칠고 완악한 마음을 회복시키기 위해
자기 몸 드려 돌아가셨습니다.
하루를 마무리 하며 주님께서 우리를 돌보시고
우리 마음을 정결케 하시기를 원하고 자비하신 주님의 손에
우리 자신을 맡기어 드리기를 기도합니다.

(주기도문) 하늘에 계신 우리 아버지 …

축도

나는 확신합니다.
이 세상의 죽음도, 삶도, 천사도, 권세자도, 현재 일도, 장래 일도,
능력도, 높음도, 깊음도, 그 밖에 어떤 피조물도,
우리를 우리 주 예수 그리스도 안에 있는
하나님의 사랑에서 끊을 수 없습니다. 아멘.

고난주간

고난주간 기도

고난 주간은 사순절의 마지막 주를 말한다. 네 개의 복음서가 모두 이 세상에서 사셨던 예수의 마지막 주에 관심을 갖고 있듯이, 그리스도인들은 예수의 수난과 더불어 고난 주간을 보낸다. 2세기 초 그리스도인들은 그리스도의 고난, 죽음, 그리고 3일후 다시 사신 부활을 하나의 사건으로 보고 종려주일부터 부활주일을 기념하였다.

비슷한 강조점 때문에 이 기도책은 사순절과 고난주간을 하나의 단위로 다루었다. 우리는 기도를 드리면서 우리가 잘 알고 있는 성서자료를 묵상함으로써 예수의 영성을 따라 여행하는 여정을 밟을 것이다. 복음서의 저자들은 광야에서 시험을 받았던 사역 초기부터 겟세마네 동산의 기도와 더 나아가 십자가에서 돌아가시는 마지막 순간까지 모세오경과 시편의 말씀을 기억하고 염두에 두고 살았던 사람으로 예수를 기억하였다.

사순절과 고난주간 동안 우리는 성경적인 관점뿐만 아니라 아나뱁티스트 관점으로 예수의 구속사역과 십자가를 묵상하게 될 것이다. 최소한 이것은 예수의 삶과 가르침, 설교, 치유의 사역과 함께 십자가에서 우리를 위해 피 흘리신 그리스도의 삶을 바라본다는 의미가 있다. 이러한 목적 아래, 우리는 새로운 십자가의 사역을 이해하기 위해 새로운 일을 시작하신 하나님의 주도권뿐만 아니라 구약의 배경을 존중하는 가운데 성경말씀을 선택하였다. 이 책의 성경구절을 선택함에 있어서 신학과 기독론을 모두 고려하였다.

고난주간 기도 자료로서 우리는 부활을 미리 생각하지 않은 채 온전히 십자가의 모든 것에 대해 묵상하게 될 것이다. 이는 그리스도인은 매일 십자가를 지고 일

년을 살아가는 존재라는 사실을 기억하자는 의미도 있다. 이런 목적에 따라 부활절 예배를 드릴 때, 우리는 부활 전 구약의 성경말씀을 따라 그리스도의 수난을 묵상함으로써 십자가가 말하고자 하는 인간적인 딜레마를 묵상하게 될 것이다. 특별히 수난을 묵상함에 있어서 매일 묵상 본문과 누가복음을 대조하면서 이야기를 전개할 것이다. 고난주간의 주제와 여는 말은 빌립보서의 찬송시를 사용하였고, 찬양은 십자가에 우리의 시선을 고정시키도록 선정하였다.

여러 분 안에 그리스도와 같은 마음을 품으십시오

고난주간 일요일아침

여는 말

여러분 안에 이 마음을 품으십시오.
그것은 곧 그리스도 예수의 마음이기도 합니다.

찬양으로 부르심

주님이 우리의 빛, 우리의 구원이신데, 우리가 누구를 두려워하겠습니까?
주님이 우리 생명의 피난처이신데, 우리가 누구를 무서워하겠습니까?

처음부터 계셨고 ...

시편118:19-29

구원의 문들을 열어라.
내가 그 문들로 들어가서 주님께 감사를 드리겠다.
이것이 주님의 문이다. 의인들이 그리로 들어갈 것이다.
주님께서 나에게 응답하시고,
나에게 구원을 베푸셨으니, 내가 주님께 감사를 드립니다.

집 짓는 사람들이 내버린 돌이, 집 모퉁이의 머릿돌이 되었다.
이것은 주님께서 하신 일이니, 우리의 눈에는 기이한 일이 아니냐?
이 날은 주님이 구별해 주신 날, 우리 모두 이 날에 기뻐하고 즐거워하자.

주님, 간구합니다. 우리를 구원하여 주십시오.
주님, 간구합니다. 우리를 형통하게 해주십시오.

주님의 이름으로 오는 이에게는 복이 있다.

주님의 집에서 우리가 너희를 축복하였다.

주님은 하나님이시니, 우리에게 빛을 비추어 주셨다.

나뭇가지로 축제의 단을 장식하고, 제단의 뿔도 꾸며라.

주님은 나의 하나님이시니, 내가 주님께 감사드립니다.

내 하나님, 내가 주님을 높이 기리겠습니다.

주님께 감사하여라. 그는 선하시며, 그의 인자하심이 영원하다.

감사드림

주께 드리는 나의 기도가 햇살같이 떠오르니 내가 주님께 기도를 드립니다.

주님은 도움을 간구하는 나의 신음과 외치는 소리를 들어주십니다.

(자유롭게 감사의 기도를 드립니다)

주님은 주께로 피하는 사람들을 은혜로 두르시고,

주의 사랑으로 그들을 보호하여 주십니다.

찬송

왕 되신 우리 주께 (찬송가 140)

호산나 호산나 (찬송가 141)

주께 경배드리세 (SJ 8)

햇빛을 받는 곳마다 (찬송가 138)

제자로 부르심

예수님께서 말씀하셨습니다.

'사람이 떡으로만 살 것이 아니라, 하나님의 입에서 나오는 모든 말씀으로 살 것이다'

'주 너의 하나님께 경배하고, 그분만을 섬겨라'

누가복음 19:28-44

예수께서 이 말씀을 마치시고, 앞장서 걸으시며 예루살렘으로 올라가고 계셨다. 예수께서 올리브 산이라 불리는 산에 있는 벳바게와 베다니에 가까이 오셨을 때에, 제자 두 사람을 보내시며 말씀하셨다. "맞은쪽 마을로 가거라. 거기에 들어가서 보면, 아직 아무도 타 본 적이 없는 새끼 나귀 한 마리가 매여 있을 것이다. 그것을 풀어서 끌고 오너라. 혹시 누가 너희에게 왜 푸느냐고 묻거든, '주님께서 그것을 필요로 하십니다' 하고 말하여라." 보내심을 받은 사람이 가서 보니, 예수께서 그들에게 말씀하신 그대로였다. 그들이 새끼 나귀를 푸는데, 그 주인들이 그들에게 말하였다. "그 새끼 나귀는 왜 푸는 거요?" 그들이 대답하였다. "주님께서 그것을 필요로 하십니다." 그리고 그들이 그 새끼 나귀를 예수께로 끌고 와서, 자기들의 옷을 나귀 등에 걸쳐 얹고서, 예수를 올라타시게 하였다. 예수께서 나아가시는데, 제자들이 자기들의 옷을 길에 깔았다. 예수께서 어느덧 올리브 산의 내리막길에 이르셨을 때에, 제자의 온 무리가 기뻐하며, 자기들이 본 모든 기적을 두고 큰 소리로 하나님을 찬양하면서 말하였다. "복되시다, 주님의 이름으로 오시는 임금님! 하늘에는 평화, 지극히 높은 곳에는 영광!" 그런데 무리 가운데 섞여 있는 바리새파 사람 몇이 예수께 말하였다. "선생님, 선생님의 제자들을 꾸짖으십시오." 그러나 예수께서 대답하셨다. "내가 너희에게 말한다. 이 사람들이 잠잠하면, 돌들이 소리 지를 것이다."

예수께서 예루살렘 가까이에 오셔서, 그 도성을 보시고 우시었다. 그리고 이렇게 말씀하셨다. "오늘 너도 평화에 이르게 하는 일을 알았더라면, 좋을 터인데! 그러나 지금 너는 그 일을 보지 못하는구나. 그 날들이 너에게 닥치리니, 너의 원수들이 토성을 쌓고, 너를 에워싸고, 너를 사면에서 죄어들어서, 너와 네 안에 있는 네 자녀들을 짓밟고, 네 안에 돌 한 개도 다른 돌 위에 얹혀 있지 못하게 할 것이다. 이것은 하나님께서 너를 찾아오신 때를, 네가 알지 못했기 때문이다."

베드로전서 2:4-5

주님께 나아오십시오. 그는 사람에게는 버림을 받으셨으나, 하나님께는 택하심을 받은 살아 있는 귀한 돌입니다. 살아 있는 돌과 같은 존재로서 여러분도 집 짓는 데 사용되어 신령한 집이 됩니다. 그래서 여러분은 예수 그리스도로 말미암아 하나님께서 기쁘게 받으실 신령한 제사를 드리는 거룩한 제사장이 되십니다.

묵상한 말씀을 나눈다.

찬송
어두운 내 눈 밝히사 (찬송가 366)
호산나 호산나

빌립보서 2:5-8

기도로 부르심

주님은 우리의 구원이시니, 주의 얼굴을 숨기지 마십시오.
구원의 하나님, 우리를 원수의 진노에 버려두지 마십시오.

우리가 온전히 신뢰하는 주님께 기도합니다.
우리는 주님께서 보호하시고 공급해주심을 믿습니다.
주님, 주님의 자비하심으로, 우리의 기도를 들어주소서

주님은 넘어지지 않도록 우리의 발을 지켜주십니다.
우리 자신과 사랑하는 이들을 위해 기도합니다.
(합심기도) 주님, 주님의 자비하심으로, 우리의 기도를 들어주소서

주님의 은혜가 우리에게 위로와 힘이 됩니다.
우리 공동체와 이웃을 위해 기도합니다.

(합심기도) 주님, 주님의 자비하심으로, 우리의 기도를 들어주소서

주님께서 주님의 백성을 신령한 집을 짓는 데 쓰십니다.
이 땅의 모든 교회의 하나됨을 위하여 기도합니다.
(합심기도) 주님, 주님의 자비하심으로, 우리의 기도를 들어주소서

하나님께서는 예수 그리스도로 말미암아 주님의 길을 알려주셨습니다.
주님의 나라와 그 뜻이 이 땅에서도 임할 수 있도록 세계를 위하여 기도합니다.
(합심기도) 주님, 주님의 자비하심으로, 우리의 기도를 들어주소서

우리 안의 다른 염려를 맡기어 드립니다.
(합심기도) 주님, 주님의 자비하심으로, 우리의 기도를 들어주소서

시험 받을 때에도 우리에게 힘이 되시는 하나님,
주님이 우리를 두려움에서 사랑으로 옮기십니다.
우리 안의 자만심과 교만함을 깨뜨려주셔서
세상 모든 사람에게서 주님의 형상을 볼 수 있기를 원합니다.
우리도 그리스도처럼 이웃과 원수조차도 모두 품기를
구세주이신 예수님의 이름으로 기도합니다.

(주기도문) 하늘에 계신 우리 아버지 …

축도

우리를 사랑하시고 은혜로 영원한 위로와 선한 소망을 주시는
하나님 우리 아버지와 우리 주 예수 그리스도께서,
친히 우리의 마음을 격려하시고,
모든 선한 일과 말에 굳세게 해 주시기를 기도합니다. 아멘.

이는 곧 예수 그리스도의 마음이기도 하니

고난주간 일요일 저녁

여는 말

여러분 안에 이 마음을 품으십시오.
그것은 곧 그리스도 예수의 마음이기도 합니다.

찬양으로 부르심

주님, 내 영혼이 주님을 기다립니다.
나의 하나님, 내가 주님께 의지하였으니,
내가 부끄러움을 당하지 않게 하시고
내 원수가 나를 이기어 승전가를 부르지 못하게 해주십시오.

처음부터 계셨고 ...

시편119:41-48

주님, 주님께서 말씀하신 그대로, 주님의 인자하심과 구원을 내게 베풀어 주십시오.
그 때에 나는 주님의 말씀을 의지하고, 나를 비난하는 사람에게 응수하겠습니다.
내가 주님의 규례들을 간절히 바라니,
진리의 말씀이 내 입에서 잠시도 떠나지 않게 해주십시오.
내가 주님의 율법을 늘 지키고, 영원토록 지키겠습니다.
내가 주님의 법도를 열심히 지키니,
이제부터 이 넓은 세상을 거침없이 다니게 해주십시오.
왕들 앞에서 거침없이 주님의 증거들을 말하고, 부끄러워하지 않겠습니다.
주님의 계명들을 내가 사랑하기에 그것이 나의 기쁨이 됩니다.

주님의 계명들을 내가 사랑하기에,
두 손을 들어서 환영하고, 주님의 율례들을 깊이 묵상합니다.
주님의 종에게 하신 말씀을 기억해 주십시오.
주님께서는 말씀으로 내게 희망을 주셨습니다.

감사드림

오 하나님, 내가 주께 부르짖으니, 귀를 막지 마소서.
주님은 나의 힘 나의 방패시니 내가 주님을 의지합니다.
(자유롭게 감사의 기도를 드립니다)
주님께서 우리 생명을 죽음에서 건지시니 우리 마음이 기뻐하며
우리가 주님께 감사의 노래를 드립니다.

찬송

예수 따라가며 (찬송가 449) / 주님의 귀한 말씀은 (찬송가 206)

고백

내 눈이 주를 바라며 기다리오니
시험에 들지 않게 하옵소서.
(침묵기도) 외롭고 괴로움을 당하는 나에게로 눈을 돌리시고
주님의 은혜를 베풀어 주십시오.

제자로 부르심

예수님께서 말씀하셨습니다. 이제 나는 너희에게 새 계명을 준다. 서로 사랑하여라.
내가 너희를 사랑한 것 같이, 너희도 서로 사랑하여라.
사람이 자기 친구를 위하여 자기 목숨을 내놓는 것보다 더 큰 사랑은 없다.

출애굽기 13:3-10

모세가 백성에게 선포하였다. "당신들은 이집트에서 곧 당신들이 종살이하던 집

에서 나온 이 날을 기억하십시오. 주님께서 강한 손으로 거기에서 당신들을 이끌어 내신 날이니, 누룩을 넣은 빵을 먹어서는 안 됩니다. 첫째 달인 아빕월의 오늘 당신들이 이집트를 떠났습니다. 주님께서, 당신들의 조상에게 주신다고 맹세하신 젖과 꿀이 흐르는 땅 곧 가나안 사람과 헷 사람과 아모리 사람과 히위 사람과 여부스 사람의 땅에 이르게 하시거든, 당신들은 이 달에 다음과 같은 예식을 지키십시오. 당신들은 이레 동안 누룩을 넣지 않은 빵을 먹어야 하며, 이렛날에는 주님의 절기를 지키십시오. 이레 동안 당신들은 누룩을 넣지 않은 빵을 먹어야 하며, 당신들 영토 안에서 누룩을 넣은 빵이나 누룩이 보여서는 안 됩니다. 그 날에 당신들은 당신들 아들딸들에게, '이 예식은, 내가 이집트에서 나올 때에, 주님께서 나에게 해주신 일을 기억하고 지키는 것이다' 하고 설명하여 주십시오. 이 예식으로, 당신들의 손에 감은 표나 이마 위에 붙인 표와 같이, 당신들이 주님의 법을 늘 되새길 수 있게 하십시오. 주님께서 강한 손으로 당신들을 이집트에서 구하여 내셨기 때문입니다. 그러므로 당신들은 이 규례를 해마다 정해진 때에 지켜야 합니다."

누가복음 21:37-22:13

예수께서는, 낮에는 성전에서 가르치시고, 밤에는 나와서 올리브 산이라고 하는 산에서 지내셨다. 그런데 모든 백성이 그의 말씀을 들으려고, 이른 아침부터 성전으로 모여들었다.

유월절이라고 하는 무교절이 다가왔다. 그런데 대제사장들과 율법학자들은 예수를 없애버릴 방책을 찾고 있었다. 그들은 백성을 두려워하였다.

열둘 가운데 하나인 가룟이라는 유다에게 사탄이 들어갔다. 유다는 떠나가서 대제사장들과 성전 경비대장들과 더불어 어떻게 예수를 그들에게 넘겨줄지를 의논하였다. 그래서 그들은 기뻐하여, 그에게 돈을 주겠다고 약조하였다. 유다는 동의하고, 무리가 없을 때에 예수를 그들에게 넘겨주려고, 기회를 노리고 있었다.

유월절 양을 잡아야 하는 무교절 날이 왔다. 예수께서 베드로와 요한을 보내시며 말씀하셨다. "가서, 우리가 먹을 수 있게 유월절을 준비하여라." 그들이 예수께 말하였다. "어디에다 준비하기를 바라십니까?" 예수께서 대답하셨다. "너희가 성 안으로 들어가면, 물 한 동이를 메고 오는 사람을 만날 것이니, 그가 들어가는 집으로 따라가거라. 그리고 그 집주인에게 말하기를 '선생님께서 당신에게 말씀하시기를, 내가 내 제자들과 함께 유월절 음식을 먹을 그 방이 어디에 있느냐고 하십니다' 하여라. 그러면 그 사람은 자리를 깔아 놓은 큰 다락방을 너희에게 보여 줄 것이니, 너희는 거기에다 준비를 하여라." 그들이 가서 보니, 예수께서 말씀하신 그대로였다. 그리하여 그들은 유월절을 준비하였다.

묵상한 말씀을 나눈다.

찬송
읽은 성경말씀에 맞는 찬송을 선택하여 부른다.

빌립보서 2:5-8

기도로 부르심

주여, 주여. 어찌하여 주님은 그리도 멀리 서계십니까?
우리에게는 주 외에 다른 구원자가 없습니다.
하나님, 우리에게서 멀리 서계시지 마시고, 우리를 도와주십시오.

긍휼과 자비가 풍성하신 하나님,
우리의 피난처이신 주님께 우리의 마음을 쏟아 놓습니다.
주님, 주님의 자비하심으로, 우리의 기도를 들어주소서

주님은 넘어지지 않도록 우리의 발을 지켜주십니다.
우리 자신과 사랑하는 이들을 위해 기도합니다.
(합심기도) 주님, 주님의 자비하심으로, 우리의 기도를 들어주소서

주님의 은혜가 우리에게 위로와 힘이 됩니다. 공동체와 이웃을 위해 기도합니다.
(합심기도) 주님, 주님의 자비하심으로, 우리의 기도를 들어주소서

주님께서 주님의 백성을 신령한 집을 짓는 데 쓰십니다.
이 땅의 모든 교회의 하나됨을 위하여 기도합니다.
(합심기도) 주님, 주님의 자비하심으로, 우리의 기도를 들어주소서

하나님께서는 예수 그리스도로 말미암아 주님의 길을 알려주셨습니다.
주님의 나라와 그 뜻이 이 땅에서도 임할 수 있도록 세계를 위하여 기도합니다.
(합심기도) 주님, 주님의 자비하심으로, 우리의 기도를 들어주소서

우리 안의 다른 염려를 맡기어 드립니다.
(합심기도) 주님, 주님의 자비하심으로, 우리의 기도를 들어주소서

모든 슬픔을 아시는 하나님,
하나님은 아들을 죽음에 이르게 한 인간의 죄악과 거절을 끝까지 참으셨습니다.
이제 우리에게 그리스도의 마음을 품게 하셔서
우리가 주의 말씀을 잘 듣고 순종하는 삶을 살게 하소서.
구세주이신 예수님의 이름으로 기도합니다.

(주기도문) 하늘에 계신 우리 아버지 …

축도

나는 확신합니다.
이 세상의 죽음도, 삶도, 천사도, 권세자도, 현재 일도, 장래 일도,
능력도, 높음도, 깊음도, 그 밖에 어떤 피조물도,
우리를 우리 주 예수 그리스도 안에 있는
하나님의 사랑에서 끊을 수 없습니다. 아멘.

그는 하나님의 모습을 지니셨으나

고난주간 월요일아침

여는 말

그는 하나님의 모습을 지니셨으나

하나님과 동등함을 당연하게 생각하지 않으시고

찬양으로 부르심

주님이 우리의 빛, 우리의 구원이신데, 우리가 누구를 두려워하겠습니까?

주님이 우리 생명의 피난처이신데, 우리가 누구를 무서워하겠습니까?

처음부터 계셨고 ...

시편119:49-56

주님의 종에게 하신 말씀을 기억해 주십시오.

주님께서는 말씀으로 내게 희망을 주셨습니다.

주님의 말씀이 나를 살려 주었으니,

내가 고난을 받을 때에, 그 말씀이 나에게 큰 위로가 되었습니다.

교만한 자들이 언제나 나를 혹독하게 조롱하여도, 나는 그 법을 떠나지 않았습니다.

주님, 예부터 내려온 주님의 규례들을 기억합니다. 그 규례가 나에게 큰 위로가 됩니다.

악인들이 주님의 율법을 무시하는 것을 볼 때마다,

내 마음 속에서 분노가 끓어오릅니다.

덧없는 세상살이에서 나그네처럼 사는 동안, 주님의 율례가 나의 노래입니다.

주님, 내가 밤에도 주님의 이름을 기억하고, 주님의 법을 지킵니다.

주님의 법도를 따라서 사는 삶에서 내 행복을 찾습니다.

감사드림

주께 드리는 나의 기도가 햇살같이 떠오르니, 내가 주님께 기도를 드립니다.
주님은 도움을 간구하는 나의 신음과 외치는 소리를 들어주십니다.
(자유롭게 감사의 기도를 드립니다)
주님은 주께로 피하는 사람들을 은혜로 두르시고,
주의 사랑으로 그들을 보호하여 주십니다.

찬송

십자가 그늘 아래 (찬송가 415)
이 세상은 요란하나 (찬송가 414)

제자로 부르심

예수님께서 말씀하셨습니다. "누구든지 나를 따라오려거든, 자기를 부인하고,
제 십자가를 지고, 나를 따라 오너라.
누구든지 자기 목숨을 구하고자 하는 사람은 잃을 것이요,
나 때문에 자기 목숨을 잃는 사람은 찾을 것이다."

출애굽기 16:9-12

모세가 아론에게 말하였다. "주님께서 이스라엘 자손이 원망하는 소리를 들으셨으니, 이스라엘 자손의 온 회중에게 주님 앞으로 가까이 나아오라고 일러주십시오." 아론이 이스라엘 자손의 온 회중에게 말할 때에, 그들이 광야를 바라보니, 주님의 영광이 구름 속에 나타났다. 주님께서 모세에게 말씀하셨다. "나는 이스라엘 자손이 원망하는 소리를 들었다. 너는 그들에게 '너희가 저녁이 되면 고기를 먹고, 아침에는 빵을 배불리 먹을 것이다. 그렇게 될 때에 너희는 나 주가 너희의 하나님임을 알게 될 것이다' 하고 말하여라."

누가복음 22:14-20

시간이 되어서, 예수께서 자리에 앉으시니, 사도들도 그와 함께 앉았다. 예수께서 그들에게 말씀하셨다. "내가 고난을 당하기 전에, 너희와 함께 이 유월절 음식을 먹기를 참으로 간절히 바랐다. 내가 너희에게 말한다. 유월절이 하나님의 나라에서 이루어질 때까지, 나는 다시는 유월절 음식을 먹지 않을 것이다." 그리고 잔을 받아서 감사를 드리신 다음에 말씀하셨다. "이것을 받아서 함께 나누어 마셔라. 내가 너희에게 말한다. 나는 이제부터 하나님의 나라가 올 때까지, 포도나무 열매에서 난 것을 절대로 마시지 않을 것이다." 예수께서는 또 빵을 들어서 감사를 드리신 다음에, 떼어서 그들에게 주시고 말씀하셨다. "이것은 너희를 위하여 주는 내 몸이다. 이것을 행하여 나를 기억하여라." 그리고 저녁을 먹은 뒤에, 잔을 그와 같이 하시고서 말씀하셨다. "이 잔은 너희를 위하여 흘리는 내 피로 세우는 새 언약이다.

묵상한 말씀을 나눈다.

찬송
너희는 먼저 그의 나라와

빌립보서 2:5-8

기도로 부르심

주님은 우리의 구원이시니, 주의 얼굴을 숨기지 마십시오.
구원의 하나님, 우리를 원수의 진노에 버려두지 마십시오.

우리가 온전히 신뢰하는 주님께 기도합니다.
우리는 주님께서 보호하시고 공급해주심을 믿습니다.
주님, 주님의 자비하심으로, 우리의 기도를 들어주소서

주님은 넘어지지 않도록 우리의 발을 지켜주십니다.
우리 자신과 사랑하는 이들을 위해 기도합니다.
(합심기도) 주님, 주님의 자비하심으로, **우리의 기도를 들어주소서**

주님의 은혜가 우리에게 위로와 힘이 됩니다. 공동체와 이웃을 위해 기도합니다.
(합심기도) 주님, 주님의 자비하심으로, **우리의 기도를 들어주소서**

주님께서 주님의 백성을 신령한 집을 짓는 데 쓰십니다.
이 땅의 모든 교회의 하나됨을 위하여 기도합니다.
(합심기도) 주님, 주님의 자비하심으로, **우리의 기도를 들어주소서**

하나님께서는 예수 그리스도로 말미암아 주님의 길을 알려주셨습니다.
주님의 나라와 그 뜻이 이 땅에서도 임할 수 있도록 세계를 위하여 기도합니다.
(합심기도) 주님, 주님의 자비하심으로, **우리의 기도를 들어주소서**

우리 안의 다른 염려를 맡기어 드립니다.
(합심기도) 주님, 주님의 자비하심으로, **우리의 기도를 들어주소서**

시험 받을 때에도 힘이 되시는 하나님, 우리를 두려움에서 사랑으로 옮기십니다.
자만과 교만함을 깨뜨려주셔서 모든 사람에게서 주님의 형상을 보기 원합니다.
우리도 그리스도처럼 이웃과 원수조차도 모두 품기를
구세주이신 예수님의 이름으로 기도합니다.

(주기도문) 하늘에 계신 우리 아버지 …

축도

우리를 사랑하시고 은혜로 영원한 위로와 선한 소망을 주시는
하나님 우리 아버지와 우리 주 예수 그리스도께서, 친히 우리의 마음을 격려하시고,
모든 선한 일과 말에 굳세게 해 주시기를 기도합니다. 아멘.

하나님과 동등함을 당연하게 생각하지 않으시고

고난주간 월요일 저녁

여는 말

그는 하나님의 모습을 지니셨으나
하나님과 동등함을 당연하게 생각하지 않으시고

찬양으로 부르심

주님, 내 영혼이 주님을 기다립니다.
나의 하나님, 내가 주님께 의지하였으니,
내가 부끄러움을 당하지 않게 하시고
내 원수가 나를 이기어 승전가를 부르지 못하게 해주십시오.

처음부터 계셨고 …

시편119:57-64

주님, 주님은 나의 분깃,
내가 주님의 말씀을 지키겠습니다.
내가 온 마음을 다하여서 주님께 간구하니,
주님께서 약속하신 대로, 내게 은혜를 베풀어 주십시오.
내가 발걸음을 돌려
주님의 증거를 따라 갑니다.
내가 주저하지 않고,
서둘러 주님의 계명을 지키겠습니다.
악인들이 나를 줄로 얽어 매어도,

나는 주님의 법을 잊지 않습니다.

한밤중에라도, 주님의 의로운 규례들이 생각나면,

벌떡 일어나서 주님께 감사를 드립니다.

주님을 경외하는 사람이면 누구에게나, 나는 친구가 됩니다.

주님의 법도를 지키는 사람이면 누구에게나, 나는 친구가 됩니다.

주님, 주님의 인자하심이 온 땅에 가득합니다.

주님의 율례를 나에게 가르쳐 주십시오.

감사드림

오 하나님, 내가 주께 부르짖으니, 귀를 막지 마소서.

주님은 나의 힘 나의 방패시니 내가 주님을 의지합니다.

(자유롭게 감사의 기도를 드립니다)

주님께서 우리 생명을 죽음에서 건지시니 우리 마음이 기뻐하며

우리가 주님께 감사의 노래를 드립니다.

찬송

그 큰 일을 행하신 (찬송가 615)

고백

내 눈이 주를 바라며 기다리오니

시험에 들지 않게 하옵소서.

(침묵기도)

외롭고 괴로움을 당하는 나에게로 눈을 돌리시고

주님의 은혜를 베풀어 주십시오.

제자로 부르심

예수님께서 말씀하셨습니다.
이제 나는 너희에게 새 계명을 준다. 서로 사랑하여라.
내가 너희를 사랑한 것 같이, 너희도 서로 사랑하여라.
사람이 자기 친구를 위하여 자기 목숨을 내놓는 것보다 더 큰 사랑은 없다.

창세기 11:1-4

처음에 세상에는 언어가 하나뿐이어서, 모두가 같은 말을 썼다. 사람들이 동쪽에서 이동하여 오다가, 시날 땅 한 들판에 이르러서, 거기에 자리를 잡았다. 그들은 서로 말하였다. "자, 벽돌을 빚어서, 단단히 구워내자." 사람들은 돌 대신에 벽돌을 쓰고, 흙 대신에 역청을 썼다. 그들은 또 말하였다. "자, 도시를 세우고, 그 안에 탑을 쌓고서, 탑 꼭대기가 하늘에 닿게 하여, 우리의 이름을 날리고, 온 땅 위에 흩어지지 않게 하자."

누가복음 22:21-30

그러나 보아라, 나를 넘겨줄 사람의 손이 나와 함께 상 위에 있다.인자는 하나님께서 정하신 대로 가지만, 인자를 넘겨주는 그 사람에게는 화가 있다."그들은, 자기들 가운데 이런 일을 할 사람이 누구일까 하고, 자기들끼리 서로 물었다.
제자들 가운데서 누구를 가장 큰 사람으로 칠 것이냐는 물음을 놓고, 그들 사이에 말다툼이 벌어졌다. 예수께서 그들에게 말씀하셨다. "뭇 민족들의 왕들은 백성들 위에 군림한다. 그리고 백성들에게 권세를 부리는 자들은 은인으로 행세한다. 그러나 너희는 그렇지 않다. 너희 가운데서 가장 큰 사람은 가장 어린 사람과 같이 되어야 하고, 또 다스리는 사람은 섬기는 사람과 같이 되어야 한다. 누가 더 높으냐? 밥상에 앉은 사람이냐, 시중드는 사람이냐? 밥상에 앉은 사람이 아니냐? 그러나 나는 섬기는 사람으로 너희 가운데 있다.
너희는 내가 시련을 겪는 동안에 나와 함께 한 사람들이다.내 아버지께서 내게 왕권을 주신 것과 같이, 나도 너희에게 왕권을 준다. 그리하여 너희가 내 나라에 들어와 내 밥상에서 먹고 마시게 하고, 옥좌에 앉아서 이스라엘의 열두 지파를 심판하게 하겠다."

묵상한 말씀을 나눈다.

찬송
읽은 성경말씀에 맞는 찬송을 선택하여 부른다.

빌립보서 2:5-8

기도로 부르심

주여, 주여. 어찌하여 주님은 그리도 멀리 서계십니까?
우리에게는 주 외에 다른 구원자가 없습니다.
하나님, 우리에게서 멀리 서계시지 마시고, 우리를 도와주십시오.

긍휼과 자비가 풍성하신 하나님,
우리의 피난처이신 주님께 우리의 마음을 쏟아 놓습니다.
주님, 주님의 자비하심으로, **우리의 기도를 들어주소서**

주님은 우리의 어려움과 고민이 무엇인지 잘 아시는 분이십니다.
우리 자신과 사랑하는 이들을 위해 기도합니다.
(합심기도) 주님, 주님의 자비하심으로, **우리의 기도를 들어주소서**

주님의 은혜가 우리에게 위로와 힘이 됩니다.
우리 공동체와 이웃을 위해 기도합니다.
(합심기도) 주님, 주님의 자비하심으로, **우리의 기도를 들어주소서**

주님께서 주님의 백성을 신령한 집을 짓는 데 쓰십니다.

이 땅의 모든 교회의 하나됨을 위하여 기도합니다.
(합심기도) 주님, 주님의 자비하심으로, 우리의 기도를 들어주소서

하나님께서는 예수 그리스도로 말미암아 주님의 길을 알려주셨습니다.
주님의 나라와 그 뜻이 이 땅에서도 임할 수 있도록 세계를 위하여 기도합니다.
(합심기도) 주님, 주님의 자비하심으로, 우리의 기도를 들어주소서

우리 안의 다른 염려를 맡기어 드립니다.
(합심기도) 주님, 주님의 자비하심으로, 우리의 기도를 들어주소서

모든 슬픔을 아시는 하나님,
하나님은 아들을 죽음에 이르도록 만든
인간의 죄악과 거절을 끝까지 참으셨습니다.
이제 우리에게 그리스도의 마음을 품게 하셔서
우리가 주의 말씀을 잘 듣고 순종하는 삶을 살게 하소서.
구세주이신 예수님의 이름으로 기도합니다.

(주기도문) 하늘에 계신 우리 아버지 …

축도

나는 확신합니다.
이 세상의 죽음도, 삶도, 천사도, 권세자도, 현재 일도, 장래 일도,
능력도, 높음도, 깊음도, 그 밖에 어떤 피조물도,
우리를 우리 주 예수 그리스도 안에 있는
하나님의 사랑에서 끊을 수 없습니다.
아멘.

오히려 자기를 비우시고

고난주간 화요일아침

여는말

오히려 자기를 비우시고
종의 모습을 취하셨나이다.

찬양으로 부르심

주님이 우리의 빛, 우리의 구원이신데, 우리가 누구를 두려워하겠습니까?
주님이 우리 생명의 피난처이신데, 우리가 누구를 무서워하겠습니까?

처음부터 계셨고 ...

이사야 2:1-5

이것은 아모스의 아들 이사야가
유다와 예루살렘을 두고, 계시로 받은 말씀이다.
마지막 때에, 주님의 성전이 서 있는 산이
모든 산 가운데서 으뜸가는 산이 될 것이며,
모든 언덕보다 높이 솟을 것이니,
모든 민족이 물밀듯 그리로 모여들 것이다.
백성들이 오면서 이르기를
"자, 가자. 우리 모두 주님의 산으로 올라가자.
야곱의 하나님이 계신 성전으로 어서 올라가자.
주님께서 우리에게 주님의 길을 가르치실 것이니,
주님께서 가르치시는 길을 따르자" 할 것이다.

율법이 시온에서 나오며,
주님의 말씀이 예루살렘에서 나온다.
주님께서 민족들 사이의 분쟁을 판결하시고,
뭇 백성 사이의 갈등을 해결하실 것이니,
그들이 칼을 쳐서 보습을 만들고
창을 쳐서 낫을 만들 것이며,
나라와 나라가 칼을 들고 서로를 치지 않을 것이며,
다시는 군사훈련도 하지 않을 것이다.

감사드림

주께 드리는 나의 기도가 햇살같이 떠오르니
내가 주님께 기도를 드립니다.
주님은 도움을 간구하는 나의 신음과 외치는 소리를 들어주십니다.
(자유롭게 감사의 기도를 드립니다)
주님은 주께로 피하는 사람들을 은혜로 두르시고,
주의 사랑으로 그들을 보호하여 주십니다.

찬송

하나님 사랑은 (찬송가 299)
내가 깊은 곳에서 (찬송가 363)

제자로 부르심

예수님께서 말씀하셨습니다.
"누구든지 나를 따라오려거든, 자기를 부인하고,
제 십자가를 지고, 나를 따라 오너라.
누구든지 자기 목숨을 구하고자 하는 사람은 잃을 것이요,
나 때문에 자기 목숨을 잃는 사람은 찾을 것이다.

사무엘상 24:16-20

다윗이 말을 끝마치자, 사울은 "나의 아들 다윗아, 이것이 정말 너의 목소리냐?" 하고 말하면서, 목놓아 울었다. 사울이 다윗에게 말하였다. "나는 너를 괴롭혔는데, 너는 내게 이렇게 잘 해주었으니, 네가 나보다 의로운 사람이다. 주님께서 나를 네 손에 넘겨 주셨으나, 너는 나를 죽이지 않았다. 이것 하나만으로도 오늘 너는, 네가 나를 얼마나 끔찍히 생각하는지를 내게 보여 주었다. 도대체 누가 자기의 원수를 붙잡고서도 무사히 제 길을 가도록 놓아 보내겠느냐? 네가 오늘 내게 이렇게 잘 해주었으니, 주님께서 너에게 선으로 갚아 주시기 바란다. 나도 분명히 안다. 너는 틀림없이 왕이 될 것이고, 이스라엘 나라가 네 손에서 굳게 설 것이다.

누가복음 22:31-53

"시몬아, 시몬아, 보아라. 사탄이 밀처럼 너희를 체질하려고 너희를 손아귀에 넣기를 요구하였다. 그러나 나는 네 믿음이 꺾이지 않도록, 너를 위해 기도하였다. 네가 다시 돌아올 때에는, 네 형제를 굳세게 하여라." 베드로가 예수께 말하였다. "주님, 나는 감옥에도, 죽는 자리에도, 주님과 함께 갈 각오가 되어 있습니다." 그러나 예수께서 말씀하셨다. "베드로야, 내가 네게 말한다. 오늘 닭이 울기 전에, 네가 세 번 나를 모른다고 할 것이다."
예수께서 제자들에게 말씀하셨다. "내가 너희를 돈주머니와 자루와 신발이 없이 내보냈을 때에, 너희에게 부족한 것이 있더냐?" 그들이 대답하였다. "없었습니다." 예수께서 그들에게 말씀하셨다. "이제는 돈주머니가 있는 사람은 그것을 챙겨라, 또 자루도 그렇게 하여라. 그리고 칼이 없는 사람은, 옷을 팔아서 칼을 사라. 내가 너희에게 말한다. '그는 무법자들과 한 패로 몰렸다'고 하는 이 성경 말씀이, 내게서 반드시 이루어져야 한다. 과연, 나에 관하여 기록한 일은 이루어지고 있다." 제자들이 예수께 말하였다. "주님, 보십시오. 여기에 칼 두 자루가 있습니다." 예수께서 그들에게 말씀하시기를 "넉넉하다" 하셨다.
예수께서 나가시어, 늘 하시던 대로 올리브 산으로 가시니, 제자들도 그를 따라갔다. 그 곳에 이르러서, 예수께서 제자들에게 말씀하시기를 "시험에 빠지지 않도록 기도하여라" 하신 뒤에, 그들과 헤어져서, 돌을 던져서 닿을 만한 거리에 가서, 무릎을 꿇고 이렇게 기도하셨다. "아버지, 만일 아버지의 뜻이면, 내게서 이 잔을 거두어 주십시오. 그러나 내 뜻대로 되게 하지 마시고, 아버지의 뜻대로 되게 하여 주십시오." [그 때에 천사가 하늘로부터 그에게 나타나서, 힘을 북돋우어 드렸다. 예수께서 고뇌에 차서, 더욱 간절히 기도하시니, 땀이 핏방울같이 되어서 땅에 떨어졌다.] 기도를 마치고 일어나, 제자들에게로 와서 보시니, 그들이 슬픔에 지쳐서 잠들어 있었다. 그래서 그들에게 말씀하셨다. "왜들 자고 있느냐? 시험에 빠지지 않도록, 일어나서 기도하여라."
예수께서 아직 말씀하시고 계실 때에, 한 무리가 나타났다. 열둘 가운데 하나인 유다라는 사람이 그들의 앞장을 서서 왔다. 그는 예수께 입을 맞추려고 가까이 왔다. 예수께서 그에게 말씀하셨다. "유다야, 너는 입맞춤으로 인자를 넘겨주려고 하느냐?" 예수의 둘레에 있는 사람들이 사태를 보고서 말하였다. "주님, 우리가 칼을 쓸까요?" 그 가운데 한 사람이 대제사장의 종의 오른쪽 귀를 쳐서 떨어뜨렸다. 예수께서 말씀하시기를 "그만해 두어라!" 하시고, 그 사람의 귀를 만져서 고쳐 주셨다. 그런 다음에, 자기를 잡으러 온 대제사장들과 성전 경비대장들과 장로들에게 말씀하셨다. "너희가 강도를 잡듯이 칼과 몽둥이를 들고 나왔느냐? 내가 날마다 성전에서 너희와 함께 있었으나, 너희는 내게 손을 대지 않았다. 그러나 지금은 너희의 때요, 어둠의 권세가 판을 치는 때다."

묵상한 말씀을 나눈다.

찬송

겟세마네 동산에 (찬송가 444)
내 주님 지신 십자가 (찬송가 339)

빌립보서 2:5-8

기도로 부르심

주님은 우리의 구원이시니, 주의 얼굴을 숨기지 마십시오.
구원의 하나님, 우리를 원수의 진노에 버려두지 마십시오.

우리가 온전히 신뢰하는 주님께 기도합니다.
우리는 주님께서 보호하시고 공급해주심을 믿습니다.
주님, 주님의 자비하심으로, **우리의 기도를 들어주소서**

주님은 넘어지지 않도록 우리의 발을 지켜주십니다.
우리 자신과 사랑하는 이들을 위해 기도합니다.
(합심기도) 주님, 주님의 자비하심으로, **우리의 기도를 들어주소서**

주님의 은혜가 우리에게 위로와 힘이 됩니다.
우리 공동체와 이웃을 위해 기도합니다.
(합심기도) 주님, 주님의 자비하심으로, **우리의 기도를 들어주소서**

주님께서 주님의 백성을 신령한 집을 짓는 데 쓰십니다.
이 땅의 모든 교회의 하나됨을 위하여 기도합니다.
(합심기도) 주님, 주님의 자비하심으로, **우리의 기도를 들어주소서**

하나님께서는 예수 그리스도로 말미암아 주님의 길을 알려주셨습니다.
주님의 나라와 그 뜻이 이 땅에서도 임할 수 있도록 세계를 위하여 기도합니다.
(합심기도) 주님, 주님의 자비하심으로, **우리의 기도를 들어주소서**

우리 안의 다른 염려를 맡기어 드립니다.
(합심기도) 주님, 주님의 자비하심으로, **우리의 기도를 들어주소서**

시험 받을 때에도 우리에게 힘이 되시는 하나님,

주님이 우리를 두려움에서 사랑으로 옮기십니다.
우리 안의 자만심과 교만함을 깨뜨려주셔서
세상 모든 사람에게서 주님의 형상을 볼 수 있기를 원합니다.
우리도 그리스도처럼 이웃과 원수조차도 모두 품기를
구세주이신 예수님의 이름으로 기도합니다.

(주기도문) 하늘에 계신 우리 아버지 …

축도

우리를 사랑하시고 은혜로 영원한 위로와 선한 소망을 주시는
하나님 우리 아버지와 우리 주 예수 그리스도께서,
친히 우리의 마음을 격려하시고,
모든 선한 일과 말에 굳세게 해 주시기를 기도합니다.
아멘.

종의 모습을 취하셨나이다

고난주간 화요일 저녁

여는 말

오히려 자기를 비우시고
종의 모습을 취하셨나이다.

찬양으로 부르심

주님, 내 영혼이 주님을 기다립니다.
나의 하나님, 내가 주님께 의지하였으니,
내가 부끄러움을 당하지 않게 하시고
내 원수가 나를 이기어 승전가를 부르지 못하게 해주십시오.

처음부터 계셨고 ...

시편 41

가난하고 힘없는 사람을 돌보는 사람은 복이 있다.
재난이 닥칠 때에 주님께서 그를 구해 주신다.
주님께서 그를 지키시며 살게 하신다.
그는 이 세상에서 복 있는 사람으로 여겨질 것이다.
주님께서 그를 원수의 뜻에 맡기지 않을 것이다.
주님께서는, 그가 병상에 누워 있을 때에도 돌보시며
어떤 병이든 떨치고 일어나게 하실 것이다.
내가 드릴 말씀은 이것입니다. "주님, 나에게 은혜를 베풀어 주셔서,
나를 고쳐 주십시오. 내가 주님께 죄를 지었습니다."

나의 원수들은 나쁜 말을 지어서

"저 자가 언제 죽어서, 그 후손이 끊어질까?" 하고 나에게 말합니다.

나를 만나러 와서는 빈 말이나 늘어놓고,

음해할 말을 모아 두었다가, 거리로 나가면 곧 떠들어댑니다.

나를 미워하는 자들이 모두 나를 두고 험담을 꾸미고,

나를 해칠 궁리를 하면서

"몹쓸 병마가 그를 사로잡았구나.

그가 병들어 누웠으니, 다시는 일어나지 못한다" 하고 수군댑니다.

내가 믿는 나의 소꿉동무, 나와 한 상에서 밥을 먹던 친구조차도,

내게 발길질을 하려고 뒤꿈치를 들었습니다.

그러나 주님은 나의 주님이시니, 나에게 은혜를 베풀어 주십시오.

나도 그들에게 되갚을 수 있도록 나를 일으켜 세워 주십시오.

내 원수들이 내 앞에서 환호를 외치지 못하게 하여 주십시오.

이로써, 주님이 나를 사랑하심을 나는 알게 될 것입니다.

주님께서 나를 온전하게 지켜주시고 나를 주님 앞에 길이 세워 주십시오.

이스라엘의 하나님이신 주님, 찬양을 받으십시오.

영원에서 영원까지 찬양을 받으십시오. 아멘, 아멘.

감사드림

오 하나님, 내가 주께 부르짖으니, 귀를 막지 마소서.

주님은 나의 힘 나의 방패시니 내가 주님을 의지합니다.

(자유롭게 감사의 기도를 드립니다)

주님께서 우리 생명을 죽음에서 건지시니 우리 마음이 기뻐하며

우리가 주님께 감사의 노래를 드립니다.

찬송

오 신실하신 주 (찬송가 393)

고백

내 눈이 주를 바라며 기다리오니

시험에 들지 않게 하옵소서.

(침묵기도)

외롭고 괴로움을 당하는 나에게로 눈을 돌리시고

주님의 은혜를 베풀어 주십시오.

제자로 부르심

예수님께서 말씀하셨습니다.

이제 나는 너희에게 새 계명을 준다. 서로 사랑하여라.

내가 너희를 사랑한 것 같이, 너희도 서로 사랑하여라.

사람이 자기 친구를 위하여 자기 목숨을 내놓는 것보다 더 큰 사랑은 없다.

출애굽기 23:1-9

"너희는 근거 없는 말을 해서는 안 된다. 거짓 증언을 하여 죄인의 편을 들어서는 안 된다. 다수의 사람들이 잘못을 저지를 때에도 그들을 따라가서는 안 되며, 다수의 사람들이 정의를 굽게 하는 증언을 할 때에도 그들을 따라가서는 안 된다. 너희는 또한 가난한 사람의 송사라고 해서 치우쳐서 두둔해서도 안 된다.

너희는 원수의 소나 나귀가 길을 잃고 헤매는 것을 보거든, 반드시 그것을 임자에게 돌려주어야 한다.

너희가 너희를 미워하는 사람의 나귀가 짐에 눌려서 쓰러진 것을 보거든, 그것을 그대로 내버려 두지 말고, 반드시 임자가 나귀를 일으켜 세우는 것을 도와 주어야 한다.

너희는 가난한 사람의 송사라고 해서 그에게 불리한 판결을 내려서는 안 된다. 거짓 고발을 물리쳐라. 죄 없는 사람과 의로운 사람을 죽여서는 안 된다. 나는 악인을 의롭다고 하지 않기 때문이다. 너희는 뇌물을 받아서는 안 된다. 뇌물은 사람의 눈을 멀게 하고, 의로운 사람의 말을 왜곡시킨다. 너희는 너희에게 몸붙여 사는 나그네를 억압해서는 안 된다. 너희도 이집트 땅에서 나그네로 몸붙여 살았으니, 나그네의 서러움을 잘 알 것이다."

누가복음 22:54-62

그들은 예수를 붙잡아서, 끌고 대제사장의 집으로 데리고 갔다. 그런데 베드로는 멀찍이 떨어져서 뒤따라갔다. 사람들이 뜰 한가운데 불을 피워놓고 둘러앉아 있는데, 베드로도 그들 가운데 끼여 앉아 있었다. 그 때에 한 하녀가 베드로가 불빛을 안고 앉아 있는 것을 보고, 그를 빤히 노려보고 말하였다. "이 사람도 그와 함께 있었어요." 그러나 베드로는 그것을 부인하여 이렇게 말하였다. "여보시오, 나는 그를 모르오." 조금 뒤에 다른 사람이 베드로를 보고서 말했다. "당신도 그들과 한패요." 그러나 베드로는 "이 사람아, 나는 아니란 말이오" 하고 말하였다. 그리고 한 시간쯤 지났을 때에, 또 다른 사람이 강경하게 주장하였다. "틀림없이, 이 사람도 그와 함께 있었소. 이 사람은 갈릴리사람이니까요." 그러나 베드로는 이렇게 말하였다. "여보시오, 나는 당신이 무슨 소리를 하는지 모르겠소." 베드로가 아직 말을 채 끝내기도 전에, 곧 닭이 울었다. 주님께서 돌아서서 베드로를 똑바로 보셨다. 베드로는, 주님께서 자기에게 "오늘 닭이 울기 전에, 네가 세 번 나를 모른다고 할 것이다" 하신 그 말씀이 생각났다. 그리하여 그는 바깥으로 나가서 비통하게 울었다.

묵상한 말씀을 나눈다.

찬송

시험 받을 때에 (찬송가 343)
십자가를 내가 지고 (찬송가 341)

못 박혀 죽으신 (찬송가 385)

빌립보서 2:5-8

기도로 부르심

주여, 주여. 어찌하여 주님은 그리도 멀리 서계십니까?
우리에게는 주 외에 다른 구원자가 없습니다.
하나님, 우리에게서 멀리 서계시지 마시고, 우리를 도와주십시오.

긍휼과 자비가 풍성하신 하나님,
우리의 피난처이신 주님께 우리의 마음을 쏟아 놓습니다.
주님, 주님의 자비하심으로, 우리의 기도를 들어주소서

주님은 넘어지지 않도록 우리의 발을 지켜주십니다.
우리 자신과 사랑하는 이들을 위해 기도합니다.
(합심기도) 주님, 주님의 자비하심으로, 우리의 기도를 들어주소서

주님의 은혜가 우리에게 위로와 힘이 됩니다.
우리 공동체와 이웃을 위해 기도합니다.
(합심기도) 주님, 주님의 자비하심으로, 우리의 기도를 들어주소서

주님께서 주님의 백성을 신령한 집을 짓는 데 쓰십니다.
이 땅의 모든 교회의 하나됨을 위하여 기도합니다.
(합심기도) 주님, 주님의 자비하심으로, 우리의 기도를 들어주소서

하나님께서는 예수 그리스도로 말미암아 주님의 길을 알려주셨습니다.
주님의 나라와 그 뜻이 이 땅에서도 임할 수 있도록 세계를 위하여 기도합니다.
(합심기도) 주님, 주님의 자비하심으로, 우리의 기도를 들어주소서

우리 안의 다른 염려를 맡기어 드립니다.
(합심기도) 주님, 주님의 자비하심으로, 우리의 기도를 들어주소서

모든 슬픔을 아시는 하나님,
하나님은 아들을 죽음에 이르도록 만든
인간의 죄악과 거절을 끝까지 참으셨습니다.
이제 우리에게 그리스도의 마음을 품게 하셔서
우리가 주의 말씀을 잘 듣고 순종하는 삶을 살게 하소서.
구세주이신 예수님의 이름으로 기도합니다.

(주기도문) 하늘에 계신 우리 아버지 …

축도

나는 확신합니다.
이 세상의 죽음도, 삶도, 천사도, 권세자도, 현재 일도, 장래 일도,
능력도, 높음도, 깊음도 그 밖에 어떤 피조물도,
우리를 우리 주 예수 그리스도 안에 있는
하나님의 사랑에서 끊을 수 없습니다.
아멘.

사람과 같이 되셨으니

고난주간 수요일아침

여는 말

그리스도께서 사람의 몸을 입고 세상에 오셨습니다.

그리스도께서 사람의 몸을 입고 세상에 오셨습니다.

찬양으로 부르심

주님이 우리의 빛, 우리의 구원이신데, 우리가 누구를 두려워하겠습니까?

주님이 우리 생명의 피난처이신데, 우리가 누구를 무서워하겠습니까?

처음부터 계셨고 ...

시편 8편

주 우리 하나님,

주님의 이름이 온 땅에서 어찌 그리 위엄이 넘치는지요?

저 하늘 높이까지 주님의 위엄 가득합니다.

어린이와 젖먹이들까지도 그 입술로 주님의 위엄을 찬양합니다.

주님께서는 원수와 복수하는 무리를 꺾으시고,

주님께 맞서는 자들을 막아 낼 튼튼한 요새를 세우셨습니다.

주님께서 손수 만드신 저 큰 하늘과

주님께서 친히 달아 놓으신 저 달과 별들을 내가 봅니다.

사람이 무엇이기에 주님께서 이렇게까지 생각하여 주시며,

사람의 아들이 무엇이기에 주님께서 이렇게까지 돌보아 주십니까?

주님께서는 그를 하나님보다 조금 못하게 하시고,
그에게 존귀하고 영화로운 왕관을 씌워 주셨습니다.
주님께서 손수 지으신 만물을 다스리게 하시고,
모든 것을 그의 발 아래에 두셨습니다.

크고 작은 온갖 집짐승과 들짐승까지도,
하늘을 나는 새들과 바다에서 놀고 있는 물고기와
물길 따라 움직이는 모든 것을, 사람이 다스리게 하셨습니다.

주 우리의 하나님,
주님의 이름이 온 땅에서 어찌 그리 위엄이 넘치는지요?

감사드림

주께 드리는 나의 기도가 햇살같이 떠오르니
내가 주님께 기도를 드립니다.
주님은 도움을 간구하는 나의 신음과 외치는 소리를 들어주십니다.
(자유롭게 감사의 기도를 드립니다)
주님은 주께로 피하는 사람들을 은혜로 두르시고,
주의 사랑으로 그들을 보호하여 주십니다.

찬송

우리 주님 예수께 (찬송가 103)
주 우리 하나님 (찬송가 14)

제자로 부르심

예수님께서 말씀하셨습니다.
"누구든지 나를 따라오려거든, 자기를 부인하고,
제 십자가를 지고, 나를 따라 오너라.

누구든지 자기 목숨을 구하고자 하는 사람은 잃을 것이요,
나 때문에 자기 목숨을 잃는 사람은 찾을 것이다."

창세기 1:26-27

하나님이 말씀하시기를 "우리가 우리의 형상을 따라서, 우리의 모양대로 사람을 만들자. 그리고 그가, 바다의 고기와 공중의 새와 땅 위에 사는 온갖 들짐승과 땅 위를 기어다니는 모든 길짐승을 다스리게 하자" 하시고, 하나님이 당신의 형상대로 사람을 창조하셨으니, 곧 하나님의 형상대로 사람을 창조하셨다. 하나님이 그들을 남자와 여자로 창조하셨다.

누가복음 22:63-71

예수를 지키는 사람들이 예수를 때리면서 모욕하였다. 또 그들은 예수의 눈을 가리고 말하였다. "너를 때린 사람이 누구인지 알아 맞추어 보아라." 그들은 그 밖에도 온갖 말로 모욕하면서 예수에게 욕설을 퍼부었다.
날이 밝으니, 백성의 장로회, 곧 대제사장들과 율법학자들이 모여서, 예수를 그들의 공의회로 끌고 가서, 이렇게 말하였다. "그대가 그리스도이면, 그렇다고 우리에게 말해 주시오." 예수께서 그들에게 말씀하셨다. "내가 그렇다고 여러분에게 말하더라도, 여러분은 믿지 않을 것이요, 내가 물어보아도, 여러분은 대답하지 않을 것이오. 그러나 이제부터 인자는 전능하신 하나님의 오른쪽에 앉게 될 것이오." 그러자 모두가 말하였다. "그러면 그대가 하나님의 아들이오?" 예수께서 그들에게 말씀하셨다. "내가 그렇다고 여러분이 말하고 있소." 그러자 그들은 말하였다. "이제 우리에게 무슨 증언이 더 필요하겠소? 우리가 그의 입에서 나오는 말을 직접 들었으니 말이오."

묵상한 말씀을 나눈다.

찬송

읽은 성경말씀에 맞는 찬송을 선택하여 부른다.

빌립보서 2:5-8

기도로 부르심

주님은 우리의 구원이시니, 주의 얼굴을 숨기지 마십시오.
구원의 하나님, 우리를 원수의 진노에 버려두지 마십시오.

우리가 온전히 신뢰하는 주님께 기도합니다.
우리는 주님께서 보호하시고 공급해주심을 믿습니다.
주님, 주님의 자비하심으로, 우리의 기도를 들어주소서

주님은 넘어지지 않도록 우리의 발을 지켜주십니다.
우리 자신과 사랑하는 이들을 위해 기도합니다.
(합심기도) 주님, 주님의 자비하심으로, 우리의 기도를 들어주소서

주님의 은혜가 우리에게 위로와 힘이 됩니다.
우리 공동체와 이웃을 위해 기도합니다.
(합심기도) 주님, 주님의 자비하심으로, 우리의 기도를 들어주소서

주님께서 주님의 백성을 신령한 집을 짓는 데 쓰십니다.
이 땅의 모든 교회의 하나됨을 위하여 기도합니다.
(합심기도) 주님, 주님의 자비하심으로, 우리의 기도를 들어주소서

하나님께서는 예수 그리스도로 말미암아 주님의 길을 알려주셨습니다.
주님의 나라와 그 뜻이 이 땅에서도 임할 수 있도록 세계를 위하여 기도합니다.
(합심기도) 주님, 주님의 자비하심으로, 우리의 기도를 들어주소서

우리 안의 다른 염려를 맡기어 드립니다.
(합심기도) 주님, 주님의 자비하심으로, 우리의 기도를 들어주소서

시험 받을 때에도 우리에게 힘이 되시는 하나님,
주님이 우리를 두려움에서 사랑으로 옮기십니다.
우리 안의 자만심과 교만함을 깨뜨려주셔서
세상 모든 사람에게서 주님의 형상을 볼 수 있기를 원합니다.
우리도 그리스도처럼 이웃과 원수조차도 모두 품기를
구세주이신 예수님의 이름으로 기도합니다.

(주기도문) 하늘에 계신 우리 아버지 …

축도

우리를 사랑하시고 은혜로 영원한 위로와 선한 소망을 주시는
하나님 우리 아버지와 우리 주 예수 그리스도께서,
친히 우리의 마음을 격려하시고,
모든 선한 일과 말에 굳세게 해 주시기를 기도합니다.
아멘.

사람과 같이 되셨으니

고난주간 수요일 저녁

여는 말

그리스도께서 사람의 몸을 입고 세상에 오셨습니다.
그리스도께서 사람의 몸을 입고 세상에 오셨습니다.

찬양으로 부르심

주님, 내 영혼이 주님을 기다립니다.
나의 하나님, 내가 주님께 의지하였으니,
내가 부끄러움을 당하지 않게 하시고
내 원수가 나를 이기어 승전가를 부르지 못하게 해주십시오.

처음부터 계셨고 …

욥기 31:13-23

내 남종이나 여종이 내게 탄원을 하여 올 때마다,
나는 그들이 하는 말에 귀를 기울이고, 공평하게 처리하였다.
그렇게 하지 않았더라면, 내가 무슨 낯으로 하나님을 뵈며,
하나님이 나를 심판하러 오실 때에, 내가 무슨 말로 변명하겠는가?
나를 창조하신 바로 그 하나님이 내 종들도 창조하셨다.

가난한 사람들이 도와 달라고 할 때에, 나는 거절한 일이 없다.
앞길이 막막한 과부를 못 본 체 한 일도 없다.
나는 배부르게 먹으면서 고아를 굶긴 일도 없다.
일찍부터 나는 고아를 내 아이처럼 길렀으며,

철이 나서는 줄곧 과부들을 돌보았다.
너무나도 가난하여 옷도 걸치지 못하고 죽어 가는 사람이나,
덮고 잘 것이 없는 가난한 사람을 볼 때마다,
내가 기른 양 털을 깎아서, 그것으로 옷을 만들어 그들에게 입혔다.
시린 허리를 따뜻하게 해주었더니, 그들이 나를 진심으로 축복하곤 하였다.
내가 재판에서 이길 것이라고 생각하고,
고아를 속이기라도 하였더라면, 내 팔이 부러져도 할 말이 없다.
내 팔이 어깻죽지에서 빠져 나와도 할 말이 없다.
하나님이 내리시는 심판이 얼마나 무서운지를 잘 알고 있었으므로,
나는 차마 그런 파렴치한 짓은 할 수 없었다.

감사드림

오 하나님, 내가 주께 부르짖으니, 귀를 막지 마소서.
주님은 나의 힘 나의 방패시니 내가 주님을 의지합니다.
(자유롭게 감사의 기도를 드립니다)
주님께서 우리 생명을 죽음에서 건지시니 우리 마음이 기뻐하며
우리가 주님께 감사의 노래를 드립니다.

찬송

읽은 성경말씀에 맞는 찬송을 선택하여 부른다.

고백

내 눈이 주를 바라며 기다리오니
시험에 들지 않게 하옵소서.
(침묵기도)
외롭고 괴로움을 당하는 나에게로 눈을 돌리시고
주님의 은혜를 베풀어 주십시오.

제자로 부르심

예수님께서 말씀하셨습니다.
이제 나는 너희에게 새 계명을 준다. 서로 사랑하여라.
내가 너희를 사랑한 것 같이, 너희도 서로 사랑하여라.
사람이 자기 친구를 위하여 자기 목숨을 내놓는 것보다 더 큰 사랑은 없다.

히브리서 2:9

예수께서 다만 잠시 동안 천사들보다 낮아지셔서, 죽음의 고난을 당하심으로써, 영광과 존귀의 면류관을 받아쓰신 것을, 우리가 봅니다. 그는 하나님의 은혜로 모든 사람을 위하여 죽음을 맛보셔야 했습니다.

누가복음 23:1-12

그들 온 무리가 일어나서, 예수를 빌라도 앞으로 끌고 갔다. 그들이 예수를 고발하여 말하기를 "우리가 보니, 이 사람은 우리 민족을 오도하고, 황제에게 세금 바치는 것을 반대하고, 자칭 그리스도 곧 왕이라고 하였습니다." 그래서 빌라도가 예수께 물었다. "당신이 유대인의 왕이오?" 예수께서 빌라도에게 대답하셨다. "당신이 그렇게 말하고 있소." 빌라도가 대제사장들과 무리들에게 말하였다. "내가 보니 이 사람에게는 아무 죄도 없소." 그러나 그들은 이렇게 주장하였다. "그 사람은 갈릴리에서 시작해서 여기에 이르기까지, 온 유대를 누비면서 가르치며 백성을 선동하고 있습니다."
빌라도가 이 말을 듣고서 물었다. "이 사람이 갈릴리 사람이오?" 그는 예수가 헤롯의 관할에 속한 것을 알고서, 예수를 헤롯에게 보냈는데, 마침 그 때에 헤롯이 예루살렘에 있었다. 헤롯은 예수를 보고 매우 기뻐하였다. 그는 예수의 소문을 들었으므로, 오래 전부터 예수를 보고자 하였고, 또 그는 예수가 어떤 기적을 일으키는 것을 보고 싶어하였다. 그래서 그는 예수께 여러 말로 물어 보았다. 그러나 예수께서는 그에게 아무 대답도 하지 않으셨다. 그런데 대제사장들과 율법학자들이 곁에 서 있다가, 예수를 맹렬하게 고발하였다. 헤롯은 자기 호위병들과 함께 예수를 모욕하고 조롱하였다. 그런 다음에, 예수에게 화려한 옷을 입혀서 빌라도에게 도로 보냈다. 헤롯과 빌라도가 전에는 서로 원수였으나, 바로 그 날에 서로 친구가 되었다.

묵상한 말씀을 나눈다.

찬송
두려워 말라 어린 양여
귀하신 예수 (찬송가 152)
빌립보서 2:5-8

기도로 부르심

주여, 주여. 어찌하여 주님은 그리도 멀리 서계십니까?
우리에게는 주 외에 다른 구원자가 없습니다.
하나님, 우리에게서 멀리 서계시지 마시고, 우리를 도와주십시오.

긍휼과 자비가 풍성하신 하나님,
우리의 피난처이신 주님께 우리의 마음을 쏟아 놓습니다.
주님, 주님의 자비하심으로, 우리의 기도를 들어주소서

주님은 넘어지지 않도록 우리의 발을 지켜주십니다.
우리 자신과 사랑하는 이들을 위해 기도합니다.
(합심기도) 주님, 주님의 자비하심으로, 우리의 기도를 들어주소서

주님의 은혜가 우리에게 위로와 힘이 됩니다.
우리 공동체와 이웃을 위해 기도합니다.
(합심기도) 주님, 주님의 자비하심으로, 우리의 기도를 들어주소서

주님께서 주님의 백성을 신령한 집을 짓는 데 쓰십니다.
이 땅의 모든 교회의 하나됨을 위하여 기도합니다.
(합심기도) 주님, 주님의 자비하심으로, 우리의 기도를 들어주소서

하나님께서는 예수 그리스도로 말미암아 주님의 길을 알려주셨습니다.
주님의 나라와 그 뜻이 이 땅에서도 임할 수 있도록 세계를 위하여 기도합니다.
(합심기도) 주님, 주님의 자비하심으로, 우리의 기도를 들어주소서

우리 안의 다른 염려를 맡기어 드립니다.
(합심기도) 주님, 주님의 자비하심으로, 우리의 기도를 들어주소서

모든 슬픔을 아시는 하나님,
하나님은 아들을 죽음에 이르도록 만든
인간의 죄악과 거절을 끝까지 참으셨습니다.
이제 우리에게 그리스도의 마음을 품게 하셔서
우리가 주의 말씀을 잘 듣고 순종하는 삶을 살게 하소서.
구세주이신 예수님의 이름으로 기도합니다.

(주기도문) 하늘에 계신 우리 아버지 …

축도

나는 확신합니다.
이 세상의 죽음도, 삶도, 천사도, 권세자도, 현재 일도, 장래 일도,
능력도, 높음도, 깊음도, 그 밖에 어떤 피조물도,
우리를 우리 주 예수 그리스도 안에 있는
하나님의 사랑에서 끊을 수 없습니다. 아멘.

사람의 모양으로 나타나사

고난주간 목요일아침

여는 말
그리스도께서 사람의 몸을 입고 세상에 오셨습니다.
그리스도께서 사람의 몸을 입고 세상에 오셨습니다.

찬양으로 부르심
주님이 우리의 빛, 우리의 구원이신데, 우리가 누구를 두려워하겠습니까?
주님이 우리 생명의 피난처이신데, 우리가 누구를 무서워하겠습니까?

처음부터 계셨고 …

시편 27
주님이 나의 빛, 나의 구원이신데,
내가 누구를 두려워하랴?
주님이 내 생명의 피난처이신데,
내가 누구를 무서워하랴?
나의 대적자들, 나의 원수들, 저 악한 자들이,
나를 잡아먹으려고 다가왔다가
비틀거리며 넘어졌구나.
군대가 나를 치려고 에워싸도, 나는 무섭지 않네.
용사들이 나를 공격하려고 일어날지라도,
나는 하나님만 의지하려네.
주님, 나에게 단 하나의 소원이 있습니다.

나는 오직 그 하나만 구하겠습니다.
그것은 한평생 주님의 집에 살면서
주님의 자비로우신 모습을 보는 것과,
성전에서 주님과 의논하면서 살아가는 것입니다.
재난의 날이 오면,
주님의 초막 속에 나를 숨겨 주시고,
주님의 장막 은밀한 곳에 나를 감추시며,
반석 위에 나를 올려서 높여 주실 것이니,
그 때에 나는 나를 에워싼 저 원수들을 내려다보면서,
머리를 높이 치켜들겠다.
주님의 장막에서 환성을 올리며 제물을 바치고,
노래하며 주님을 찬양하겠다.
내가 주님을 애타게 부를 때에, 들어 주십시오.
나를 불쌍히 여기시고, 응답하여 주십시오.
주님께서 나더러 "내게 와서 예배하여라" 하셨을 때
"주님, 내가 가서 예배하겠습니다" 하고 대답하였으니,
주님의 얼굴을 내게 숨기지 말아 주십시오.
주님의 종에게 노하지 마십시오. 나를 물리치지 말아 주십시오.
주님은 나의 도움이십니다.
나를 버리지 마시고, 외면하지 말아 주십시오.
주님은 나를 구원하신 하나님이십니다.
나의 아버지와 나의 어머니는 나를 버려도,
주님은 나를 돌보아 주십니다.
주님, 주님의 길을 나에게 가르쳐 주십시오.
내 원수들이 엿보고 있으니, 나를 안전한 길로 인도하여 주십시오.
그들이 거짓으로 증언하며,

폭력을 휘둘러서 나에게 대항해 오니,
내 목숨을 내 원수의 뜻에 내맡기지 마십시오.
이 세상에 머무는 내 한 생애에,
내가 주님의 은덕을 입을 것을 나는 확실히 믿는다.
너는 주님을 기다려라.
강하고 담대하게 주님을 기다려라.

감사드림

주께 드리는 나의 기도가 햇살같이 떠오르니
내가 주님께 기도를 드립니다.
주님은 도움을 간구하는 나의 신음과 외치는 소리를 들어주십니다.
(자유롭게 감사의 기도를 드립니다)
주님은 주께로 피하는 사람들을 은혜로 두르시고,
주의 사랑으로 그들을 보호하여 주십니다.

찬송

읽은 성경말씀에 맞는 찬송을 선택하여 부른다.

제자로 부르심

예수님께서 말씀하셨습니다.
"누구든지 나를 따라오려거든, 자기를 부인하고,
제 십자가를 지고, 나를 따라 오너라.
누구든지 자기 목숨을 구하고자 하는 사람은 잃을 것이요,
나 때문에 자기 목숨을 잃는 사람은 찾을 것이다.

창세기 4:8-16

가인이 아우 아벨에게 말하였다. "우리, 들로 나가자." 그들이 들에 있을 때에, 가

인이 그의 아우 아벨을 쳐죽였다. 주님께서 가인에게 물으셨다. "너의 아우 아벨이 어디에 있느냐?" 그가 대답하였다. "모릅니다. 제가 아우를 지키는 사람입니까?" 주님께서 말씀하셨다. "네가 무슨 일을 저질렀느냐? 너의 아우의 피가 땅에서 나에게 울부짖는다. 이제 네가 땅에서 저주를 받을 것이다. 땅이 그 입을 벌려서, 너의 아우의 피를 너의 손에서 받아 마셨다. 네가 밭을 갈아도, 땅이 이제는 너에게 효력을 더 나타내지 않을 것이다. 너는 이 땅 위에서 쉬지도 못하고, 떠돌아다니게 될 것이다." 가인이 주님께 말씀드렸다. "이 형벌은, 제가 짊어지기에 너무 무겁습니다. 오늘 이 땅에서 저를 쫓아내시니, 하나님을 뵙지도 못하고, 이 땅 위에서 쉬지도 못하고, 떠돌아다니게 될 것입니다. 그렇게 되면, 저를 만나는 사람마다 저를 죽이려고 할 것입니다." 주님께서 그에게 말씀하셨다. "그렇지 않다. 가인을 죽이는 자는 일곱 갑절로 벌을 받을 것이다." 주님께서는 가인에게 표를 찍어 주셔서, 어느 누가 그를 만나더라도, 그를 죽이지 못하게 하셨다. 가인은 주님 앞을 떠나서, 에덴의 동쪽 놋 땅에서 살았다.

누가복음 23:13-25

빌라도는 대제사장들과 지도자들과 백성을 불러모아 놓고서, 그들에게 말하였다. "그대들은, 이 사람이 백성을 오도한다고 하여 내게로 끌고 왔으나, 보다시피, 내가 그대들 앞에서 친히 신문하여 보았지만, 그대들이 고발한 것과 같은 죄목은 아무것도 이 사람에게서 찾지 못하였소. 헤롯도 또한 그것을 찾지 못하고, 그를 우리에게 돌려보낸 것이오. 이 사람은 사형을 받을 만한 일을 하나도 저지르지 않았소. 그러므로 나는 이 사람을 매질이나 하고, 놓아주겠소."
그러나 그들이 일제히 소리 질러 말하였다. "이 자를 없애고, 바라바를 우리에게 놓아주시오." −바라바는, 그 성 안에서 일어난 폭동과 살인 때문에 감옥에 갇힌 사람이다.−
빌라도는 예수를 놓아주고자 하여, 다시 그들에게 말하였다. 그러나 그들이 외쳤다. "그 자를 십자가에 못박으시오! 십자가에 못박으시오!" 빌라도가 세 번째 그들에게 말하였다. "도대체 이 사람이 무슨 나쁜 일을 하였단 말이오? 나는 그에게서 사형에 처할 아무런 죄를 찾지 못하였소. 그러므로 나는 그를 매질이나 해서 놓아 줄까 하오." 그러나 그들은 마구 우기면서, 예수를 십자가에 못박으라고 큰 소리로 요구하였다. 그래서 그들의 소리가 이겼다. 마침내 빌라도는 그들의 요구대로 하기로 결정하였다. 그래서 그는 폭동과 살인 때문에 감옥에 갇힌 자는 그들이 요구하는 대로 놓아주고, 예수는 그들의 뜻대로 하게 넘겨주었다.

묵상한 말씀을 나눈다.

찬송
생명의 주여 면류관 (찬송가 154)
십자가 지고 (찬송가 155)

빌립보서 2:5-8

기도로 부르심

주님은 우리의 구원이시니, 주의 얼굴을 숨기지 마십시오.
구원의 하나님, 우리를 원수의 진노에 버려두지 마십시오.

우리가 온전히 신뢰하는 주님께 기도합니다.
우리는 주님께서 보호하시고 공급해주심을 믿습니다.
주님, 주님의 자비하심으로, 우리의 기도를 들어주소서

주님은 넘어지지 않도록 우리의 발을 지켜주십니다.
우리 자신과 사랑하는 이들을 위해 기도합니다.
(합심기도) 주님, 주님의 자비하심으로, 우리의 기도를 들어주소서

주님의 은혜가 우리에게 위로와 힘이 됩니다.

우리 공동체와 이웃을 위해 기도합니다.
(합심기도) 주님, 주님의 자비하심으로, 우리의 기도를 들어주소서

주님께서 주님의 백성을 신령한 집을 짓는 데 쓰십니다.
이 땅의 모든 교회의 하나됨을 위하여 기도합니다.
(합심기도) 주님, 주님의 자비하심으로, 우리의 기도를 들어주소서

하나님께서는 예수 그리스도로 말미암아 주님의 길을 알려주셨습니다.
주님의 나라와 그 뜻이 이 땅에서도 임할 수 있도록 세계를 위하여 기도합니다.
(합심기도) 주님, 주님의 자비하심으로, 우리의 기도를 들어주소서

우리 안의 다른 염려를 맡기어 드립니다.
(합심기도) 주님, 주님의 자비하심으로, 우리의 기도를 들어주소서

시험 받을 때에도 우리에게 힘이 되시는 하나님,
주님이 우리를 두려움에서 사랑으로 옮기십니다.
우리 안의 자만심과 교만함을 깨뜨려주셔서
세상 모든 사람에게서 주님의 형상을 볼 수 있기를 원합니다.
우리도 그리스도처럼 이웃과 원수조차도 모두 품기를
구세주이신 예수님의 이름으로 기도합니다.

(주기도문) 하늘에 계신 우리 아버지 …

축도

우리를 사랑하시고 은혜로 영원한 위로와 선한 소망을 주시는
하나님 우리 아버지와 우리 주 예수 그리스도께서,
친히 우리의 마음을 격려하시고,
모든 선한 일과 말에 굳세게 해 주시기를 기도합니다. 아멘.

자기를 낮추시고

고난주간 목요일 저녁

여는 말
그리스도께서 사람의 몸을 입고 세상에 오셨습니다.
그리스도께서 사람의 몸을 입고 세상에 오셨습니다.

찬양으로 부르심
주님, 내 영혼이 주님을 기다립니다.
나의 하나님, 내가 주님께 의지하였으니,
내가 부끄러움을 당하지 않게 하시고
내 원수가 나를 이기어 승전가를 부르지 못하게 해주십시오.

처음부터 계셨고 …

시편 26편
주님, 나를 변호해 주십시오. 나는 올바르게 살아왔습니다.
주님만을 의지하고 흔들리지 않았습니다.

주님, 나를 샅샅이 살펴보시고, 시험하여 보십시오.
나의 속 깊은 곳과 마음을 달구어 보십시오.
나는 주님의 한결같은 사랑을 늘 바라보면서
주님의 진리를 따라서 살았습니다.

나는 헛된 것을 좋아하는 자들과 한자리에 앉지 않고,
음흉한 자들과도 어울리지 않았습니다.

나는 악인들의 모임에서 그들과 어울리기를 싫어하고,
한자리에 있지도 않았습니다.

주님, 내가 손을 씻어 내 무죄함을 드러내며
주님의 제단을 두루 돌면서, 감사의 노래를 소리 높여 부르며,
주님께서 나에게 해주신 놀라운 일들을 모두 다 전하겠습니다.

주님, 주님께서 계시는 집을 내가 사랑합니다.
주님의 영광이 머무르는 그 곳을 내가 사랑합니다.
나의 이 목숨을 죄인의 목숨과 함께 거두지 말아 주십시오.
나의 이 생명을 살인자들의 생명과 함께 거두지 말아 주십시오.
그들의 왼손은 음란한 우상을 들고 있고,
그들의 오른손은 뇌물로 가득 차 있습니다.

그러나 나는 깨끗하게 살려고 하오니,
이 몸을 구하여 주시고, 은혜를 베풀어 주십시오.
주님, 내가 선 자리가 든든하오니,
예배하는 모임에서 주님을 찬양하렵니다.

감사드림

오 하나님, 내가 주께 부르짖으니, 귀를 막지 마소서.
주님은 나의 힘 나의 방패시니 내가 주님을 의지합니다.
　(자유롭게 감사의 기도를 드립니다)
주님께서 우리 생명을 죽음에서 건지시니 우리 마음이 기뻐하며
우리가 주님께 감사의 노래를 드립니다.

찬송

읽은 성경말씀에 맞는 찬송을 선택하여 부른다.

고백

내 눈이 주를 바라며 기다리오니

시험에 들지 않게 하옵소서.

(침묵기도)

외롭고 괴로움을 당하는 나에게로 눈을 돌리시고

주님의 은혜를 베풀어 주십시오.

제자로 부르심

예수님께서 말씀하셨습니다. 이제 나는 너희에게 새 계명을 준다. 서로 사랑하여라. 내가 너희를 사랑한 것 같이, 너희도 서로 사랑하여라.

사람이 자기 친구를 위하여 자기 목숨을 내놓는 것보다 더 큰 사랑은 없다.

여호수아 24:14-15

이렇게 말씀하셨으니, 당신들은 이제 주님을 경외하면서, 그를 성실하고 진실하게 섬기십시오. 그리고 여러분은 여러분의 조상이 강 저쪽의 메소포타미아와 이집트에서 섬기던 신들을 버리고, 오직 주님만 섬기십시오.

주님을 섬기고 싶지 않거든, 조상들이 강 저쪽의 메소포타미아에서 섬기던 신들이든지, 아니면 당신들이 살고 있는 땅 아모리 사람들의 신들이든지, 당신들이 어떤 신들을 섬길 것인지를 오늘 선택하십시오. 나와 나의 집안은 주님을 섬길 것입니다."

누가복음 23:26-31

그들이 예수를 끌고 가다가, 들에서 오는 시몬이라는 한 구레네 사람을 붙들어서, 그에게 십자가를 지우고, 예수의 뒤를 따라가게 하였다. 백성들과 여자들이 큰 무리를 이루어서 예수를 따라 가고 있었는데, 여자들은 예수를 생각하여 가슴을 치며 통곡하였다. 예수께서 여자들을 돌아다보시고 말씀하셨다. "예루살렘의 딸들아, 나를 두고 울지 말고, 너희와 너희 자녀를 두고 울어라. 보아라, '아이를 배지 못하는 여자와, 아이를 낳아 보지 못한 태와, 젖을 먹여 보지 못한 가슴이 복되다' 하고 사람들이 말할 날이 올 것이다. 그 때에, 사람들이 산에다 대고 '우리 위에 무너져 내려라' 하며, 언덕에다 대고 '우리를 덮어 버려라' 하고 말할 것이다. 나무가 푸른 계절에도 사람들이 이렇게 하거든, 하물며 나무가 마른 계절에야 무슨 일이 벌어지겠느냐?"

묵상한 말씀을 나눈다.

찬송
만왕의 왕 내 주께서 (찬송가 151)
수고하고 무거운 짐 진 자들아

빌립보서 2:5-8

기도로 부르심

주여, 주여. 어찌하여 주님은 그리도 멀리 서계십니까?
우리에게는 주 외에 다른 구원자가 없습니다.
하나님, 우리에게서 멀리 서계시지 마시고, 우리를 도와주십시오.

긍휼과 자비가 풍성하신 하나님,
우리의 피난처이신 주님께 우리의 마음을 쏟아 놓습니다.
주님, 주님의 자비하심으로, **우리의 기도를 들어주소서**

주님은 넘어지지 않도록 우리의 발을 지켜주십니다.
우리 자신과 사랑하는 이들을 위해 기도합니다.
(합심기도) 주님, 주님의 자비하심으로, **우리의 기도를 들어주소서**

주님의 은혜가 우리에게 위로와 힘이 됩니다. 공동체와 이웃을 위해 기도합니다.

(합심기도) 주님, 주님의 자비하심으로, 우리의 기도를 들어주소서

주님께서 주님의 백성을 신령한 집을 짓는 데 쓰십니다.
이 땅의 모든 교회의 하나됨을 위하여 기도합니다.
(합심기도) 주님, 주님의 자비하심으로, 우리의 기도를 들어주소서

하나님께서는 예수 그리스도로 말미암아 주님의 길을 알려주셨습니다.
주님의 나라와 그 뜻이 이 땅에서도 임할 수 있도록 세계를 위하여 기도합니다.
(합심기도) 주님, 주님의 자비하심으로, 우리의 기도를 들어주소서

우리 안의 다른 염려를 맡기어 드립니다.
(합심기도) 주님, 주님의 자비하심으로, 우리의 기도를 들어주소서

모든 슬픔을 아시는 하나님,
하나님은 아들을 죽도록 만든 인간의 죄악과 거절을 끝까지 참으셨습니다.
이제 우리에게 그리스도의 마음을 품게 하셔서
우리가 주의 말씀을 잘 듣고 순종하는 삶을 살게 하소서.
구세주이신 예수님의 이름으로 기도합니다.

(주기도문) 하늘에 계신 우리 아버지 …

축도

나는 확신합니다.
이 세상의 죽음도, 삶도, 천사도, 권세자도, 현재 일도, 장래 일도,
능력도, 높음도, 깊음도, 그 밖에 어떤 피조물도,
우리를 우리 주 예수 그리스도 안에 있는
하나님의 사랑에서 끊을 수 없습니다. 아멘.

죽기까지 순종하셨으니

고난주간 금요일 아침

여는 말

그리스도께서 사람의 몸을 입고 세상에 오셔서,
자기를 낮추사 죽기까지 복종하셨습니다.

찬양으로 부르심

의로우신 나의 하나님, 내가 부르짖을 때에 응답하여 주십시오.
내가 마음 속 깊이 주의 얼굴을 구하며 부르짖습니다.
오셔서, 나에게 은혜를 베푸시고, 나의 기도를 들어 주십시오.

처음부터 계셨고 ...

시편 22:1~8

나의 하나님, 나의 하나님, 어찌하여 나를 버리십니까?
어찌하여 그리 멀리 계셔서,
살려 달라고 울부짖는 나의 간구를 듣지 아니하십니까?
나의 하나님, 온종일 불러도 대답하지 않으시고,
밤새도록 부르짖어도 모르는 체하십니다.

그러나 주님은 거룩하신 분, 이스라엘의 찬양을 받으실 분이십니다.
우리 조상이 주님을 믿었습니다.
그들은 믿었고, 주님께서는 그들을 구해 주셨습니다.
주님께 부르짖었으므로, 그들은 구원을 받았습니다.
주님을 믿었으므로, 그들은 수치를 당하지 않았습니다.

그러나 나는 사람도 아닌 벌레요,
사람들의 비방거리, 백성의 모욕거리일 뿐입니다.
나를 보는 사람은 누구나 나를 빗대어서 조롱하며,
입술을 비쭉거리고 머리를 흔들면서 얄밉게 빈정댑니다.
"그가 주님께 그토록 의지하였다면, 주님이 그를 구하여 주시겠지. 그의 주님이 그
토록 그를 사랑하신다니, 주님이 그를 건져 주시겠지" 합니다.

감사드림

주께 드리는 나의 기도가 햇살같이 떠오르니
내가 주님께 기도를 드립니다.
주님은 도움을 간구하는 나의 신음과 외치는 소리를 들어주십니다.
(자유롭게 감사의 기도를 드립니다)
주님은 주께로 피하는 사람들을 은혜로 두르시고,
주의 사랑으로 그들을 보호하여 주십니다.

찬송

누군가 널 위해 기도하네

제자로 부르심

예수님께서 말씀하셨습니다.
"누구든지 나를 따라오려거든, 자기를 부인하고,
제 십자가를 지고, 나를 따라 오너라.
누구든지 자기 목숨을 구하고자 하는 사람은 잃을 것이요,
나 때문에 자기 목숨을 잃는 사람은 찾을 것이다.

다니엘 3:16-18

사드락과 메삭과 아벳느고가 왕에게 대답하여 아뢰었다. "굽어살펴 주십시오. 이

일을 두고서는, 우리가 임금님께 대답할 필요가 없는 줄 압니다. 불 속에 던져져도, 임금님, 우리를 지키시는 우리 하나님이 우리를 활활 타는 화덕 속에서 구해 주시고, 임금님의 손에서도 구해 주실 것입니다. 비록 그렇게 되지 않더라도, 우리는 임금님의 신들은 섬기지도 않고, 임금님이 세우신 금 신상에게 절을 하지도 않을 것입니다. 굽어살펴 주십시오."

누가복음 23:32-38

다른 죄수 두 사람도 예수와 함께 처형장으로 끌려갔다. 그들은 해골이라 하는 곳에 이르러서, 거기서 예수를 십자가에 달고, 그 죄수들도 그렇게 하였는데, 한 사람은 그의 오른쪽에, 한 사람은 그의 왼쪽에 달았다. [그 때에 예수께서 말씀하셨다. "아버지, 저 사람들을 용서하여 주십시오. 저 사람들은 자기네가 무슨 일을 하는지를 알지 못합니다."] 그들은 제비를 뽑아서, 예수의 옷을 나누어 가졌다. 백성은 서서 바라보고 있었고, 지도자들은 비웃으며 말하였다. "이 자가 남을 구원하였으니, 정말 그가 택하심을 받은 분이라면, 자기나 구원하라지." 병정들도 예수를 조롱하였는데, 그들은 가까이 가서, 그에게 신 포도주를 들이대면서, 말하였다. "네가 유대인의 왕이라면, 너나 구원하여 보아라." 예수의 머리 위에는 "이는 유대인의 왕이다" 이렇게 쓴 죄패가 붙어 있었다.

묵상한 말씀을 나눈다.

찬송
만 왕의 왕 내 주께서 (찬송가 151)
나 주님을 사랑합니다. (찬송가 618)
갈보리 산 위에 (찬송가 150)

빌립보서 2:5-8

기도로 부르심

주님은 우리의 구원이시니, 주의 얼굴을 숨기지 마십시오.
구원의 하나님, 우리를 원수의 진노에 버려두지 마십시오.

우리가 온전히 신뢰하는 주님께 기도합니다.
우리는 주님께서 보호하시고 공급해주심을 믿습니다.
주님, 주님의 자비하심으로, 우리의 기도를 들어주소서

주님은 넘어지지 않도록 우리의 발을 지켜주십니다.
우리 자신과 사랑하는 이들을 위해 기도합니다.
(합심기도) 주님, 주님의 자비하심으로, 우리의 기도를 들어주소서

주님의 은혜가 우리에게 위로와 힘이 됩니다.
우리 공동체와 이웃을 위해 기도합니다.
(합심기도) 주님, 주님의 자비하심으로, 우리의 기도를 들어주소서

주님께서 주님의 백성을 신령한 집을 짓는 데 쓰십니다.
이 땅의 모든 교회의 하나됨을 위하여 기도합니다.
(합심기도) 주님, 주님의 자비하심으로, 우리의 기도를 들어주소서

하나님께서는 예수 그리스도로 말미암아 주님의 길을 알려주셨습니다.
주님의 나라와 그 뜻이 이 땅에서도 임할 수 있도록 세계를 위하여 기도합니다.
(합심기도) 주님, 주님의 자비하심으로, 우리의 기도를 들어주소서

우리 안의 다른 염려를 맡기어 드립니다.
(합심기도) 주님, 주님의 자비하심으로, 우리의 기도를 들어주소서

시험 받을 때에도 우리에게 힘이 되시는 하나님,

주님이 우리를 두려움에서 사랑으로 옮기십니다.
우리 안의 자만심과 교만함을 깨뜨려주셔서
세상 모든 사람에게서 주님의 형상을 볼 수 있기를 원합니다.
우리도 그리스도처럼 이웃과 원수조차도 모두 품기를
구세주이신 예수님의 이름으로 기도합니다.

(주기도문) 하늘에 계신 우리 아버지 …

축도

우리를 사랑하시고 은혜로 영원한 위로와 선한 소망을 주시는
하나님 우리 아버지와 우리 주 예수 그리스도께서,
친히 우리의 마음을 격려하시고,
모든 선한 일과 말에 굳세게 해 주시기를 기도합니다.
아멘.

죽기까지 순종하셨으니

고난주간 금요일 저녁

여는 말

그리스도께서 사람의 몸을 입고 세상에 오셔서,
자기를 낮추사 죽기까지 복종하셨습니다.

찬양으로 부르심

주님, 내 영혼이 주님을 기다립니다. 나의 하나님, 내가 주님께 의지하였으니,
내가 부끄러움을 당하지 않게 하시고
내 원수가 나를 이기어 승전가를 부르지 못하게 해주십시오.

처음부터 계셨고 …

시편 22:10-22 [9-21]

주님은 나를 모태에서 이끌어 내신 분,
어머니의 젖을 빨 때부터 주님을 의지하게 하신 분이십니다.
나는 태어날 때부터 주님께 맡긴 몸,
모태로부터 주님만이 나의 하나님이었습니다.
나를 멀리하지 말아 주십시오.
재난이 가까이 닥쳐왔으나, 나를 도와줄 사람이 없습니다.

황소 떼가 나를 둘러쌌습니다. 바산의 힘센 소들이 이 몸을 에워쌌습니다.
으르렁대며 찢어 발기는 사자처럼 입을 벌리고 나에게 달려듭니다.

나는 쏟아진 물처럼 기운이 빠져 버렸고 뼈마디가 모두 어그러졌습니다.

나의 마음이 촛물처럼 녹아내려, 절망에 빠졌습니다.
나의 입은 옹기처럼 말라 버렸고, 나의 혀는 입천장에 붙어 있으니,
주님께서 나를 완전히 매장되도록 내버려 두셨기 때문입니다.

개들이 나를 둘러싸고,
악한 일을 저지르는 무리가 나를 에워싸고 내 손과 발을 묶었습니다.

뼈마디 하나하나가 다 셀 수 있을 만큼 앙상하게 드러났으며,
원수들도 나를 보고 즐거워합니다.
나의 겉옷을 원수들이 나누어 가지고,
나의 속옷도 제비를 뽑아서 나누어 가집니다.

그러나 나의 주님, 멀리하지 말아 주십시오.
나의 힘이신 주님, 어서 빨리 나를 도와주십시오.
내 생명을 원수의 칼에서 건져 주십시오.
하나뿐인 나의 목숨을 개의 입에서 빼내어 주십시오.
사자의 입에서 나를 구하여 주십시오.
들소의 뿔에서 나를 구하여 주십시오.

감사드림

오 하나님, 내가 주께 부르짖으니, 귀를 막지 마소서.
주님은 나의 힘 나의 방패시니 내가 주님을 의지합니다.
(자유롭게 감사의 기도를 드립니다)
주님께서 우리 생명을 죽음에서 건지시니 우리 마음이 기뻐하며
우리가 주님께 감사의 노래를 드립니다.

찬송

예수 나를 위하여 (찬송가 144)

고백

내 눈이 주를 바라며 기다리오니

시험에 들지 않게 하옵소서.

(침묵기도)

외롭고 괴로움을 당하는 나에게로 눈을 돌리시고

주님의 은혜를 베풀어 주십시오.

제자로 부르심

예수님께서 말씀하셨습니다.

이제 나는 너희에게 새 계명을 준다. 서로 사랑하여라.

내가 너희를 사랑한 것 같이, 너희도 서로 사랑하여라.

사람이 자기 친구를 위하여 자기 목숨을 내놓는 것보다 더 큰 사랑은 없다.

스바냐 3:19

때가 되면, 너를 억누르는 자들을 내가 모두 벌하겠다. 없어진 이들을 찾아오고, 흩어진 이들을 불러모으겠다. 흩어져서 사는 그 모든 땅에서, 부끄러움을 겪던 나의 백성이 칭송과 영예를 받게 하겠다.

누가복음 23:39-48

예수와 함께 달려 있는 죄수 가운데 하나도 그를 모독하며 말하였다. "너는 그리스도가 아니냐? 너와 우리를 구원하여라." 그러나 다른 하나는 그를 꾸짖으며 말하였다. "똑같은 처형을 받고 있는 주제에, 너는 하나님이 두렵지도 않으냐? 우리야 우리가 저지른 일 때문에 그에 마땅한 벌을 받고 있으니 당연하지만, 이분은 아무 것도 잘못한 일이 없다." 그리고 나서 그는 예수께 말하였다. "예수님, 주님이 주님의 나라에 들어가실 때에, 나를 기억해 주십시오." 예수께서 그에게 말씀하셨다. "내가 진정으로 네게 말한다. 너는 오늘 나와 함께 낙원에 있을 것이다."

어느덧 낮 열두 시쯤 되었는데, 어둠이 온 땅을 덮어서, 오후 세 시까지 계속되었다.해는 빛을 잃고, 성전의 휘장은 한가운데가 찢어졌다. 예수께서 큰 소리로 부르짖어 말씀하셨다. "아버지, 내 영혼을 아버지 손에 맡깁니다." 이 말씀을 하시고, 그는 숨을 거두셨다. 그런데 백부장은 그 일어난 일을 보고, 하나님께 영광을 돌리며 말하였다. "이 사람은 참으로 의로운 사람이었다." 구경하러 모여든 무리도 그 일어난 일을 보고, 모두 가슴을 치면서 돌아갔다.

묵상한 말씀을 나눈다.

찬송
주여 주 예수여
웬 말인가 날 위하여 (찬송가 143)

빌립보서 2:5-8

기도로 부르심

주여, 주여. 어찌하여 주님은 그리도 멀리 서계십니까?
우리에게는 주 외에 다른 구원자가 없습니다.
하나님, 우리에게서 멀리 서계시지 마시고, 우리를 도와주십시오.

궁휼과 자비가 풍성하신 하나님, 우리의 피난처이신 주님께 마음을 쏟아 놓습니다.
주님, 주님의 자비하심으로, 우리의 기도를 들어주소서

주님은 넘어지지 않도록 우리의 발을 지켜주십니다.
우리 자신과 사랑하는 이들을 위해 기도합니다.
(합심기도) 주님, 주님의 자비하심으로, 우리의 기도를 들어주소서

주님의 은혜가 우리에게 위로와 힘이 됩니다. 공동체와 이웃을 위해 기도합니다.
(합심기도) 주님, 주님의 자비하심으로, 우리의 기도를 들어주소서

주님께서 주님의 백성을 신령한 집을 짓는 데 쓰십니다.
이 땅의 모든 교회의 하나됨을 위하여 기도합니다.
(합심기도) 주님, 주님의 자비하심으로, 우리의 기도를 들어주소서

하나님께서는 예수 그리스도로 말미암아 주님의 길을 알려주셨습니다.
주님의 나라와 그 뜻이 이 땅에서도 임할 수 있도록 세계를 위하여 기도합니다.
(합심기도) 주님, 주님의 자비하심으로, 우리의 기도를 들어주소서
우리 안의 다른 염려를 맡기어 드립니다.
(합심기도) 주님, 주님의 자비하심으로, 우리의 기도를 들어주소서

모든 슬픔을 아시는 하나님,
하나님은 아들을 죽음에 이르도록 만든
인간의 죄악과 거절을 끝까지 참으셨습니다.
이제 우리에게 그리스도의 마음을 품게 하셔서
우리가 주의 말씀을 잘 듣고 순종하는 삶을 살게 하소서.
구세주이신 예수님의 이름으로 기도합니다.

(주기도문) 하늘에 계신 우리 아버지 …

축도

나는 확신합니다.
이 세상의 죽음도, 삶도, 천사도, 권세자도, 현재 일도, 장래 일도,
능력도, 높음도, 깊음도, 그 밖에 어떤 피조물도,
우리를 우리 주 예수 그리스도 안에 있는
하나님의 사랑에서 끊을 수 없습니다. 아멘.

십자가에 죽기까지 하셨나이다

고난주간 토요일아침

여는 말

죽기까지 순종하셨으니,
곧 십자가에 죽으심이라.

찬양으로 부르심

의로우신 나의 하나님, 내가 부르짖을 때에 응답하여 주십시오.
내가 마음 속 깊이 주의 얼굴을 구하며 부르짖습니다.
오셔서, 나에게 은혜를 베푸시고, 나의 기도를 들어 주십시오.

처음부터 계셨고 ...

시편17편

주님, 나의 진실을 변호하여 주십시오. 이 부르짖는 소리를 들어 주십시오.
거짓 없이 드리는 나의 기도에 귀를 기울여 주십시오.

주님, 친히 "너는 죄가 없다"고 판결하여 주십시오.
주님의 눈으로 공평하게 살펴보아 주십시오.

주님께서는 나의 마음을 시험하여 보시고, 밤새도록 심문하시며
샅샅이 캐어 보셨지만 내 잘못을 찾지 못하셨습니다.
내 입에서 무슨 잘못을 발견하셨습니까?

남들이야 어떠했든지, 나만은 주님께서 하신 말씀을 따랐기에,

약탈하는 무리의 길로 가지 않았습니다.
내 발걸음이 주님의 발자취만을 따랐기에, 그 길에서 벗어난 일이 없었습니다.

하나님, 내가 주님을 부르니, 내게 응답하여 주십시오.
귀 기울이셔서, 내가 아뢰는 말을 들어 주십시오.

주님의 미쁘심을 크게 드러내 주십시오.
주님께로 피하는 사람을 오른손으로 구원하여 주시는 주님,
나를 치는 자들의 손에서 나를 건져 주십시오.

주님의 눈동자처럼 나를 지켜 주시고, 주님의 날개 그늘에 나를 숨겨 주시고,
나를 공격하는 악인들로부터 나를 지켜 주십시오.

나의 생명을 노리는 원수들이 나를 둘러싸고 있습니다.
그들의 몸뚱이는 기름기가 번드르르 흐르고 그들의 입은 오만으로 가득 차 있습니다.
마침내 그들이 나를 뒤따라와 에워싸고,

이 몸을 땅바닥에 메어치려고 노려봅니다.
그들은 찢을 것을 찾는 사자와 같고,
숨어서 먹이를 노리는, 기운 센 사자와도 같습니다.

주님, 일어나십시오. 그들을 대적하시고, 굴복시키십시오.
주님께서 칼을 드셔서, 악인에게서 나의 생명을 구하여 주십시오.
주님, 이 세상에서 받을 몫을 다 받고 사는 자들에게서 나를 구해 주십시오.

주님께서 몸소 구해 주십시오. 그들은 주님께서 쌓아 두신 재물로
자신들의 배를 채우고 남은 것을 자녀에게 물려주고
그래도 남아서 자식의 자식들에게까지 물려줍니다.

나는 떳떳하게 주님의 얼굴을 뵙겠습니다.
깨어나서 주님의 모습 뵈올 때에 주님과 함께 있는 것만으로도
내게 기쁨이 넘칠 것입니다.

감사드림
주께 드리는 나의 기도가 햇살같이 떠오르니 내가 주님께 기도를 드립니다.
주님은 도움을 간구하는 나의 신음과 외치는 소리를 들어주십니다.
(자유롭게 감사의 기도를 드립니다)
주님은 주께로 피하는 사람들을 은혜로 두르시고,
주의 사랑으로 그들을 보호하여 주십니다.

찬송
읽은 성경말씀에 맞는 찬송을 선택하여 부른다.

제자로 부르심

예수님께서 말씀하셨습니다.
"누구든지 나를 따라오려거든, 자기를 부인하고,
제 십자가를 지고, 나를 따라 오너라.
누구든지 자기 목숨을 구하고자 하는 사람은 잃을 것이요,
나 때문에 자기 목숨을 잃는 사람은 찾을 것이다.

아가서 8:6-7
도장 새기듯, 임의 마음에 나를 새기세요.
도장 새기듯, 임의 팔에 나를 새기세요.
사랑은 죽음처럼 강한 것, 사랑의 시샘은 저승처럼 잔혹한 것,
사랑은 타오르는 불길,
아무도 못 끄는 거센 불길입니다.

바닷물도 그 사랑의 불길 끄지 못하고, 강물도 그 불길 잡지 못합니다.
남자가 자기 집 재산을 다 바친다고 사랑을 얻을 수 있을까요?
오히려 웃음거리만 되고 말겠지요.

누가복음 23:49

예수를 아는 사람들과 갈릴리에서부터 예수를 따라다닌 여자들은, 다 멀찍이 서서 이 일을 지켜보았다.

묵상한 말씀을 나눈다.

찬송

주여 주여 우리를 (찬송가 632)

빌립보서 2:5-8

기도로 부르심

주여, 주여. 어찌하여 주님은 그리도 멀리 서계십니까?
우리에게는 주 외에 다른 구원자가 없습니다.
하나님, 우리에게서 멀리 서계시지 마시고, 우리를 도와주십시오.

궁휼과 자비가 풍성하신 하나님, 피난처이신 주님께 우리의 마음을 쏟아 놓습니다.
주님, 주님의 자비하심으로, 우리의 기도를 들어주소서

주님은 넘어지지 않도록 우리의 발을 지켜주십니다.
우리 자신과 사랑하는 이들을 위해 기도합니다.
(합심기도) 주님, 주님의 자비하심으로, 우리의 기도를 들어주소서

주님의 은혜가 우리에게 위로와 힘이 됩니다.
우리 공동체와 이웃을 위해 기도합니다.

(합심기도) 주님, 주님의 자비하심으로, 우리의 기도를 들어주소서

주님께서 주님의 백성을 신령한 집을 짓는 데 쓰십니다.
이 땅의 모든 교회의 하나됨을 위하여 기도합니다.
(합심기도) 주님, 주님의 자비하심으로, 우리의 기도를 들어주소서

하나님께서는 예수 그리스도로 말미암아 주님의 길을 알려주셨습니다.
주님의 나라와 그 뜻이 이 땅에서도 임할 수 있도록 세계를 위하여 기도합니다.
(합심기도) 주님, 주님의 자비하심으로, 우리의 기도를 들어주소서

우리 안의 다른 염려를 맡기어 드립니다.
(합심기도) 주님, 주님의 자비하심으로, 우리의 기도를 들어주소서

모든 슬픔을 아시는 하나님, 하나님은 아들을 죽음에 이르도록 만든
인간의 죄악과 거절을 끝까지 참으셨습니다.
이제 우리에게 그리스도의 마음을 품게 하셔서
우리가 주의 말씀을 잘 듣고 순종하는 삶을 살게 하소서.
구세주이신 예수님의 이름으로 기도합니다.

(주기도문) 하늘에 계신 우리 아버지 …

축도

나는 확신합니다.
이 세상의 죽음도, 삶도, 천사도, 권세자도, 현재 일도, 장래 일도,
능력도, 높음도, 깊음도, 그 밖에 어떤 피조물도,
우리를 우리 주 예수 그리스도 안에 있는
하나님의 사랑에서 끊을 수 없습니다.
아멘.

십자가에 죽기까지 하셨나이다

고난주간 토요일 저녁

여는 말

죽기까지 순종하셨으니,
곧 십자가에 죽으심이라

찬양으로 부르심

주님, 내 영혼이 주님을 기다립니다.
나의 하나님, 내가 주님께 의지하였으니,
내가 부끄러움을 당하지 않게 하시고
내 원수가 나를 이기어 승전가를 부르지 못하게 해주십시오.

처음부터 계셨고 ...

시편 13편

주님, 언제까지 나를 잊으시렵니까?
영원히 잊으시렵니까? 언제까지 나를 외면하시렵니까?
언제까지 나의 영혼이 아픔을 견디어야 합니까?
언제까지 고통을 받으며 괴로워하여야 합니까?
언제까지 내 앞에서 의기양양한 원수의 꼴을 보고만 있어야 합니까?

나를 굽어살펴 주십시오. 나에게 응답하여 주십시오. 주, 나의 하나님,
내가 죽음의 잠에 빠지지 않게 나의 눈을 뜨게 하여 주십시오.
나의 원수가 "내가 그를 이겼다" 하고 말할까 두렵습니다.
내가 흔들릴 때에, 나의 대적들이 기뻐할까 두렵습니다.

그러나 나는 주님의 한결같은 사랑을 의지합니다.
주님께서 구원하여 주실 그 때에, 나의 마음은 기쁨에 넘칠 것입니다.
주님께서 나를 너그럽게 대하여 주셔서,
내가 주님께 찬송을 드리겠습니다.

감사드림

오 하나님, 내가 주께 부르짖으니, 귀를 막지 마소서.
주님은 나의 힘 나의 방패시니 내가 주님을 의지합니다.
(자유롭게 감사의 기도를 드립다)
주님께서 우리 생명을 죽음에서 건지시니 우리 마음이 기뻐하며
우리가 주님께 감사의 노래를 드립니다.

찬송

어린 양 예수
거기 너 있었는가 (찬송가 147)
주 달려 죽은 십자가 (찬송가 149)

고백

내 눈이 주를 바라며 기다리오니
시험에 들지 않게 하옵소서.
(침묵기도)
외롭고 괴로움을 당하는 나에게로 눈을 돌리시고
주님의 은혜를 베풀어 주십시오.

제자로 부르심

예수님께서 말씀하셨습니다.
이제 나는 너희에게 새 계명을 준다. 서로 사랑하여라.

내가 너희를 사랑한 것 같이, 너희도 서로 사랑하여라.
사람이 자기 친구를 위하여 자기 목숨을 내놓는 것보다 더 큰 사랑은 없다.

하박국 3:17~19
무화과나무에 과일이 없고 포도나무에 열매가 없을지라도, 올리브 나무에서 딸 것이 없고 밭에서 거두어들일 것이 없을지라도, 우리에 양이 없고 외양간에 소가 없을지라도, 나는 주님 안에서 즐거워하련다. 나를 구원하신 하나님 안에서 기뻐하련다. 주 하나님은 나의 힘이시다. 나의 발을 사슴의 발과 같게 하셔서, 산등성이를 마구 치닫게 하신다.

누가복음 23:50-56
요셉이라는 사람이 있었는데, 그는 공의회 의원이고, 착하고 의로운 사람이었다. 이 사람은 의회의 결정과 처사에 찬성하지 않았다.- 그는 유대 사람의 고을 아리마대 출신으로, 하나님의 나라를 기다리는 사람이었다. 이 사람이 빌라도에게 가서, 예수의 시신을 내어 달라고 청하였다. 그는 시신을 십자가에서 내려서, 삼베로 싼 다음에, 바위를 파서 만든 무덤에다가 모셨다. 그 무덤은 아직 아무도 묻힌 적이 없는 것이었다. 그 날은 준비일이고, 안식일이 시작될 무렵이었다.
갈릴리에서부터 예수를 따라다닌 여자들이 뒤따라가서, 그 무덤을 보고, 또 그의 시신이 어떻게 안장되었는지를 살펴보았다.

그리고 그들은 집에 돌아가서, 향료와 향유를 마련하였다. 여인들은 계명대로 안식일에 쉬었다.

묵상한 말씀을 나눈다.

찬송
나 주님을 사랑합니다. (찬송가 618)
성령의 은사를 (찬송가 196)

주 달려 죽은 십자가 (찬송가 149)
갈보리 산 위에 (찬송가 150)

빌립보서 2:5-8

기도로 부르심

주여, 주여. 어찌하여 주님은 그리도 멀리 서계십니까?
우리에게는 주 외에 다른 구원자가 없습니다.
하나님, 우리에게서 멀리 서계시지 마시고, 우리를 도와주십시오.

긍휼과 자비가 풍성하신 하나님,
우리의 피난처이신 주님께 우리의 마음을 쏟아 놓습니다.
주님, 주님의 자비하심으로, 우리의 기도를 들어주소서

주님은 넘어지지 않도록 우리의 발을 지켜주십니다.
우리 자신과 사랑하는 이들을 위해 기도합니다.
(합심기도) 주님, 주님의 자비하심으로, 우리의 기도를 들어주소서

주님의 은혜가 우리에게 위로와 힘이 됩니다.
우리 공동체와 이웃을 위해 기도합니다.
(합심기도) 주님, 주님의 자비하심으로, 우리의 기도를 들어주소서

주님께서 주님의 백성을 신령한 집을 짓는 데 쓰십니다.
이 땅의 모든 교회의 하나됨을 위하여 기도합니다.
(합심기도) 주님, 주님의 자비하심으로, 우리의 기도를 들어주소서

하나님께서는 예수 그리스도로 말미암아 주님의 길을 알려주셨습니다.
주님의 나라와 그 뜻이 이 땅에서도 임할 수 있도록 세계를 위하여 기도합니다.

(합심기도) 주님, 주님의 자비하심으로, 우리의 기도를 들어주소서

우리 안의 다른 염려를 맡기어 드립니다.
(합심기도) 주님, 주님의 자비하심으로, 우리의 기도를 들어주소서

모든 슬픔을 아시는 하나님,
하나님은 아들을 죽음에 이르도록 만든
인간의 죄악과 거절을 끝까지 참으셨습니다.
이제 우리에게 그리스도의 마음을 품게 하셔서
우리가 주의 말씀을 잘 듣고 순종하는 삶을 살게 하소서.
구세주이신 예수님의 이름으로 기도합니다.

(주기도문) 하늘에 계신 우리 아버지 …

축도
나는 확신합니다.
이 세상의 죽음도, 삶도, 천사도, 권세자도, 현재 일도, 장래 일도,
능력도, 높음도, 깊음도, 그 밖에 어떤 피조물도,
우리를 우리 주 예수 그리스도 안에 있는
하나님의 사랑에서 끊을 수 없습니다.
아멘.

부활절

부활절 기도

초대교회 그리스도인들은 그리스도의 구속 이야기를 나누며 매 주일을 작은 부활절로 기념하였다. 어떤 사람들은 부활절 이후 50일간을 "하나의 큰 부활절"이라 부르기도 했다. 초대교회 역사가에 따르면 부활절이야말로 기독교의 최대 명절로 가장 기쁜 날이다. 그래서 이 기간 동안에는 금식을 하지 않고, 자주 서서 예배를 그리며 할렐루야를 외치며 하나님을 찬양하였다고 한다.

부활절 기간 동안 우리는 부활의 기쁨을 표현하기도 하지만 예수의 죽음과 장사한 후 몇 일간 혹은 몇 주 동안 어리둥절한 나날들을 보냈던 예수의 제자들에 대해 묵상하기도 한다. 이 기간 동안 기도와 묵상을 통해 우리는 복음서를 통해 예수의 제자들이 경험했던 바를 올바로 이해하기 위해 노력할 필요가 있다. 시편을 통해 우리는 부활 곧 새로운 기쁨의 노래를 부를 것이다. 그리고 전체 성경을 통해 처음 부활을 경험했던 그리스도인들이 가졌던 질문들을 깊이 묵상해 볼 것이다. 즉 다시 사신 주는 어떤 분이신가? 그리스도의 죽음은 어떤 의미가 있는가? 하나님께서 신원하여 주신 것은 어떤 의미가 있는가?

부활절 후 40일째 되는 날 예수는 하늘로 올라가셨다. 이 승천일은 목요일인데 예수그리스도의 승천에 관한 이야기로 묵상할 것이다.

이 기간 동안 여는 말은 고난 주간의 여는 말에 사용했던 빌립보서 2:5~7에 이어지는 2:8~11의 찬송시를 사용하였다. 시간의 흐름을 따라 조금씩 시 전체를 묵상하도록 구성하였다. 전체 시는 주간의 찬양과 연결시켜 부르도록 하였다. 제자로의 부르심을 위해서는 아침 묵상과 저녁 묵상 모두 그리스도인들이 자신의 삶을 포기할 때 참 생명을 찾을 수 있다는 복음의 역설을 반영하였다. 즉 자신을 버리고 참 생명을 얻는다는 복음의 역설을 통해 그리스도인들이 보다 풍성한 삶을 살기 원하시는 예수 그리스도의 마음을 담아놓았다. 성경읽기는 부활 후 제자들에게 나타나셨던 그리스도에 대한 복음서의 이야기를 먼저 읽고, 두 번째로 여는 말과 관련된 그리스도론적 확신으로 지평을 넓혀나갈 것이다. 기도로의 부르심 역시 "새로움"에 초점을 맞추어 부활의 능력으로 살아가도록 구성하였다. 축도는 모든 것을 선하게 인도하시고 이루시는 영광의 하나님으로부터 받은 기쁨을 감사로 돌려드리도록 구성하였다.

하나님께서 그를 지극히 높여

부활절 일요일 아침

여는 말

자기를 낮추시고
죽기까지 순종하셨으니 곧 십자가에 죽으심이라
이러므로 하나님이 그를 지극히 높여

찬양으로 부르심

우리 왕이신 하나님, 우리가 주님을 높이며,
주님의 이름을 영원토록 송축하렵니다.
우리가 날마다 주님께 찬송을 올리며,
영원토록 주님의 이름을 송축하렵니다. 할렐루야.

처음부터 계셨고···

시편118:14~29

주님은 나의 능력, 나의 노래,
나를 구원하여 주시는 분이시다.
의인의 장막에서 환호하는 소리, 승리의 함성이 들린다.
"주님의 오른손이 힘차시다.

주님의 오른손이 높이 들렸다.
주님의 오른손이 힘차시다."
내가 죽지 않고 살아서,
주님께서 하신 일을 선포하겠다.

주님께서는 엄히 징계하셔도,
나를 죽게 버려 두지는 않으신다.
구원의 문들을 열어라.
내가 그 문들로 들어가서 주님께 감사를 드리겠다.

이것이 주님의 문이다.
의인들이 그리로 들어갈 것이다.
주님께서 나에게 응답하시고, 나에게 구원을 베푸셨으니,
내가 주님께 감사를 드립니다.

집 짓는 사람들이 내버린 돌이,
집 모퉁이의 머릿돌이 되었다.
이것은 주님께서 하신 일이니,
우리의 눈에는 기이한 일이 아니냐?
이 날은 주님이 구별해 주신 날,
우리 모두 이 날에 기뻐하고 즐거워하자.

주님, 간구합니다. 우리를 구원하여 주십시오.
주님, 간구합니다. 우리를 형통하게 해주십시오.
주님의 이름으로 오는 이에게는 복이 있다.
주님의 집에서 우리가 너희를 축복하였다.
주님은 하나님이시니,
우리에게 빛을 비추어 주셨다.

나뭇가지로 축제의 단을 장식하고,
제단의 뿔도 꾸며라.
주님은 나의 하나님이시니,

내가 주님께 감사드립니다.
내 하나님, 내가 주님을 높이 기리겠습니다.
주님께 감사하여라.
그는 선하시며, 그의 인자하심이 영원하다.

감사드림

야곱의 하나님을 우리의 도움으로 삼고
우리 하나님이신 주님께 희망을 거는 사람은, 복이 있습니다.
주님은 하늘과 땅과 바다 속에 있는 모든 것을 지으셨으며,
영원히 신실하신 분이십니다.
(자유롭게 감사의 기도를 드립니다)
주님, 아침에는 주님의 변함없는 사랑으로 우리를 채워 주시고,
평생토록 우리가 기뻐하고 즐거워하게 해주십시오. 아멘.

찬송

주의 말씀 받은 그날 (찬송가 285)
예수 부활 했으니 (찬송가 164)

제자로 부르심

예수님께서 말씀하시기를,
나는 양들이 생명을 얻고 또 더 넘치게 얻게 하려고 왔다.
나를 따르는 사람은 어둠 속에 다니지 아니하고, 생명의 빛을 얻을 것이다.

마태복음 28:1-10

안식일이 지나고, 이레의 첫 날 동틀 무렵에, 막달라 마리아와 다른 마리아가 무덤을 보러 갔다. 그런데 갑자기 큰 지진이 일어났다. 주님의 한 천사가 하늘에서 내려와 무덤에 다가와서, 그 돌을 굴려 내고, 그 돌 위에 앉았다. 그 천사의 모습은 번

개와 같았고, 그의 옷은 눈과 같이 희었다. 지키던 사람들은 천사를 보고 두려워서 떨었고, 죽은 사람처럼 되었다. 천사가 여자들에게 말하였다. "두려워하지 말아라. 나는, 너희가 십자가에 달리신 예수를 찾는 줄 안다. 그는 여기에 계시지 않다. 그가 말씀하신 대로, 그는 살아나셨다. 와서 그가 누워 계시던 곳을 보아라. 그리고 빨리 가서 제자들에게 전하기를, 그는 죽은 사람들 가운데서 살아 나셔서, 그들보다 먼저 갈릴리로 가시니, 그들은 거기서 그를 뵙게 될 것이라고 하여라. 이것이 내가 너희에게 하는 말이다." 여자들은 무서움과 큰 기쁨이 엇갈려서, 급히 무덤을 떠나, 이 소식을 그의 제자들에게 전하려고 달려갔다. 그런데 갑자기 예수께서 여자들과 마주쳐서 "평안하냐?" 하고 말씀하셨다. 여자들은 다가가서, 그의 발을 붙잡고, 그에게 절을 하였다. 그 때에 예수께서 그 여자들에게 말씀하셨다. "무서워하지 말아라. 가서, 나의 형제들에게 갈릴리로 가라고 전하여라. 그러면, 거기에서 그들이 나를 만날 것이다."

갈라디아서 2:19~20

내가 율법으로 말미암아 율법에 대하여 죽었나니 이는 하나님에 대하여 살려 함이라. 내가 그리스도와 함께 십자가에 못 박혔나니 그런즉 이제는 내가 사는 것이 아니요 오직 내 안에 그리스도께서 사시는 것이라 이제 내가 육체 가운데 사는 것은 나를 사랑하사 나를 위하여 자기 자신을 버리신 하나님의 아들을 믿는 믿음 안에서 사는 것이라.

묵상한 말씀을 나눈다.

찬송

내가 그리스도와 함께
무덤에 머물러 (찬송가 160)
할렐루야 우리 예수 (찬송가 161)

빌립보서 2:5-11

기도로 부르심

눈을 들어 하늘을 보라. 그리고 땅을 내려다보아라.
주님의 구원은 영원하며, 주님의 인도하심 또한 영원할 것이다.

평화의 하나님, 주님은 만물을 새롭게 하십니다.
주님, 주님의 자비하심으로, 우리의 기도를 들어주소서

주님께서 변함없는 사랑으로 우리를 채워주십니다.
우리 자신과 사랑하는 이들을 위해 기도합니다.
(합심기도) 주님, 주님의 자비하심으로, **우리의 기도를 들어주소서**

주님은 여러 가지 다양한 방식으로 우리에게 나타나 주셨습니다.
우리 공동체와 이웃을 위해 기도합니다.
(합심기도) 주님, 주님의 자비하심으로, **우리의 기도를 들어주소서**

주님은 주님의 백성에게 힘을 주십니다.
이 땅의 모든 교회의 하나됨을 위하여 기도합니다.
(합심기도) 주님, 주님의 자비하심으로, **우리의 기도를 들어주소서**

주님은 악을 미워하고 정의를 사랑하십니다.
주님의 나라와 그 뜻이 이 땅에서도 임할 수 있도록 세계를 위하여 기도합니다.
(합심기도) 주님, 주님의 자비하심으로, **우리의 기도를 들어주소서**

우리 안의 다른 염려를 맡기어 드립니다.
(합심기도) 주님, 주님의 자비하심으로, **우리의 기도를 들어주소서**

모든 지각에 뛰어나신 영광의 하나님,
주님은 겸손한 자와 비천한 자를 높이십니다.

주님께서 우리에게 그리스도의 마음을 이해할 수 있는 은혜를 내려 주셔서
죽음을 지나 새 생명을 얻기까지 그리스도를 따르기를 원합니다.
그리스도께서 가르쳐 주신대로 기도하며 주님의 이름에 영광을 돌립니다.

(주기도문) *하늘에 계신 우리 아버지* …

축도

우리 주 예수 그리스도를 죽은 자 가운데서 다시 살리신 평화의 하나님,
주님께서 우리에게 모든 선한 일을 행할 수 있게 하셨습니다.
하나님께서 예수 그리스도로 말미암아
우리 가운데 자기가 기뻐하시는 바를 이루시기를 빕니다.
예수 그리스도께 영광이 영원 무궁히 있기를 기도합니다.
아멘.

하나님께서 그를 지극히 높여

부활절 일요일 저녁

여는 말

자기를 낮추시고 죽기까지 순종하셨으니 곧 십자가에 죽으심이라
이러므로 하나님이 그를 지극히 높여

찬양으로 부르심

날이 저물어 저녁이 올 때에도 주님, 우리와 함께 하소서.
우리에게 말씀을 열어 보이시며, 우리의 눈을 열어 주님 보게 하소서.

처음부터 계셨고 ...

시편110:1-4

주님께서 내 주님께 말씀하시기를
"내가 너의 원수들을 너의 발판이 되게 하기까지,
너는 내 오른쪽에 앉아 있어라" 하셨습니다.

주님께서 임금님의 권능의 지팡이를 시온에서 하사해 주시니,
임금님께서는 저 원수들을 통치하십시오.

임금님께서 거룩한 산에서 군대를 이끌고 전쟁터로 나가시는 날에,
임금님의 백성이 즐거이 헌신하고, 아침 동이 틀 때에 새벽 이슬이 맺히듯이,
젊은이들이 임금님께로 모여들 것입니다.

주님께서 맹세하시기를

"너는 멜기세덱을 따른 영원한 제사장이다" 하셨으니,
그 뜻을 바꾸지 않으실 것입니다.

감사드림
주님의 사랑은 영원토록 굳게 서 있을 것이요,
주님께서는 주님의 신실하심을 하늘에 견고하게 세워 두실 것입니다.
(자유롭게 감사의 기도를 드립니다)
온종일 나는 주님을 찬양하고,
주님의 영광을 선포합니다. 아멘.

찬송
예수 부활 했으니 (찬송가 164)
주님을 찬양합니다
주님께 영광 (찬송가 165)

고백
부활하신 그리스도께서는 하나님의 오른쪽에 앉아 계십니다.
우리가 만일 그리스도와 함께 다시 살아났다면
우리는 하늘의 것을 추구해야 합니다.
(침묵기도)
우리가 땅에 있는 것들을 생각하지 않고, 하늘에 있는 것들을 생각하겠습니다.
우리는 이미 죽었고, 생명은 그리스도와 함께 하나님 안에 감추어져 있습니다.

제자로 부르심
예수님께서 말씀하셨습니다.
"누구든지 자기 목숨을 구하고자 하는 사람은 잃을 것이요,
나 때문에 자기 목숨을 잃는 사람은 찾을 것이다."

누가복음 24:1-12

이레의 첫날 이른 새벽, 여자들은 준비한 향료를 가지고 무덤으로 갔다. 그들은 무덤 어귀를 막은 돌이 무덤에서 굴려져 나간 것을 보았다. 그들이 안으로 들어가 보니, 주 예수의 시신이 없었다. 그래서 그들이 이 일을 어떻게 해야 할지를 몰라서 당황하고 있는데, 눈부신 옷을 입은 두 남자가 갑자기 그들 앞에 나섰다. 여자들은 두려워서 얼굴을 아래로 숙이고 있는데, 그 남자들이 그들에게 말하였다. "어찌하여 너희들은 살아 계신 분을 죽은 사람들 가운데서 찾고 있느냐? 그분은 여기에 계시지 않고, 살아나셨다. 갈릴리에 계실 때에, 너희들에게 하신 말씀을 기억해 보아라. '인자는 반드시 죄인의 손에 넘어가서, 십자가에 처형되고, 사흘째 되는 날에 살아나야 한다'고 하셨다." 여자들은 예수의 말씀을 회상하였다. 그들은 무덤에서 돌아와서, 열한 제자와 그 밖의 모든 사람에게 이 모든 일을 알렸다. 이 여자들은 막달라 마리아와 요안나와 야고보의 어머니인 마리아이다. 이 여자들과 함께 있던 다른 여자들도, 이 일을 사도들에게 말하였다. 그러나 사도들에게는 이 말이 어처구니없는 말로 들렸으므로, 그들은 여자들의 말을 믿지 않았다. 그러나 베드로는 일어나서 무덤으로 달려가, 몸을 굽혀서 들여다보았다. 거기에는 시신을 감았던 삼베만 놓여 있었다. 그는 일어난 일을 이상히 여기면서 집으로 돌아갔다.

히브리서 1:1-9

하나님께서 옛날에는 예언자들을 통하여, 여러 번에 걸쳐 여러 가지 방법으로 우리 조상들에게 말씀하셨으나, 이 마지막 날에는 아들을 통하여 우리에게 말씀하셨습니다. 하나님께서는 이 아들을 만물의 상속자로 세우셨습니다. 그를 통하여 온 세상을 지으신 것입니다. 그는 하나님의 영광의 광채시요, 하나님의 본체대로의 모습이십니다. 그는 자기의 능력 있는 말씀으로 만물을 보존하시는 분이십니다. 그는 죄를 깨끗하게 하시고서 높은 곳에 계신 존엄하신 분의 오른쪽에 앉으셨습니다. 그는 천사들보다 훨씬 더 높게 되셨으니, 천사들보다 더 빼어난 이름을 물려받으신 것입니다. 하나님께서 천사들 가운데서 누구에게 "너는 내 아들이다. 내가 오늘 너를 낳았다" 하고 말씀하신 적이 있습니까? 또, "나는 그의 아버지가 되고, 그는 내 아들이 될 것이다" 하고 말씀하신 적이 있습니까?
그러나 자기의 맏아들을 세상에 보내실 때에는 "하나님의 천사들은 모두 그에게 경배하여라" 하고 말씀하셨습니다. 또 천사들에 관해서는 성경에 이르기를 "하나님께서는 천사들을 바람으로 삼으시고, 시중꾼들을 불꽃으로 삼으신다" 하였고, 아들에 관해서는 성경에 이르기를 "하나님, 주님의 보좌는 영원무궁하며, 공의의 막대기는 곧 주님의 왕권입니다. 주님께서는 정의를 사랑하시고, 불법을 미워하셨습니다. 그러므로 하나님 곧 주님의 하나님께서는 주님께 즐거움의 기름을 부으셔서, 주님을 주님의 동료들 위에 높이 올리셨습니다" 하였습니다.

묵상한 말씀을 나눈다.

찬송
큰 영화로신 주 (찬송가 35)
주 예수 이름 높이어 (찬송가 36)
주 예수 이름 높이어 (찬송가 37)

빌립보서 2:5-11

기도로 부르심

내가 새 일을 행하리니 이제 나타낼 것이라
너희가 그것을 알지 못하겠느냐
내가 광야에 길을 내겠으며, 사막에 강을 내리라.

새 생명의 하나님, 우리가 주님의 부활의 능력을 구합니다.
주님, 주님의 자비하심으로, 우리의 기도를 들어주소서

주님께서 변함없는 사랑으로 우리를 채워주십니다.
우리 자신과 사랑하는 이들을 위해 기도합니다.
(합심기도) 주님, 주님의 자비하심으로, 우리의 기도를 들어주소서

주님은 여러 가지 다양한 방식으로 우리에게 나타나 주셨습니다.
우리 공동체와 이웃을 위해 기도합니다.
(합심기도) 주님, 주님의 자비하심으로, 우리의 기도를 들어주소서

주님은 주님의 백성에게 힘을 주십니다.
이 땅의 모든 교회의 하나됨을 위하여 기도합니다.
(합심기도) 주님, 주님의 자비하심으로, 우리의 기도를 들어주소서

주님은 악을 미워하고 정의를 사랑하십니다.
주님의 나라와 그 뜻이 이 땅에서도 임할 수 있도록 세계를 위하여 기도합니다.
(합심기도) 주님, 주님의 자비하심으로, 우리의 기도를 들어주소서

우리 안의 다른 염려를 맡기어 드립니다.
(합심기도) 주님, 주님의 자비하심으로, 우리의 기도를 들어주소서

모든 새로운 시작이 되시는 하나님,
주님께서 우리를 무덤에서 일으키사
주의 영광으로 우리를 인도하셨습니다.
주님의 사랑으로 죽음에 사로잡혀 있던 우리를 살리시고,
예수 그리스도의 부활을 통해 우리를 영원한 생명으로 인도하셨습니다.
하나님의 아들 그리스도의 부활을 통해,
우리가 영원히 주님과 동행하기를 기도합니다.

(주기도문) 하늘에 계신 우리 아버지 …

축도

주님, 주님의 영광의 권능으로 우리를 강하게 해주시고
모든 상황에서 기쁨으로 끝까지 참고 견딜 수 있게 해주십시오.
우리도 성도들처럼 하늘 나라의 상속을 받을 수 있게 해주신
하나님 아버지께 기쁨으로 감사를 드립니다.
아멘.

모든 이름 위에 뛰어난 이름을 주사

부활절 월요일아침

여는 말

이러므로 하나님이 그를 지극히 높여

모든 이름 위에 뛰어난 이름을 주사

찬양으로 부르심

우리 왕이신 하나님, 우리가 주님을 높이며, 주님의 이름을 영원토록 송축하렵니다.

우리가 날마다 주님께 찬송을 올리며,

영원토록 주님의 이름을 송축하렵니다. 할렐루야.

처음부터 계셨고…

호세아 6:1-3

이제 주님께로 돌아가자.

주님께서 우리를 찢으셨으나 다시 싸매어 주시고,

우리에게 상처를 내셨으나 다시 아물게 하신다.

이틀 뒤에 우리를 다시 살려 주시고,

사흘 만에 우리를 다시 일으켜 세우실 것이니,

우리가 주님 앞에서 살 것이다.

우리가 주님을 알자. 애써 주님을 알자.

새벽마다 여명이 오듯이 주님께서도 그처럼 어김없이 오시고,

해마다 쏟아지는 가을비처럼 오시고,

땅을 적시는 봄비처럼 오신다.

감사드림

야곱의 하나님을 우리의 도움으로 삼고
우리 하나님이신 주님께 희망을 거는 사람은 복이 있습니다.
주님은 하늘과 땅과 바다 속에 있는 모든 것을 지으셨으며,
영원히 신실하신 분이십니다.
(자유롭게 감사의 기도를 드립니다)
주님, 아침에는 주님의 변함없는 사랑으로 우리를 채워 주시고,
평생토록 우리가 기뻐하고 즐거워하게 해주십시오. 아멘.

찬송

왕이신 나의 하나님
예수 우리 왕이여 (찬송가 38)
할렐루야 우리 예수 (찬송가 161)

제자로 부르심

예수님께서 말씀하시기를,
나는 양들이 생명을 얻고 또 더 넘치게 얻게 하려고 왔다.
나를 따르는 사람은 어둠 속에 다니지 아니하고, 생명의 빛을 얻을 것이다.

누가복음 24:13-27

마침 그 날에 그들 가운데 두 사람이 예루살렘에서 한 삼십 리 떨어져 있는 엠마오라는 마을로 가고 있었다. 그들은 일어난 이 모든 일을 서로 이야기하고 있었다. 그들이 이야기하며 토론하고 있는데, 예수께서 가까이 가서, 그들과 함께 걸으셨다. 그러나 그들은 눈이 가려져서 예수를 알아보지 못하였다. 예수께서 그들에게 물으셨다. "당신들이 걸으면서 서로 주고 받는 이 말들은 무슨 이야기입니까?" 그들은 침통한 표정을 지으며 걸음을 멈추었다. 그 때에 그들 가운데 하나인 글로바라는 사람이 예수께 말하였다. "예루살렘에 머물러 있었으면서, 이 며칠 동안에 거기

에서 일어난 일을 당신 혼자만 모른단 말입니까?" 예수께서 그들에게 물으셨다. "무슨 일입니까?" 그들이 그에게 말하였다. "나사렛 예수에 관한 일입니다. 그는 하나님과 모든 백성 앞에서, 행동과 말씀에 힘이 있는 예언자였습니다. 그런데 우리의 대제사장들과 지도자들이 그를 넘겨주어서, 사형선고를 받게 하고, 십자가에 못박아 죽였습니다. 우리는 그분이야말로 이스라엘을 구원하실 분이라는 것을 알고서, 그분에게 소망을 걸고 있었던 것입니다. 그뿐만 아니라, 그런 일이 있은 지 벌써 사흘이 되었는데, 우리 가운데서 몇몇 여자가 우리를 놀라게 하였습니다. 그들은 새벽에 무덤에 갔다가, 그의 시신을 찾지 못하고 돌아와서 하는 말이, 천사들의 환상을 보았다는 것입니다. 천사들이 예수가 살아 계신다고 말했다는 것입니다. 그래서 우리와 함께 있던 몇 사람이 무덤으로 가서 보니, 그 여자들이 말한 대로였고, 그분은 보지 못하였습니다." 예수께서는 그들에게 말씀하셨다. "어리석은 사람들입니다. 예언자들이 말한 모든 것을 믿는 마음이 그렇게도 무디니 말입니다. 그리스도가 마땅히 이런 고난을 겪고서, 자기 영광에 들어가야 하지 않겠습니까?" 그리고 예수께서는 모세와 모든 예언자에서부터 시작하여 성경 전체에서 자기에 관하여 써 놓은 일을 그들에게 설명하여 주셨다.

빌립보서 3:7-14

나는 내게 이로웠던 것은 무엇이든지 그리스도 때문에 해로운 것으로 여기게 되었습니다. 그뿐만 아니라, 내 주 예수 그리스도를 아는 지식이 가장 고귀하므로, 나는 그 밖의 모든 것을 해로 여깁니다. 나는 그리스도 때문에 모든 것을 잃었고, 그 모든 것을 오물로 여깁니다. 나는 그리스도를 얻고, 그리스도 안에 있는 사람으로 인정받으려고 합니다. 나는 율법에서 생기는 나 스스로의 의가 아니라, 그리스도를 믿는 믿음으로 말미암아 오는 의 곧 믿음에 근거하여, 하나님에게서 오는 의를 얻으려고 합니다. 내가 바라는 것은, 그리스도를 알고, 그분의 부활의 능력을 깨닫고, 그분의 고난에 동참하여, 그분의 죽으심을 본받는 것입니다. 그리하여 나는 어떻게 해서든지, 죽은 사람들 가운데서 살아나는 부활에 이르고 싶습니다.

나는 이것을 이미 얻은 것도 아니며, 이미 목표점에 다다른 것도 아닙니다. 그리스도 [예수]께서 나를 사로잡으셨으므로, 나는 그것을 붙들려고 좇아가고 있습니다. 형제자매 여러분, 나는 아직 그것을 붙들었다고 생각하지 않습니다. 내가 하는 일은 오직 한 가지입니다. 뒤에 있는 것은 잊어버리고, 앞에 있는 것을 향하여 몸을 내밀면서, 그리스도 예수 안에서, 하나님께서 위로부터 부르신 그 부르심의 상을 받으려고, 목표점을 바라보고 달려가고 있습니다.

묵상한 말씀을 나눈다.

찬송
엠마오 마을로 가는 두 제자
싸움은 모두 끝나고 (찬송가 166)

빌립보서 2:5-11

기도로 부르심

눈을 들어 하늘을 보라. 그리고 땅을 내려다보아라.
주님의 구원은 영원하며, 주님의 인도하심 또한 영원할 것이다.

평화의 하나님, 주님은 만물을 새롭게 하십니다.
주님, 주님의 자비하심으로, 우리의 기도를 들어주소서

주님께서 변함없는 사랑으로 우리를 채워주십니다.
우리 자신과 사랑하는 이들을 위해 기도합니다.
(합심기도) 주님, 주님의 자비하심으로, 우리의 기도를 들어주소서

주님은 여러 가지 다양한 방식으로 우리에게 나타나 주셨습니다.
우리 공동체와 이웃을 위해 기도합니다.

(합심기도) 주님, 주님의 자비하심으로, 우리의 기도를 들어주소서

주님은 주님의 백성에게 힘을 주십니다.
이 땅의 모든 교회의 하나됨을 위하여 기도합니다.
(합심기도) 주님, 주님의 자비하심으로, 우리의 기도를 들어주소서

주님은 악을 미워하고 정의를 사랑하십니다.
주님의 나라와 그 뜻이 이 땅에서도 임할 수 있도록 세계를 위하여 기도합니다.
(합심기도) 주님, 주님의 자비하심으로, 우리의 기도를 들어주소서

우리 안의 다른 염려를 맡기어 드립니다.
(합심기도) 주님, 주님의 자비하심으로, 우리의 기도를 들어주소서

모든 지각에 뛰어나신 영광의 하나님, 주님은 겸손한 자와 비천한 자를 높이십니다.
주님께서 우리에게 그리스도의 마음을 이해할 수 있는 은혜를 내려 주셔서
죽음을 지나 새 생명을 얻기까지 그리스도를 따르기를 원합니다.
그리스도께서 가르쳐 주신대로 기도하며 주님의 이름에 영광을 돌립니다.

(주기도문) 하늘에 계신 우리 아버지 …

축도

우리 주 예수 그리스도를 죽은 자 가운데서 다시 살리신 평화의 하나님,
주님께서 우리에게 모든 선한 일을 행할 수 있게 하셨습니다.
하나님께서 예수 그리스도로 말미암아
우리 가운데 자기가 기뻐하시는 바를 이루시기를 빕니다.
예수 그리스도께 영광이 영원 무궁히 있기를 기도합니다.
아멘.

모든 이름 위에 뛰어난 이름을 주사

부활절 월요일 저녁

여는 말

이러므로 하나님이 그를 지극히 높여
모든 이름 위에 뛰어난 이름을 주사

찬양으로 부르심

날이 저물어 저녁이 올 때에도 주님, 우리와 함께 하소서.
우리에게 말씀을 열어 보이시며, 우리의 눈을 열어 주님 보게 하소서.

처음부터 계셨고…

시편 95:1-7

오너라, 우리가 주님께 즐거이 노래하자.
우리를 구원하시는 반석을 보고, 소리 높여 외치자.
찬송을 부르며 그의 앞으로 나아가서,
노래 가락에 맞추어, 그분께 즐겁게 소리 높여 외치자.

주님은 크신 하나님이시요, 모든 신들 위에 뛰어나신 왕이시다.
땅의 깊은 곳도 그 손 안에 있고, 산의 높은 꼭대기도 그의 것이다.
바다도 그의 것이며, 그가 지으신 것이다.
마른 땅도 그가 손으로 빚으신 것이다.

오너라, 우리가 엎드려 경배하자. 우리를 지으신 주님 앞에 무릎을 꿇자.
그는 우리의 하나님이시요, 우리는 그가 기르시는 백성이며,

그가 손수 이끄시는 양 떼다.

오늘, 너희는 그의 음성을 들어 보아라.

감사드림

주님의 사랑은 영원토록 굳게 서 있을 것이요,

주님께서는 주님의 신실하심을 하늘에 견고하게 세워 두실 것입니다.

(자유롭게 감사의 기도를 드립니다)

온종일 나는 주님을 찬양하고,

주님의 영광을 선포합니다. 아멘.

찬송

이 천지간 만물들아 (찬송가 5)

전능왕 오셔서 (찬송가 10)

하늘에 가득 찬 영광의 하나님 (찬송가 9)

고백

부활하신 그리스도께서는 하나님의 오른쪽에 앉아 계십니다.

우리가 만일 그리스도와 함께 다시 살아났다면

우리는 하늘의 것을 추구해야 합니다.

(침묵기도)

우리가 땅에 있는 것들을 생각하지 않고, 하늘에 있는 것들을 생각하겠습니다.

우리는 이미 죽었고, 생명은 그리스도와 함께 하나님 안에 감추어져 있습니다.

제자로 부르심

예수님께서 말씀하셨습니다.

"누구든지 자기 목숨을 구하고자 하는 사람은 잃을 것이요,

나 때문에 자기 목숨을 잃는 사람은 찾을 것이다."

누가복음 24:28-35

그 두 길손은 자기들이 가려고 하는 마을에 가까이 이르렀다. 그런데 예수께서는 더 멀리 가는 척하셨다. 그러자 그들은 예수를 만류하여 말하였다. "저녁때가 되고, 날이 이미 저물었으니, 우리 집에 묵으십시오." 예수께서 그들의 집에 묵으려고 들어가셨다. 그리고 그들과 함께 음식을 잡수시려고 앉으셨을 때에, 예수께서 빵을 들어서 축복하시고, 떼어서 그들에게 주셨다. 그제서야 그들의 눈이 열려서, 예수를 알아보았다. 그러나 한 순간에 예수께서는 그들에게서 사라지셨다.

그들은 서로 말하였다. "길에서 그분이 우리에게 말씀하시고, 성경을 풀이하여 주실 때에, 우리의 마음이 [우리 속에서] 뜨거워지지 않았습니까?" 그들이 곧바로 일어나서, 예루살렘에 돌아와서 보니, 열한 제자와 또 그들과 함께 있던 사람들이 모여 있었고, 모두들 "주님께서 확실히 살아나시고, 시몬에게 나타나셨다" 하고 말하고 있었다. 그래서 그 두 사람도 길에서 겪은 일과 빵을 떼실 때에 비로소 그를 알아보게 된 일을 이야기하였다.

사도행전 4:1-12

베드로와 요한이 아직도 사람들에게 말하고 있는데, 제사장들과 성전 경비대장과 사두개파 사람들이 몰려왔다. 그들은 사도들이 백성을 가르치는 것과, 예수의 부활을 내세워서 죽은 사람들의 부활을 선전하고 있는 것에 격분해서, 사도들을 붙잡았으나, 날이 이미 저물었으므로 다음 날까지 가두어 두었다. 그런데 사도들의 말을 들은 사람들 가운데서 믿는 사람이 많으니, 남자 어른의 수가 약 오천 명이나 되었다.

이튿날 유대의 지도자들과 장로들과 율법학자들이 예루살렘에 모였는데, 대제사장 안나스를 비롯해서, 가야바와 요한과 알렉산더와 그 밖에 대제사장의 가문에 속한 사람들이 모두 참석하였다. 그들은 사도들을 가운데에 세워 놓고서 물었다. "그대들은 대체 무슨 권세와 누구의 이름으로 이런 일을 하였소?" 그 때에 베드로가 성령이 충만하여 그들에게 말하였다. "백성의 지도자들과 장로 여러분, 우리가 오늘 신문을 받는 것이, 병자에게 행한 착한 일과 또 그가 누구의 힘으로 낫게 되었느냐 하는 문제 때문이라면, 여러분 모두와 모든 이스라엘 백성은 이것을 알아야 합니다. 이 사람이 성한 몸으로 여러분 앞에 서게 된 것은, 여러분이 십자가에 못 박아 죽였으나 하나님이 죽은 사람들 가운데서 살리신 나사렛 예수 그리스도의 이름을 힘입어서 된 것입니다.

이 예수는 '너희들 집 짓는 사람들에게는 버림받은 돌이지만, 집 모퉁이의 머릿돌이 되신 분입니다. 이 예수 밖에는, 다른 아무에게도 구원은 없습니다. 사람들에게 주신 이름 가운데 우리가 의지하여 구원을 얻어야 할 이름은, 하늘 아래에 이 이름 밖에 다른 이름이 없습니다.

묵상한 말씀을 나눈다.

찬송
내 주님은 살아계셔 (찬송가 170)
하나님의 독생자 (찬송가 171)

빌립보서 2:5-11

기도로 부르심

내가 새 일을 행하리니 이제 나타낼 것이라 너희가 그것을 알지 못하겠느냐
내가 광야에 길을 내겠으며, 사막에 강을 내리라.

새 생명의 하나님, 우리가 주님의 부활의 능력을 구합니다.
주님, 주님의 자비하심으로, 우리의 기도를 들어주소서

주님께서 변함없는 사랑으로 채워주십니다. 자신과 사랑하는 이를 위해 기도합니다.
(합심기도) 주님, 주님의 자비하심으로, 우리의 기도를 들어주소서

주님은 여러 가지 다양한 방식으로 우리에게 나타나 주셨습니다.
우리 공동체와 이웃을 위해 기도합니다.
(합심기도) 주님, 주님의 자비하심으로, 우리의 기도를 들어주소서

주님은 백성에게 힘을 주십니다. 이 땅의 교회의 하나됨을 위하여 기도합니다.
(합심기도) 주님, 주님의 자비하심으로, 우리의 기도를 들어주소서

주님은 악을 미워하고 정의를 사랑하십니다.
주님의 나라와 그 뜻이 이 땅에서도 임할 수 있도록 세계를 위하여 기도합니다.
(합심기도) 주님, 주님의 자비하심으로, 우리의 기도를 들어주소서

우리 안의 다른 염려를 맡기어 드립니다.
(합심기도) 주님, 주님의 자비하심으로, 우리의 기도를 들어주소서

모든 새로운 시작이 되시는 하나님,
주님께서 우리를 무덤에서 일으키사 주의 영광으로 우리를 인도하셨습니다.
주님의 사랑으로 죽음에 사로잡혀 있던 우리를 살리시고,
예수 그리스도의 부활을 통해 우리를 영원한 생명으로 인도하셨습니다.
하나님의 아들 그리스도의 부활을 통해,
우리가 영원히 주님과 동행하기를 기도합니다.

(주기도문) 하늘에 계신 우리 아버지 …

축도

주님, 주님의 영광의 권능으로 우리를 강하게 해주시고
모든 상황에서 기쁨으로 끝까지 참고 견딜 수 있게 해주십시오.
우리도 성도들처럼 하늘 나라의 상속을 받을 수 있게 해주신 하나님 아버지께 기쁨으로 감사를 드립니다. 아멘.

모든 것들이 예수의 이름 앞에 무릎을 꿇고

부활절 화요일아침

여는 말
이러므로 하나님이 그를 지극히 높여 모든 이름 위에 뛰어난 이름을 주사
모든 것들이 예수의 이름 앞에 무릎을 꿇고

찬양으로 부르심
우리 왕이신 하나님, 우리가 주님을 높이며,
주님의 이름을 영원토록 송축하렵니다.
우리가 날마다 주님께 찬송을 올리며,
영원토록 주님의 이름을 송축하렵니다. 할렐루야.

처음부터 계셨고 ...

시편 2편
어찌하여 뭇 나라가 술렁거리며, 어찌하여 뭇 민족이 헛된 일을 꾸미는가?
어찌하여 세상의 임금들이 전선을 펼치고,
어찌하여 통치자들이 음모를 함께 꾸며 주님을 거역하고,
주님과 그의 기름 부음 받은 이를 거역하면서 이르기를
"이 족쇄를 벗어 던지자. 이 사슬을 끊어 버리자" 하는가?

하늘 보좌에 앉으신 이가 웃으신다. 내 주님께서 그들을 비웃으신다.
마침내 주님께서 분을 내고 진노하셔서,
그들에게 호령하시며 이르시기를
"내가 나의 거룩한 산 시온 산에 '나의 왕'을 세웠다" 하신다.

"나 이제 주님께서 내리신 칙령을 선포한다.
주님께서 나에게 이르시기를 '너는 내 아들, 내가 오늘 너를 낳았다.
내게 청하여라. 뭇 나라를 유산으로 주겠다.
땅 이 끝에서 저 끝까지 너의 소유가 되게 하겠다.
네가 그들을 철퇴로 부수며, 질그릇 부수듯이 부술 것이다' 하셨다."

그러므로 이제, 왕들아, 지혜롭게 행동하여라.
세상의 통치자들아, 경고하는 이 말을 받아들여라.
두려운 마음으로 주님을 섬기고,
떨리는 마음으로 주님을 찬양하여라. 그의 아들에게 입맞추어라.
그렇지 않으면 그가 진노하실 것이니, 너희가, 걸어가는 그 길에서 망할 것이다.
그의 진노하심이 지체 없이 너희에게 이를 것이다.

주님께로 피신하는 사람은 모두 복을 받을 것이다.

감사드림

야곱의 하나님을 우리의 도움으로 삼고
우리 하나님이신 주님께 희망을 거는 사람은, 복이 있습니다.
주님은 하늘과 땅과 바다 속에 있는 모든 것을 지으셨으며,
영원히 신실하신 분이십니다.
(자유롭게 감사의 기도를 드립니다)
주님, 아침에는 주님의 변함없는 사랑으로 우리를 채워 주시고,
평생토록 우리가 기뻐하고 즐거워하게 해주십시오. 아멘.

찬송

사망을 이긴 주 (찬송가 172)
다 함께 찬송 부르자 (찬송가 173)

제자로 부르심

예수님께서 말씀하시기를,
나는 양들이 생명을 얻고 또 더 넘치게 얻게 하려고 왔다.
나를 따르는 사람은 어둠 속에 다니지 아니하고, 생명의 빛을 얻을 것이다.

누가복음 24:36-43

그들이 이런 이야기를 하고 있을 때에, 예수께서 몸소 그들 가운데 들어서서 말씀하셨다. "너희에게 평화가 있어라." 그들은 놀라고, 무서움에 사로잡혀서, 유령을 보고 있는 줄로 생각하였다. 예수께서는 그들에게 말씀하셨다. "어찌하여 너희는 당황하느냐? 어찌하여 마음에 의심을 품느냐? 내 손과 내 발을 보아라. 바로 나다. 나를 만져 보아라. 유령은 살과 뼈가 없지만, 너희가 보다시피, 나는 살과 뼈가 있다." 이렇게 말씀하시고, 그는 손과 발을 그들에게 보이셨다. 그들은 너무 기뻐서, 아직도 믿지 못하고 놀라워하고 있는데, 예수께서 그들에게 말씀하셨다. "여기에 먹을 것이 좀 있느냐?" 그래서 그들이 예수께 구운 물고기 한 토막을 드렸다. 예수께서 받아서, 그들 앞에서 잡수셨다.

엡 1:15-23

그러므로 나도, 주 예수에 대한 여러분의 믿음과 모든 성도를 향한 사랑을 듣고서, 여러분을 두고 끊임없이 감사를 드리고 있으며, 내 기도 중에 여러분을 기억합니다. 우리 주 예수 그리스도의 하나님이신 영광의 아버지께서 지혜와 계시의 영을 여러분에게 주셔서, 하나님을 알게 하시고, [여러분의] 마음의 눈을 밝혀 주셔서, 하나님의 부르심에 속한 소망이 무엇이며, 성도들에게 베푸시는 하나님의 영광스러운 상속이 얼마나 풍성한지를, 여러분이 알게 되기를 바랍니다. 또한 믿는 사람들인 우리에게 강한 힘으로 활동하시는 하나님의 능력이 얼마나 엄청나게 큰지를, 여러분이 알기 바랍니다. 하나님께서는 이 능력을 그리스도 안에 발휘하셔서, 그분을 죽은 사람들 가운데서 살리시고, 하늘에서 자기의 오른쪽에 앉히셔서 모든 정권과 권세와 능력과 주권 위에, 그리고 이 세상뿐만 아니라 오는 세상에서 일컬을 모든 이름 위에 뛰어나게 하셨습니다. 하나님께서는 만물을 그리스도의 발 아래 굴복시키시고, 그분을 만물 위에 교회의 머리로 삼으셨습니다. 교회는 그리스도의 몸이요, 만물 안에서 만물을 충만케 하시는 분의 충만함입니다.

묵상한 말씀을 나눈다.

찬송
예수 우리 왕이여 (찬송가 38)
왕이신 나의 하나님
주님을 찬양합니다

빌립보서 2:5-11

기도로 부르심

눈을 들어 하늘을 보라. 그리고 땅을 내려다보아라.
주님의 구원은 영원하며, 주님의 인도하심 또한 영원할 것이다.

평화의 하나님, 주님은 만물을 새롭게 하십니다.
주님, 주님의 자비하심으로, 우리의 기도를 들어주소서

주님께서 변함없는 사랑으로 우리를 채워주십니다.
우리 자신과 사랑하는 이들을 위해 기도합니다.
(합심기도) 주님, 주님의 자비하심으로, 우리의 기도를 들어주소서

주님은 여러 가지 다양한 방식으로 우리에게 나타나 주셨습니다.
우리 공동체와 이웃을 위해 기도합니다.
(합심기도) 주님, 주님의 자비하심으로, 우리의 기도를 들어주소서

주님은 주님의 백성에게 힘을 주십니다.
이 땅의 모든 교회의 하나됨을 위하여 기도합니다.
(합심기도) 주님, 주님의 자비하심으로, 우리의 기도를 들어주소서

주님은 악을 미워하고 정의를 사랑하십니다.
주님의 나라와 그 뜻이 이 땅에서도 임할 수 있도록 세계를 위하여 기도합니다.
(합심기도) 주님, 주님의 자비하심으로, 우리의 기도를 들어주소서

우리 안의 다른 염려를 맡기어 드립니다.
(합심기도) 주님, 주님의 자비하심으로, 우리의 기도를 들어주소서

모든 지각에 뛰어나신 영광의 하나님,
주님은 겸손한 자와 비천한 자를 높이십니다.
주님께서 우리에게 그리스도의 마음을 이해할 수 있는 은혜를 내려 주셔서
죽음을 지나 새 생명을 얻기까지 그리스도를 따르기를 원합니다.
그리스도께서 가르쳐 주신대로 기도하며 주님의 이름에 영광을 돌립니다.

(주기도문) 하늘에 계신 우리 아버지 …

축도

우리 주 예수 그리스도를 죽은 자 가운데서 다시 살리신 평화의 하나님,
주님께서 우리에게 모든 선한 일을 행할 수 있게 하셨습니다.
하나님께서 예수 그리스도로 말미암아
우리 가운데 자기가 기뻐하시는 바를 이루시기를 빕니다.
예수 그리스도께 영광이 영원 무궁히 있기를 기도합니다.
아멘.

모든 것들이 예수의 이름 앞에 무릎을 꿇고

부활절 화요일 저녁

여는 말

이러므로 하나님이 그를 지극히 높여
모든 이름 위에 뛰어난 이름을 주사
모든 것들이 예수의 이름 앞에 무릎을 꿇고

찬양으로 부르심

날이 저물어 저녁이 올 때에도 주님, 우리와 함께 하소서.
우리에게 말씀을 열어 보이시며, 우리의 눈을 열어 주님 보게 하소서.

처음부터 계셨고…

시편 100편

온 땅아, 주님께 환호성을 올려라.
기쁨으로 주님을 섬기고,
환호성을 올리면서, 그 앞으로 나아가거라.

너희는 주님이 하나님이심을 알아라.
그가 우리를 지으셨으니, 우리는 그의 것이요,
그의 백성이요, 그가 기르시는 양이다.

감사의 노래를 드리며, 그 성문으로 들어가거라.
찬양의 노래를 부르며, 그 뜰 안으로 들어가거라.
감사의 노래를 드리며, 그 이름을 찬양하여라.

주님은 선하시며,
그의 인자하심 영원하다.
그의 성실하심 대대에 미친다.

감사드림

주님의 사랑은 영원토록 굳게 서 있을 것이요,
주님께서는 주님의 신실하심을 하늘에 견고하게 세워 두실 것입니다.
(자유롭게 감사의 기도를 드립니다)
온종일 나는 주님을 찬양하고,
주님의 영광을 선포합니다. 아멘.

찬송

기뻐하며 경배하세 (찬송가 64)
열어 주소서 열어 주소서
찬양하라 내 영혼아 (찬송가 621)

고백

부활하신 그리스도께서는 하나님의 오른쪽에 앉아 계십니다.
우리가 만일 그리스도와 함께 다시 살아났다면
우리는 하늘의 것을 추구해야 합니다.
(침묵기도)
우리가 땅에 있는 것들을 생각하지 않고, 하늘에 있는 것들을 생각하겠습니다.
우리는 이미 죽었고, 생명은 그리스도와 함께 하나님 안에 감추어져 있습니다.

제자로 부르심

예수님께서 말씀하셨습니다.
"누구든지 자기 목숨을 구하고자 하는 사람은 잃을 것이요,

나 때문에 자기 목숨을 잃는 사람은 찾을 것이다."

누가복음 24:44-49

예수께서 그들에게 말씀하셨다. "내가 전에 너희와 함께 있을 때에 너희에게 말하기를, 모세의 율법과 예언서와 시편에 나를 두고 기록한 모든 일이 반드시 이루어져야 한다고 하였다." 그 때에 예수께서는 성경을 깨닫게 하시려고, 그들의 마음을 열어 주시고, 그들에게 말씀하셨다. "이렇게 기록되어 있다. 곧 '그리스도는 고난을 겪으시고, 사흘째 되는 날에 죽은 사람들 가운데서 살아나실 것이며, 그의 이름으로 죄사함을 받게 하는 회개가 모든 민족에게 전파될 것이' 하였다. 예루살렘에서부터 시작하여 너희는 이 일의 증인이다. [보아라,] 나는 내 아버지께서 약속하신 것을 너희에게 보낸다. 그러므로 너희는 위로부터 오는 능력을 입을 때까지, 이 성에 머물러 있어라."

에베소서 3:7-13

나는 이 복음을 섬기는 일꾼이 되었습니다. 내가 이렇게 된 것은 하나님께서 그분의 능력이 작용하는 대로 나에게 주신 그분의 은혜의 선물을 따른 것입니다. 하나님께서 모든 성도 가운데서 지극히 작은 자보다 더 작은 나에게 이 은혜를 주셔서, 그리스도의 헤아릴 수 없는 부요함을 이방 사람들에게 전하게 하시고, 만물을 창조하신 하나님 안에 영원 전부터 감추어져 있는 비밀의 계획이 무엇인지를 [모두에게] 밝히게 하셨습니다. 그것은 이제 교회를 통하여 하늘에 있는 통치자들과 권세자들에게 하나님의 갖가지 지혜를 알리시려는 것입니다. 이 일은, 하나님께서 우리 주 그리스도 예수 안에서 성취하신 영원한 뜻을 따른 것입니다. 우리는 그리스도를 믿음으로써, 그분 안에서 확신을 가지고, 담대하게 하나님께 나아갑니다. 그러므로 여러분을 위하여 당하는 나의 환난을 보고서, 여러분이 낙심하는 일이 없기를 바랍니다. 내가 당하는 환난은 여러분에게는 영광이 됩니다.

묵상한 말씀을 나눈다.

찬송

목소리 높여서 (찬송가 6)
주 우리 하나님 (찬송가 14)

빌립보서 2:5-11

기도로 부르심

내가 새 일을 행하리니 이제 나타낼 것이라
너희가 그것을 알지 못하겠느냐
내가 광야에 길을 내겠으며, 사막에 강을 내리라.

새 생명의 하나님, 우리가 주님의 부활의 능력을 구합니다.
주님, 주님의 자비하심으로, 우리의 기도를 들어주소서

주님께서 변함없는 사랑으로 우리를 채워주십니다.
우리 자신과 사랑하는 이들을 위해 기도합니다.
(합심기도) 주님, 주님의 자비하심으로, 우리의 기도를 들어주소서

주님은 여러 가지 다양한 방식으로 우리에게 나타나 주셨습니다.
우리 공동체와 이웃을 위해 기도합니다.
(합심기도) 주님, 주님의 자비하심으로, 우리의 기도를 들어주소서

주님은 주님의 백성에게 힘을 주십니다.
이 땅의 모든 교회의 하나됨을 위하여 기도합니다.
(합심기도) 주님, 주님의 자비하심으로, 우리의 기도를 들어주소서

주님은 악을 미워하고 정의를 사랑하십니다.
주님의 나라와 그 뜻이 이 땅에서도 임할 수 있도록 세계를 위하여 기도합니다.

(합심기도) 주님, 주님의 자비하심으로, 우리의 기도를 들어주소서

우리 안의 다른 염려를 맡기어 드립니다.
(합심기도) 주님, 주님의 자비하심으로, 우리의 기도를 들어주소서

모든 새로운 시작이 되시는 하나님,
주님께서 우리를 무덤에서 일으키사
주의 영광으로 우리를 인도하셨습니다.
주님의 사랑으로 죽음에 사로잡혀 있던 우리를 살리시고,
예수 그리스도의 부활을 통해 우리를 영원한 생명으로 인도하셨습니다.
하나님의 아들 그리스도의 부활을 통해,
우리가 영원히 주님과 동행하기를 기도합니다.

(주기도문) 하늘에 계신 우리 아버지 …

축도

주님, 주님의 영광의 권능으로 우리를 강하게 해주시고
모든 상황에서 기쁨으로 끝까지 참고 견딜 수 있게 해주십시오.
우리도 성도들처럼 하늘 나라의 상속을 받을 수 있게 해주신
하나님 아버지께 기쁨으로 감사를 드립니다.
아멘.

하늘과 땅 위와 땅 아래 모든 것들이
예수의 이름 앞에 무릎을 꿇고

부활절 수요일아침

여는 말

이러므로 하나님이 그를 지극히 높여 모든 이름 위에 뛰어난 이름을 주사
그리하여 하늘과 땅 위와 땅 아래 있는 모든 것들이
예수의 이름 앞에 무릎을 꿇고

찬양으로 부르심

우리 왕이신 하나님, 우리가 주님을 높이며,
주님의 이름을 영원토록 송축하렵니다.
우리가 날마다 주님께 찬송을 올리며,
영원토록 주님의 이름을 송축하렵니다. 할렐루야.

처음부터 계셨고 …

이사야 11:6-9

그 때에는, 이리가 어린 양과 함께 살며, 표범이 새끼 염소와 함께 누우며,
송아지와 새끼 사자와 살진 짐승이 함께 풀을 뜯고,
어린 아이가 그것들을 이끌고 다닌다.
암소와 곰이 서로 벗이 되며, 그것들의 새끼가 함께 눕고,
자가 소처럼 풀을 먹는다.
젖 먹는 아이가 독사의 구멍 곁에서 장난하고,
젖뗀 아이가 살무사의 굴에 손을 넣는다.

"나의 거룩한 산 모든 곳에서, 서로 해치거나 파괴하는 일이 없다."
물이 바다를 채우듯, 주님을 아는 지식이 땅에 가득하기 때문이다.

감사드림

야곱의 하나님을 우리의 도움으로 삼고
우리 하나님이신 주님께 희망을 거는 사람은 복이 있습니다.
주님은 하늘과 땅과 바다 속에 있는 모든 것을 지으셨으며,
영원히 신실하신 분이십니다.
(자유롭게 감사의 기도를 드립니다)
주님, 아침에는 주님의 변함없는 사랑으로 우리를 채워 주시고,
평생토록 우리가 기뻐하고 즐거워하게 해주십시오. 아멘.

찬송

큰 영광 중에 계신 주 (찬송가 20)
다 찬양 하여라 (찬송가 21)

제자로 부르심

예수님께서 말씀하시기를,
나는 양들이 생명을 얻고 또 더 넘치게 얻게 하려고 왔다.
나를 따르는 사람은 어둠 속에 다니지 아니하고, 생명의 빛을 얻을 것이다.

요한복음 20:1-10

주간의 첫 날 이른 새벽에 막달라 사람 마리아가 무덤에 가서 보니, 무덤 어귀를 막은 돌이 이미 옮겨져 있었다. 그래서 그 여자는 시몬 베드로와 예수께서 사랑하시던 그 다른 제자에게 달려가서 말하였다. "누가 주님을 무덤에서 가져갔습니다. 어디에 두었는지 모르겠습니다." 베드로와 그 다른 제자가 나와서, 무덤으로 갔다. 둘이 함께 뛰었는데, 그 다른 제자가 베드로보다 빨리 달려서, 먼저 무덤에 이르렀

다. 그런데 그는 몸을 굽혀서 삼베가 놓여 있는 것을 보았으나, 안으로 들어가지는 않았다. 시몬 베드로도 그를 뒤따라 왔다. 그가 무덤 안으로 들어가 보니, 삼베가 놓여 있었고, 예수의 머리를 싸맸던 수건은, 그 삼베와 함께 놓여 있지 않고, 한 곳에 따로 개켜 있었다. 그제서야 먼저 무덤에 다다른 그 다른 제자도 들어가서, 보고 믿었다. 아직도 그들은 예수께서 죽은 사람들 가운데서 반드시 살아나야 한다는 성경 말씀을 깨닫지 못하였다. 그래서 제자들은 자기들이 있던 곳으로 다시 돌아갔다.

요한계시록 5:1-10

나는 또, 그 보좌에 앉아 계신 분이 오른손에 두루마리 하나를 들고 계신 것을 보았습니다. 그 두루마리는 안팎으로 글이 적혀 있고 일곱 인을 찍어 봉하여 놓은 것이었습니다. 내가 보니, 힘센 천사가 큰 소리로 "이 봉인을 떼고 두루마리를 펴기에 합당한 사람이 누구인가?" 하고 외쳤습니다. 그러나 두루마리를 펴거나 그것을 볼 수 있는 이는, 하늘에도 없고 땅 위에도 없고 땅 아래에도 없었습니다. 이 두루마리를 펴거나 볼 자격이 있는 이가 하나도 보이지 않으므로, 나는 슬피 울었습니다. 그런데 장로들 가운데서 하나가 나에게 "울지 마십시오. 유다 지파에서 난 사자, 곧 다윗의 뿌리가 승리하였으니, 그가 이 일곱 봉인을 떼고, 이 두루마리를 펼 수 있습니다" 하고 말하였습니다.

나는 또 보좌와 네 생물과 장로들 가운데 어린 양이 하나 서 있는 것을 보았는데, 그 어린 양은 죽임을 당한 것과 같았습니다. 그에게는 뿔 일곱과 눈 일곱이 있었는데, 그 눈들은 온 땅에 보내심을 받은 하나님의 일곱 영이십니다. 그 어린 양이 나와서, 보좌에 앉아 계신 분의 오른손에서 그 두루마리를 받았습니다. 그가 그 두루마리를 받아 들었을 때에, 네 생물과 스물네 장로가 각각 거문고와 향이 가득히 담긴 금 대접을 가지고 어린 양 앞에 엎드렸습니다. 그 향은 곧 성도들의 기도입니다. 그들은 이런 말로 새로운 노래를 불렀습니다.

"주님께서는 그 두루마리를 받으시고, 봉인을 떼실 자격이 있습니다. 주님은 죽임을 당하시고, 주님의 피로 모든 종족과 언어와 백성과 민족 가운데서 사람들을 사서 하나님께 드리셨습니다. 주님께서 그들을 우리 하나님 앞에서 나라가 되게 하시고, 제사장으로 삼으셨습니다, 그래서 그들은 땅을 다스릴 것입니다."

묵상한 말씀을 나눈다.

찬송

만입이 내게 있으면 (찬송가 23)
면류관 벗어서 (찬송가 25)

빌립보서 2:5-11

기도로 부르심

눈을 들어 하늘을 보라. 그리고 땅을 내려다보아라.
주님의 구원은 영원하며, 주님의 인도하심 또한 영원할 것이다.

평화의 하나님, 주님은 만물을 새롭게 하십니다.
주님, 주님의 자비하심으로, 우리의 기도를 들어주소서

주님께서 변함없는 사랑으로 우리를 채워주십니다.
우리 자신과 사랑하는 이들을 위해 기도합니다.
(합심기도) 주님, 주님의 자비하심으로, **우리의 기도를 들어주소서**

주님은 여러 가지 다양한 방식으로 우리에게 나타나 주셨습니다.
우리 공동체와 이웃을 위해 기도합니다.
(합심기도) 주님, 주님의 자비하심으로, **우리의 기도를 들어주소서**

주님은 주님의 백성에게 힘을 주십니다.
이 땅의 모든 교회의 하나됨을 위하여 기도합니다.

(합심기도) 주님, 주님의 자비하심으로, 우리의 기도를 들어주소서

주님은 악을 미워하고 정의를 사랑하십니다.
주님의 나라와 그 뜻이 이 땅에서도 임할 수 있도록 세계를 위하여 기도합니다.
(합심기도) 주님, 주님의 자비하심으로, 우리의 기도를 들어주소서

우리 안의 다른 염려를 맡기어 드립니다.
(합심기도) 주님, 주님의 자비하심으로, 우리의 기도를 들어주소서

모든 지각에 뛰어나신 영광의 하나님,
주님은 겸손한 자와 비천한 자를 높이십니다.
주님께서 우리에게 그리스도의 마음을 이해할 수 있는 은혜를 내려 주셔서
죽음을 지나 새 생명을 얻기까지 그리스도를 따르기를 원합니다.
그리스도께서 가르쳐 주신대로 기도하며 주님의 이름에 영광을 돌립니다.

(주기도문) 하늘에 계신 우리 아버지 …

축도

우리 주 예수 그리스도를 죽은 자 가운데서 다시 살리신 평화의 하나님,
주님께서 우리에게 모든 선한 일을 행할 수 있게 하셨습니다.
하나님께서 예수 그리스도로 말미암아
우리 가운데 자기가 기뻐하시는 바를 이루시기를 빕니다.
예수 그리스도께 영광이 영원 무궁히 있기를 기도합니다.
아멘.

하늘과 땅 위와 땅 아래 모든 것들이
예수의 이름 앞에 무릎을 꿇고

부활절 수요일 저녁

여는 말

이러므로 하나님이 그를 지극히 높여 모든 이름 위에 뛰어난 이름을 주사
그리하여 하늘과 땅 위와 땅 아래 있는 모든 것들이 예수의 이름 앞에 무릎을 꿇고

찬양으로 부르심

날이 저물어 저녁이 올 때에도 주님, 우리와 함께 하소서.
우리에게 말씀을 열어 보이시며, 우리의 눈을 열어 주님 보게 하소서.

처음부터 계셨고…

시편97편

주님께서 다스리시니, 온 땅아, 뛸 듯이 기뻐하여라.
많은 섬들아, 즐거워하여라.
구름과 흑암이 그를 둘러쌌다.
정의와 공평이 그 왕좌의 기초다.

불이 그 앞에서 나와서
에워싼 대적을 불사른다.
그의 번개가 세상을 번쩍번쩍 비추면,
땅이 보고서 두려워 떤다.

산들은 주님 앞에서,

온 땅의 주님 앞에서, 초처럼 녹아 버린다.
하늘은 그의 의로우심을 선포하고,
만백성은 그의 영광을 본다.

조각된 신상을 섬기는 자는 누구나 수치를 당할 것이며,
헛된 우상을 자랑하는 자들도 부끄러움을 당할 것이다.
모든 신들아, 주님 앞에 엎드려라.

주님, 주님이 공의로우심을
시온이 듣고 즐거워하며,
유다의 딸들이 기뻐 외칩니다.

주님, 주님은 온 땅을 다스리는 가장 높으신 분이시고,
어느 신들보다 더 높으신 분이십니다.

주님을 사랑하는 사람들아, 너희는 악을 미워하여라.
주님은 그의 성도를 지켜 주시며,
악인들의 손에서 건져 주신다.

빛은 의인에게 비치며,
마음이 정직한 사람에게는 즐거움이 샘처럼 솟을 것이다.
의인들아, 주님을 기뻐하여라.
주님의 거룩하신 이름에 감사를 드려라.

감사드림

주님의 사랑은 영원토록 굳게 서 있을 것이요,
주님께서는 주님의 신실하심을 하늘에 견고하게 세워 두실 것입니다.
(자유롭게 감사의 기도를 드립니다)

온종일 나는 주님을 찬양하고,
주님의 영광을 선포합니다. 아멘.

찬송

왕이신 나의 하나님
주 예수 이름 높이어 (찬송가 37)

고백

부활하신 그리스도께서는 하나님의 오른쪽에 앉아 계십니다.
우리가 만일 그리스도와 함께 다시 살아났다면
우리는 하늘의 것을 추구해야 합니다.
(침묵기도)
우리가 땅에 있는 것들을 생각하지 않고, 하늘에 있는 것들을 생각하겠습니다.
우리는 이미 죽었고, 생명은 그리스도와 함께 하나님 안에 감추어져 있습니다.

제자로 부르심

예수님께서 말씀하셨습니다.
 "누구든지 자기 목숨을 구하고자 하는 사람은 잃을 것이요,
 나 때문에 자기 목숨을 잃는 사람은 찾을 것이다."

요한복음 20:11-18

그런데 마리아는 무덤 밖에 서서 울고 있었다. 울다가 몸을 굽혀서 무덤 속을 들여다보니, 흰 옷을 입은 천사 둘이 앉아 있었다. 한 천사는 예수의 시신이 놓여 있던 자리 머리맡에 있었고, 다른 한 천사는 발치에 있었다. 천사들이 마리아에게 말하였다. "여자여, 왜 우느냐?" 마리아가 대답하였다. "누가 우리 주님을 가져갔습니다. 어디에 두었는지 모르겠습니다." 이렇게 말하고, 뒤로 돌아섰을 때에, 그 마리아는 예수께서 서 계신 것을 보았지만, 그가 예수이신 줄은 알지 못하였다. 예수

께서 마리아에게 말씀하셨다. "여자여, 왜 울고 있느냐? 누구를 찾느냐?" 마리아는 그가 동산지기인 줄 알고 "여보세요, 당신이 그를 옮겨 놓았거든, 어디에다 두었는지를 내게 말해 주세요. 내가 그를 모셔 가겠습니다" 하고 말하였다. 예수께서 "마리아야!" 하고 부르셨다. 마리아가 돌아서서 히브리 말로 "라부니!" 하고 불렀다. 그것은 '선생님!'이라는 뜻이다.) 예수께서 마리아에게 말씀하셨다. "내게 손을 대지 말아라. 내가 아직 아버지께로 올라가지 않았다. 이제 내 형제들에게로 가서 이르기를, 내가 나의 아버지 곧 너희의 아버지, 나의 하나님 곧 너희의 하나님께로 올라간다고 말하여라." 막달라 사람 마리아는 제자들에게 가서, 자기가 주님을 보았다는 것과 주님께서 자기에게 이런 말씀을 하셨다는 것을 전하였다.

요한계시록 5:11-14
나는 또 그 보좌와 생물들과 장로들을 둘러선 많은 천사를 보고, 그들의 음성도 들었습니다. 그들의 수는 수천 수만이었습니다. 그들은 큰 소리로 "죽임을 당하신 어린 양은 권세와 부와 지혜와 힘과 존귀와 영광과 찬양을 받으시기에 합당하십니다" 하고 외치고 있었습니다.

나는 또 하늘과 땅 위와 땅 아래와 바다에 있는 모든 피조물과, 또 그들 가운데 있는 만물이, 이런 말로 외치는 소리를 들었습니다. "보좌에 앉으신 분과 어린 양께서는 찬양과 존귀와 영광과 권능을 영원무궁 하도록 받으십시오." 그러자 네 생물은 "아멘!" 하고, 장로들은 엎드려서 경배하였습니다.

묵상한 말씀을 나눈다.

찬송
거룩 거룩 거룩한 하나님 (찬송가 625)
아멘 아멘 아멘 영광과 존귀를 (찬송가 627)

빌립보서 2:5-11

기도로 부르심

내가 새 일을 행하리니 이제 나타낼 것이라
너희가 그것을 알지 못하겠느냐
내가 광야에 길을 내겠으며, 사막에 강을 내리라.

새 생명의 하나님, 우리가 주님의 부활의 능력을 구합니다.
주님, 주님의 자비하심으로, 우리의 기도를 들어주소서

주님께서 변함없는 사랑으로 우리를 채워주십니다.
우리 자신과 사랑하는 이들을 위해 기도합니다.
(합심기도) 주님, 주님의 자비하심으로, 우리의 기도를 들어주소서

주님은 여러 가지 다양한 방식으로 우리에게 나타나 주셨습니다.
우리 공동체와 이웃을 위해 기도합니다.
(합심기도) 주님, 주님의 자비하심으로, 우리의 기도를 들어주소서

주님은 주님의 백성에게 힘을 주십니다.
이 땅의 모든 교회의 하나됨을 위하여 기도합니다.
(합심기도) 주님, 주님의 자비하심으로, 우리의 기도를 들어주소서

주님은 악을 미워하고 정의를 사랑하십니다.
주님의 나라와 그 뜻이 이 땅에서도 임할 수 있도록 세계를 위하여 기도합니다.
(합심기도) 주님, 주님의 자비하심으로, 우리의 기도를 들어주소서

우리 안의 다른 염려를 맡기어 드립니다.
(합심기도) 주님, 주님의 자비하심으로, 우리의 기도를 들어주소서

모든 새 것의 시작이 되시는 하나님,

주님께서 우리를 무덤에서 일으키사
주의 영광으로 우리를 인도하셨습니다.
주님의 사랑으로 죽음에 사로잡혀 있던 우리를 살리시고,
예수 그리스도의 부활을 통해 우리를 영원한 생명으로 인도하셨습니다.
하나님의 아들 그리스도의 부활을 통해,
우리가 영원히 주님과 동행하기를 기도합니다.

(주기도문) 하늘에 계신 우리 아버지 …

축도

주님, 주님의 영광의 권능으로 우리를 강하게 해주시고
모든 상황에서 기쁨으로 끝까지 참고 견딜 수 있게 해주십시오.
우리도 성도들처럼 하늘 나라의 상속을 받을 수 있게 해주신
하나님 아버지께 기쁨으로 감사를 드립니다.
아멘.

모두가 고백하기를

부활절 목요일 아침

여는 말

이러므로 하나님이 그를 지극히 높여
모든 이름 위에 뛰어난 이름을 주사
하늘과 땅 위와 땅 아래 있는 모든 것들이
예수의 이름 앞에 무릎을 꿇고
모두가 예수 그리스도는 주님이시라고 고백하여

찬양으로 부르심

우리 왕이신 하나님, 우리가 주님을 높이며,
주님의 이름을 영원토록 송축하렵니다.
우리가 날마다 주님께 찬송을 올리며,
영원토록 주님의 이름을 송축하렵니다. 할렐루야.

처음부터 계셨고…

시편 47

만백성아, 손뼉을 쳐라. 하나님께 기쁨의 함성을 외쳐라.
주님은 두려워할 지존자이시며,
온 땅을 다스리는 크고도 큰 왕이시다.

주님은 만백성을 우리에게 복종케 하시고,
뭇 나라를 우리 발 아래 무릎 꿇게 하신다.
주님은 우리에게 땅을 선택해 주셨다.

이 땅은 주님께서 사랑하시는 야곱의 자랑거리였다.

환호 소리 크게 울려 퍼진다. 하나님이 보좌에 오르신다.
나팔 소리 크게 울려 퍼진다. 주님이 보좌에 오르신다.

시로 하나님을 찬양하여라. 시로 찬양하여라.
시로 우리의 왕을 찬양하여라. 시로 찬양하여라.

하나님은 온 땅의 왕이시니, 정성을 다하여 찬양하여라.
하나님은 뭇 나라를 다스리는 왕이시다.
하나님이 그의 거룩한 보좌에 앉으셨다.

온 백성의 통치자들이 아브라함의 하나님의 백성이 되어 다 함께 모였다.
열강의 군왕들은 모두 주님께 속하였다.
하나님은 지존하시다.

감사드림

야곱의 하나님을 우리의 도움으로 삼고
우리 하나님이신 주님께 희망을 거는 사람은 복이 있습니다.
주님은 하늘과 땅과 바다 속에 있는 모든 것을 지으셨으며,
영원히 신실하신 분이십니다.
(자유롭게 감사의 기도를 드립니다)
주님, 아침에는 주님의 변함없는 사랑으로 우리를 채워 주시고,
평생토록 우리가 기뻐하고 즐거워하게 해주십시오. 아멘.

찬송

주 예수 이름 높이어 (찬송가 36)
만유의 주재 (찬송가 32)

제자로 부르심

예수님께서 말씀하시기를,
나는 양들이 생명을 얻고 또 더 넘치게 얻게 하려고 왔다.
나를 따르는 사람은 어둠 속에 다니지 아니하고, 생명의 빛을 얻을 것이다.

누가복음 24:50-53
그리고 예수께서는 그들을 [밖으로] 베다니까지 데리고 가서, 손을 들어 그들을 축복하셨다. 예수께서는 그들을 축복하시는 가운데, 그들에게서 떠나 하늘로 올라가셨다. 그들은 예수께 경배하고, 크게 기뻐하면서, 예루살렘으로 돌아가서, 하나님을 찬양하면서 날마다 성전에서 지냈다.

요한계시록 19:1-5
이 일이 있은 뒤에 내가 들으니, 하늘에 있는 큰 무리가 내는 우렁찬 음성과 같은 소리가 이렇게 울려왔습니다.
"할렐루야, 구원과 영광과 권력은 우리 하나님의 것이다. 그분의 심판은 참되고 의로우시다. 음행으로 세상을 망친 그 큰 창녀를 심판하셨다. 자기 종들이 흘린 피의 원한을 그 여자에게 갚으셨다."
그들이 다시금 "할렐루야, 그 여자에게서 나는 연기가 영원히 올라가는구나" 하고 외치니, 스물네 장로와 네 생물이 보좌에 앉아 계신 하나님께 엎드려 경배하고, "아멘, 할렐루야" 하고 말하였습니다.
그 때에 그 보좌로부터 음성이 울려왔습니다.
"하나님의 모든 종들아, 하나님을 두려워하는 사람들아, 작은 자들과 큰 자들아, 우리 하나님을 찬양하여라."

묵상한 말씀을 나눈다.

찬송
온 천하 만물 우러러 (찬송가 69)

빌립보서 2:5-11

기도로 부르심

눈을 들어 하늘을 보라. 그리고 땅을 내려다보아라.
주님의 구원은 영원하며, 주님의 인도하심 또한 영원할 것이다.

평화의 하나님, 주님은 만물을 새롭게 하십니다.
주님, 주님의 자비하심으로, 우리의 기도를 들어주소서

주님께서 변함없는 사랑으로 우리를 채워주십니다.
우리 자신과 사랑하는 이들을 위해 기도합니다.
(합심기도) 주님, 주님의 자비하심으로, **우리의 기도를 들어주소서**

주님은 여러 가지 다양한 방식으로 우리에게 나타나 주셨습니다.
우리 공동체와 이웃을 위해 기도합니다.
(합심기도) 주님, 주님의 자비하심으로, **우리의 기도를 들어주소서**

주님은 주님의 백성에게 힘을 주십니다.
이 땅의 모든 교회의 하나됨을 위하여 기도합니다.
(합심기도) 주님, 주님의 자비하심으로, **우리의 기도를 들어주소서**

주님은 악을 미워하고 정의를 사랑하십니다.
주님의 나라와 그 뜻이 이 땅에서도 임할 수 있도록 세계를 위하여 기도합니다.
(합심기도) 주님, 주님의 자비하심으로, **우리의 기도를 들어주소서**

우리 안의 다른 염려를 맡기어 드립니다.

(합심기도) 주님, 주님의 자비하심으로, 우리의 기도를 들어주소서

모든 지각에 뛰어나신 영광의 하나님,
주님은 겸손한 자와 비천한 자를 높이십니다.
주님께서 우리에게 그리스도의 마음을 이해할 수 있는 은혜를 내려 주셔서
죽음을 지나 새 생명을 얻기까지 그리스도를 따르기 원합니다.
그리스도께서 가가르쳐 주신대로 기도하며 주님의 이름에 영광을 돌립니다.

(주기도문) 하늘에 계신 우리 아버지 …

축도

우리 주 예수 그리스도를 죽은 자 가운데서 다시 살리신 평화의 하나님,
주님께서 우리에게 모든 선한 일을 행할 수 있게 하셨습니다.
하나님께서 예수 그리스도로 말미암아
우리 가운데 자기가 기뻐하시는 바를 이루시기를 빕니다.
예수 그리스도께 영광이 영원 무궁히 있기를 기도합니다.
아멘.

모두가 고백하기를

부활절 목요일 저녁

여는 말

이러므로 하나님이 그를 지극히 높여
모든 이름 위에 뛰어난 이름을 주사
그리하여 하늘과 땅 위와 땅 아래 있는 모든 것들이
예수의 이름 앞에 무릎을 꿇고
모두가 예수 그리스도는 주님이시라고 고백하여

찬양으로 부르심

오라, 밤에 주님의 집에 서 있는 주님의 모든 종들아, 주님을 송축하여라
성소를 바라보면서, 너희의 손을 들고 주님을 송축하여라
할렐루야.

처음부터 계셨고…

시편98

새 노래로 주님께 찬송하여라.
주님은 기적을 일으키는 분이시다.
그 오른손과 그 거룩하신 팔로 구원을 베푸셨다.

주님께서 베푸신 구원을 알려 주시고,
주님께서 의로우심을 뭇 나라가 보는 앞에서 드러내어 보이셨다.
이스라엘 가문에 베푸신
인자하심과 성실하심을 기억해 주셨기에,

땅 끝에 있는 모든 사람까지도
우리 하나님의 구원하심을 볼 수 있었다.
온 땅아, 소리 높여 즐거이 주님을 찬양하여라.
함성을 터뜨리며, 즐거운 노래로 찬양하여라.

수금을 뜯으며, 주님을 찬양하여라.
수금과 아우르는 악기들을 타면서, 찬양하여라.
왕이신 주님 앞에서 나팔과 뿔나팔 소리로 환호하여라.
바다와 거기에 가득 찬 것들과
세계와 거기에 살고 있는 것들도 뇌성 치듯 큰소리로 환호하여라.
강들도 손뼉을 치고,
산들도 함께 큰소리로 환호성을 올려라.

주님께서 오신다.
그가 땅을 심판하러 오시니, 주님 앞에 환호성을 올려라.
그가 정의로 세상을 심판하시며,
뭇 백성을 공정하게 다스리실 것이다.

감사드림
주님의 사랑은 영원토록 굳게 서 있을 것이요,
주님께서는 주님의 신실하심을 하늘에 견고하게 세워 두실 것입니다.
(자유롭게 감사의 기도를 드립니다)
온종일 나는 주님을 찬양하고,
주님의 영광을 선포합니다. 아멘.

찬송
만유의 주 앞에 (찬송가 22)
주님을 찬양합니다

고백

부활하신 그리스도께서는 하나님의 오른쪽에 앉아 계십니다.
우리가 만일 그리스도와 함께 다시 살아났다면
우리는 하늘의 것을 추구해야 합니다.
(침묵기도)
우리가 땅에 있는 것들을 생각하지 않고, 하늘에 있는 것들을 생각하겠습니다.
우리는 이미 죽었고, 생명은 그리스도와 함께 하나님 안에 감추어져 있습니다.

제자로 부르심

예수님께서 말씀하셨습니다.
"누구든지 자기 목숨을 구하고자 하는 사람은 잃을 것이요,
나 때문에 자기 목숨을 잃는 사람은 찾을 것이다."

사도행전 1:1-11

"데오빌로님, 나는 첫 번째 책에서 예수께서 행하시고 가르치신 모든 일을 다루었습니다. 거기에 나는, 예수께서 활동을 시작하신 때로부터 그가 택하신 사도들에게 성령을 통하여 지시를 내리시고 하늘로 올라가신 날까지 하신, 모든 일을 기록했습니다. 예수께서 고난을 받으신 뒤에, 자기가 살아 계심을 여러 가지 증거로 드러내셨습니다. 그는 사십 일 동안 그들에게 여러 차례 나타나시고, 하나님 나라에 관한 일들을 말씀하셨습니다. 예수께서 사도들과 함께 잡수실 때에 그들에게 이렇게 분부하셨습니다. "너희는 예루살렘을 떠나지 말고, 내게서 들은 아버지의 약속을 기다려라. 요한은 물로 세례를 주었으나, 너희는 여러 날이 되지 않아서 성령으로 세례를 받을 것이다."
사도들이 한 자리에 모였을 때에 예수께 여쭈었다. "주님, 주님께서 이스라엘에게 나라를 되찾아 주실 때가 바로 지금입니까?" 예수께서 그들에게 말씀하셨다. "때나 시기는 아버지께서 아버지의 권한으로 정하신 것이니, 너희가 알 바가 아니다.

그러나 성령이 너희에게 내리시면, 너희는 능력을 받고, 예루살렘과 온 유대와 사마리아에서, 그리고 마침내 땅 끝에까지 이르러 내 증인이 될 것이다." 이 말씀을 하신 다음에, 그가 그들이 보는 앞에서 들려 올라가시니, 구름에 싸여서 보이지 않게 되었다. 예수께서 떠나가실 때에, 그들이 하늘을 쳐다보고 있는데, 갑자기 흰 옷을 입은 두 사람이 그들 곁에 서서 "갈릴리 사람들아, 어찌하여 하늘을 쳐다보면서 서 있느냐? 너희를 떠나서 하늘로 올라가신 이 예수는, 하늘로 올라가시는 것을 너희가 본 그대로 오실 것이다" 하고 말하였다.

요한계시록 19:6-10

또 나는 큰 무리의 음성과 같기도 하고, 큰 물소리와 같기도 하고, 우렁찬 천둥소리와 같기도 한 소리를 들었습니다.
"할렐루야, 주 우리 하나님, 전능하신 분께서 왕권을 잡으셨다. 기뻐하고 즐거워하며, 하나님께 영광을 돌리자. 어린 양의 혼인날이 이르렀다. 그의 신부는 단장을 끝냈다. 신부에게 빛나고 깨끗한 모시 옷을 입게 하셨다. 이 모시 옷은 성도들의 의로운 행위다."
또 그 천사가 나에게 말하였습니다. "어린 양의 혼인 잔치에 초대를 받은 사람은 복이 있다고 기록하여라." 그리고 또 말하였습니다. "이 말씀은 하나님의 참된 말씀이다." 그 때에 내가 그에게 경배드리려고, 그의 발 앞에 엎드렸더니, 그가 나에게 말하였습니다. "이러지 말아라, 나도 예수의 증언을 간직하고 있는 네 동료들 가운데 하나요, 너와 같은 종이다. 경배는 하나님께 드려라. 예수의 증언은 곧 예언의 영이다."

묵상한 말씀을 나눈다.

찬송

전능하고 놀라우신 (찬송가 30)
성도여 다 함께 (찬송가 29)

빌립보서 2:5-11

기도로 부르심

내가 새 일을 행하리니 이제 나타낼 것이라
너희가 그것을 알지 못하겠느냐
내가 광야에 길을 내겠으며, 사막에 강을 내리라.

새 생명의 하나님, 우리가 주님의 부활의 능력을 구합니다.
주님, 주님의 자비하심으로, 우리의 기도를 들어주소서

주님께서 변함없는 사랑으로 우리를 채워주십니다.
우리 자신과 사랑하는 이들을 위해 기도합니다.
(합심기도) 주님, 주님의 자비하심으로, 우리의 기도를 들어주소서

주님은 여러 가지 다양한 방식으로 우리에게 나타나 주셨습니다.
우리 공동체와 이웃을 위해 기도합니다.
(합심기도) 주님, 주님의 자비하심으로, 우리의 기도를 들어주소서

주님은 주님의 백성에게 힘을 주십니다.
이 땅의 모든 교회의 하나됨을 위하여 기도합니다.
(합심기도) 주님, 주님의 자비하심으로, 우리의 기도를 들어주소서

주님은 악을 미워하고 정의를 사랑하십니다.
주님의 나라와 그 뜻이 이 땅에서도 임할 수 있도록 세계를 위하여 기도합니다.
(합심기도) 주님, 주님의 자비하심으로, 우리의 기도를 들어주소서

우리 안의 다른 염려를 맡기어 드립니다.
(합심기도) 주님, 주님의 자비하심으로, 우리의 기도를 들어주소서

모든 새로운 시작이 되시는 하나님,
주님께서 우리를 무덤에서 일으키사
주의 영광으로 우리를 인도하셨습니다.
주님의 사랑으로 죽음에 사로잡혀 있던 우리를 살리시고,
예수 그리스도의 부활을 통해 우리를 영원한 생명으로 인도하셨습니다.
하나님의 아들 그리스도의 부활을 통해,
우리가 영원히 주님과 동행하기를 기도합니다.

(주기도문) 하늘에 계신 우리 아버지 …

축도

주님, 주님의 영광의 권능으로 우리를 강하게 해주시고
모든 상황에서 기쁨으로 끝까지 참고 견딜 수 있게 해주십시오.
우리도 성도들처럼 하늘 나라의 상속을 받을 수 있게 해주신 하나님 아버지께 기쁨으로 감사를 드립니다.
아멘.

예수 그리스도는 주님이시라

부활절 금요일아침

여는 말

이러므로 하나님이 그를 지극히 높여 모든 이름 위에 뛰어난 이름을 주사
그리하여 하늘과 땅 위와 땅 아래 있는 모든 것들이
예수의 이름 앞에 무릎을 꿇고
모두가 예수 그리스도는 주님이시라고 고백하니

찬양으로 부르심

우리 왕이신 하나님, 우리가 주님을 높이며,
주님의 이름을 영원토록 송축하렵니다.
우리가 날마다 주님께 찬송을 올리며,
영원토록 주님의 이름을 송축하렵니다. 할렐루야.

처음부터 계셨고…

시편 148편

할렐루야.

하늘에서 주님을 찬양하여라.
높은 곳에서 주님을 찬양하여라.
주님의 모든 천사들아, 주님을 찬양하여라.
주님의 모든 군대야, 주님을 찬양하여라.

해와 달아, 주님을 찬양하여라.

빛나는 별들아, 모두 다 주님을 찬양하여라.
하늘 위의 하늘아, 주님을 찬양하여라.
하늘 위에 있는 물아, 주님을 찬양하여라.

너희가 주님의 명을 따라서 창조되었으니,
너희는 그 이름을 찬양하여라.

너희가 앉을 영원한 자리를 정하여 주시고,
지켜야 할 법칙을 주셨다.

온 땅아, 주님을 찬양하여라.
바다의 괴물들과 바다의 심연아,
불과 우박, 눈과 서리,
그분이 명하신 대로 따르는 세찬 바람아,

모든 산과 언덕들,
모든 과일나무와 백향목들아,
모든 들짐승과 가축들,
기어다니는 것과 날아다니는 새들아,

세상의 모든 임금과 백성들,
세상의 모든 고관과 재판관들아,
총각과 처녀,
노인과 아이들아,

모두 주님의 이름을 찬양하여라.
그 이름만이 홀로 높고 높다.
그 위엄이 땅과 하늘에 가득하다.

주님이 그의 백성을 강하게 하셨으니,
찬양은 주님의 모든 성도들과,
주님을 가까이 모시는 백성들과,
이스라엘 백성이, 마땅히 드려야 할 일이다.
할렐루야.

감사드림

야곱의 하나님을 우리의 도움으로 삼고
우리 하나님이신 주님께 희망을 거는 사람은 복이 있습니다.
주님은 하늘과 땅과 바다 속에 있는 모든 것을 지으셨으며,
영원히 신실하신 분이십니다.
(자유롭게 감사의 기도를 드립니다)
주님, 아침에는 주님의 변함없는 사랑으로 우리를 채워 주시고,
평생토록 우리가 기뻐하고 즐거워하게 해주십시오. 아멘.

찬송

빛나고 높은 보좌와 (찬송가 27)
면류관 벗어서 (찬송가 25)

제자로 부르심

예수님께서 말씀하시기를,
나는 양들이 생명을 얻고 또 더 넘치게 얻게 하려고 왔다.
나를 따르는 사람은 어둠 속에 다니지 아니하고, 생명의 빛을 얻을 것이다.

요한복음 20:19-23

그 날, 곧 주간의 첫 날 저녁에, 제자들은 유대 사람들이 무서워서, 문을 모두 닫아걸고 있었다. 그 때에 예수께서 와서, 그들 가운데로 들어서셔서, "너희에게 평

화가 있기를!" 하고 인사말을 하셨다. 이 말씀을 하시고 나서, 두 손과 옆구리를 그들에게 보여 주셨다. 제자들은 주님을 보고 기뻐하였다. [예수께서] 다시 그들에게 말씀하셨다. "너희에게 평화가 있기를 빈다. 아버지께서 나를 보내신 것 같이, 나도 너희를 보낸다." 이렇게 말씀하신 다음에, 그들에게 숨을 불어넣으시고 말씀하셨다. "성령을 받아라. 너희가 누구의 죄든지 용서해 주면, 그 죄가 용서될 것이요, 용서해 주지 않으면, 그대로 남아 있을 것이다."

사도행전 2:32-39

이 예수를 하나님께서 살리셨습니다. 우리는 모두 이 일의 증인입니다. 하나님께서는 이 예수를 높이 올리셔서, 자기의 오른쪽에 앉히셨습니다. 그는 아버지로부터 약속하신 성령을 받아서 우리에게 부어 주셨습니다. 여러분은 지금 이 일을 보기도 하고 듣기도 하고 있는 것입니다. 다윗은 하늘에 올라가지 못하였으나, 그는 이렇게 말하였습니다. '주님께서 내 주님께 말씀하시기를, 내가 네 원수를 네 발 아래에 굴복시키기까지, 너는 내 오른쪽에 앉아 있어라 하셨습니다.' 그러므로 이스라엘 온 집안은 확실히 알아두십시오. 하나님께서는 여러분이 십자가에 못박은 이 예수를 주님과 그리스도가 되게 하셨습니다."
사람들이 이 말을 듣고 마음이 찔려서 "형제들이여, 우리가 어떻게 하면 좋겠습니까?" 하고 베드로와 다른 사도들에게 말하였다. 베드로가 대답하였다. "회개하십시오. 그리고 여러분 각 사람은 예수 그리스도의 이름으로 세례를 받고, 죄 용서를 받으십시오. 그리하면 성령을 선물로 받을 것입니다. 이 약속은 여러분과 여러분의 자녀와 또 멀리 떨어져 있는 모든 사람, 곧 우리 주 하나님께서 부르시는 모든 사람에게 주신 것입니다."

묵상한 말씀을 나눈다.

찬송

읽은 성경말씀에 맞는 찬송을 선택하여 부른다.

빌립보서 2:5-11

기도로 부르심

눈을 들어 하늘을 보라. 그리고 땅을 내려다보아라.
주님의 구원은 영원하며, 주님의 인도하심 또한 영원할 것이다.

평화의 하나님, 주님은 만물을 새롭게 하십니다.
주님, 주님의 자비하심으로, 우리의 기도를 들어주소서

주님께서 변함없는 사랑으로 우리를 채워주십니다.
우리 자신과 사랑하는 이들을 위해 기도합니다.
(합심기도) 주님, 주님의 자비하심으로, 우리의 기도를 들어주소서

주님은 여러 가지 다양한 방식으로 우리에게 나타나 주셨습니다.
우리 공동체와 이웃을 위해 기도합니다.
(합심기도) 주님, 주님의 자비하심으로, 우리의 기도를 들어주소서

주님은 주님의 백성에게 힘을 주십니다.
이 땅의 모든 교회의 하나됨을 위하여 기도합니다.
(합심기도) 주님, 주님의 자비하심으로, 우리의 기도를 들어주소서

주님은 악을 미워하고 정의를 사랑하십니다.
주님의 나라와 그 뜻이 이 땅에서도 임할 수 있도록 세계를 위하여 기도합니다.
(합심기도) 주님, 주님의 자비하심으로, 우리의 기도를 들어주소서
우리 안의 다른 염려를 맡기어 드립니다.
(합심기도) 주님, 주님의 자비하심으로, 우리의 기도를 들어주소서

모든 지각에 뛰어나신 영광의 하나님,

주님은 겸손한 자와 비천한 자를 높이십니다.
주님께서 우리에게 그리스도의 마음을 이해할 수 있는 은혜를 내려 주셔서 죽음을 지나 새 생명을 얻기까지 그리스도를 따르기를 원합니다.
그리스도께서 가르쳐 주신대로 기도하며 주님의 이름에 영광을 돌립니다.

(주기도문) *하늘에 계신 우리 아버지* …

축도

우리 주 예수 그리스도를 죽은 자 가운데서 다시 살리신 평화의 하나님,
주님께서 우리에게 모든 선한 일을 행할 수 있게 하셨습니다.
하나님께서 예수 그리스도로 말미암아
우리 가운데 자기가 기뻐하시는 바를 이루시기를 빕니다.
예수 그리스도께 영광이 영원 무궁히 있기를 기도합니다.
아멘.

예수 그리스도는 주님이시라

부활절 금요일 저녁

여는 말

이러므로 하나님이 그를 지극히 높여
모든 이름 위에 뛰어난 이름을 주사
그리하여 하늘과 땅 위와 땅 아래 있는 모든 것들이
예수의 이름 앞에 무릎을 꿇고
모두가 예수 그리스도는 주님이시라고 고백하니

찬양으로 부르심

오라, 밤에 주님의 집에 서 있는 주님의 모든 종들아, 주님을 송축하여라
성소를 바라보면서, 너희의 손을 들고 주님을 송축하여라
할렐루야.

처음부터 계셨고…

시편99편

주님께서 다스리시니, 뭇 백성아, 떨어라.
주님께서 그룹 위에 앉으시니, 온 땅아, 흔들려라.
시온에 계시는 주님은 위대하시다.

만백성 위에 우뚝 솟은 분이시다.
만백성아, 그 크고 두려운 주님의 이름을 찬양하여라.
주님은 거룩하시다!

주님의 능력은 정의를 사랑하심에 있습니다.
주님께서 공평의 기초를 놓으시고,
야곱에게 공의와 정의를 행하셨습니다.

우리의 주 하나님을 찬양하여라.
그분의 발 등상 아래 엎드려 절하라.
주님은 거룩하시다!

그의 제사장 가운데는 모세와 아론이 있으며,
그 이름을 부르는 사람 가운데는 사무엘이 있으니,
그들이 주님께 부르짖을 때마다, 그분은 응답하여 주셨다.

주님께서 구름기둥 속에서 그들에게 말씀하시니,
그들이 그분에게서 받은 계명과 율례를 모두 지켰다.

주 우리 하나님, 주님께서 그들에게 응답해 주셨습니다.
그들이 한 대로 갚기는 하셨지만,
주님은 또한, 그들을 용서해 주신 하나님이십니다.

주 우리 하나님을 높이 찬양하여라.
그 거룩한 산에서 그분을 경배하여라.
주 우리 하나님은 거룩하시다.

감사드림

주님의 사랑은 영원토록 굳게 서 있을 것이요,
주님께서는 주님의 신실하심을 하늘에 견고하게 세워 두실 것입니다.
(자유롭게 감사의 기도를 드립니다)
온종일 나는 주님을 찬양하고,

주님의 영광을 선포합니다. 아멘.

찬송

목소리 높여서 (찬송가 6)
이 천지간 만물들아 (찬송가 5)
거룩 거룩 거룩 전능하신 주님 (찬송가 8)

고백

부활하신 그리스도께서는 하나님의 오른쪽에 앉아 계십니다.
우리가 만일 그리스도와 함께 다시 살아났다면
우리는 하늘의 것을 추구해야 합니다.
(침묵기도)
우리가 땅에 있는 것들을 생각하지 않고, 하늘에 있는 것들을 생각하겠습니다.
우리는 이미 죽었고, 생명은 그리스도와 함께 하나님 안에 감추어져 있습니다.

제자로 부르심

예수님께서 말씀하셨습니다.
"누구든지 자기 목숨을 구하고자 하는 사람은 잃을 것이요,
나 때문에 자기 목숨을 잃는 사람은 찾을 것이다."

요한복음 20:24-29

열두 제자 가운데 하나로서 쌍둥이라고 불리는 도마는, 예수께서 오셨을 때에 그들과 함께 있지 않았다. 다른 제자들이 그에게 "우리는 주님을 보았소" 하고 말하였으나, 도마는 그들에게 "나는 내 눈으로 그의 손에 있는 못자국을 보고, 내 손가락을 그 못자국에 넣어 보고, 또 내 손을 그의 옆구리에 넣어 보지 않고서는 믿지 못하겠소!" 하고 말하였다.
여드레 뒤에 제자들이 다시 집 안에 모여 있었는데 도마도 함께 있었다. 문이 잠겨

있었으나, 예수께서 와서 그들 가운데로 들어서셔서 "너희에게 평화가 있기를!" 하고 인사말을 하셨다. 그리고 나서 도마에게 말씀하셨다. "네 손가락을 이리 내밀어서 내 손을 만져 보고, 네 손을 내 옆구리에 넣어 보아라. 그래서 의심을 떨쳐버리고 믿음을 가져라." 도마가 예수께 대답하기를 "나의 주님, 나의 하나님!" 하니, 예수께서 도마에게 말씀하셨다. "너는 나를 보았기 때문에 믿느냐? 나를 보지 않고도 믿는 사람은 복이 있다."

사도행전 10:34-43

베드로가 입을 열어 말하였다. "나는 참으로, 하나님께서는 사람을 외모로 가리지 아니하시는 분이시고, 하나님을 두려워하며, 의를 행하는 사람은 그가 어느 민족에 속하여 있든지, 다 받아 주신다는 것을 깨달았습니다. 하나님께서는 이스라엘 자손에게 말씀을 보내셨는데, 곧 예수 그리스도를 통하여 평화를 전하셨습니다. 예수 그리스도는 만민의 주님이십니다. 여러분이 아시는 대로, 이 일은 요한의 세례 사역이 끝난 뒤에, 갈릴리에서 시작하여서, 온 유대 지방에서 이루어졌습니다. 하나님께서 나사렛 예수에게 성령과 능력을 부어 주셨습니다. 이 예수는 두루 다니시면서 선한 일을 행하시고, 마귀에게 억눌린 사람들을 모두 고쳐 주셨습니다. 그것은 하나님께서 그와 함께 하셨기 때문입니다. 우리는 예수께서 유대 지방과 예루살렘에서 행하신 모든 일의 증인입니다. 사람들이 그를 나무에 달아 죽였지만, 하나님께서 그를 사흘날에 살리시고, 나타나 보이게 해주셨습니다. 그를 모든 사람에게 나타나게 하신 것이 아니라, 하나님께서 미리 택하여 주신 증인인 우리에게 나타나게 하셨습니다. 그가 죽은 사람들 가운데서 살아나신 뒤에, 우리는 그와 함께 먹기도 하고 마시기도 하였습니다. 이 예수께서 우리에게 명하시기를, 하나님께서 자기를 살아 있는 사람들과 죽은 사람들의 심판자로 정하신 것을 사람들에게 선포하고 증언하라고 하셨습니다. 이 예수를 두고 모든 예언자가 증언하기를, 그를 믿는 사람은 누구든지 그의 이름으로 죄 사함을 받는다고 하였습니다."

묵상한 말씀을 나눈다.

찬송
전능왕 오셔서 (찬송가 10)

빌립보서 2:5-11

기도로 부르심

내가 새 일을 행하리니 이제 나타낼 것이라
너희가 그것을 알지 못하겠느냐
내가 광야에 길을 내겠으며, 사막에 강을 내리라.

새 생명의 하나님, 우리가 주님의 부활의 능력을 구합니다.
주님, 주님의 자비하심으로, 우리의 기도를 들어주소서

주님께서 변함없는 사랑으로 우리를 채워주십니다.
우리 자신과 사랑하는 이들을 위해 기도합니다.
(합심기도) 주님, 주님의 자비하심으로, 우리의 기도를 들어주소서

주님은 여러 가지 다양한 방식으로 우리에게 나타나 주셨습니다.
우리 공동체와 이웃을 위해 기도합니다.
(합심기도) 주님, 주님의 자비하심으로, 우리의 기도를 들어주소서

주님은 주님의 백성에게 힘을 주십니다.
이 땅의 모든 교회의 하나됨을 위하여 기도합니다.
(합심기도) 주님, 주님의 자비하심으로, 우리의 기도를 들어주소서

주님은 악을 미워하고 정의를 사랑하십니다.
주님의 나라와 그 뜻이 이 땅에서도 임할 수 있도록 세계를 위하여 기도합니다.

(합심기도) 주님, 주님의 자비하심으로, 우리의 기도를 들어주소서

우리 안의 다른 염려를 맡기어 드립니다.
(합심기도) 주님, 주님의 자비하심으로, 우리의 기도를 들어주소서

모든 것의 시작이 되시는 하나님,
주님께서 우리를 무덤에서 일으키사
주의 영광으로 우리를 인도하셨습니다.
주님의 사랑으로 죽음에 사로잡혀 있던 우리를 살리시고,
예수 그리스도의 부활을 통해 우리를 영원한 생명으로 인도하셨습니다.
하나님의 아들 그리스도의 부활을 통해,
우리가 영원히 주님과 동행하기를 기도합니다.

(주기도문) 하늘에 계신 우리 아버지 …

축도
주님, 주님의 영광의 권능으로 우리를 강하게 해주시고
모든 상황에서 기쁨으로 끝까지 참고 견딜 수 있게 해주십시오.
우리도 성도들처럼 하늘 나라의 상속을 받을 수 있게 해주신
하나님 아버지께 기쁨으로 감사를 드립니다.
아멘.

하나님 아버지께 영광을 돌리게 하셨느니라

부활절 토요일아침

여는 말

이러므로 하나님이 그를 지극히 높여 모든 이름 위에 뛰어난 이름을 주사
그리하여 하늘과 땅 위와 땅 아래 있는 모든 것들이 예수의 이름 앞에 무릎을 꿇고
모두가 예수 그리스도는 주님이시라고 고백하여
하나님 아버지께 영광을 돌리게 하셨느니라.

찬양으로 부르심

우리 왕이신 하나님, 우리가 주님을 높이며,
주님의 이름을 영원토록 송축하렵니다.
우리가 날마다 주님께 찬송을 올리며,
영원토록 주님의 이름을 송축하렵니다. 할렐루야.

처음부터 계셨고 …

시편 145:1-13, 21

나의 임금님이신 하나님, 내가 주님을 높이며,
주님의 이름을 영원토록 송축하렵니다.

내가 날마다 주님을 송축하며,
영원토록 주님의 이름을 송축하렵니다.
주님은 위대하시니, 그지없이 찬양 받으실 분이시다.
그 위대하심은 측량할 길이 없다.

주님께서 하신 일을 우리가 대대로 칭송하고,
주님의 위대한 행적을 세세에 선포하렵니다.
주님의 찬란하고 영광스러운 위엄과
주님의 놀라운 기적을, 내가 가슴 깊이 새기렵니다.

사람들은 주님의 두려운 권능을 말하며, 나는 주님의 위대하심을 선포하렵니다.
사람들은 한량없는 주님의 은혜를 기념하면서,
주님의 의를 노래할 것입니다.

주님은 은혜롭고 자비로우시며, 노하기를 더디 하시며, 인자하심이 크시다.
주님은 모든 만물을 은혜로 맞아 주시며,
지으신 모든 피조물에게 긍휼을 베푸신다.

주님, 주님께서 지으신 모든 피조물이 주님께 감사 찬송을 드리며,
주님의 성도들이 주님을 찬송합니다.
성도들이 주님의 나라의 영광을 말하며, 주님의 위대하신 행적을 말하는 것은,

주님의 위대하신 위엄과,
주님의 나라의 찬란한 영광을, 사람들에게 알리려 함입니다.
주님의 나라는 영원한 나라이며, 주님의 다스리심은 영원무궁 합니다.

주님이 하시는 말씀은 모두 진실하고, 그 모든 업적에는 사랑이 담겨있습니다.

나는 내 입으로 주님을 찬양하련다.
육체를 가진 사람이면, 누구나, 주님의 거룩한 이름을 영원히 찬송하여라.

감사드림

야곱의 하나님을 우리의 도움으로 삼고
우리 하나님이신 주님께 희망을 거는 사람은 복이 있습니다.

주님은 하늘과 땅과 바다 속에 있는 모든 것을 지으셨으며,
영원히 신실하신 분이십니다.
(자유롭게 감사의 기도를 드립니다)
주님, 아침에는 주님의 변함없는 사랑으로 우리를 채워 주시고,
평생토록 우리가 기뻐하고 즐거워하게 해주십시오. 아멘.

찬송
오 신실 하신 주 (찬송가 393)

제자로 부르심
예수님께서 말씀하시기를,
나는 양들이 생명을 얻고 또 더 넘치게 얻게 하려고 왔다.
나를 따르는 사람은 어둠 속에 다니지 아니하고, 생명의 빛을 얻을 것이다.

요한복음 21:3-14
시몬 베드로가 그들에게 말하기를 "나는 고기를 잡으러 가겠소" 하니, 그들이 "우리도 함께 가겠소" 하고 말하였다. 그들은 나가서 배를 탔다. 그러나 그 날 밤에는 고기를 한 마리도 잡지 못하였다.
이미 동틀 무렵이 되었다. 그 때에 예수께서 바닷가에 들어서셨으나, 제자들은 그가 예수이신 줄을 알지 못하였다. 그 때에 예수께서 제자들에게 물으셨다. "얘들아, 무얼 좀 잡았느냐?" 그들이 대답하였다. "못 잡았습니다." 예수께서 그들에게 말씀하셨다. "그물을 배 오른쪽에 던져라. 그리하면 잡을 것이다." 제자들이 그물을 던지니, 고기가 너무 많이 걸려서, 그물을 끌어올릴 수가 없었다. 예수가 사랑하시는 제자가 베드로에게 "저분은 주님이시다" 하고 말하였다. 시몬 베드로는 주님이시라는 말을 듣고서, 벗었던 몸에다가 겉옷을 두르고, 바다로 뛰어내렸다. 그러나 나머지 제자들은 작은 배를 탄 채로, 고기가 든 그물을 끌면서, 해안으로 나왔다. 그들은 육지에서 백 자 남짓밖에 떨어지지 않은 곳에 들어가서 고기를 잡고

있었던 것이다.

그들이 땅에 올라와서 보니, 숯불을 피워 놓았는데, 그 위에 생선이 놓여 있고, 빵도 있었다. 예수께서 제자들에게 말씀하셨다. "너희가 지금 잡은 생선을 조금 가져오너라." 시몬 베드로가 배에 올라가서, 그물을 땅으로 끌어내렸다. 그물 안에는, 큰 고기가 백쉰 세 마리나 들어 있었다. 고기가 그렇게 많았으나, 그물이 찢어지지 않았다. 예수께서 그들에게 말씀하셨다. "와서 아침을 먹어라." 제자들 가운데서 아무도 감히 "선생님은 누구십니까?" 하고 묻는 사람이 없었다. 그가 주님이신 것을 알았기 때문이다. 예수께서 가까이 오셔서, 빵을 집어서 그들에게 주시고, 이와 같이 생선도 주셨다. 예수께서 죽은 사람들 가운데서 살아나신 뒤에 제자들에게 자기를 나타내신 것은, 이번이 세 번째였다.

베드로전서 1:3-9

우리 주 예수 그리스도의 하나님 아버지께 찬양을 드립시다. 하나님께서는 그 크신 자비로 우리를 새로 태어나게 하셨습니다. 그리하여 그는, 죽은 사람들 가운데서 예수 그리스도가 부활하심으로 말미암아 우리로 하여금 산 소망을 갖게 해 주셨으며, 썩지 않고 더러워지지 않고 낡아 없어지지 않는 유산을 물려받게 하셨습니다. 이 유산은 여러분을 위하여 하늘에 간직되어 있습니다. 하나님께서는 여러분의 믿음을 보시고 그의 능력으로 여러분을 보호해 주시며, 마지막 때에 나타나기로 되어 있는 구원을 얻게 해 주십니다. 그러므로 여러분이 지금 잠시 동안 여러 가지 시련 속에서 어쩔 수 없이 슬픔을 당하게 되었다 하더라도 기뻐하십시오. 하나님께서는 여러분의 믿음을 단련하셔서, 불로 단련하지만 결국 없어지고 마는 금보다 더 귀한 것이 되게 하시며, 예수 그리스도께서 나타나실 때에 여러분에게 칭찬과 영광과 존귀를 얻게 해 주십니다. 여러분은 그리스도를 본 일이 없으면서도 사랑하며, 지금 그를 보지 못하면서도 믿으며, 말로 다 표현할 수 없는 즐거움과 영광을 누리면서 기뻐하고 있습니다. 여러분은 믿음의 목표 곧 여러분의 영혼의 구원을 받고 있는 것입니다.

묵상한 말씀을 나눈다.

찬송
변찮는 주님의 사랑과 (찬송가 270)
예수 그 이름 나는 말할 수 없네
주 예수 보다 더 귀한 것은 없네 (찬송가 94)

빌립보서 2:5-11

기도로 부르심

눈을 들어 하늘을 보라. 그리고 땅을 내려다보아라.
주님의 구원은 영원하며, 주님의 인도하심 또한 영원할 것이다.

평화의 하나님, 주님은 만물을 새롭게 하십니다.
주님, 주님의 자비하심으로, 우리의 기도를 들어주소서

주님께서 변함없는 사랑으로 우리를 채워주십니다.
우리 자신과 사랑하는 이들을 위해 기도합니다.
(합심기도) 주님, 주님의 자비하심으로, 우리의 기도를 들어주소서

주님은 여러 가지 다양한 방식으로 우리에게 나타나 주셨습니다.
우리 공동체와 이웃을 위해 기도합니다.
(합심기도) 주님, 주님의 자비하심으로, 우리의 기도를 들어주소서

주님은 주님의 백성에게 힘을 주십니다.
이 땅의 모든 교회의 하나됨을 위하여 기도합니다.
(합심기도) 주님, 주님의 자비하심으로, 우리의 기도를 들어주소서

주님은 악을 미워하고 정의를 사랑하십니다.

주님의 나라와 그 뜻이 이 땅에서도 임할 수 있도록 세계를 위하여 기도합니다.
(합심기도) 주님, 주님의 자비하심으로, 우리의 기도를 들어주소서

우리 안의 다른 염려를 맡기어 드립니다.
(합심기도) 주님, 주님의 자비하심으로, 우리의 기도를 들어주소서

모든 지각에 뛰어나신 영광의 하나님,
주님은 겸손한 자와 비천한 자를 높이십니다.
주님께서 우리에게 그리스도의 마음을 이해할 수 있는 은혜를 내려 주셔서
죽음을 지나 새 생명을 얻기까지 그리스도를 따르기를 원합니다.
그리스도께서 가르쳐 주신대로 기도하며 주님의 이름에 영광을 돌립니다.

(주기도문) 하늘에 계신 우리 아버지 …

축도

우리 주 예수 그리스도를 죽은 자 가운데서 다시 살리신 평화의 하나님,
주님께서 우리에게 모든 선한 일을 행할 수 있게 하셨습니다.
하나님께서 예수 그리스도로 말미암아
우리 가운데 자기가 기뻐하시는 바를 이루시기를 빕니다.
예수 그리스도께 영광이 영원 무궁히 있기를 기도합니다.
아멘.

하나님 아버지께 영광을 돌리게 하셨느니라

부활절 토요일 저녁

여는 말

이러므로 하나님이 그를 지극히 높여
모든 이름 위에 뛰어난 이름을 주사
그리하여 하늘과 땅 위와 땅 아래 있는 모든 것들이
예수의 이름 앞에 무릎을 꿇고
모두가 예수 그리스도는 주님이시라고 고백하여
하나님 아버지께 영광을 돌리게 하셨느니라.

찬양으로 부르심

오라, 밤에 주님의 집에 서 있는 주님의 모든 종들아, 주님을 송축하여라
성소를 바라보면서, 너희의 손을 들고 주님을 송축하여라
할렐루야.

처음부터 계셨고…

시편96:9-13

거룩한 옷을 입고, 주님께 경배하여라. 온 땅아, 그 앞에서 떨어라.

모든 나라에 이르기를 "주님께서 다스리시니,
세계는 굳게 서서, 흔들리지 않는다.
주님이 만민을 공정하게 판결하신다" 하여라.

하늘은 즐거워하고, 땅은 기뻐 외치며,

바다와 거기에 가득 찬 것들도 다 크게 외쳐라.
들과 거기에 있는 모든 것도 다 기뻐하며 뛰어라.
그러면 숲 속의 나무들도 모두 즐거이 노래할 것이다.

주님이 오실 것이니,
주님께서 땅을 심판하러 오실 것이니,
주님은 정의로 세상을 심판하시며,
그의 진실하심으로 뭇 백성을 다스리실 것이다.

감사드림

주님의 사랑은 영원토록 굳게 서 있을 것이요,
주님께서는 주님의 신실하심을 하늘에 견고하게 세워 두실 것입니다.
(자유롭게 감사의 기도를 드립니다)
온종일 나는 주님을 찬양하고,
주님의 영광을 선포합니다. 아멘.

찬송

주님을 찬양합니다
주님의 시간에
찬양하라 내 영혼아

고백

부활하신 그리스도께서는 하나님의 오른쪽에 앉아 계십니다.
우리가 만일 그리스도와 함께 다시 살아났다면
우리는 하늘의 것을 추구해야 합니다.
(침묵기도)
우리가 땅에 있는 것들을 생각하지 않고, 하늘에 있는 것들을 생각하겠습니다.
우리는 이미 죽었고, 생명은 그리스도와 함께 하나님 안에 감추어져 있습니다.

제자로 부르심

예수님께서 말씀하셨습니다.
"누구든지 자기 목숨을 구하고자 하는 사람은 잃을 것이요,
나 때문에 자기 목숨을 잃는 사람은 찾을 것이다."

요한복음 21:15-19

그들이 아침을 먹은 뒤에, 예수께서 시몬 베드로에게 물으셨다. "요한의 아들 시몬아, 네가 이 사람들보다 나를 더 사랑하느냐?" 베드로가 대답하였다. "주님, 그렇습니다. 내가 주님을 사랑하는 줄을 주님께서 아십니다." 예수께서 그에게 말씀하셨다. "내 어린 양 떼를 먹여라." 예수께서 두 번째로 그에게 물으셨다. "요한의 아들 시몬아, 네가 나를 사랑하느냐?" 베드로가 대답하였다. "주님, 그렇습니다. 내가 주님을 사랑하는 줄을 주님께서 아십니다." 예수께서 그에게 말씀하셨다. "내 양 떼를 쳐라." 예수께서 세 번째로 물으셨다. "요한의 아들 시몬아, 네가 나를 사랑하느냐?" 그 때에 베드로는, [예수께서] "네가 나를 사랑하느냐?" 하고 세 번이나 물으시므로, 불안해서 "주님, 주님께서는 모든 것을 아십니다. 그러므로 내가 주님을 사랑하는 줄을 주님께서 아십니다" 하고 대답하였다. 예수께서 그에게 말씀하셨다. "내 양 떼를 먹여라. 내가 진정으로 진정으로 네게 말한다. 네가 젊어서는 스스로 띠를 띠고 네가 가고 싶은 곳을 다녔으나, 네가 늙어서는 남들이 네 팔을 벌릴 것이고, 너를 묶어서 네가 바라지 않는 곳으로 너를 끌고 갈 것이다." 예수께서 이렇게 말씀하신 것은, 베드로가 어떤 죽음으로 하나님께 영광을 돌릴 것인가를 암시하신 것이다. 예수께서 이 말씀을 하시고 나서, 베드로에게 "나를 따라라!" 하고 말씀하셨다.

엡 3:14-19

그러므로 나는 아버지께 무릎을 꿇고 빕니다. 아버지께서는 하늘과 땅에 있는 각 족속에게 이름을 붙여 주신 분이십니다. 아버지께서 그분의 영광의 풍성하심을

따라 그분의 성령을 통하여 여러분의 속 사람을 능력으로 강건하게 하여 주시고, 믿음으로 말미암아 그리스도를 여러분의 마음 속에 머물러 계시게 하여 주시기를 빕니다. 여러분이 사랑 속에 뿌리를 박고 터를 잡아서, 모든 성도와 함께 여러분이 그리스도의 사랑의 너비와 길이와 높이와 깊이가 어떠한지를 깨달을 수 있게 되고, 지식을 초월하는 그리스도의 사랑을 알게 되기를 빕니다. 그리하여 하나님의 온갖 충만하심으로 여러분이 충만하여지기를 바랍니다.

묵상한 말씀을 나눈다.

찬송
사랑해요 목소리 높여
다 함께 찬송 부르자 (찬송가 173)

빌립보서 2:5-11

기도로 부르심

내가 새 일을 행하리니 이제 나타낼 것이라 너희가 그것을 알지 못하겠느냐
내가 광야에 길을 내겠으며, 사막에 강을 내리라.

새 생명의 하나님, 우리가 주님의 부활의 능력을 구합니다.
주님, 주님의 자비하심으로, **우리의 기도를 들어주소서**

주님께서 변함없는 사랑으로 우리를 채워주십니다.
우리 자신과 사랑하는 이들을 위해 기도합니다.
(합심기도) 주님, 주님의 자비하심으로, **우리의 기도를 들어주소서**

주님은 여러 가지 다양한 방식으로 우리에게 나타나 주셨습니다.
우리 공동체와 이웃을 위해 기도합니다.

(합심기도) 주님, 주님의 자비하심으로, 우리의 기도를 들어주소서

주님은 주님의 백성에게 힘을 주십니다.
이 땅의 모든 교회의 하나됨을 위하여 기도합니다.
(합심기도) 주님, 주님의 자비하심으로, 우리의 기도를 들어주소서

주님은 악을 미워하고 정의를 사랑하십니다.
주님의 나라와 그 뜻이 이 땅에서도 임할 수 있도록 세계를 위하여 기도합니다.
(합심기도) 주님, 주님의 자비하심으로, 우리의 기도를 들어주소서

우리 안의 다른 염려를 맡기어 드립니다.
(합심기도) 주님, 주님의 자비하심으로, 우리의 기도를 들어주소서

모든 것의 시작이 되시는 하나님,
주님께서 우리를 무덤에서 일으키사 주의 영광으로 우리를 인도하셨습니다.
주님의 사랑으로 죽음에 사로잡혀 있던 우리를 살리시고,
예수 그리스도의 부활을 통해 우리를 영원한 생명으로 인도하셨습니다.
하나님의 아들 그리스도의 부활을 통해,
우리가 영원히 주님과 동행하기를 기도합니다.

(주기도문) 하늘에 계신 우리 아버지 …

축도

주님, 주님의 영광의 권능으로 우리를 강하게 해주시고
모든 상황에서 기쁨으로 끝까지 참고 견딜 수 있게 해주십시오.
우리도 성도들처럼 하늘 나라의 상속을 받을 수 있게 해주신 하나님 아버지께 기쁨으로 감사를 드립니다.
아멘.

성령강림절 1

성령강림절 1 기도

오순절이라고도 불리는 성령강림절은 유대인의 절기였다. 유월절 이후 50일이 되는 날이라고 해서 오순절인데 원래는 곡식의 첫 열매 추수를 기념하기 위한 축제일이다.(신명기 16:9) 후에 이스라엘 역사 속에서 오순절은 시내산에서 율법을 받은 기념일로 지켰다.

기독교에서 오순절은 예수의 부활 이후 50일째 성령 강림과 더불어 교회가 탄생한 날로 기억되고 있다. 사도행전 2:1에 따르면, 예수의 제자들이 오순절 날에 예루살렘에 함께 모였던 것으로 기록되어 있다. 그들이 함께 모였을 때, 성령께서 제자들 위에 강림하셔서 그들에게 능력을 부여하여 예루살렘과 유대와 사마리아와 땅 끝까지 가서 증인이 되도록 하셨다.(사도행전 1:8) 오순절은 하나님과 인간의 에너지가 하나가 되어 협력의 일을 이루어낸 아주 독특한 현상으로 기록되어 있다.

오순절 주간 동안 우리는 성령에 대한 구약의 본문 특히 메시아와 관련되어 나타난 성령 관련 본문을 먼저 살펴볼 것이다. 특히 하나님의 성령이 하나님의 백성을 새롭게 하는 내용에 대해 살펴볼 것이다. 시편과 예언서는 종종 성령을 치유와 거룩함의 근본 동력으로 묘사한다.

구약에 나타나 있는 성령에 관련된 본문에 근거해 볼 때, 오순절은 얼마든지 예견 가능한 사건들과 관계되어 있다. 하나님께서는 예수의 공생애 사역을 시작할 때 임하셨던 것처럼 예수와 언약을 맺은 백성들에게 동일한 성령을 보내주시겠다고 약속하셨다. 사도행전 2:22~24, 32~33에 기록되어 있듯이 아침 고백 자료는 베드로가 예수 그리스도를 부인한 후 처음 한 말을 사용하였다. 이 말씀 자체로 성령의 능력이 어떻게 작용하는지 충분히 알 수 있을 것이다. 매일 묵상 자료의 주제와 여는 말 그리고 찬송시의 내용은 에베소서 2:17~22을 토대로 하였으며, 오순절 기간 동안 평화를 선포하도록 구성되어 있다. 바로 이 성령님께서 지금 낯선 사람들, 이방인들과 화해하도록 만들고 계시며 이들을 하나님이 거하시는 전으로 삼고 계신다.

성경읽기와 시편 읽기는 하나님께서 성령을 부어주시겠다고 약속하신 구약에서 시작하여 하나님의 성령이 예수의 사역과 제자들의 사역을 이끌어가시겠다고 선언한 신약에 이르기까지 상당한 시간 간격이 있다. 예수의 다락방에서부터 시작한 저녁 묵상 자료는 당시나 지금이나 제자들을 가르치고 인도하시겠다는 성령의 약속을 강조한다. 서신서로부터 선정된 말씀들은 삶을 새롭게 하고 거룩하게 하는 성령의 열매에 초점이 맞추어져 있다. 이 성령의 열매는 하나님과 예수 그리스도와 우리를 하나로 연합하게 한다. 로마서 8장에 기록되어 있는 것처럼 축복의 성령은 또한 우리가 힘들 때, 슬플 때에 우리를 기도로 인도하며, 새 창조를 이끌어가신다.

예수 그리스도께서 오셔서 평화를 전하셨으니

성령강림 일요일 아침

여는 말

예수 그리스도께서 오셔서 멀리 떨어져 있는 여러분에게 평화를 전하셨으며,
가까이 있는 사람들에게도 평화를 전하셨습니다.

찬양으로 부르심

살아 있는 동안 우리는 주님을 노래할 것입니다.
숨을 거두는 그 때까지 우리 하나님을 찬양할 것입니다.

처음부터 계셨고 …

이사야 57:15-19

지극히 높으신 분, 영원히 살아 계시며,
거룩한 이름을 가지신 분께서, 이렇게 말씀하신다.
"내가 비록 높고 거룩한 곳에 있으나,
겸손한 사람과도 함께 있고, 잘못을 뉘우치고 회개하는 사람과도 함께 있다.
겸손한 사람과 함께 있으면서 그들에게 용기를 북돋우어 주고,
회개하는 사람과 같이 있으면서 그들의 상한 마음을 아물게 하여 준다.
나는 사람들과 끝없이 다투지만은 않는다. 한없이 분을 품지도 않는다.
사람에게 생명을 준 것이 나인데, 내가 그들과 끝없이 다투고
한없이 분을 품고 있으면, 사람이 어찌 견디겠느냐?
사람의 탐욕스러운 죄 때문에 내가 노하여 그들을 쳤고,
내가 노하여 나의 얼굴을 가렸다.

그래도 그들은 끝내 나를 거역하고 제 마음에 내키는 길로 가버렸다.
사람의 소행이 어떠한지, 내가 보아서 다 알고 있다.
그러나 나는 그들을 고쳐 주겠다. 그들을 인도하여 주며, 도와주겠다.
슬퍼하는 사람들을 위로하여 주겠다. 이제 내가 말로 평화를 창조한다.
먼 곳에 있는 사람과 가까운 곳에 있는 사람에게 평화, 평화가 있어라."
주님께서 약속하신다. "내가 너를 고쳐 주마."

감사드림

우리 영혼이 주님을 찬송합니다. 우리 주 하나님, 주님은 더없이 위대하십니다.
주님은 권위와 위엄을 갖추셨습니다. 빛을 옷처럼 걸치시는 분이십니다.
(자유롭게 감사의 기도를 드립니다)
주님은 또 구름으로 병거를 삼으시며, 바람 날개를 타고 다니시는 분,
바람을 심부름꾼으로 삼으신 분, 번갯불을 시종으로 삼으신 분이십니다. 아멘.

찬송

비둘기 같이 온유한 (찬송가187)
무한하신 주 성령 (찬송가187)

신앙고백

우리가 잘 아는 인간 나사렛 예수
우리 가운데 오셔서 기사와 이적과 놀라운 능력으로 하나님이 함께 계심을
드러내시기 위해 하나님에 의해 보내심을 받은 분
하나님의 목적과 예지를 따라 무법자의 손에 의해 십자가에 달려 돌아가신 분
그러나 끔찍한 죽음에 머물러 계실 수 없어 다시 살아나신 분
하나님께서 다시 일으키사 우리 모두의 주가 되시고 우리 삶의 증거가 되신 분
그리하여 높으신 하나님 우편에 앉아계시며 약속의 성령을 보내주신 분
그 성령으로 우리가 보고 듣도록 축복을 주시는 분

제자로 부르심

우리는 그리스도 예수 안의 믿음과 사랑으로 들은 건전한 말씀을 본보기로 삼고, 우리 안에 살고 계시는 성령으로 말미암아 그 맡은 바 선한 것을 지키겠습니다.

사도행전 1:1-8

"데오빌로님, 나는 첫 번째 책에서 예수께서 행하시고 가르치신 모든 일을 다루었습니다. 거기에 나는, 예수께서 활동을 시작하신 때로부터 그가 택하신 사도들에게 성령을 통하여 지시를 내리시고 하늘로 올라가신 날까지 하신, 모든 일을 기록했습니다. 예수께서 고난을 받으신 뒤에, 자기가 살아 계심을 여러 가지 증거로 드러내셨습니다. 그는 사십 일 동안 그들에게 여러 차례 나타나시고, 하나님 나라에 관한 일들을 말씀하셨습니다. 예수께서 사도들과 함께 잡수실 때에 그들에게 이렇게 분부하셨습니다. "너희는 예루살렘을 떠나지 말고, 내게서 들은 아버지의 약속을 기다려라. 요한은 물로 세례를 주었으나, 너희는 여러 날이 되지 않아서 성령으로 세례를 받을 것이다."
사도들이 한 자리에 모였을 때에 예수께 여쭈었다. "주님, 주님께서 이스라엘에게 나라를 되찾아 주실 때가 바로 지금입니까?" 예수께서 그들에게 말씀하셨다. "때나 시기는 아버지께서 아버지의 권한으로 정하신 것이니, 너희가 알 바가 아니다. 그러나 성령이 너희에게 내리시면, 너희는 능력을 받고, 예루살렘과 온 유대와 사마리아에서, 그리고 마침내 땅 끝에까지 이르러 내 증인이 될 것이다."

로마서 15:7-13

그러므로 그리스도께서 하나님의 영광을 드러내시려고 여러분을 받아들이신 것과 같이, 여러분도 서로 받아들이십시오. 내가 말하는 것은 이러합니다. 그리스도께서는 하나님의 진실하심을 드러내시려고 할례를 받은 사람의 종이 되셨으니, 그것은 하나님께서 조상에게 주신 약속들을 확증하시고, 이방 사람들도 긍휼히 여기심을 받아서, 하나님께 영광을 돌리게 하시려고 한 것입니다.

기록된 바 "그러므로 내가 이방 사람들 가운데서 주님께 찬양을 드리며, 주님의 이름을 찬미합니다" 한 것과 같습니다. 또 "이방 사람들아, 주님의 백성과 함께 즐거워하여라" 하였으며, 또 "모든 이방 사람들은 주님을 찬양하여라. 모든 백성들아, 주님을 찬양하여라" 하였습니다.

그리고 이사야가 말하기를 "이새의 뿌리에서 싹이 나서 이방 사람을 다스릴 이가 일어날 것이니, 이방 사람은 그에게 소망을 둘 것이다" 하였습니다. 소망을 주시는 하나님께서, 믿음에서 오는 모든 기쁨과 평화를 여러분에게 충만하게 주셔서, 성령의 능력으로, 소망이 여러분에게 차고 넘치기를 바랍니다.

묵상한 말씀을 나눈다.

찬송

진실하신 주 성령 (찬송가 189)

에베소서 2:17~22

기도로 부르심

사랑하는 여러분, 여러분은 가장 거룩한 여러분의 믿음을 터로 삼아서
자기를 건축하고, 성령으로 기도하십시오.
하나님의 사랑 안에 머무르면서 자기를 지키고,
영생으로 인도하는 우리 주 예수 그리스도의 자비를 기다리십시오.

소망의 하나님, 주님께서 멀리 떨어져 있든 가까이 있든 모든 사람에게
평화의 언약을 주셨습니다.
주님, 주님의 자비하심으로, 우리의 기도를 들어주소서

주님께서는 위로와 치유의 근원이십니다.
우리 자신과 사랑하는 이들을 위해 기도합니다.

(합심기도) 주님, 주님의 자비하심으로, 우리의 기도를 들어주소서

주님은 겸손한 사람에게 용기를 주십니다. 공동체와 이웃을 위해 기도합니다.
(합심기도) 주님, 주님의 자비하심으로, 우리의 기도를 들어주소서

주님께서 우리가 주님을 증거할 수 있도록 성령을 보내주셨습니다.
이 땅의 모든 교회의 하나됨을 위하여 기도합니다.
(합심기도) 주님, 주님의 자비하심으로, 우리의 기도를 들어주소서

땅 끝까지 이르는 모든 이가 주님의 구원을 볼 것입니다.
주님의 나라와 그 뜻이 이 땅에서도 임할 수 있도록 세계를 위하여 기도합니다.
(합심기도) 주님, 주님의 자비하심으로, 우리의 기도를 들어주소서

우리 안의 다른 염려를 맡기어 드립니다.
(합심기도) 주님, 주님의 자비하심으로, 우리의 기도를 들어주소서

전능하신 하나님, 주님은 주님께 간구하는 이들에게 성령을 부어주십니다.
성령의 생기로 우리를 회복시키셔서 우리가 평화의 비전을 보고
세계 곳곳에 주님의 기쁜 소식을 선포할 수 있기를 원합니다.
그리스도께서 가르치신 대로 주님의 나라가 이 땅에 임하기를 기도합니다.

(주기도문) 하늘에 계신 우리 아버지 …

강복

어떻게 말할까, 또는 무엇을 말할까 걱정하지 마십시오.
여러분이 무슨 말을 해야 할지, 그 때에 지시를 받을 것입니다.
말하는 이는 여러분이 아니라,
여러분 안에서 말씀하시는 아버지의 성령이십니다. 아멘.

예수 그리스도께서 오셔서 평화를 전하셨으니

성령강림 일요일 저녁

여는 말

예수 그리스도께서 오셔서 멀리 떨어져 있는 여러분에게 평화를 전하셨으며, 가까이 있는 사람들에게도 평화를 전하셨습니다.

찬양으로 부르심

우리는 주님의 품 안에서 즐거워할 것입니다.
우리가 주님께서 기꺼이 기뻐하실 기도를 드리기 원합니다.
알렐루야!

처음부터 계셨고 …

이사야 52:7-10

놀랍고도 반가워라!
희소식을 전하려고 산을 넘어 달려오는 저 발이여!
평화가 왔다고 외치며, 복된 희소식을 전하는구나.
구원이 이르렀다고 선포하면서,
시온을 보고 이르기를 "너의 하나님께서 통치하신다" 하는구나.
성을 지키는 파수꾼들의 소리를 들어 보아라.
그들이 소리를 높여서, 기뻐하며 외친다.
주님께서 시온으로 돌아오실 때에,
오시는 그 모습을 그들이 직접 눈으로 볼 수 있을 것이다.
너희 예루살렘의 황폐한 곳들아, 함성을 터뜨려라.

함께 기뻐 외쳐라.
주님께서 당신의 백성을 위로하셨고, 예루살렘을 속량하셨다.
주님께서 모든 이방 나라들이 보는 앞에서,
당신의 거룩하신 능력을 드러내시니,
땅 끝에 있는 사람들은 모두 우리 하나님의 구원을 볼 것이다.

감사드림

주님, 주님께서 하신 일이 어찌 그리 많은지요.
이 땅에는 주님이 지으신 것으로 가득합니다.
주님께서 그들에게 먹이를 주시면, 그들은 받아 먹고,
주님께서 손을 펴 먹을 것을 주시면 그들은 좋은 것으로 만족해 합니다.
(자유롭게 감사의 기도를 드립니다)
오 하나님, 주님의 영광은 영원합니다.
주님은 친히 행하신 일로 기뻐하실 것입니다.
주님께서 주님의 영을 불어넣으시면, 그들이 다시 창조됩니다.
주님께서는 땅의 모습을 다시 새롭게 하십니다. 아멘.

찬송

위대하고 강하신 주님
시온 성과 같은 교회 (찬송가 210)
주 사랑하는 자 다 찬송할 때에 (찬송가 249)
주님을 찬양합니다

고백

하나님께서 인자하심과 사랑하심을 나타내셔서 우리를 구원하셨습니다.
그렇게 하신 것은 우리가 행한 의로운 일 때문이 아니라,
주님의 자비하심을 따라 거듭나게 씻어주심과
성령으로 새롭게 해 주심으로 말미암은 것입니다.

(침묵기도)
하나님께서는 성령을 우리의 구주이신 예수 그리스도로 말미암아
우리에게 풍성하게 부어 주셨습니다.
그래서 우리는 주님의 은혜로 의롭게 되어서,
영원한 생명의 소망을 따라 상속자가 되었습니다.

제자로 부르심

하나님께서는 우리를 성령으로 거룩하게 하시고,
진리를 믿음으로써
구원의 첫 열매가 되게 하여 주셨습니다.
우리는 그 믿음 위에 굳게 서서 주님의 가르침을 따라 살겠습니다.

요한복음 14:15-17

"너희가 나를 사랑하면, 내 계명을 지킬 것이다. 내가 아버지께 구하겠다. 그리하면 아버지께서 다른 보혜사를 너희에게 보내셔서, 영원히 너희와 함께 계시게 하실 것이다. 그는 진리의 영이시다. 세상은 그를 보지도 못하고 알지도 못하므로, 그를 맞아들일 수가 없다. 그러나 너희는 그를 안다. 그것은, 그가 너희와 함께 계시고, 또 너희 안에 계실 것이기 때문이다."

에베소서 6:14-18

그러므로 여러분은 진리의 허리띠로 허리를 동이고 정의의 가슴막이로 가슴을 가리고 버티어 서십시오. 발에는 평화의 복음을 전할 차비를 하십시오. 이 모든 것에 더하여 믿음의 방패를 손에 드십시오. 그것으로써 여러분은 악한 자가 쏘는 모든 불화살을 막아 꺼버릴 수 있을 것입니다. 그리고 구원의 투구를 받고 성령의 검 곧 하나님의 말씀을 받으십시오.
온갖 기도와 간구로 언제나 성령 안에서 기도하십시오. 이것을 위하여 늘 깨어서 끝까지 참으면서 모든 성도를 위하여 간구하십시오.

묵상한 말씀을 나눈다.

찬송
읽은 성경말씀에 맞는 찬송을 선택하여 부른다.

에베소서 2:17~22

기도로 부르심

모든 피조물이 이제까지 함께 신음하고 있습니다.
그뿐만 아니라, 첫 열매로서 성령을 받은 우리도
우리 몸을 속량하여 주실 것을 고대하면서 속으로 신음하고 있습니다.
성령께서 우리의 약함을 도와주십니다.
우리는 어떻게 기도해야 할지도 알지 못하지만,
성령께서 친히 이루 다 말할 수 없는 탄식으로, 우리 대신 간구하여 주십니다.

소망의 하나님, 주님께서 멀리 떨어져 있든 가까이 있든
모든 사람에게 평화의 언약을 주셨습니다.
주님, 주님의 자비하심으로, 우리의 기도를 들어주소서

주님께서는 위로와 치유의 근원이십니다.
우리 자신과 사랑하는 이들을 위해 기도합니다.
(합심기도) 주님, 주님의 자비하심으로, 우리의 기도를 들어주소서

주님은 겸손한 사람에게 용기를 북돋우어 주십니다.
우리 공동체와 이웃을 위해 기도합니다.
(합심기도) 주님, 주님의 자비하심으로, 우리의 기도를 들어주소서

주님께서 우리가 주님을 증거할 수 있도록 성령을 보내주셨습니다.

이 땅의 모든 교회의 하나됨을 위하여 기도합니다.
(합심기도) 주님, 주님의 자비하심으로, 우리의 기도를 들어주소서

땅 끝까지 이르는 모든 이가 주님의 구원을 볼 것입니다.
주님의 나라와 그 뜻이 이 땅에서도 임할 수 있도록 세계를 위하여 기도합니다.
(합심기도) 주님, 주님의 자비하심으로, 우리의 기도를 들어주소서

우리 안의 다른 염려를 맡기어 드립니다.
(합심기도) 주님, 주님의 자비하심으로, 우리의 기도를 들어주소서

우리와 함께 하시는 임재의 하나님,
주님께서 우리를 성령으로 인도하사 주님의 자녀로 삼아주십니다.
정의로 부르시고 우리를 소망과 기쁨으로 새롭게 하셔서,
주님의 구원을 담대히 알리며 평화를 전하는 자가 되기를 원합니다.
그리스도께서 가르치신 대로 주님의 나라가 이 땅에 임하기를 기도합니다.

(주기도문) 하늘에 계신 우리 아버지 …

축도

평화의 하나님께서 친히, 우리를 완전히 거룩하게 해 주시고,
우리 주 예수 그리스도께서 오실 때에
우리의 영과 혼과 몸을 흠이 없이 완전하게 지켜 주시기를 빕니다.
우리를 부르시는 분은 신실하시니, 이 일을 또한 이루실 것입니다.
아멘.

한 성령 안에서

성령강림 월요일 아침

여는 말

예수 그리스도께서 오셔서 멀리 떨어져 있는 여러분에게 평화를 전하셨으며,
가까이 있는 사람들에게도 평화를 전하셨습니다.
이방 사람과 유대 사람 양쪽 모두, 그리스도를 통하여
한 성령 안에서 아버지께 나아가게 되었습니다.

찬양으로 부르심

살아 있는 동안 우리는 주님을 노래할 것입니다.
숨을 거두는 그 때까지 우리 하나님을 찬양할 것입니다.

처음부터 계셨고 …

이사야 11:1-12

이새의 줄기에서 한 싹이 나며 그 뿌리에서 한 가지가 자라서 열매를 맺는다.
주님의 영이 그에게 내려오신다.
지혜와 총명의 영,
모략과 권능의 영,
지식과 주님을 경외하게 하는 영이 그에게 내려오시니,
그는 주님을 경외하는 것을 즐거움으로 삼는다.

그는 눈에 보이는 대로만 재판하지 않으며, 귀에 들리는 대로만 판결하지 않는다.
가난한 사람들을 공의로 재판하고, 세상에서 억눌린 사람들을 바르게 논죄한다.
그가 하는 말은 몽둥이가 되어 잔인한 자를 치고,

그가 내리는 선고는 사악한 자를 사형에 처한다.
그는 정의로 허리를 동여매고 성실로 그의 몸의 띠를 삼는다.

그 때에는, 이리가 어린 양과 함께 살며, 표범이 새끼 염소와 함께 누우며,
송아지와 새끼 사자와 살진 짐승이 함께 풀을 뜯고,
어린 아이가 그것들을 이끌고 다닌다.
암소와 곰이 서로 벗이 되며,
그것들의 새끼가 함께 눕고,
사자가 소처럼 풀을 먹는다.
젖 먹는 아이가 독사의 구멍 곁에서 장난하고,
젖뗀 아이가 살무사의 굴에 손을 넣는다.
"나의 거룩한 산 모든 곳에서, 서로 해치거나 파괴하는 일이 없다."
물이 바다를 채우듯,
주님을 아는 지식이 땅에 가득하기 때문이다.

그 날이 오면, 이새의 뿌리에서 한 싹이 나서,
만민의 깃발로 세워질 것이며,
민족들이 그를 찾아 모여들어서,
그가 있는 곳이 영광스럽게 될 것이다.

그 날이 오면, 주님께서 다시 손을 펴시어서,
그의 남은 백성들, 곧 앗시리아와 하 이집트와 상 이집트와 에티오피아와
엘람과 바빌로니아와 하맛과
바다 섬들에서 남은 사람들을,
자기의 소유로 삼으실 것이다.
주님께서, 뭇 나라가 볼 수 있도록 깃발을 세우시고,
쫓겨난 이스라엘 사람들이 그 깃발을 보고 찾아오게 하시며,

흩어진 유다 사람들이 땅의 사방에서 그 깃발을 찾아오도록 하실 것이다.

감사드림

우리 영혼이 주님을 찬송합니다.

우리 주 하나님, 주님은 더없이 위대하십니다.

주님은 권위와 위엄을 갖추셨습니다.

빛을 옷처럼 걸치시는 분이십니다.

(자유롭게 감사의 기도를 드립니다)

주님은 또 구름으로 병거를 삼으시며,

바람 날개를 타고 다니시는 분,

바람을 심부름꾼으로 삼으신 분,

번갯불을 시종으로 삼으신 분이십니다. 아멘.

찬송

내 영혼의 그윽히 깊은 데서 (찬송가 412)

신앙고백

우리가 잘 아는 인간 나사렛 예수

우리 가운데 오셔서 기사와 이적과 놀라운 능력으로 하나님이 함께 계심을 드러내시기 위해 하나님에 의해 보내심을 받은 분

하나님의 목적과 예지를 따라 무법자의 손에 의해 십자가에 달려 돌아가신 분

그러나 끔찍한 죽음에 머물러 계실 수 없어 다시 살아나신 분

이 예수를 하나님께서 다시 일으키사 우리 모두의 주가 되시고

우리 삶의 증거가 되신 분

그리하여 높으신 하나님 우편에 앉아계시며

약속의 성령을 보내주신 분

그 성령으로 우리가 보고 듣도록 축복을 주시는 분

제자로 부르심

우리는 그리스도 예수의 믿음과 사랑으로 들은 건전한 말씀을 본보기로 삼고,
우리 안에 살고 계시는 성령으로 말미암아
그 맡은 바 선한 것을 지키겠습니다.

사도행전 2:1-13

오순절이 되어서, 그들은 모두 한 곳에 모여 있었다. 그 때에 갑자기 하늘에서 세찬 바람이 부는 듯한 소리가 나더니, 그들이 앉아 있는 온 집안을 가득 채웠다. 그리고 불길이 솟아오를 때 혓바닥처럼 갈라지는 것 같은 혀들이 그들에게 나타나더니, 각 사람 위에 내려앉았다. 그들은 모두 성령으로 충만하게 되어서, 성령이 시키시는 대로, 각각 방언으로 말하기 시작하였다.
예루살렘에는 경건한 유대 사람이 세계 각국에서 와서 살고 있었다. 그런데 이런 말소리가 나니, 많은 사람이 모여와서, 각각 자기네 지방 말로 제자들이 말하는 것을 듣고서, 어리둥절하였다. 그들은 놀라, 신기하게 여기면서 말하였다. "보시오, 말하고 있는 이 사람들은 모두 갈릴리 사람이 아니오? 그런데 우리 모두가 저마다 태어난 지방의 말로 듣고 있으니, 어찌 된 일이오? 우리는 바대 사람과 메대 사람과 엘람 사람이고, 메소포타미아와 유대와 갑바도기아와 본도와 아시아와 브루기아와 밤빌리아와 이집트와 구레네 근처 리비아의 여러 지역에 사는 사람이고, 또 나그네로 머물고 있는 로마 사람과 유대 사람과 유대교에 개종한 사람과 크레타 사람과 아라비아 사람인데, 우리는 저들이 하나님의 큰 일들을 방언으로 말하는 것을 듣고 있소." 사람들은 모두 놀라 어쩔 줄 몰라서 "이게 도대체 어찌 된 일이오?" 하면서 서로 말하였다. 그런데 더러는 조롱하면서 "그들이 새 술에 취하였다" 하고 말하는 사람도 있었다.

사도행전 10:34-43, 44-48

베드로가 이런 말을 하고 있을 때에, 그 말을 듣는 모든 사람에게 성령이 내리셨

다. 할례를 받은 사람들 가운데서 믿게 된 사람으로서 베드로와 함께 온 사람들은, 이방 사람들에게도 성령을 선물로 부어 주신 사실에 놀랐다. 그들은, 이방 사람들이 방언으로 말하는 것과 하나님을 높이 찬양하는 것을 들었기 때문이다. 그 때에 베드로가 말하였다. "이 사람들도 우리와 마찬가지로 성령을 받았으니, 이들에게 물로 세례를 주는 일을 누가 막을 수 있겠습니까?" 그런 다음에, 그는 그들에게 명해서, 예수 그리스도의 이름으로 세례를 받게 하였다. 그들은 베드로에게 며칠 더 머물기를 청하였다.

묵상한 말씀을 나눈다.

찬송
성령이여 우리 찬송 부를 때 (찬송가 195)
성령이여 강림하사 (찬송가 190)

에베소서 2:17~22

기도로 부르심

사랑하는 여러분, 여러분은 가장 거룩한 여러분의 믿음을 터로 삼아서
자기를 건축하고, 성령으로 기도하십시오.
하나님의 사랑 안에 머무르면서 자기를 지키고,
영생으로 인도하는 우리 주 예수 그리스도의 자비를 기다리십시오.

소망의 하나님, 멀리 있든 가까이 있든 모든 사람에게 평화의 언약을 주셨습니다.
주님, 주님의 자비하심으로, 우리의 기도를 들어주소서

주님께서는 위로와 치유의 근원이십니다. 자신과 사랑하는 이를 위해 기도합니다.
(합심기도) 주님, 주님의 자비하심으로, 우리의 기도를 들어주소서
주님은 겸손한 사람에게 용기를 북돋우어 주십니다.

우리 공동체와 이웃을 위해 기도합니다.
(합심기도) 주님, 주님의 자비하심으로, 우리의 기도를 들어주소서

주님께서 우리가 주님을 증거할 수 있도록 성령을 보내주셨습니다.
이 땅의 모든 교회의 하나됨을 위하여 기도합니다.
(합심기도) 주님, 주님의 자비하심으로, 우리의 기도를 들어주소서

땅 끝까지 이르는 모든 이가 주님의 구원을 볼 것입니다.
주님의 나라와 그 뜻이 이 땅에서도 임할 수 있도록 세계를 위하여 기도합니다.
(합심기도) 주님, 주님의 자비하심으로, 우리의 기도를 들어주소서

우리 안의 다른 염려를 맡기어 드립니다.
(합심기도) 주님, 주님의 자비하심으로, 우리의 기도를 들어주소서

전능하신 하나님, 주님은 주님께 간구하는 이들에게 성령을 부어주십니다.
성령의 생기로 우리를 회복시키셔서 우리가 평화의 비전을 보고
세계 곳곳에 주님의 기쁜 소식을 선포할 수 있기를 원합니다.
그리스도께서 가르치신 대로 주님의 나라가 이 땅에 임하기를 기도합니다.

(주기도문) 하늘에 계신 우리 아버지 ...

강복

예수께서 다가와서, 그들에게 말씀하셨다.
"나는 하늘과 땅의 모든 권세를 받았다. 그러므로 너희는 가서,
모든 민족을 제자로 삼아서, 아버지와 아들과 성령의 이름으로 세례를 주고,
내가 너희에게 명령한 모든 것을 그들에게 가르쳐 지키게 하여라.
보아라, 내가 세상 끝 날까지 항상 너희와 함께 있을 것이다."
아멘.

한 성령 안에서

성령강림 월요일 저녁

여는 말

예수 그리스도께서 오셔서 멀리 떨어져 있는 여러분에게 평화를 전하셨으며,
가까이 있는 사람들에게도 평화를 전하셨습니다.
이방 사람과 유대 사람 양쪽 모두, 그리스도를 통하여
한 성령 안에서 아버지께 나아가게 되었습니다.

찬양으로 부르심

우리는 주님의 품 안에서 즐거워할 것입니다.
우리가 주님께서 기꺼이 기뻐하실 기도를 올리기를 원합니다.

처음부터 계셨고 …

이사야 63:7-16

나는 주님께서 베풀어 주신 변함없는 사랑을 말하고,
주님께서 우리에게 하여 주신 일로 주님을 찬양하였습니다.
주님께서 우리 모두에게 베푸신 은혜,
그의 긍휼과 그의 풍성한 자비를 따라서
이스라엘 집에 베푸신 크신 은총을 내가 전하렵니다.
주님께서 이르시기를 "그들은 나의 백성이며,
그들은 나를 속이지 않는 자녀들이다" 하셨습니다.
그런 다음에 그들의 구원자가 되어 주셨습니다.
주님께서는, 천사를 보내셔서 그들을 구하게 하시지 않고

주님께서 친히 그들을 구해 주셨습니다.

사랑과 긍휼로 그들을 구하여 주시고,

옛적 오랜 세월 동안 그들을 치켜들고 안아 주셨습니다.

그러나 그들은 반역하고, 그의 거룩하신 영을 근심하게 했습니다.

그러므로 그는 도리어 그들의 대적이 되셔서, 친히 그들과 싸우셨습니다.

그들은, 지난날 곧 주님의 종 모세의 날을 생각하며 물었습니다.

"그의 백성 곧 양 떼의 목자들을 바다로부터 올라오게 하신 그분이,

이제는 어디에 계시는가?

그들에게 그의 거룩한 영을 넣어 주신 그분이, 이제는 어디에 계시는가?

그의 영광스러운 팔로, 모세를 시켜서, 오른손으로 그들을 이끌게 하시며,

그들 앞에서 물을 갈라지게 하셔서,

그의 이름을 영원히 빛나게 하신 그분이 이제는 어디에 계시는가?

말이 광야에서 달리듯이 그들을 깊은 바다로 걸어가게 하신 그분이,

이제는 어디에 계시는가?

주님의 영이 그들을, 마치 골짜기로 내려가는 가축 떼처럼,

편히 쉬게 하시지 않았던가?"

주님께서 주님의 백성을 인도하셔서, 주님의 이름을 영광스럽게 하셨습니다.

하늘로부터 굽어 살펴 주십시오.

주님이 계시는 거룩하고 영화로우신 곳에서 굽어보아 주십시오.

주님의 열성과 권능은 이제 어디에 있습니까?

이제 나에게는 주님의 자비와 긍휼이 그쳤습니다.

주님께서는 우리의 아버지이십니다.

아브라함은 우리를 모르고, 이스라엘은 우리를 인정하지 않는다 하여도,

오직 주 하나님은 우리의 아버지이십니다.

옛적부터 주님의 이름은 '우리의 속량자'이십니다.

감사드림

주님, 주님께서 하신 일이 어찌 그리 많은지요.

이 땅에는 주님이 지으신 것으로 가득합니다.

주님께서 그들에게 먹이를 주시면, 그들은 받아 먹고,

주님께서 손을 펴 먹을 것을 주시면 그들은 좋은 것으로 만족해 합니다.

(자유롭게 감사의 기도를 드립니다)

오 하나님, 주님의 영광은 영원합니다. 친히 행하신 일로 기뻐하실 것입니다.

주님께서 주님의 영을 불어넣으시면, 그들이 다시 창조됩니다.

주님께서는 땅의 모습을 다시 새롭게 하십니다. 아멘.

찬송

거룩하신 하나님

주 찬양하여라

고백

하나님께서 인자하심과 사랑하심을 나타내셔서 우리를 구원하셨습니다.

그렇게 하신 것은 우리가 행한 의로운 일 때문이 아니라,

주님의 자비하심을 따라 거듭나게 씻어주심과

성령으로 새롭게 해 주심으로 말미암은 것입니다.

(침묵기도)

하나님께서는 성령을 우리의 구주이신 예수 그리스도로 말미암아

우리에게 풍성하게 부어 주셨습니다.

그래서 우리는 주님의 은혜로 의롭게 되어서,

영원한 생명의 소망을 따라 상속자가 되었습니다.

제자로 부르심

하나님께서는 우리를 성령으로 거룩하게 하시고,

진리를 믿음으로써
구원의 첫 열매가 되게 하여 주셨습니다.
우리는 그 믿음 위에 굳게 서서 주님의 가르침을 따라 살겠습니다.

요한복음 14:18-21

나는 너희를 고아처럼 버려 두지 아니하고, 너희에게 다시 오겠다. 조금 있으면, 세상이 나를 보지 못할 것이다. 그러나 너희는 나를 보게 될 것이다. 그것은 내가 살아 있고, 너희도 살아 있을 것이기 때문이다. 그 날에 너희는, 내가 내 아버지 안에 있고, 너희가 내 안에 있으며, 또 내가 너희 안에 있음을 알게 될 것이다. 내 계명을 받아서 지키는 사람은 나를 사랑하는 사람이요, 나를 사랑하는 사람은 내 아버지의 사랑을 받을 것이다. 그리고 나도 그 사람을 사랑하여, 그에게 나를 드러낼 것이다."

로마서 8:14-17

하나님의 영으로 인도함을 받는 사람은, 누구나 다 하나님의 자녀입니다. 여러분은 또다시 두려움에 빠뜨리는 종살이의 영을 받은 것이 아니라, 자녀로 삼으시는 영을 받았습니다. 그래서 우리는 그 영으로 하나님을 "아빠, 아버지"라고 부릅니다. 바로 그 때에 그 성령이 우리의 영과 함께, 우리가 하나님의 자녀임을 증언하십니다. 자녀이면 상속자이기도 합니다. 우리가 그리스도와 함께 영광을 받으려고 그와 함께 고난을 받으면, 우리는 하나님이 정하신 상속자요, 그리스도와 더불어 공동 상속자입니다.

묵상한 말씀을 나눈다.

찬송

성령이여 우리 찬송 부를 때 (찬송가 195)
성령이여 강림하사 (찬송가 190)

에베소서 2:17~22

기도로 부르심

모든 피조물이 이제까지 함께 신음하고 있습니다.
그뿐만 아니라, 첫 열매로서 성령을 받은 우리도
우리 몸을 속량하여 주실 것을 고대하면서 속으로 신음하고 있습니다.
성령께서 우리의 약함을 도와주십니다.
우리는 어떻게 기도해야 할지도 알지 못하지만,
성령께서 친히 이루 다 말할 수 없는 탄식으로, 우리 대신 간구하여 주십니다.

소망의 하나님, 주님께서 멀리 떨어져 있든 가까이 있든
모든 사람에게 평화의 언약을 주셨습니다.
주님, 주님의 자비하심으로, 우리의 기도를 들어주소서

주님께서는 위로와 치유의 근원이십니다.
우리 자신과 사랑하는 이들을 위해 기도합니다.
(합심기도) 주님, 주님의 자비하심으로, 우리의 기도를 들어주소서

주님은 겸손한 사람에게 용기를 북돋우어 주십니다.
우리 공동체와 이웃을 위해 기도합니다.
(합심기도) 주님, 주님의 자비하심으로, 우리의 기도를 들어주소서

주님께서 우리가 주님을 증거할 수 있도록 성령을 보내주셨습니다.
이 땅의 모든 교회의 하나됨을 위하여 기도합니다.
(합심기도) 주님, 주님의 자비하심으로, 우리의 기도를 들어주소서

땅 끝까지 이르는 모든 이가 주님의 구원을 볼 것입니다.
주님의 나라와 그 뜻이 이 땅에서도 임할 수 있도록 세계를 위하여 기도합니다.

(합심기도) 주님, 주님의 자비하심으로, 우리의 기도를 들어주소서

우리 안의 다른 염려를 맡기어 드립니다.
(합심기도) 주님, 주님의 자비하심으로, 우리의 기도를 들어주소서

우리와 함께 하시는 임재의 하나님,
주님께서 우리를 성령으로 인도하사 주님의 자녀로 삼아주십니다.
정의로 부르시고 우리를 소망과 기쁨으로 새롭게 하셔서,
주님의 구원을 담대히 알리며 평화를 전하는 자가 되기를 원합니다.
그리스도께서 가르치신 대로 주님의 나라가 이 땅에 임하기를 기도합니다.

(주기도문) *하늘에 계신 우리 아버지 …*

축도

아버지께서 그분의 영광의 풍성하심을 따라
그분의 성령을 통하여 여러분의 속 사람을 능력으로 강건하게 하여 주시고,
믿음으로 말미암아 그리스도를 여러분의 마음 속에 머물게 하시기를 빕니다.
아멘.

그러므로 이제부터 외인이 아니요

성령강림 화요일 아침

여는 말

이방 사람과 유대 사람 양쪽 모두, 그리스도를 통하여
한 성령 안에서 아버지께 나아가게 되었습니다.
그러므로 이제부터 여러분은 서로에게 외국 사람이나 나그네가 아닙니다.

찬양으로 부르심

살아 있는 동안 우리는 주님을 노래할 것입니다.
숨을 거두는 그 때까지 우리 하나님을 찬양할 것입니다.

처음부터 계셨고 …

요엘 2:26-32

이제 너희가 마음껏 먹고, 배부를 것이다.
너희에게 놀라운 일을 한 주 너희의 하나님의 이름을 너희가 찬양할 것이다.
나의 백성이 다시는 수치를 당하지 않을 것이다.
이스라엘아, 이제 너희는 알게 될 것이다.
내가 너희 가운데 있다는 것과, 내가 주 너희의 하나님이라는 것과,
나 말고는 다른 신이 없다는 것을 깨닫게 될 것이다.
나의 백성이 다시는 수치를 당하지 않을 것이다."

"그런 다음에, 내가 모든 사람에게 나의 영을 부어 주겠다.
너희의 아들딸은 예언을 하고,
노인들은 꿈을 꾸고,

젊은이들은 환상을 볼 것이다.
그 때가 되면, 종들에게까지도 남녀를 가리지 않고 나의 영을 부어 주겠다.

그 날에 내가 하늘과 땅에 징조를 나타내겠다.
피와 불과 연기 구름이 나타나고,
해가 어두워지고 달이 핏빛 같이 붉어질 것이다.
끔찍스럽고 크나큰 주의 날이 오기 전에, 그런 일이 먼저 일어날 것이다."
그러나 주님의 이름을 불러 구원을 호소하는 사람은 다 구원을 받을 것이다.

시온 산 곧 예루살렘 안에는 피하여 살아 남는 사람이 있을 것이라고,
주님께서 부르신 사람이 살아 남아 있을 것이라고, 주님께서 말씀하셨다.

감사드림
우리 영혼이 주님을 찬송합니다. 우리 주 하나님, 주님은 더없이 위대하십니다.
주님은 권위와 위엄을 갖추셨습니다.
빛을 옷처럼 걸치시는 분이십니다.
(자유롭게 감사의 기도를 드립니다)
주님은 또 구름으로 병거를 삼으시며,
바람 날개를 타고 다니시는 분,
바람을 심부름꾼으로 삼으신 분,
번갯불을 시종으로 삼으신 분이십니다. 아멘.

찬송
성령이여 우리 찬송 부를 때 (찬송가 195)
성령이여 강림하사 (찬송가 190)

신앙고백
우리가 잘 아는 인간 나사렛 예수

우리 가운데 오셔서 기사와 이적과 놀라운 능력으로 하나님이 함께 계심을 드러내
시기 위해 하나님에 의해 보내심을 받은 분
하나님의 목적과 예지를 따라 무법자의 손에 의해 십자가에 달려 돌아가신 분
그러나 끔찍한 죽음에 머물러 계실 수 없어 다시 살아나신 분
이 예수를 하나님께서 다시 일으키사 우리 모두의 주가 되시고
우리 삶의 증거가 되신 분
그리하여 높으신 하나님 우편에 앉아계시며
약속의 성령을 보내주신 분
그 성령으로 우리가 보고 듣도록 축복을 주시는 분

제자로 부르심

우리는 그리스도 예수의 믿음과 사랑으로 들은 건전한 말씀을 본보기로 삼고,
우리 안에 살고 계시는 성령으로 말미암아
그 맡은 바 선한 것을 지키겠습니다.

사도행전 2:14-21

베드로가 열한 사도와 함께 일어나서, 목소리를 높여서, 그들에게 엄숙하게 말하였다. "유대 사람들과 모든 예루살렘 주민 여러분, 이것을 아시기 바랍니다. 내 말에 귀를 기울이십시오. 지금은 아침 아홉 시입니다. 그러니 이 사람들은, 여러분이 생각하듯이 술에 취한 것이 아닙니다. 이 일은 하나님께서 예언자 요엘을 시켜서 말씀하신 대로 된 것입니다.
'하나님께서 말씀하신다.
마지막 날에 나는 내 영을 모든 사람에게 부어 주겠다.
너희의 아들들과 너희의 딸들은 예언을 하고,
너희의 젊은이들은 환상을 보고,
너희의 늙은이들은 꿈을 꿀 것이다.

그 날에 나는 내 영을 내 남종들과 내 여종들에게도 부어 주겠으니,
그들도 예언을 할 것이다.
또 나는 위로 하늘에 놀라운 일을 나타내고,
아래로 땅에 징조를 나타낼 것이니, 곧 피와 불과 자욱한 연기이다.
주님의 크고 영화로운 날이 오기 전에, 해는 변해서 어두움이 되고,
달은 변해서 피가 될 것이다.
그러나 주님의 이름을 부르는 사람은 구원을 얻을 것이다.'

로마서 10:9-18

당신이 만일 예수는 주님이라고 입으로 고백하고, 하나님께서 그를 죽은 사람들 가운데서 살리신 것을 마음으로 믿으면 구원을 얻을 것입니다. 사람은 마음으로 믿어서 의에 이르고, 입으로 고백해서 구원에 이르게 됩니다. 성경은 "그를 믿는 사람은 누구나 부끄러움을 당하지 않을 것이다" 하고 말합니다. 유대 사람이나, 그리스 사람이나, 차별이 없습니다. 그는 모든 사람에게 똑같이 주님이 되어 주시고, 그를 부르는 모든 사람에게 풍성한 은혜를 내려주십니다. "주님의 이름을 부르는 사람은 누구든지 구원을 얻을 것입니다."
그런데 사람들은 자기들이 믿은 적이 없는 분을 어떻게 부를 수 있겠습니까? 또 들은 적이 없는 분을 어떻게 믿을 수 있겠습니까? 선포하는 사람이 없으면, 어떻게 들을 수 있겠습니까? 보내심을 받지 않았는데, 어떻게 선포할 수 있겠습니까? 성경에 기록된 바 "기쁜 소식을 전하는 이들의 발걸음이 얼마나 아름다우냐!" 한 것과 같습니다. 그러나 모든 사람이 다 복음에 순종한 것은 아닙니다. 이사야는 "주님, 우리가 전하는 소식을 누가 믿었습니까?" 하고 말하였습니다. 그러므로 믿음은 들음에서 생기고, 들음은 그리스도를 전하는 말씀에서 비롯됩니다.
그러면 내가 묻습니다. 그들은 들은 일이 없습니까? 물론 그렇지 않습니다. 성경 말씀에 "그들의 목소리가 온 땅에 퍼지고, 그들의 말이 땅 끝까지 퍼졌다" 하였습니다.

묵상한 말씀을 나눈다.

찬송
임하소서 임하소서 (찬송가 192)
은혜가 풍성한 하나님은 (찬송가 197)

에베소서 2:17~22

기도로 부르심

사랑하는 여러분, 여러분은 가장 거룩한 여러분의 믿음을 터로 삼아서
자기를 건축하고, 성령으로 기도하십시오.
하나님의 사랑 안에 머무르면서 자기를 지키고,
영생으로 인도하는 우리 주 예수 그리스도의 자비를 기다리십시오.

소망의 하나님, 주님께서 멀리 떨어져 있든 가까이 있든
모든 사람에게 평화의 언약을 주셨습니다.
주님, 주님의 자비하심으로, 우리의 기도를 들어주소서

주님께서는 위로와 치유의 근원이십니다.
우리 자신과 사랑하는 이들을 위해 기도합니다.
(합심기도) 주님, 주님의 자비하심으로, 우리의 기도를 들어주소서

주님은 겸손한 사람에게 용기를 북돋우어 주십니다.
우리 공동체와 이웃을 위해 기도합니다.
(합심기도) 주님, 주님의 자비하심으로, 우리의 기도를 들어주소서

주님께서 우리가 주님을 증거할 수 있도록 성령을 보내주셨습니다.
이 땅의 모든 교회의 하나됨을 위하여 기도합니다.

(합심기도) 주님, 주님의 자비하심으로, 우리의 기도를 들어주소서

땅 끝까지 이르는 모든 이가 주님의 구원을 볼 것입니다.
주님의 나라와 그 뜻이 이 땅에서도 임할 수 있도록 세계를 위하여 기도합니다.
(합심기도) 주님, 주님의 자비하심으로, 우리의 기도를 들어주소서

우리 안의 다른 염려를 맡기어 드립니다.
(합심기도) 주님, 주님의 자비하심으로, 우리의 기도를 들어주소서

전능하신 하나님,
주님은 주님께 간구하는 이들에게 성령을 부어주십니다.
성령의 생기로 우리를 회복시키셔서 우리가 평화의 비전을 보고
세계 곳곳에 주님의 기쁜 소식을 선포할 수 있기를 원합니다.
그리스도께서 가르치신 대로 주님의 나라가 이 땅에 임하기를 기도합니다.

(주기도문) 하늘에 계신 우리 아버지 …

축도

사람은 무엇을 심든지, 심은 대로 거둘 것입니다.
만약 우리가 성령에다 심으면 성령에서 영생을 거둘 것입니다.
선한 일을 하다가, 낙심하지 맙시다. 지쳐서 넘어지지 아니하면,
때가 이를 때에 거두게 될 것입니다.
그러므로 기회가 있는 동안에, 모든 사람에게 선한 일을 합시다.
특히 믿음의 식구들에게는 더욱 그렇게 합시다.
아멘.

그러므로 이제부터 외인이 아니요

성령강림 화요일 저녁

여는 말

이방 사람과 유대 사람 양쪽 모두, 그리스도를 통하여
한 성령 안에서 아버지께 나아가게 되었습니다.
그러므로 이제부터 여러분은 서로에게 외국 사람이나 나그네가 아닙니다.

찬양으로 부르심

우리는 주님의 품 안에서 즐거워할 것입니다.
우리가 주님께서 기꺼이 기뻐하실 기도를 드리기를 원합니다.

처음부터 계셨고 …

이사야 42:1-6

"나의 종을 보아라. 그는 내가 붙들어 주는 사람이다.
내가 택한 사람, 내가 마음으로 기뻐하는 사람이다.
내가 그에게 나의 영을 주었으니, 그가 뭇 민족에게 공의를 베풀 것이다.
그는 소리 치거나 목소리를 높이지 않으며,
거리에서는 그 소리가 들리지 않게 할 것이다.
그는 상한 갈대를 꺾지 않으며, 꺼져 가는 등불을 끄지 않으며,
진리로 공의를 베풀 것이다.
그는 쇠하지 않으며, 낙담하지 않으며, 끝내 세상에 공의를 세울 것이니,
먼 나라에서도 그의 가르침을 받기를 간절히 기다릴 것이다."
하나님께서 하늘을 창조하여 펴시고,

땅을 만드시고, 거기에 사는 온갖 것을 만드셨다.
땅 위에 사는 백성에게 생명을 주시고, 땅 위에 걸어 다니는 사람들에게 목숨을 주셨다.
주 하나님께서 이렇게 말씀하신다.
"나 주가 의를 이루려고 너를 불렀다. 내가 너의 손을 붙들어 주고,
너를 지켜 주어서, 너를 백성의 언약과 이방의 빛이 되게 할 것이다."

감사드림

주님, 주님께서 하신 일이 어찌 그리 많은지요.
이 땅에는 주님이 지으신 것으로 가득합니다.
주님께서 그들에게 먹이를 주시면, 그들은 받아 먹고,
주님께서 손을 펴 먹을 것을 주시면 그들은 좋은 것으로 만족해 합니다.
(자유롭게 감사의 기도를 드립니다)
오 하나님, 주님의 영광은 영원합니다.
주님은 친히 행하신 일로 기뻐하실 것입니다.
주님께서 주님의 영을 불어넣으시면, 그들이 다시 창조됩니다.
주님께서는 땅의 모습을 새롭게 하십니다. 아멘.

찬송

읽은 성경말씀에 맞는 찬송을 선택하여 부른다.

고백

하나님께서 인자하심과 사랑하심을 나타내셔서 우리를 구원하셨습니다.
그렇게 하신 것은, 우리가 행한 의로운 일 때문이 아니라,
주님의 자비하심을 따라 거듭나게 씻어주심과
성령으로 새롭게 해 주심으로 말미암은 것입니다.
(침묵기도)
하나님께서는 성령을 우리의 구주이신 예수 그리스도로 말미암아

우리에게 풍성하게 부어 주셨습니다.
그래서 우리는 주님의 은혜로 의롭게 되어서,
영원한 생명의 소망을 따라 상속자가 되었습니다.

제자로 부르심

하나님께서는 우리를 성령으로 거룩하게 하시고,
진리를 믿음으로써 구원의 첫 열매가 되게 하여 주셨습니다.
우리는 그 믿음 위에 굳게 서서 주님의 가르침을 따라 살겠습니다.

요한복음 14:25-27

"내가 너희와 함께 있는 동안에, 나는 이 말을 너희에게 말하였다. 그러나 보혜사, 곧 아버지께서 내 이름으로 보내실 성령께서, 너희에게 모든 것을 가르쳐 주실 것이며, 또 내가 너희에게 말한 모든 것을 생각나게 하실 것이다. 나는 평화를 너희에게 남겨 준다. 나는 내 평화를 너희에게 준다. 내가 너희에게 주는 평화는 세상이 주는 것과 같지 않다. 너희는 마음에 근심하지 말고, 두려워하지도 말아라.

갈라디아서 5:16-25

내가 또 말합니다. 여러분은 성령께서 인도하여 주시는 대로 살아가십시오. 그러면 육체의 욕망을 채우려 하지 않을 것입니다. 육체의 욕망은 성령을 거스르고, 성령이 바라시는 것은 육체를 거스릅니다. 이 둘이 서로 적대관계에 있으므로, 여러분은 자기가 원하는 일을 할 수 없게 됩니다. 그런데 여러분이, 성령의 인도하심을 따라 살아가면, 율법 아래에 있는 것이 아닙니다. 육체의 행실은 환히 드러난 것들입니다. 곧 음행과 더러움과 방탕과 우상숭배와 마술과 원수맺음과 다툼과 시기와 분냄과 분쟁과 분열과 파당과 질투와 술취함과 흥청망청 먹고 마시는 놀음과, 그와 같은 것들입니다. 내가 전에도 여러분에게 경고하였지만, 이제 또다시 경고합니다. 이런 짓을 하는 사람들은 하나님의 나라를 상속받지 못할 것입니다. 그러나 성령의 열매는 사랑과 기쁨과 화평과 인내와 친절과 선함과 신실과 온유와

절제입니다. 이런 것들을 막을 법이 없습니다. 그리스도 예수께 속한 사람은 정욕과 욕망과 함께 자기의 육체를 십자가에 못박았습니다. 우리가 성령으로 삶을 얻었으니, 우리는 성령이 인도해 주심을 따라 살아갑시다.

묵상한 말씀을 나눈다.

찬송
읽은 성경말씀에 맞는 찬송을 선택하여 부른다.

에베소서 2:17~22

기도로 부르심

모든 피조물이 이제까지 함께 신음하고 있습니다.
그뿐만 아니라, 첫 열매로서 성령을 받은 우리도
우리 몸을 속량하여 주실 것을 고대하면서 속으로 신음하고 있습니다.
성령께서 우리의 약함을 도와주십니다.
우리는 어떻게 기도해야 할지도 알지 못하지만,
성령께서 친히 이루 다 말할 수 없는 탄식으로, 우리 대신 간구하여 주십니다.

소망의 하나님, 주님께서 멀리 떨어져 있든 가까이 있든
모든 사람에게 평화의 언약을 주셨습니다.
주님, 주님의 자비하심으로, 우리의 기도를 들어주소서

주님께서는 위로와 치유의 근원이십니다.
우리 자신과 사랑하는 이들을 위해 기도합니다.
(합심기도) 주님, 주님의 자비하심으로, 우리의 기도를 들어주소서

주님은 겸손한 사람에게 용기를 북돋우어 주십니다.

우리 공동체와 이웃을 위해 기도합니다.
(합심기도) 주님, 주님의 자비하심으로, 우리의 기도를 들어주소서

주님께서 우리가 주님을 증거할 수 있도록 성령을 보내주셨습니다.
이 땅의 모든 교회의 하나됨을 위하여 기도합니다.
(합심기도) 주님, 주님의 자비하심으로, 우리의 기도를 들어주소서

땅 끝까지 이르는 모든 이가 주님의 구원을 볼 것입니다.
주님의 나라와 그 뜻이 이 땅에서도 임할 수 있도록 세계를 위하여 기도합니다.
(합심기도) 주님, 주님의 자비하심으로, 우리의 기도를 들어주소서

우리 안의 다른 염려를 맡기어 드립니다.
(합심기도) 주님, 주님의 자비하심으로, 우리의 기도를 들어주소서

우리와 함께 하시는 임재의 하나님,
주님께서 우리를 성령으로 인도하사 주님의 자녀로 삼아주십니다.
정의로 부르시고 우리를 소망과 기쁨으로 새롭게 하셔서,
주님의 구원을 담대히 알리며 평화를 전하는 자가 되기를 원합니다.
그리스도께서 가르치신 대로 주님의 나라가 이 땅에 임하기를 기도합니다.

(주기도문) 하늘에 계신 우리 아버지 …

축도

모든 성도와 함께 여러분이
그리스도의 사랑의 너비와 길이와 높이와 깊이가 어떠한지를 깨달을 수 있게 되고,
지식을 초월하는 그리스도의 사랑을 알게 되기를 빕니다.
그리하여 여러분이 충만하여지기를 바랍니다. 아멘.

성도들과 동일한 시민이요 하나님의 가족이라

성령강림 수요일 아침

여는 말

그러므로 이제부터 여러분은 서로에게 외국 사람이나 나그네가 아닙니다.
성도들과 함께 시민이며 하나님의 가족입니다.

찬양으로 부르심

살아 있는 동안 우리는 주님을 노래할 것입니다.
숨을 거두는 그 때까지 우리 하나님을 찬양할 것입니다.

처음부터 계셨고 …

시편 16:7-11

주님께서 날마다 좋은 생각을 주시며,
밤마다 나의 마음에 교훈을 주시니, 내가 주님을 찬양합니다.
주님은 언제나 나와 함께 계시는 분,
그가 나의 오른쪽에 계시니, 나는 흔들리지 않습니다.

주님, 참 감사합니다. 이 마음은 기쁨으로 가득 차고,
이 몸도 아무 해를 두려워하지 않는 까닭은,
주님께서 나를 보호하셔서 죽음의 세력이 나의 생명을 삼키지 못하게 하실 것이며
주님의 거룩한 자를 죽음의 세계에 버리지 않으실 것이기 때문입니다.

주님께서 몸소 생명의 길을 나에게 보여 주시니,
주님을 모시고 사는 삶에 기쁨이 넘칩니다.

주님께서 내 오른쪽에 계시니, 이 큰 즐거움이 영원토록 이어질 것입니다.

감사드림

우리 영혼이 주님을 찬송합니다. 우리 주 하나님, 주님은 더없이 위대하십니다.
주님은 권위와 위엄을 갖추셨습니다. 빛을 옷처럼 걸치시는 분이십니다.
(자유롭게 감사의 기도를 드립니다)
주님은 또 구름으로 병거를 삼으시며, 바람 날개를 타고 다니시는 분,
바람을 심부름꾼으로 삼으신 분, 번갯불을 시종으로 삼으신 분이십니다. 아멘.

찬송

주 찬양합니다 내 마음을 다해

신앙고백

우리가 잘 아는 인간 나사렛 예수
우리 가운데 오셔서 기사와 이적과 놀라운 능력으로
하나님이 함께 계심을 드러내시기 위해 하나님에 의해 보내심을 받은 분
하나님의 목적과 예지를 따라 무법자의 손에 의해 십자가에 달려 돌아가신 분
그러나 끔찍한 죽음에 머물러 계실 수 없어 다시 살아나신 분
하나님께서 다시 일으키사 모두의 주가 되시고 우리 삶의 증거가 되신 분
그리하여 높으신 하나님 우편에 앉아계시며 약속의 성령을 보내주신 분
그 성령으로 우리가 보고 듣도록 축복을 주시는 분

제자로 부르심

우리는 그리스도 예수의 믿음과 사랑으로 들은 건전한 말씀을 본보기로 삼고,
우리 안에 살고 계시는 성령으로 말미암아 그 맡은 바 선한 것을 지키겠습니다.

사도행전 2:22-28

이스라엘 동포 여러분, 이 말을 들으십시오. 여러분이 아시는 바와 같이, 나사렛

예수는 하나님께서 기적과 놀라운 일과 표징으로 여러분에게 증명해 보이신 분입니다. 하나님께서는 그를 통하여 여러분 가운데서 이 모든 일을 행하셨습니다. 이 예수께서 버림을 받으신 것은 하나님이 정하신 계획을 따라 미리 알고 계신 대로 된 일이지만, 여러분은 그를 무법자들의 손을 빌려서 십자가에 못박아 죽였습니다. 그러나 하나님께서는 그를 죽음의 고통에서 풀어서 살리셨습니다. 그가 죽음의 세력에 사로잡혀 있는 것은 있을 수 없는 일이기 때문입니다. 다윗이 그를 가리켜 말하기를,

'나는 늘 내 앞에 계신 주님을 보았다.

나를 흔들리지 않게 하시려고, 주님께서 내 오른쪽에 계시기 때문이다.

그러므로 내 마음은 기쁘고, 내 혀는 즐거워하였다. 내 육체도 소망 속에 살 것이다.

주님께서 내 영혼을 지옥에 버리지 않으시며,

주님의 거룩한 분을 썩지 않게 하실 것이다.

주님께서 나에게 생명의 길을 알려 주셨으니,

주님의 앞에서 나에게 기쁨을 가득 채워 주실 것이다' 하였습니다.

사도행전 11:11-18

바로 그 때에 사람들 셋이 우리가 묵고 있는 집에 도착하였는데, 그들은 가이사랴에서 내게 보낸 사람들이었습니다. 성령이 내게, 의심하지 말고 그들과 함께 가라고 하셨습니다. 그래서 이 여섯 형제도 나와 함께 가서, 우리는 그 사람의 집으로 들어갔습니다. 그 사람은, 자기가 천사를 본 이야기를 우리에게 해주었습니다. 곧 천사가 그의 집에 와서 서더니, 그에게 말하기를 '욥바로 사람을 보내어, 베드로라고도 하는 시몬을 불러오너라.

그가 네게 너와 네 온 집안이 구원을 받을 말씀을 일러줄 것이다' 하더라는 것입니다. 내가 말을 하기 시작하니, 성령이 처음에 우리에게 내리시던 것과 같이, 그들에게도 내리셨습니다. 그 때에 나는 '요한은 물로 세례를 주었지만, 너희는 성령으로 세례를 받을 것이다' 하신 주님의 말씀이 생각났습니다.

그러므로 하나님께서는, 우리가 주 예수 그리스도를 믿을 때에 우리에게 주신 것과 같은 선물을 그들에게 주셨는데, 내가 누구이기에 감히 하나님을 거역할 수 있겠습니까?" 이 말을 듣고 그들은 잠잠하였다. 그들은 하나님께 영광을 돌리고 "이제 하나님께서는, 이방 사람들에게도 회개하여 생명에 이르는 길을 열어 주셨다" 하고 말하였다.

묵상한 말씀을 나눈다.

찬송
읽은 성경말씀에 맞는 찬송을 선택하여 부른다.

에베소서 2:17~22

기도로 부르심

사랑하는 여러분, 여러분은 가장 거룩한 여러분의 믿음을 터로 삼아서
자기를 건축하고, 성령으로 기도하십시오.
하나님의 사랑 안에 머무르면서 자기를 지키고,
영생으로 인도하는 우리 주 예수 그리스도의 자비를 기다리십시오.

소망의 하나님, 주님께서 멀리 떨어져 있든 가까이 있든
모든 사람에게 평화의 언약을 주셨습니다.
주님, 주님의 자비하심으로, 우리의 기도를 들어주소서

주님께서는 위로와 치유의 근원이십니다.
우리 자신과 사랑하는 이들을 위해 기도합니다.
(합심기도) 주님, 주님의 자비하심으로, 우리의 기도를 들어주소서

주님은 겸손한 사람에게 용기를 북돋우어 주십니다.

우리 공동체와 이웃을 위해 기도합니다.
(합심기도) 주님, 주님의 자비하심으로, 우리의 기도를 들어주소서

주님께서 우리가 주님을 증거할 수 있도록 성령을 보내주셨습니다.
이 땅의 모든 교회의 하나됨을 위하여 기도합니다.
(합심기도) 주님, 주님의 자비하심으로, 우리의 기도를 들어주소서

땅 끝까지 이르는 모든 이가 주님의 구원을 볼 것입니다.
주님의 나라와 그 뜻이 이 땅에서도 임할 수 있도록 세계를 위하여 기도합니다.
(합심기도) 주님, 주님의 자비하심으로, 우리의 기도를 들어주소서

우리 안의 다른 염려를 맡기어 드립니다.
(합심기도) 주님, 주님의 자비하심으로, 우리의 기도를 들어주소서

전능하신 하나님,
주님은 주님께 간구하는 이들에게 성령을 부어주십니다.
성령의 생기로 우리를 회복시키셔서 우리가 평화의 비전을 보고
세계 곳곳에 주님의 기쁜 소식을 선포할 수 있기를 원합니다.
그리스도께서 가르치신 대로 주님의 나라가 이 땅에 임하기를 기도합니다.

(주기도문) 하늘에 계신 우리 아버지 …

강복

그리스도 안에서 여러분에게 무슨 격려나, 사랑의 무슨 위로나,
성령의 무슨 교제나, 무슨 동정심과 자비가 있거든,
여러분은 같은 생각을 품고, 같은 사랑을 가지고, 뜻을 합하여 한 마음이 되어서,
내 기쁨이 넘치게 해 주십시오.
아멘.

하나님의 가족이라

성령강림 수요일 저녁

여는 말

그러므로 이제부터 여러분은 서로에게 외국 사람이나 나그네가 아닙니다. 성도들과 함께 시민이며 하나님의 가족입니다.

찬양으로 부르심

우리는 주님의 품 안에서 즐거워할 것입니다.
우리가 주님께서 기꺼이 기뻐하실 기도를 드리기 원합니다.

처음부터 계셨고 …

시편 143:5-10

내가 옛날을 기억하고, 주님의 그 모든 행적을 돌이켜보며,
주님께서 손수 이루신 일들을 깊이깊이 생각합니다.
내가 주님을 바라보며, 내 두 손을 펴 들고 기도합니다.
메마른 땅처럼 목마른 내 영혼이 주님을 그리워합니다.

주님, 나에게 속히 대답해 주십시오. 숨이 끊어질 지경입니다.
주님의 얼굴을 나에게 숨기지 말아 주십시오.
내가 무덤으로 내려가는 자들처럼 될까 두렵습니다.

내가 주님을 의지하니,
아침마다 주님의 변함없는 사랑의 말씀을 듣게 해주십시오.
내 영혼이 주님께 의지하니, 내가 가야 할 길을 알려 주십시오.

주님, 내가 주님께로 몸을 피하니, 내 원수들에게서 건져 주십시오.
주님은 나의 하나님이시니, 주님의 뜻을 따라 사는 길을 가르쳐 주십시오.
주님의 선하신 영으로 나를 이끄셔서,
평탄한 길로 나를 인도하여 주십시오.

감사드림

주님, 주님께서 하신 일이 어찌 그리 많은지요.
이 땅에는 주님이 지으신 것으로 가득합니다.
주님께서 그들에게 먹이를 주시면, 그들은 받아 먹고,
주님께서 손을 펴 먹을 것을 주시면 그들은 좋은 것으로 만족해 합니다.
(자유롭게 감사의 기도를 드립니다)
오 하나님, 주님의 영광은 영원합니다. 친히 행하신 일로 기뻐하실 것입니다.
주님께서 주님의 영을 불어넣으시면, 그들이 다시 창조됩니다.
주님께서는 땅의 모습을 다시 새롭게 하십니다. 아멘.

찬송

읽은 성경말씀에 맞는 찬송을 선택하여 부른다.

고백

하나님께서 인자하심과 사랑하심을 나타내셔서 우리를 구원하셨습니다.
그렇게 하신 것은, 우리가 행한 의로운 일 때문이 아니라,
주님의 자비하심을 따라 거듭나게 씻어주심과
성령으로 새롭게 해 주심으로 말미암은 것입니다.
(침묵기도)
하나님께서는 성령을 우리의 구주이신 예수 그리스도로 말미암아
우리에게 풍성하게 부어 주셨습니다.
그래서 우리는 주님의 은혜로 의롭게 되어서,
영원한 생명의 소망을 따라 상속자가 되었습니다.

제자로 부르심

하나님께서는 우리를 성령으로 거룩하게 하시고,
진리를 믿음으로써
구원의 첫 열매가 되게 하여 주셨습니다.
우리는 그 믿음 위에 굳게 서서 주님의 가르침을 따라 살겠습니다.

요한복음 15:4-5

내 안에 머물러 있어라. 그리하면 나도 너희 안에 머물러 있겠다. 가지가 포도나무에 붙어 있지 아니하면 스스로 열매를 맺을 수 없는 것과 같이, 너희도 내 안에 머물러 있지 아니하면 열매를 맺을 수 없다. 나는 포도나무요, 너희는 가지이다. 사람이 내 안에 머물러 있고, 내가 그 안에 머물러 있으면, 그는 많은 열매를 맺는다. 너희는 나를 떠나서는 아무것도 할 수 없다.

고린도후서 3:17-18

주님은 영이십니다. 주님의 영이 계신 곳에는 자유가 있습니다. 우리는 모두 너울을 벗어버리고, 주님의 영광을 바라봅니다. 이렇게 해서, 우리는 주님과 같은 모습으로 변화하여, 점점 더 큰 영광에 이르게 됩니다. 이것은 영이신 주님께서 하시는 일입니다.

묵상한 말씀을 나눈다.

찬송

읽은 성경말씀에 맞는 찬송을 선택하여 부른다.

에베소서 2:17~22

기도로 부르심

모든 피조물이 이제까지 함께 신음하고 있습니다.

그뿐만 아니라, 첫 열매로서 성령을 받은 우리도
우리 몸을 속량하여 주실 것을 고대하면서 속으로 신음하고 있습니다.
성령께서 우리의 약함을 도와주십니다.
우리는 어떻게 기도해야 할지도 알지 못하지만,
성령께서 친히 이루 다 말할 수 없는 탄식으로, 우리 대신 간구하여 주십니다.

소망의 하나님, 주님께서 멀리 떨어져 있든 가까이 있든
모든 사람에게 평화의 언약을 주셨습니다.
주님, 주님의 자비하심으로, 우리의 기도를 들어주소서

주님께서는 위로와 치유의 근원이십니다.
우리 자신과 사랑하는 이들을 위해 기도합니다.
(합심기도) 주님, 주님의 자비하심으로, 우리의 기도를 들어주소서

주님은 겸손한 사람에게 용기를 북돋우어 주십니다.
우리 공동체와 이웃을 위해 기도합니다.
(합심기도) 주님, 주님의 자비하심으로, 우리의 기도를 들어주소서

주님께서 우리가 주님을 증거할 수 있도록 성령을 보내주셨습니다.
이 땅의 모든 교회의 하나됨을 위하여 기도합니다.
(합심기도) 주님, 주님의 자비하심으로, 우리의 기도를 들어주소서

땅 끝까지 이르는 모든 이가 주님의 구원을 볼 것입니다.
주님의 나라와 그 뜻이 이 땅에서도 임할 수 있도록 세계를 위하여 기도합니다.
(합심기도) 주님, 주님의 자비하심으로, 우리의 기도를 들어주소서

우리 안의 다른 염려를 맡기어 드립니다.
(합심기도) 주님, 주님의 자비하심으로, 우리의 기도를 들어주소서

우리와 함께 하시는 임재의 하나님,

주님께서 우리를 성령으로 인도하사 주님의 자녀로 삼아주십니다.

정의로 부르시고 우리를 소망과 기쁨으로 새롭게 하셔서,

주님의 구원을 담대히 알리며 평화를 전하는 자가 되기를 원합니다.

그리스도께서 가르치신 대로 주님의 나라가 이 땅에 임하기를 기도합니다.

(주기도문) 하늘에 계신 우리 아버지 …

축도

주 예수 그리스도의 은혜와 하나님의 사랑과 성령의 사귐이

여러분 모두와 함께 하기를 빕니다.

아멘.

사도들과 선지자들의 터 위에

성령강림 목요일 아침

여는 말

그러므로 이제부터 여러분은 외국 사람이나 나그네가 아니요,
성도들과 함께 시민이며 하나님의 가족입니다.
여러분은 사도들과 선지자들이 놓은 기초 위에 세워진 건물이며,
그리스도 예수께서 그 모퉁이돌이 되십니다.

찬양으로 부르심

우리는 살아 있는 동안 주님을 노래할 것입니다.
숨을 거두는 그 때까지 우리 하나님을 찬양할 것입니다.

처음부터 계셨고 …

에스겔 37:9-14

그 때에 그가 내게 말씀하셨다. "사람아, 너는 생기에게 대언하여라.
생기에게 대언하여 이렇게 일러라.
'나 주 하나님이 너에게 말한다.
너 생기야, 사방에서부터 불어와서
이 살해당한 사람들에게 불어서 그들이 살아나게 하여라.'"
그래서 내가 명을 받은 대로 대언하였더니,
생기가 그들 속으로 들어갔고, 그래서 그들이 곧 살아나
제 발로 일어나서 서는데, 엄청나게 큰 군대였다.

그 때에 그가 내게 말씀하셨다.

"사람아, 이 뼈들이 바로 이스라엘 온 족속이다.
그들이 말하기를 '우리의 뼈가 말랐고, 우리의 희망도 사라졌으니,
우리는 망했다' 한다.
그러므로 너는 대언하여 그들에게 전하여라.
'나 주 하나님이 말한다.
내 백성아, 내가 너희 무덤을 열고,
무덤 속에서 너희를 이끌어 내고,
너희를 이스라엘 땅으로 들어가게 하겠다.

내 백성아, 내가 너희의 무덤을 열고
그 무덤 속에서 너희를 이끌어 낼 그 때에야
비로소 너희는, 내가 주인 줄 알 것이다.
내가 내 영을 너희 속에 두어서 너희가 살 수 있게 하고,
너희를 너희의 땅에 데려다가 놓겠으니,
그 때에야 비로소 너희는, 나 주가 말하고 그대로 이룬 줄 알 것이다.
나 주의 말이다.'"

감사드림

우리 영혼이 주님을 찬송합니다.
우리 주 하나님, 주님은 더없이 위대하십니다.
주님은 권위와 위엄을 갖추셨습니다.
빛을 옷처럼 걸치시는 분이십니다.
(자유롭게 감사의 기도를 드립니다)
주님은 또 구름으로 병거를 삼으시며,
바람 날개를 타고 다니시는 분,
바람을 심부름꾼으로 삼으신 분,
번갯불을 시종으로 삼으신 분이십니다. 아멘.

찬송

읽은 성경말씀에 맞는 찬송을 선택하여 부른다.

신앙고백

우리가 잘 아는 인간 나사렛 예수
우리 가운데 오셔서 기사와 이적과 놀라운 능력으로 하나님이 함께 계심을
드러내시기 위해 하나님에 의해 보내심을 받은 분
하나님의 목적과 예지를 따라 무법자의 손에 의해 십자가에 달려 돌아가신 분
그러나 끔찍한 죽음에 머물러 계실 수 없어 다시 살아나신 분
이 예수를 하나님께서 다시 일으키사 우리 모두의 주가 되시고
우리 삶의 증거가 되신 분
그리하여 높으신 하나님 우편에 앉아계시며
약속의 성령을 보내주신 분
그 성령으로 우리가 보고 듣도록 축복을 주시는 분

제자로 부르심

우리는 그리스도 예수의 믿음과 사랑으로 들은 건전한 말씀을 본보기로 삼고,
우리 안에 살고 계시는 성령으로 말미암아
그 맡은 바 선한 것을 지키겠습니다.

사도행전 2:29-36

동포 여러분, 나는 조상 다윗에 대하여 자신 있게 말씀드릴 수 있습니다. 그는 죽어서 묻혔고, 그 무덤이 이 날까지 우리 가운데에 남아 있습니다. 그는 예언자이므로, 그의 후손 가운데서 한 사람을 그의 왕좌에 앉히시겠다고 하나님이 맹세하신 것을 알고 있었습니다.
그래서 그는 그리스도의 부활을 미리 내다보고 말하기를 '그리스도는 지옥에 버려지지 않았고, 그의 육체는 썩지 않았다' 하였습니다.

이 예수를 하나님께서 살리셨습니다. 우리는 모두 이 일의 증인입니다. 하나님께서는 이 예수를 높이 올리셔서, 자기의 오른쪽에 앉히셨습니다. 그는 아버지로부터 약속하신 성령을 받아서 우리에게 부어 주셨습니다. 여러분은 지금 이 일을 보기도 하고 듣기도 하고 있는 것입니다. 다윗은 하늘에 올라가지 못하였으나, 그는 이렇게 말하였습니다.

'주님께서 내 주님께 말씀하시기를, 내가 네 원수를 네 발 아래에 굴복시키기까지, 너는 내 오른쪽에 앉아 있어라 하셨습니다.' 그러므로 이스라엘 온 집안은 확실히 알아두십시오. 하나님께서는 여러분이 십자가에 못박은 이 예수를 주님과 그리스도가 되게 하셨습니다."

고린도전서 12:3-11

그러므로 나는 여러분에게 알려드립니다. 하나님의 영으로 말하는 사람은 아무도 "예수는 저주를 받아라" 하고 말할 수 없고, 또 성령을 힘입지 않고서는 아무도 "예수는 주님이시다" 하고 말할 수 없습니다.

은사는 여러 가지지만, 그것을 주시는 분은 같은 성령이십니다. 섬기는 일은 여러 가지지만, 섬김을 받으시는 분은 같은 주님이십니다. 일의 성과는 여러 가지지만, 모든 사람에게서 모든 일을 하시는 분은 같은 하나님이십니다. 각 사람에게 성령을 나타내 주시는 것은 공동 이익을 위한 것입니다. 어떤 사람에게는 성령을 통하여 지혜의 말씀을 주시고, 어떤 사람에게는 같은 성령을 따라 지식의 말씀을 주십니다. 어떤 사람에게는 같은 성령으로 믿음을 주시고, 어떤 사람에게는 같은 성령으로 병 고치는 은사를 주십니다. 어떤 사람에게는 기적을 행하는 능력을 주시고, 어떤 사람에게는 예언하는 은사를 주시고, 어떤 사람에게는 영을 분별하는 은사를 주십니다. 어떤 사람에게는 여러 가지 방언을 말하는 은사를 주시고, 어떤 사람에게는 그 방언을 통역하는 은사를 주십니다. 이 모든 일은 한 분이신 같은 성령이 하시며, 그는 원하시는 대로 각 사람에게 은사를 나누어주십니다.

묵상한 말씀을 나눈다.

찬송

만유의 주 앞에 (찬송가 22)
성령의 은사를 (찬송가 196)

에베소서 2:17~22

기도로 부르심

사랑하는 여러분, 여러분은 가장 거룩한 여러분의 믿음을 터로 삼아서
자기를 건축하고, 성령으로 기도하십시오.
하나님의 사랑 안에 머무르면서 자기를 지키고,
영생으로 인도하는 우리 주 예수 그리스도의 자비를 기다리십시오.

소망의 하나님, 주님께서 멀리 떨어져 있든 가까이 있든
모든 사람에게 평화의 언약을 주셨습니다.
주님, 주님의 자비하심으로, 우리의 기도를 들어주소서

주님께서는 위로와 치유의 근원이십니다.
우리 자신과 사랑하는 이들을 위해 기도합니다.
(합심기도) 주님, 주님의 자비하심으로, 우리의 기도를 들어주소서

주님은 겸손한 사람에게 용기를 북돋우어 주십니다.
우리 공동체와 이웃을 위해 기도합니다.
(합심기도) 주님, 주님의 자비하심으로, 우리의 기도를 들어주소서

주님께서 우리가 주님을 증거할 수 있도록 성령을 보내주셨습니다.
이 땅의 모든 교회의 하나됨을 위하여 기도합니다.
(합심기도) 주님, 주님의 자비하심으로, 우리의 기도를 들어주소서

땅 끝까지 이르는 모든 이가 주님의 구원을 볼 것입니다.
주님의 나라와 그 뜻이 이 땅에서도 임할 수 있도록 세계를 위하여 기도합니다.
(합심기도) 주님, 주님의 자비하심으로, **우리의 기도를 들어주소서**

우리 안의 다른 염려를 맡기어 드립니다.
(합심기도) 주님, 주님의 자비하심으로, **우리의 기도를 들어주소서**

전능하신 하나님,
주님은 주님께 간구하는 이들에게 성령을 부어주십니다.
성령의 생기로 우리를 회복시키셔서 우리가 평화의 비전을 보고
세계 곳곳에 주님의 기쁜 소식을 선포할 수 있기를 원합니다.
그리스도께서 가르치신 대로 주님의 나라가 이 땅에 임하기를 기도합니다.

(주기도문) 하늘에 계신 우리 아버지 …

강복

성령의 충만함을 받으십시오.
시와 찬미와 신령한 노래로 서로 화답하며,
여러분의 가슴으로 주님께 노래하며, 찬송하십시오.
모든 일에 언제나 우리 주 예수 그리스도의 이름으로
하나님 아버지께 감사를 드리십시오.
주 예수 그리스도의 은혜와 하나님의 사랑과 성령의 사귐이
여러분 모두와 함께 하기를 빕니다. 아멘.

사도들과 선지자들의 터 위에

성령강림 목요일 저녁

여는 말

그러므로 이제부터 여러분은 서로에게 외국 사람이나 나그네가 아니요,
성도들과 함께 시민이며 하나님의 가족입니다.
여러분은 사도들과 선지자들이 놓은 기초 위에 세워진 건물이며,
그리스도 예수께서 그 모퉁잇돌이 되십니다.

찬양으로 부르심

우리는 주님의 품 안에서 즐거워할 것입니다.
우리가 주님께서 기꺼이 기뻐하실 기도를 올리기를 원합니다.

처음부터 계셨고 …

이사야 61:1-3

주님께서 나에게 기름을 부으시니, 주 하나님의 영이 나에게 임하셨다.
주님께서 나를 보내셔서, 가난한 사람들에게 기쁜 소식을 전하고, 상한 마음을
싸매어 주고, 포로에게 자유를 선포하고, 갇힌 사람에게 석방을 선언하고,
주님의 은혜의 해와 우리 하나님의 보복의 날을 선언하고,
모든 슬퍼하는 사람들을 위로하게 하셨다.
시온에서 슬퍼하는 사람들에게 재 대신에 화관을 씌워 주시며,
슬픔 대신에 기쁨의 기름을 발라 주시며,
괴로운 마음 대신에 찬송이 마음에 가득 차게 하셨다.
그리하여 사람들은 그들을 가리켜, 의의 나무,

주님께서 스스로 영광을 나타내시려고 손수 심으신 나무라고 부른다.

감사드림
주님, 주님께서 하신 일이 어찌 그리 많은지요.
이 땅에는 주님이 지으신 것으로 가득합니다.
주님께서 그들에게 먹이를 주시면, 그들은 받아 먹고,
주님께서 손을 펴 먹을 것을 주시면 그들은 좋은 것으로 만족해 합니다.
(자유롭게 감사의 기도를 드립니다)
오 하나님, 주님의 영광은 영원합니다. 주님은 친히 행하신 일로 기뻐하실 것입니다.
주님께서 주님의 영을 불어넣으시면, 그들이 다시 창조됩니다.
주님께서는 땅의 모습을 다시 새롭게 하십니다. 아멘.

찬송
찬양하라 복되신 구세주 예수 (찬송가 31)
내 영혼 지치고 피곤할 때에

고백
하나님께서 인자하심과 사랑하심을 나타내셔서 우리를 구원하셨습니다.
그렇게 하신 것은, 우리가 행한 의로운 일 때문이 아니라,
주님의 자비하심을 따라 거듭나게 씻어주심과
성령으로 새롭게 해 주심으로 말미암은 것입니다.
(침묵기도) 하나님께서는 성령을 우리의 구주이신 예수 그리스도로 말미암아
우리에게 풍성하게 부어 주셨습니다.
그래서 우리는 그분의 은혜로 의롭게 되어, 영생의 소망을 따라 상속자가 되었습니다.

제자로 부르심
하나님께서는 우리를 성령으로 거룩하게 하시고, 진리를 믿음으로써

구원의 첫 열매가 되게 하여 주셨습니다.

우리는 그 믿음 위에 굳게 서서 주님의 가르침을 따라 살겠습니다.

요한복음 15:11-15

내가 너희에게 이러한 말을 한 것은, 내 기쁨이 너희 안에 있게 하고, 또 너희의 기쁨이 넘치게 하려는 것이다.

내 계명은 이것이다. 내가 너희를 사랑한 것과 같이, 너희도 서로 사랑하여라. 사람이 자기 친구를 위하여 자기 목숨을 내놓는 것보다 더 큰 사랑은 없다. 내가 너희에게 명한 것을 너희가 행하면, 너희는 나의 친구이다. 이제부터는 내가 너희를 종이라고 부르지 않겠다. 종은 그의 주인이 무엇을 하는지를 알지 못한다. 나는 너희를 친구라고 불렀다. 내가 아버지에게서 들은 모든 것을 너희에게 알려 주었기 때문이다.

요한1서 3:16-24

그리스도께서 우리를 위하여 자기 목숨을 버리셨습니다. 이것으로 우리가 사랑을 알게 되었습니다. 그러므로 우리도 형제자매를 위하여 목숨을 버리는 것이 마땅합니다. 누구든지 세상 재물을 가지고 있으면서, 자기 형제자매의 궁핍함을 보고도, 마음 문을 닫고 도와주지 않으면, 어떻게 하나님의 사랑이 그 사람 속에 머물겠습니까?

자녀 된 이 여러분, 우리는 말이나 혀로 사랑하지 말고, 행동과 진실함으로 사랑합시다. 이렇게 함으로써 우리는 우리가 진리에서 났음을 알게 될 것입니다. 또 우리는 하나님 앞에서 확신을 가지게 될 것입니다. 우리가 마음에 가책을 받는다 하더라도 우리는 그러한 확신을 가지게 될 것입니다. 하나님은 우리 마음보다 크신 분이시고, 또 모든 것을 알고 계시기 때문입니다. 사랑하는 여러분, 우리가 마음에 가책을 받지 않으면, 우리는 하나님 앞에서 담대함을 가지고 있는 것이요, 우리가 구하는 것은 무엇이든지 하나님에게서 받을 것입니다. 우리가 하나님의 계명을 지키고, 하나님께서 기뻐하시는 일을 하기 때문입니다.

하나님의 계명은 이것이니, 곧 그 아들 예수 그리스도의 이름을 믿고, 그리스도께서 우리에게 명하신 대로 서로 사랑하라는 것입니다. 그리스도의 계명을 지키는 사람은 그리스도 안에 있고, 그리스도께서도 그 사람 안에 계십니다. 그리스도께서 우리 안에 계시다는 것을, 그가 우리에게 주신 성령으로 우리는 압니다.
묵상한 말씀을 나눈다.

찬송
성령이여 강림하사 (찬송가 190)
사랑의 나눔 있는 곳에
주님의 시간에

에베소서 2:17~22

기도로 부르심

모든 피조물이 이제까지 함께 신음하고 있습니다.
그뿐만 아니라, 첫 열매로서 성령을 받은 우리도
우리 몸을 속량하여 주실 것을 고대하면서 속으로 신음하고 있습니다.
성령께서 우리의 약함을 도와주십니다.
우리는 어떻게 기도해야 할지도 알지 못하지만,
성령께서 친히 이루 다 말할 수 없는 탄식으로, 우리 대신 간구하여 주십니다.

소망의 하나님, 주님께서 멀리 떨어져 있든 가까이 있든
모든 사람에게 평화의 언약을 주셨습니다.
주님, 주님의 자비하심으로, 우리의 기도를 들어주소서

주님께서는 위로와 치유의 근원이십니다.
우리 자신과 사랑하는 이들을 위해 기도합니다.
(합심기도) 주님, 주님의 자비하심으로, 우리의 기도를 들어주소서

주님은 겸손한 사람에게 용기를 북돋우어 주십니다.
우리 공동체와 이웃을 위해 기도합니다.
(합심기도) 주님, 주님의 자비하심으로, **우리의 기도를 들어주소서**

주님께서 우리가 주님을 증거할 수 있도록 성령을 보내주셨습니다.
이 땅의 모든 교회의 하나됨을 위하여 기도합니다.
(합심기도) 주님, 주님의 자비하심으로, **우리의 기도를 들어주소서**

땅 끝까지 이르는 모든 이가 주님의 구원을 볼 것입니다.
주님의 나라와 그 뜻이 이 땅에서도 임할 수 있도록 세계를 위하여 기도합니다.
(합심기도) 주님, 주님의 자비하심으로, **우리의 기도를 들어주소서**

우리 안의 다른 염려를 맡기어 드립니다.
(합심기도) 주님, 주님의 자비하심으로, **우리의 기도를 들어주소서**

우리와 함께 하시는 임재의 하나님,
주님께서 우리를 성령으로 인도하사 주님의 자녀로 삼아주십니다.
정의로 부르시고 우리를 소망과 기쁨으로 새롭게 하셔서,
주님의 구원을 담대히 알리며 평화를 전하는 자가 되기를 원합니다.
그리스도께서 가르치신 대로 주님의 나라가 이 땅에 임하기를 기도합니다.

(주기도문) 하늘에 계신 우리 아버지 …

축도

인내심과 위로를 주시는 하나님께서,
여러분이 그리스도 예수를 본받아 같은 생각을 품게 하시고,
한 마음과 한 입으로 하나님 곧 우리 주 예수 그리스도의 아버지께
영광을 돌리게 해주시기를 빕니다. 아멘.

그리스도 안에서 건물 전체가 서로 연결되어서

성령강림 금요일 아침

여는 말

그리스도 안에서 건물 전체가 서로 연결되어서,
주님 안에서 자라서 성전이 됩니다.

찬양으로 부르심

살아 있는 동안 우리는 주님을 노래할 것입니다.
숨을 거두는 그 때까지 우리 하나님을 찬양할 것입니다.

처음부터 계셨고 …

시편 68:17-20

하나님의 병거는 천천이요, 만만이다. 주님께서 그 수많은 병거를 거느리시고,
시내 산을 떠나 그 거룩한 곳으로 오셨다.
주님께서는 사로잡은 포로를 거느리시고 높은 곳으로 오르셔서, 백성에게 예물을
받으셨으며, 주님을 거역한 자들도 주 하나님이 계신 곳에 예물을 가져 왔습니다.

날마다 우리의 주님을 찬송하여라.
하나님께서 우리의 짐을 대신 짊어지신다. 하나님은 우리의 구원이시다.
우리의 하나님은 우리를 구원하시는 하나님이시다.
그분은 주 우리의 주님이시다. 우리를 죽음에서 구원하여 내시는 주님이시다.

감사드림

우리 영혼이 주님을 찬송합니다. 우리 주 하나님, 주님은 더없이 위대하십니다.

주님은 권위와 위엄을 갖추셨습니다.
빛을 옷처럼 걸치시는 분이십니다.
(자유롭게 감사의 기도를 드립니다)
주님은 또 구름으로 병거를 삼으시며, 바람 날개를 타고 다니시는 분,
바람을 심부름꾼으로 삼으신 분, 번갯불을 시종으로 삼으신 분이십니다. 아멘.

찬송
영광의 왕께 다 경배하며 (찬송가 67)

신앙고백
우리가 잘 아는 인간 나사렛 예수
우리 가운데 오셔서 기사와 이적과 놀라운 능력으로 하나님이 함께 계심을 드러내시기 위해 하나님에 의해 보내심을 받은 분
하나님의 목적과 예지를 따라 무법자의 손에 의해 십자가에 달려 돌아가신 분
그러나 끔찍한 죽음에 머물러 계실 수 없어 다시 살아나신 분
이 예수를 하나님께서 다시 일으키사 우리 모두의 주가 되시고
우리 삶의 증거가 되신 분
그리하여 높으신 하나님 우편에 앉아계시며
약속의 성령을 보내주신 분
그 성령으로 우리가 보고 듣도록 축복을 주시는 분

제자로 부르심

우리는 그리스도 예수의 믿음과 사랑으로 들은 건전한 말씀을 본보기로 삼고,
우리 안에 살고 계시는 성령으로 말미암아
그 맡은 바 선한 것을 지키겠습니다.

사도행전 2:37-41

사람들이 이 말을 듣고 마음이 찔려서 "형제들이여, 우리가 어떻게 하면 좋겠습니까?" 하고 베드로와 다른 사도들에게 말하였다. 베드로가 대답하였다. "회개하십시오. 그리고 여러분 각 사람은 예수 그리스도의 이름으로 세례를 받고, 죄 용서를 받으십시오. 그리하면 성령을 선물로 받을 것입니다. 이 약속은 여러분과 여러분의 자녀와 또 멀리 떨어져 있는 모든 사람, 곧 우리 주 하나님께서 부르시는 모든 사람에게 주신 것입니다." 베드로는 이 밖에도 많은 말로 증언하고, 비뚤어진 세대에서 구원을 받으라고 그들에게 권하였다. 그의 말을 받아들인 사람들은 세례를 받았다. 이렇게 해서, 그 날에 신도의 수가 약 삼천 명이나 늘어났다.

에베소서 4:1-13

그러므로 주님 안에서 갇힌 몸이 된 내가 여러분에게 권합니다. 여러분은 부르심을 받았으니, 그 부르심에 합당하게 살아가십시오. 겸손함과 온유함으로 깍듯이 대하십시오. 오래 참음으로써 사랑으로 서로 용납하십시오. 성령이 여러분을 평화의 띠로 묶어서, 하나가 되게 해 주신 것을 힘써 지키십시오. 그리스도의 몸도 하나요, 성령도 하나입니다. 이와 같이 여러분도 부르심을 받았을 때에 그 부르심의 목표인 소망도 하나였습니다. 주님도 한 분이시요, 믿음도 하나요, 세례도 하나요, 하나님도 한 분이십니다. 하나님은 모든 것의 아버지시요, 모든 것 위에 계시고 모든 것을 통하여 계시고 모든 것 안에 계시는 분이십니다.

그러나 하나님께서는 우리 각 사람에게, 그리스도께서 나누어 주시는 선물의 분량을 따라서, 은혜를 주셨습니다. 그러므로 성경에 이르시기를,

"그분은 높은 곳으로 올라가셔서, 포로를 사로잡으시고, 사람들에게 선물을 나누어 주셨다" 합니다.

그런데 그분이 올라가셨다고 하는 것은 먼저 그분이 땅의 낮은 곳으로 내려오셨다는 것을 말하는 것이 아니고 무엇이겠습니까? 내려오셨던 그분은 만물을 충만하게 하시려고, 하늘의 가장 높은 데로 올라가신 바로 그분이십니다. 그분이 어떤 사

람은 사도로, 어떤 사람은 예언자로, 어떤 사람은 복음 전도자로, 또 어떤 사람은 목사와 교사로 삼으셨습니다. 그것은 성도들을 준비시켜서, 봉사의 일을 하게 하고, 그리스도의 몸을 세우게 하려고 하는 것입니다. 그리하여 우리 모두가 하나님의 아들을 믿는 일과 아는 일에 하나가 되고, 온전한 사람이 되어서, 그리스도의 충만하심의 경지에까지 다다르게 됩니다.

묵상한 말씀을 나눈다.

찬송
읽은 성경말씀에 맞는 찬송을 선택하여 부른다.

에베소서 2:17~22

기도로 부르심

사랑하는 여러분, 여러분은 가장 거룩한 여러분의 믿음을 터로 삼아서
자기를 건축하고, 성령으로 기도하십시오.
하나님의 사랑 안에 머무르면서 자기를 지키고,
영생으로 인도하는 우리 주 예수 그리스도의 자비를 기다리십시오.

소망의 하나님, 주님께서 멀리 떨어져 있든 가까이 있든
모든 사람에게 평화의 언약을 주셨습니다.
주님, 주님의 자비하심으로, 우리의 기도를 들어주소서

주님께서는 위로와 치유의 근원이십니다.
우리 자신과 사랑하는 이들을 위해 기도합니다.
(합심기도) 주님, 주님의 자비하심으로, 우리의 기도를 들어주소서

주님은 겸손한 사람에게 용기를 북돋우어 주십니다.

우리 공동체와 이웃을 위해 기도합니다.
(합심기도) 주님, 주님의 자비하심으로, 우리의 기도를 들어주소서

주님께서 우리가 주님을 증거할 수 있도록 성령을 보내주셨습니다.
이 땅의 모든 교회의 하나됨을 위하여 기도합니다.
(합심기도) 주님, 주님의 자비하심으로, 우리의 기도를 들어주소서

땅 끝까지 이르는 모든 이가 주님의 구원을 볼 것입니다.
주님의 나라와 그 뜻이 이 땅에서도 임할 수 있도록 세계를 위하여 기도합니다.
(합심기도) 주님, 주님의 자비하심으로, 우리의 기도를 들어주소서

우리 안의 다른 염려를 맡기어 드립니다.
(합심기도) 주님, 주님의 자비하심으로, 우리의 기도를 들어주소서

전능하신 하나님, 주님은 주님께 간구하는 이들에게 성령을 부어주십니다.
성령의 생기로 우리를 회복시키셔서 우리가 평화의 비전을 보고
세계 곳곳에 주님의 기쁜 소식을 선포할 수 있기를 원합니다.
그리스도께서 가르치신 대로 주님의 나라가 이 땅에 임하기를 기도합니다.

(주기도문) 하늘에 계신 우리 아버지 …

강복

여러분은 하나님의 택하심을 입은 사랑 받는 거룩한 사람답게, 동정심과 친절함과
겸손함과 온유함과 오래 참음을 옷 입듯이 입으십시오.
누가 누구에게 불평할 일이 있더라도, 서로 용납하여 주고, 서로 용서하여 주십시오.
주님께서 여러분을 용서하신 것과 같이, 여러분도 서로 용서하십시오.
이 모든 것 위에 사랑을 더하십시오. 사랑은 완전하게 묶는 띠입니다.
그리스도의 평화가 여러분의 마음을 지배하게 하십시오. 아멘.

그리스도 안에서 건물 전체가 서로 연결되어서

성령강림 금요일 저녁

여는 말

그리스도 안에서 건물 전체가 서로 연결되어서,
주님 안에서 자라서 성전이 됩니다.

찬양으로 부르심

우리는 주님의 품 안에서 즐거워할 것입니다.
우리가 주님께서 기꺼이 기뻐하실 기도를 드리기 원합니다.

처음부터 계셨고 …

시편 51:6-13

마음 속의 진실을 기뻐하시는 주님,
제 마음 깊은 곳에 주님의 지혜를 가르쳐 주셨습니다.
우슬초로 나를 정결케 해주십시오. 내가 깨끗하게 될 것입니다.
나를 씻어 주십시오. 내가 눈보다 더 희게 될 것입니다.

기쁨과 즐거움의 소리를 들려주십시오.
주님께서 꺾으신 뼈들도, 기뻐하며 춤출 것입니다.
주님의 눈을 내 죄에서 돌리시고, 내 모든 죄악을 없애 주십시오.

아, 하나님, 내 속에 깨끗한 마음을 창조하여 주시고
내 속을 견고한 심령으로 새롭게 하여 주십시오.
주님 앞에서 나를 쫓아내지 마시며,

주님의 성령을 나에게서 거두어 가지 말아 주십시오.

주님께서 베푸시는 구원의 기쁨을 내게 회복시켜 주시고,
내가 지탱할 수 있도록 내게 자발적인 마음을 주십시오.
반역하는 죄인들에게 내가 주님의 길을 가르치게 하여 주십시오.
죄인들이 주님께로 돌아올 것입니다.

감사드림

주님, 주님께서 하신 일이 어찌 그리 많은지요.
이 땅에는 주님이 지으신 것으로 가득합니다.
주님께서 그들에게 먹이를 주시면, 그들은 받아 먹고,
주님께서 손을 펴 먹을 것을 주시면 그들은 좋은 것으로 만족해 합니다.
(자유롭게 감사의 기도를 드립니다)
오 하나님, 주님의 영광은 영원합니다.
주님은 친히 행하신 일로 기뻐하실 것입니다.
주님께서 주님의 영을 불어넣으시면, 그들이 다시 창조됩니다.
주님께서는 땅의 모습을 다시 새롭게 하십니다. 아멘.

찬송

정결한 맘 주시옵소서
나의 마음을 정금과 같게 하소서
하나님 사랑은 (찬송가 299)

고백

하나님께서 인자하심과 사랑하심을 나타내셔서서 우리를 구원하셨습니다.
그렇게 하신 것은, 우리가 행한 의로운 일 때문이 아니라,
주님의 자비하심을 따라 거듭나게 씻어주심과
성령으로 새롭게 해 주심으로 말미암은 것입니다.

(침묵기도)

하나님께서는 성령을 우리의 구주이신 예수 그리스도로 말미암아
우리에게 풍성하게 부어 주셨습니다.
그래서 우리는 주님의 은혜로 의롭게 되어서,
영원한 생명의 소망을 따라 상속자가 되었습니다.

제자로 부르심

하나님께서는 우리를 성령으로 거룩하게 하시고,
진리를 믿음으로써 구원의 첫 열매가 되게 하여 주셨습니다.
우리는 그 믿음 위에 굳게 서서 주님의 가르침을 따라 살겠습니다.

요한복음 15:26-27

내가 아버지께로부터 너희에게 보낼 보혜사 곧 아버지께로부터 오시는 진리의 영이 오시면, 그 영이 나를 위하여 증언하실 것이다. 너희도 처음부터 나와 함께 있었으므로, 나의 증인이 될 것이다."

에베소서 4:14-21

우리는 이 이상 더 어린아이로 있어서는 안됩니다. 우리는 인간의 속임수나, 간교한 술수에 빠져서, 온갖 교훈의 풍조에 흔들리거나, 이리저리 밀려다니지 말아야 합니다. 우리는 사랑으로 진리를 말하고 살면서, 모든 면에서 자라나서, 머리가 되시는 그리스도에게까지 다다라야 합니다. 온 몸은 머리이신 그리스도께 속해 있으며, 몸에 갖추어져 있는 각 마디를 통하여 연결되고 결합됩니다. 각 지체가 그 맡은 분량대로 활동함을 따라 몸이 자라나며 사랑 안에서 몸이 건설됩니다.
그러므로 나는 주님 안에서 간곡히 권고합니다. 이제부터 여러분은 이방 사람들이 허망한 생각으로 살아가는 것과 같이 살아가지 마십시오. 그들은 자기들 속에 있는 무지와 자기들의 마음의 완고함 때문에 지각이 어두워지고, 하나님의 생명에서 떠나 있습니다. 그들은 수치의 감각을 잃고, 자기들의 몸을 방탕에 내맡기

고, 탐욕을 부리며, 모든 더러운 일을 합니다. 그러나 여러분은 그리스도를 그렇게 배우지는 않았습니다. 예수 안에 있는 진리대로 그분에 관해서 듣고, 또 그분 안에서 가르침을 받았습니다.

묵상한 말씀을 나눈다.

찬송
아 하나님의 은혜로 (찬송가 310)
불길 같은 주 성령 (찬송가 184)

에베소서 2:17~22

기도로 부르심

모든 피조물이 이제까지 함께 신음하고 있습니다.
그뿐만 아니라, 첫 열매로서 성령을 받은 우리도
우리 몸을 속량하여 주실 것을 고대하면서 속으로 신음하고 있습니다.
성령께서 우리의 약함을 도와주십니다.
우리는 어떻게 기도해야 할지도 알지 못하지만,
성령께서 친히 이루 다 말할 수 없는 탄식으로, 우리 대신 간구하여 주십니다.

소망의 하나님, 주님께서 멀리 떨어져 있든 가까이 있든
모든 사람에게 평화의 언약을 주셨습니다.
주님, 주님의 자비하심으로, 우리의 기도를 들어주소서

주님께서는 위로와 치유의 근원이십니다.
우리 자신과 사랑하는 이들을 위해 기도합니다.
(합심기도) 주님, 주님의 자비하심으로, 우리의 기도를 들어주소서

주님은 겸손한 사람에게 용기를 북돋우어 주십니다.
우리 공동체와 이웃을 위해 기도합니다.
(합심기도) 주님, 주님의 자비하심으로, 우리의 기도를 들어주소서

주님께서 우리가 주님을 증거할 수 있도록 성령을 보내주셨습니다.
이 땅의 모든 교회의 하나됨을 위하여 기도합니다.
(합심기도) 주님, 주님의 자비하심으로, 우리의 기도를 들어주소서

땅 끝까지 이르는 모든 이가 주님의 구원을 볼 것입니다.
주님의 나라와 그 뜻이 이 땅에서도 임할 수 있도록 세계를 위하여 기도합니다.
(합심기도) 주님, 주님의 자비하심으로, 우리의 기도를 들어주소서

우리 안의 다른 염려를 맡기어 드립니다.
(합심기도) 주님, 주님의 자비하심으로, 우리의 기도를 들어주소서

우리와 함께 하시는 임재의 하나님,
주님께서 우리를 성령으로 인도하사 주님의 자녀로 삼아주십니다.
정의로 부르시고 우리를 소망과 기쁨으로 새롭게 하셔서,
주님의 구원을 담대히 알리며 평화를 전하는 자가 되기를 원합니다.
그리스도께서 가르치신 대로 주님의 나라가 이 땅에 임하기를 기도합니다.

(주기도문) 하늘에 계신 우리 아버지 …

축도

주님은 영이십니다. 주님의 영이 계신 곳에는 자유가 있습니다.
우리는 모두 너울을 벗어버리고, 주님의 영광을 바라봅니다.
이렇게 해서, 우리는 주님과 같은 모습으로 변화하여,
점점 더 큰 영광에 이르게 됩니다. 이것은 영이신 주님께서 하시는 일입니다. 아멘.

하나님이 거하실 처소가 되니라

성령강림 토요일 아침

여는 말

그리스도 안에서 건물 전체가 서로 연결되어, 주님 안에서 자라서 성전이 됩니다.
그리스도 안에서 여러분도 함께 세워져서 하나님이 성령으로 거하실 처소가 됩니다.

찬양으로 부르심

살아 있는 동안 우리는 주님을 노래할 것입니다.
숨을 거두는 그 때까지 우리 하나님을 찬양할 것입니다.

처음부터 계셨고 …

이사야 55:1-6

너희 모든 목마른 사람들아, 어서 물로 나오너라.
돈이 없는 사람도 오너라. 너희는 와서 사서 먹되,
돈도 내지 말고 값도 지불하지 말고 포도주와 젖을 사거라.
어찌하여 너희는 양식을 얻지도 못하면서 돈을 지불하며,
배부르게 하여 주지도 못하는데, 그것 때문에 수고하느냐?
"들어라, 내가 하는 말을 들어라. 그리하면 너희가 좋은 것을 먹으며,
기름진 것으로 너희 마음이 즐거울 것이다.
너희는 귀를 기울이고, 나에게 와서 들어라. 그러면 너희 영혼이 살 것이다.
내가 너희와 영원한 언약을 맺겠으니,
이것은 곧 다윗에게 베푼 나의 확실한 은혜다.
내가 그를 많은 민족 앞에 증인으로 세웠고,

많은 민족들의 인도자와 명령자로 삼았다."
네가 알지 못하는 나라를 네가 부를 것이며,
너를 알지 못하는 나라가 너에게 달려올 것이니,
이는 주 너의 하나님, 이스라엘의 거룩하신 하나님께서
너를 영화롭게 하시기 때문이다.
너희는, 만날 수 있을 때에 주님을 찾아라.
너희는, 가까이 계실 때에 주님을 불러라.

감사드림

우리 영혼이 주님을 찬송합니다. 우리 주 하나님, 주님은 더없이 위대하십니다.
주님은 권위와 위엄을 갖추셨습니다. 빛을 옷처럼 걸치시는 분이십니다.
(자유롭게 감사의 기도를 드립니다)
주님은 또 구름으로 병거를 삼으시며, 바람 날개를 타고 다니시는 분,
바람을 심부름꾼으로 삼으신 분, 번갯불을 시종으로 삼으신 분이십니다. 아멘.

찬송

비둘기 같이 온유한 (찬송가 187)

신앙고백

우리가 잘 아는 인간 나사렛 예수
우리 가운데 오셔서 기사와 이적과 놀라운 능력으로 하나님이 함께 계심을
드러내시기 위해 하나님에 의해 보내심을 받은 분
하나님의 목적과 예지를 따라 무법자의 손에 의해 십자가에 달려 돌아가신 분
그러나 끔찍한 죽음에 머물러 계실 수 없어 다시 살아나신 분
이 예수를 하나님께서 다시 일으키사 우리 모두의 주가 되시고
우리 삶의 증거가 되신 분
그리하여 높으신 하나님 우편에 앉아계시며 약속의 성령을 보내주신 분
그 성령으로 우리가 보고 듣도록 축복을 주시는 분

제자로 부르심

우리는 그리스도 예수의 믿음과 사랑으로 들은 건전한 말씀을 본보기로 삼고, 우리 안에 살고 계시는 성령으로 말미암아 그 맡은 바 선한 것을 지키겠습니다.

사도행전 2:42-47

그들은 사도들의 가르침에 몰두하며, 서로 사귀는 일과 빵을 떼는 일과 기도에 힘썼다. 모든 사람에게 두려운 마음이 생겼다. 사도들을 통하여 놀라운 일과 표징이 많이 일어났던 것이다. 믿는 사람은 모두 함께 지내며, 모든 것을 공동으로 소유하였다. 그들은 재산과 소유물을 팔아서, 모든 사람에게 필요한 대로 나누어주었다. 그리고 날마다 한 마음으로 성전에 열심히 모이고, 집집이 돌아가면서 빵을 떼며, 순전한 마음으로 기쁘게 음식을 먹고, 하나님을 찬양하였다. 그래서 그들은 모든 사람에게서 호감을 샀다. 주님께서는 구원 받는 사람을 날마다 더하여 주셨다.

로마서 15:25-33

그러나 지금 나는 성도들을 돕는 일로 예루살렘에 갑니다. 마케도니아와 아가야 사람들이 기쁜 마음으로, 예루살렘에 사는 성도들 가운데 가난한 사람들에게 보낼 구제금을 마련하였기 때문입니다. 그들은 기쁜 마음으로 그렇게 하였습니다. 그들은 정말로 예루살렘 성도들에게 빚을 진 사람들입니다. 이방 사람들은 그들에게서 신령한 복을 나누어 받았으니, 육신의 생활에 필요한 것으로 그들에게 봉사할 의무가 있습니다. 그러므로 나는 이 일을 마치고, 그들에게 이 열매를 확실하게 전해 준 뒤에, 여러분에게 들렀다가 스페인으로 가겠습니다. 내가 여러분에게 갈 때에, 그리스도의 충만한 복을 가지고 갈 것으로 압니다. 형제자매 여러분, 내가 우리 주 예수 그리스도를 힘입어서, 그리고 성령의 사랑을 힘입어서 여러분에게 부탁합니다. 나도 기도합니다만, 여러분도 나를 위하여 하나님께 열심으로 기도해 주십시오. 내가 유대에 있는 믿지 않는 자들에게서 화를 당하지 않도록, 그리고 또 내가 예루살렘으로 가져가는 구제금이 그 곳 성도들에게 기쁘게 받아들여지도록 기도해 주십시오. 그래서 내가 하나님의 뜻을 따라 기쁨을 안고 여러분에게로 가서, 여러분과 함께 즐겁게 쉴 수 있게 되도록 기도해 주십시오. 평화를 주시는 하나님께서 여러분 모두와 함께 하시기를 빕니다. 아멘.
묵상한 말씀을 나눈다.

찬송
살아계신 성령님
성령이여 우리 (찬송가 195)

에베소서 2:17~22

기도로 부르심

사랑하는 여러분, 여러분은 가장 거룩한 여러분의 믿음을 터로 삼아서
자기를 건축하고, 성령으로 기도하십시오.
하나님의 사랑 안에 머무르면서 자기를 지키고,
영생으로 인도하는 우리 주 예수 그리스도의 자비를 기다리십시오.

소망의 하나님, 주님께서 멀리 떨어져 있든 가까이 있든
모든 사람에게 평화의 언약을 주셨습니다.
주님, 주님의 자비하심으로, **우리의 기도를 들어주소서**

주님께서는 위로와 치유의 근원이십니다.
우리 자신과 사랑하는 이들을 위해 기도합니다.
(합심기도) 주님, 주님의 자비하심으로, **우리의 기도를 들어주소서**

주님은 겸손한 사람에게 용기를 북돋우어 주십니다.
우리 공동체와 이웃을 위해 기도합니다.

(합심기도) 주님, 주님의 자비하심으로, 우리의 기도를 들어주소서

주님께서 우리가 주님을 증거할 수 있도록 성령을 보내주셨습니다.
이 땅의 모든 교회의 하나됨을 위하여 기도합니다.
(합심기도) 주님, 주님의 자비하심으로, 우리의 기도를 들어주소서

땅 끝까지 이르는 모든 이가 주님의 구원을 볼 것입니다.
주님의 나라와 그 뜻이 이 땅에서도 임할 수 있도록 세계를 위하여 기도합니다.
(합심기도) 주님, 주님의 자비하심으로, 우리의 기도를 들어주소서

우리 안의 다른 염려를 맡기어 드립니다.
(합심기도) 주님, 주님의 자비하심으로, 우리의 기도를 들어주소서

전능하신 하나님,
주님은 주님께 간구하는 이들에게 성령을 부어주십니다.
성령의 생기로 우리를 회복시키셔서 우리가 평화의 비전을 보고
세계 곳곳에 주님의 기쁜 소식을 선포할 수 있기를 원합니다.
그리스도께서 가르치신 대로 주님의 나라가 이 땅에 임하기를 기도합니다.

(주기도문) 하늘에 계신 우리 아버지 …

강복

아무에게도 악을 악으로 갚지 말고,
모든 사람이 선하다고 생각하는 일을 하려고 애쓰십시오.
여러분 쪽에서 할 수 있는 대로 모든 사람과 더불어 화평하게 지내십시오.
항상 기뻐하십시오. 끊임없이 기도하십시오. 모든 일에 감사하십시오.
이것이 그리스도 예수 안에서 여러분에게 바라시는 하나님의 뜻입니다.
성령을 소멸하지 마십시오. 아멘.

하나님이 거하실 처소가 되니라

성령강림 토요일 저녁

여는 말

그리스도 안에서 건물 전체가 서로 연결되어서,
주님 안에서 자라서 성전이 됩니다.
그리스도 안에서 여러분도 함께 세워져서
하나님이 성령으로 거하실 처소가 됩니다.

찬양으로 부르심

우리는 주님의 품 안에서 즐거워할 것입니다.
우리가 주님께서 기꺼이 기뻐하실 기도를 드리기 원합니다.

처음부터 계셨고 …

이사야 55:6-13

너희는, 만날 수 있을 때에 주님을 찾아라.
너희는, 가까이 계실 때에 주님을 불러라.
악한 자는 그 길을 버리고,
불의한 자는 그 생각을 버리고,
주님께 돌아오너라. 주님께서 그에게 긍휼을 베푸실 것이다.
우리의 하나님께로 돌아오너라.
주님께서 너그럽게 용서하여 주실 것이다.
"나의 생각은 너희의 생각과 다르며,
너희의 길은 나의 길과 다르다." 주님께서 하신 말씀이다.

"하늘이 땅보다 높듯이,
나의 길은 너희의 길보다 높으며,
나의 생각은 너희의 생각보다 높다.

비와 눈이 하늘에서 내려서, 땅을 적셔서
싹이 돋아 열매를 맺게 하고,
씨 뿌리는 사람에게 씨앗을 주고, 사람에게 먹거리를 주고 나서야,
그 근원으로 돌아가는 것처럼,
나의 입에서 나가는 말도,

내가 뜻하는 바를 이루고 나서야,
내가 하라고 보낸 일을 성취하고 나서야, 나에게로 돌아올 것이다."

참으로 너희는 기뻐하면서 바빌론을 떠날 것이며,
평안히 인도받아 나아올 것이다.
산과 언덕이 너희 앞에서 소리 높여 노래하며,
들의 모든 나무가 손뼉을 칠 것이다.
가시나무가 자라던 곳에는 잣나무가 자랄 것이며,
찔레나무가 자라던 곳에는 화석류가 자랄 것이다.
이것은 영원토록 남아 있어서,
주님께서 하신 일을 증언할 것이다.

감사드림

주님, 주님께서 하신 일이 어찌 그리 많은지요.
이 땅에는 주님이 지으신 것으로 가득합니다.
주님께서 그들에게 먹이를 주시면, 그들은 받아 먹고,
주님께서 손을 펴 먹을 것을 주시면 그들은 좋은 것으로 만족해 합니다.
(자유롭게 감사의 기도를 드립니다)

오 하나님, 주님의 영광은 영원합니다.

주님은 친히 행하신 일로 기뻐하실 것입니다.

주님께서 주님의 영을 불어넣으시면, 그들이 다시 창조됩니다.

주님께서는 땅의 모습을 다시 새롭게 하십니다. 아멘.

찬송

기뻐하며 경배하세 (찬송가 64)

다 감사 드리세 (찬송가 66)

고백

하나님께서 인자하심과 사랑하심을 나타내셔서 우리를 구원하셨습니다.

그렇게 하신 것은, 우리가 행한 의로운 일 때문이 아니라,

주님의 자비하심을 따라 거듭나게 씻어주심과

성령으로 새롭게 해 주심으로 말미암은 것입니다.

(침묵기도)

하나님께서는 성령을 우리의 구주이신 예수 그리스도로 말미암아

우리에게 풍성하게 부어 주셨습니다.

그래서 우리는 주님의 은혜로 의롭게 되어서,

영원한 생명의 소망을 따라 상속자가 되었습니다.

제자로 부르심

하나님께서는 우리를 성령으로 거룩하게 하시고,

진리를 믿음으로써

구원의 첫 열매가 되게 하여 주셨습니다.

우리는 그 믿음 위에 굳게 서서 주님의 가르침을 따라 살겠습니다.

요한복음 16:13-14

그러나 그분 곧 진리의 영이 오시면, 그가 너희를 모든 진리 가운데로 인도하실 것이다. 그는 자기 마음대로 말씀하지 않으시고, 듣는 것만 일러주실 것이요, 앞으로 올 일들을 너희에게 알려 주실 것이다. 또 그는 나를 영광되게 하실 것이다. 그가 나의 것을 받아서, 너희에게 알려 주실 것이기 때문이다.

에베소서 1:11-17

하나님은 그리스도 안에서 우리를 상속자로 삼으셨습니다. 이것은 모든 것을 자기의 원하시는 뜻대로 행하시는 분의 계획에 따라 미리 정해진 일입니다. 그것은 그리스도께 맨 먼저 소망을 둔 우리로 하여금 하나님의 영광을 찬미하는 사람이 되게 하시려는 것이었습니다. 여러분도 그리스도 안에서 진리의 말씀 곧 여러분을 구원하는 복음을 듣고서 그리스도를 믿었으므로, 약속하신 성령의 날인을 받았습니다. 이 성령은, 하나님의 소유인 우리가 완전히 구원받을 때까지 우리의 상속의 담보이시며, 우리로 하여금 하나님의 영광을 찬미하게 하십니다.

그러므로 나도, 주 예수에 대한 여러분의 믿음과 모든 성도를 향한 사랑을 듣고서, 여러분을 두고 끊임없이 감사를 드리고 있으며, 내 기도 중에 여러분을 기억합니다. 우리 주 예수 그리스도의 하나님이신 영광의 아버지께서 지혜와 계시의 영을 여러분에게 주셔서, 하나님을 알게 하시기를 바랍니다.

묵상한 말씀을 나눈다.

찬송

읽은 성경말씀에 맞는 찬송을 선택하여 부른다.

에베소서 2:17~22

기도로 부르심

모든 피조물이 이제까지 함께 신음하고 있습니다.
그뿐만 아니라, 첫 열매로서 성령을 받은 우리도
우리 몸을 속량하여 주실 것을 고대하면서 속으로 신음하고 있습니다.
성령께서 우리의 약함을 도와주십니다.
우리는 어떻게 기도해야 할지도 알지 못하지만,
성령께서 친히 이루 다 말할 수 없는 탄식으로, 우리 대신 간구하여 주십니다.

소망의 하나님, 주님께서 멀리 떨어져 있든 가까이 있든
모든 사람에게 평화의 언약을 주셨습니다.
주님, 주님의 자비하심으로, 우리의 기도를 들어주소서

주님께서는 위로와 치유의 근원이십니다.
우리 자신과 사랑하는 이들을 위해 기도합니다.
(합심기도) 주님, 주님의 자비하심으로, 우리의 기도를 들어주소서

주님은 겸손한 사람에게 용기를 북돋우어 주십니다.
우리 공동체와 이웃을 위해 기도합니다.
(합심기도) 주님, 주님의 자비하심으로, 우리의 기도를 들어주소서

주님께서 우리가 주님을 증거할 수 있도록 성령을 보내주셨습니다.
이 땅의 모든 교회의 하나됨을 위하여 기도합니다.
(합심기도) 주님, 주님의 자비하심으로, 우리의 기도를 들어주소서

땅 끝까지 이르는 모든 이가 주님의 구원을 볼 것입니다.
주님의 나라와 그 뜻이 이 땅에서도 임할 수 있도록 세계를 위하여 기도합니다.
(합심기도) 주님, 주님의 자비하심으로, 우리의 기도를 들어주소서

우리 안의 다른 염려를 맡기어 드립니다.
(합심기도) 주님, 주님의 자비하심으로, 우리의 기도를 들어주소서

우리와 함께 하시는 임재의 하나님,
주님께서 우리를 성령으로 인도하사 주님의 자녀로 삼아주십니다.
정의로 부르시고 우리를 소망과 기쁨으로 새롭게 하셔서,
주님의 구원을 담대히 알리며 평화를 전하는 자가 되기를 원합니다.
그리스도께서 가르치신 대로 주님의 나라가 이 땅에 임하기를 기도합니다.

(주기도문) *하늘에 계신 우리 아버지 …*

축도

예수 그리스도께서는, '예'와 '아니오'를 동시에 말씀하시지 않았습니다.
그리스도 안에는 '예'만 있을 뿐입니다.
하나님의 모든 약속은 그리스도 안에서 '예'가 됩니다.
그러므로, 그리스도로 말미암아,
우리는 "아멘" 하면서 하나님께 영광을 돌리는 것입니다.
우리를 여러분과 함께 그리스도 안에 튼튼히 서게 하시고,
또 우리에게 사명을 맡기신 분은, 하나님이십니다.
하나님께서는 또한 우리를 자기의 것이라는 표로 인을 치시고,
그 보증으로 우리 마음에 성령을 주셨습니다.
아멘.

성령강림절 2

성령강림절 2 기도

　철저한 아나뱁티스트 열정을 가진 사람들에게 교회 생활에 있어 성령의 중요성은 단순히 오순절 하루나 한 주 동안 신나게 예배하고 말 일이 아니다. 이미 성령강림주일 첫 주 동안 묵상과 기도를 하면서 성령강림 둘째 주 자료를 만들기로 하였다. 아마도 이 자료를 통해 일상의 기도로 돌아가기 전 한 달 가량을 성령과 더불어 묵상할 수 있을 것이다.

　오순절이라고도 불리는 성령강림절은 유대인의 절기였다. 유월절 이후 50일이 되는 날이라고 해서 오순절인데 원래는 곡식의 첫 열매 추수를 기념하기 위한 축제일이다.(신명기 16:9) 성령강림절 두 번째 주 자료로 인용한 성경말씀은 구약의 축제와 연결하여 선택하였다. 사람들에게 주어진 하나님의 선물에 대한 기쁨과 감사의 시간이 되도록 배려하였다. 아침 시간은 구약시대의 사람들이 첫 번째 열매를 하나님께 드리기 위해 축제를 벌였던 배경 즉 모세오경의 일하고 예배하는 리듬을 따라서 배치하였다. 저녁 시간은 고린도후서 8,9장에서 바울이 도전한 내용들 즉 하나님의 은혜와 자비를 따라 예루살렘에 있는 가난한 사람들을 돕기 위해 넉넉한 삶을 나누도록 배치하였다.

　유대인의 관점에서 하나님의 풍성한 축복은 광야에서 살았지만 이스라엘 백성들이 부족함 없이 살도록 배려하셨던 하나님의 자비와 연관되어 있다. 이는 율법에 기록된 하나님의 선물과 서로 연결되어 있다. 순전한 은혜로써 토라는 오순절을 상징하는 역사적 사건이기도 하다. 아침과 저녁 기도자료로 선택한 시편은 우리와 같은 이방인들에게까지 넘치도록 베푸신 하나님의 풍성한 선물에 대한 감사의 시다.

이러한 말씀을 묵상하면서 우리는 예루살렘에 모여 있을 때 강림하신 성령님을 기념하는 유대 축제일을 경험할 수 있을 것이다. 마찬가지로 그리스도인들은 예수의 부활 후 50일 뒤 교회가 시작되었음을 오순절을 통해 기념한다. 오순절은 하나님의 선하심을 여러 방면으로 맘껏 축하하는 절기다. 처음 교회의 시작 즉 이 땅 위에서도 기꺼이 기쁨을 누리며 열매를 맺게 하신 성령님과 함께 기뻐하는 축제이며, 사람들과 자유로운 은사의 활용을 기뻐하는 축제이며, 사람들의 마음과 정신에 불의 혀처럼 갈라지듯 직접 내려오신 성령님을 기뻐하는 축제이다.

아침과 저녁 기도 자료로 읽을 사도행전은 그리스도를 전하려는 담대한 마음을 주시며, 우리의 상상력을 펼치며, 초대교회를 뒤흔들었던 성령님의 역동적인 사역을 잘 묘사해주고 있다. 이 두 번째 주의 매일 묵상 자료의 주제와 여는 말 그리고 찬송시의 내용은 데살로니가전서 5:16~24을 토대로 하였다. 이 성경말씀은 정경에 포함되어 있는 내용 중에 그리스도의 성령께서 선사해주시는 생명력과 생동감을 가장 잘 드러내는 본문이기도 하다. 우리가 기뻐하고 함께 축하할 성령의 사역은 성령과 문자, 법과 복음, 성령의 내적 삶과 외적 제자도라는 역설로 표현되기도 한다.

항상 기뻐하라

성령강림 일요일 아침

여는 말

항상 기뻐하십시오.

쉬지 말고 기도하십시오.

찬양으로 부르심

주님 안에서 항상 기뻐하십시오.

다시 말합니다. 기뻐하십시오.

처음부터 계셨고 …

시편 1편

복 있는 사람은 악인의 꾀를 따르지 아니하며,

죄인의 길에 서지 아니하며,

오만한 자의 자리에 앉지 아니하며,

오로지 주님의 율법을 즐거워하며,

밤낮으로 율법을 묵상하는 사람이다.

그는 시냇가에 심은 나무가 철 따라 열매를 맺으며

그 잎이 시들지 아니함 같으니, 하는 일마다 잘 될 것이다.

그러나 악인은 그렇지 않으니,

한낱 바람에 흩날리는 쭉정이와 같다.

그러므로 악인은 심판 받을 때에 몸을 가누지 못하며,

죄인은 의인의 모임에 참여하지 못한다.
그렇다. 의인의 길은 주님께서 인정하시지만, 악인의 길은 망할 것이다.

감사드림

오 하나님, 언제나 모든 일에 우리 주 예수 그리스도의 이름으로
하나님 아버지께 감사를 드립니다.
(자유롭게 감사의 기도를 드립니다)
오 주님, 시와 찬미와 신령한 노래로,
마음으로 주님께 노래하며 찬양을 올립니다. 아멘.

찬송

나 주님을 사랑합니다 (찬송가 618)

제자로 부르심

우리는 그리스도 예수의 믿음과 사랑으로 들은 건전한 말씀을 본보기로 삼고,
우리 안에 살고 계시는 성령으로 말미암아
그 맡은 바 선한 것을 지키겠습니다.

신명기 16:9-12

"그로부터 일곱 이레를 세는데, 밭에 있는 곡식에 낫을 대는 첫날부터 시작하여 일곱 이레를 세십시오. 그리고 주 당신들의 하나님이 당신들에게 주신 복을 따라, 마음에서 우러나오는 예물을 가지고 와서, 주 당신들의 하나님께 칠칠절을 지키십시오. 당신들은 주 당신들의 하나님이 그의 이름을 두려고 택하신 그 곳에서, 당신들과 당신들의 아들과 딸과 남종과 여종과, 성 안에서 같이 사는 레위 사람과 떠돌이와 고아와 과부까지도 함께 주 당신들의 하나님 앞에서 즐거워해야 합니다. 당신들은 이집트에서 종살이하던 것을 기억하고, 이 모든 규례를 어김없이 잘 지키십시오."

사도행전 2:29-37

동포 여러분, 나는 조상 다윗에 대하여 자신 있게 말씀드릴 수 있습니다. 그는 죽어서 묻혔고, 그 무덤이 이 날까지 우리 가운데에 남아 있습니다. 그는 예언자이므로, 그의 후손 가운데서 한 사람을 그의 왕좌에 앉히시겠다고 하나님이 맹세하신 것을 알고 있었습니다. 그래서 그는 그리스도의 부활을 미리 내다보고 말하기를, '그리스도는 지옥에 버려지지 않았고,
그의 육체는 썩지 않았다' 하였습니다.
이 예수를 하나님께서 살리셨습니다. 우리는 모두 이 일의 증인입니다. 하나님께서는 이 예수를 높이 올리셔서, 자기의 오른쪽에 앉히셨습니다. 그는 아버지로부터 약속하신 성령을 받아서 우리에게 부어 주셨습니다. 여러분은 지금 이 일을 보기도 하고 듣기도 하고 있는 것입니다. 다윗은 하늘에 올라가지 못하였으나, 그는 이렇게 말하였습니다.
'주님께서 내 주님께 말씀하시기를,
내가 네 원수를 네 발 아래에 굴복시키기까지,
너는 내 오른쪽에 앉아 있어라 하셨습니다.'
그러므로 이스라엘 온 집안은 확실히 알아두십시오. 하나님께서는 여러분이 십자가에 못박은 이 예수를 주님과 그리스도가 되게 하셨습니다."
사람들이 이 말을 듣고 마음이 찔려서 "형제들이여, 우리가 어떻게 하면 좋겠습니까?" 하고 베드로와 다른 사도들에게 말하였다.

묵상한 말씀을 나눈다.

찬송
내 구주 예수를 더욱 사랑 (찬송가 314)
하나님 사랑은 (찬송가 299)

데살로니가전서 5:16~24

기도로 부르심

사랑하는 여러분, 여러분은 가장 거룩한 여러분의 믿음을 터로 삼아서
자기를 건축하고, 성령으로 기도하십시오.
하나님의 사랑 안에 머무르면서 자기를 지키고,
영생으로 인도하는 우리 주 예수 그리스도의 자비를 기다리십시오.

풍요롭게 채워주시는 하나님, 주님의 영이 주님의 백성에게 선물을 부어주십니다.
주님, 주님의 자비하심으로, 우리의 기도를 들어주소서

주님의 은혜로 우리가 환난 가운데에서도 기뻐합니다.
우리 자신과 사랑하는 이들을 위해 기도합니다.
(합심기도) 주님, 주님의 자비하심으로, 우리의 기도를 들어주소서

주님은 우리가 궁핍한 자를 돌보기를 원하십니다.
우리 공동체와 이웃을 위해 기도합니다.
(합심기도) 주님, 주님의 자비하심으로, 우리의 기도를 들어주소서

주님께서 우리가 굳건히 서서 주님의 길을 따르도록 인도해주십니다.
이 땅의 모든 교회의 하나됨을 위하여 기도합니다.
(합심기도) 주님, 주님의 자비하심으로, 우리의 기도를 들어주소서

주님은 의인의 길을 인정하십니다.
주님의 나라와 그 뜻이 이 땅에서도 임할 수 있도록 세계를 위하여 기도합니다.
(합심기도) 주님, 주님의 자비하심으로, 우리의 기도를 들어주소서

우리 안의 다른 염려를 맡기어 드립니다.
(합심기도) 주님, 주님의 자비하심으로, 우리의 기도를 들어주소서

모든 은혜를 더하여 주시는 하나님,
주님은 주님께서 지으신 모든 피조물과 성령께서 주시는 은사로
우리가 영육 간에 풍성한 삶을 살도록 하십니다.
그러므로 우리가 주님의 길 위에 굳건히 서서,
오늘 날 주님께서 이루시는 일에 참예하며 기뻐할 것입니다.
우리에게 가르쳐주신 예수님의 본을 따라 기도합니다.

(주기도문) *하늘에 계신 우리 아버지* …

강복

예수께서 다가와서 그들에게 말씀하셨다.
"나는 하늘과 땅의 모든 권세를 받았다.
그러므로 너희는 가서, 모든 민족을 제자로 삼아서,
아버지와 아들과 성령의 이름으로 세례를 주고,
내가 너희에게 명령한 모든 것을
그들에게 가르쳐 지키게 하여라.
보아라, 내가 세상 끝 날까지 너희와 항상 함께 있을 것이다."아멘.

쉬지 말고 기도하라

성령강림2 일요일 저녁

여는 말

항상 기뻐하십시오.

쉬지 말고 기도하십시오.

찬양으로 부르심

그렇다면 우리가 어떻게 해야 하겠습니까?

영으로 기도하고, 또 깨친 마음으로도 기도해야겠습니다.

우리는 영으로 찬미하고,

또 깨친 마음으로도 찬미하겠습니다.

처음부터 계셨고 …

시편 119:1-8

그 행실이 온전하고 주님의 법대로 사는 사람은,

복이 있다.

주님의 증거를 지키며

온 마음을 기울여서 주님을 찾는 사람은, 복이 있다.

진실로 이런 사람들은 불의를 행하지 않고,

주님께서 가르치신 길을 따라 사는 사람이다.

주님, 주님께서는 우리에게 주님의 법도를 주시고,

성실하게 지키라고 명령하셨습니다.

내가 주님의 율례들을 성실하게 지킬 수 있도록,

내 길을 탄탄하게 하셔서 흔들리는 일이 없게 해주십시오.
내가 주님의 모든 계명들을 낱낱이 마음에 새기면,
내가 부끄러움을 당할 일이 없을 것입니다.
내가 주님의 의로운 판단을 배울 때에,
정직한 마음으로 주님께 감사하겠습니다.
주님의 율례를 지킬 것이니,
나를 아주 버리지 말아 주십시오.

감사드림
오 하나님, 주님께서는 우리에게 온갖 족한 은혜를 주셨습니다.
그러므로 우리는 모든 일에 언제나, 쓸 것을 넉넉하게 가지게 되어서,
온갖 선한 일을 얼마든지 할 수 있습니다.
(자유롭게 감사의 기도를 드립니다)
주님께서 가난한 사람들에게 아낌없이 뿌려 주셨으니,
주님의 의가 영원히 있습니다. 아멘.

찬송
주 우리 하나님 (찬송가 14)
주님여, 이 손을 꼭잡고

고백
오 하나님, 우리가 하나님의 택하심을 입은 거룩한 사람답게, 동정심과 친절함과 겸손함과 온유함과 오래 참음으로 옷 입혀 주십시오.
그리고 이 모든 것 위에 사랑을 더해 주십시오.
(침묵기도)
주님께서 우리를 용서하신 것처럼 우리도 용서하게 해주십시오.
그리스도의 평화로 여러분의 마음을 다스리십시오. 아멘.

제자로 부르심

친구들이여, 우리가 말과 혀로만 사랑하지 말고, 행동과 진실함으로 사랑합시다. 우리가 아는 것은 곧 참된 자 곧 그의 아들 예수 그리스도안에 있는 것입니다.

사도행전 6:1-6

이 시기에 제자들이 점점 불어났다. 그런데 그리스 말을 하는 유대 사람들이 히브리 말을 하는 유대 사람들에게 불평을 터뜨렸다. 그것은 자기네 과부들이 날마다 구호 음식을 나누어 받는 일에 소홀히 여김을 받기 때문이었다. 그래서 열두 사도가 제자들을 모두 불러놓고 말하였다. "우리가 하나님의 말씀을 전하는 일은 제쳐놓고서 음식 베푸는 일에 힘쓰는 것은 좋지 못합니다. 그러니 형제자매 여러분, 신망이 있고 성령과 지혜가 충만한 사람 일곱을 여러분 가운데서 뽑으십시오. 그러면 그들에게 이 일을 맡기고,
우리는 기도하는 일과 말씀을 섬기는 일에 헌신하겠습니다." 모든 사람이 이 말을 좋게 받아들여서, 믿음과 성령이 충만한 사람인 스데반과 빌립과 브로고로와 니가노르와 디몬과 바메나와 안디옥 출신의 이방 사람으로서 유대교에 개종한 사람인 니골라를 뽑아서, 사도들 앞에 세웠다. 사도들은 기도하고, 그들에게 안수하였다.

고린도후서 8:1-6

형제자매 여러분, 우리는 하나님께서 마케도니아 여러 교회에 베풀어주신 은혜를 여러분에게 알리려고 합니다. 그들은 큰 환난의 시련을 겪으면서도 기쁨이 넘치고, 극심한 가난에 쪼들리면서도 넉넉한 마음으로 남에게 베풀었습니다. 내가 증언합니다. 그들은 힘이 닿는 대로 구제하였을 뿐만 아니라, 오히려 힘에 지나도록 자원해서 하였습니다. 그들은 성도들을 구제하는 특권에 동참하게 해 달라고, 우리에게 간절히 청하였습니다. 그들은, 우리가 기대한 이상으로, 하나님의 뜻을 따라서 먼저 자신들을 주님께 바치고, 우리에게 바쳤습니다. 그래서 우리는 디도에

게 청하기를, 그가 이미 시작한 대로 이 은혜로운 일을 여러분 가운데서 완수하라고 하였습니다.

묵상한 말씀을 나눈다.

찬송
읽은 성경말씀에 맞는 찬송을 선택하여 부른다.

데살로니가전서 5:16~24

기도로 부르심

사람의 마음을 꿰뚫어 보시는 하나님께서는,
성령의 생각이 어떠한지를 아십니다.
성령께서 하나님의 뜻을 따라,
성도를 대신하여 간구하시기 때문입니다.

풍요롭게 채워주시는 하나님, 주님의 영이 주님의 백성에게 선물을 부어주십니다.
주님, 주님의 자비하심으로, **우리의 기도를 들어주소서**

주님의 은혜로 환난 가운데에서도 기뻐합니다.
우리 자신과 사랑하는 이들을 위해 기도합니다.
(합심기도) 주님, 주님의 자비하심으로, **우리의 기도를 들어주소서**

주님은 우리가 궁핍한 자를 돌보기를 원하십니다.
우리 공동체와 이웃을 위해 기도합니다.
(합심기도) 주님, 주님의 자비하심으로, **우리의 기도를 들어주소서**

주님께서 우리가 굳건히 서서 주님의 길을 따르도록 인도해주십니다.
이 땅의 모든 교회의 하나됨을 위하여 기도합니다.

(합심기도) 주님, 주님의 자비하심으로, 우리의 기도를 들어주소서

주님은 의인의 길을 인정하십니다.
주님의 나라와 그 뜻이 이 땅에서도 임할 수 있도록 세계를 위하여 기도합니다.
(합심기도) 주님, 주님의 자비하심으로, 우리의 기도를 들어주소서

우리 안의 다른 염려를 맡기어 드립니다.
(합심기도) 주님, 주님의 자비하심으로, 우리의 기도를 들어주소서

아낌없이 주시는 하나님, 주님은 그 어떤 것도 주시기를 주저하지 않으시고
주님께서 지으신 자에게 성령을 부어주십니다.
주님처럼 가난한 자를 향해 자비를 베풀도록
우리의 돌과 같이 굳은 마음을 변화시켜주십시오.
예수님을 따르는 제자로서 그리스도께서 가르치신 대로 기도합니다.

(주기도문) 하늘에 계신 우리 아버지 …

축도

평화의 하나님께서 친히, 우리를 완전히 거룩하게 해 주시고,
우리 주 예수 그리스도께서 오실 때에
우리의 영과 혼과 몸을 흠이 없이 완전하게 지켜 주시기를 빕니다.
우리를 부르시는 분은 신실하시니, 이 일을 또한 이루실 것입니다.
아멘.

모든 일에 감사하라

성령강림2 월요일 아침

여는 말

항상 기뻐하십시오. 끊임없이 기도하십시오.

모든 일에 감사하십시오.

이것이 그리스도 예수 안에서 여러분에게 바라시는 하나님의 뜻입니다.

찬양으로 부르심

주님 안에서 항상 기뻐하십시오.

다시 말합니다. 기뻐하십시오.

처음부터 계셨고 …

시편 119:9-16

젊은이가 어떻게 해야 그 인생을 깨끗하게 살 수 있겠습니까?

주님의 말씀을 지키는 길, 그 길뿐입니다.

내가 온 마음을 다하여 주님을 찾습니다.

주님의 계명에서 벗어나지 않게 하여 주십시오.

내가 주님께 범죄하지 않으려고, 주님의 말씀을 내 마음 속에 깊이 간직합니다.

찬송을 받으실 주님, 주님의 율례를 나에게 가르쳐 주십시오.

주님의 입으로 말씀하신 그 모든 규례들을, 내 입술이 큰소리로 반복하겠습니다.

주님의 교훈을 따르는 이 기쁨은, 큰 재산을 가지는 것보다 더 큽니다.

나는 주님의 법을 묵상하며, 주님의 길을 따라 가겠습니다.

주님의 율례를 기뻐하며, 주님의 말씀을 잊지 않겠습니다.

감사드림

오 하나님, 언제나 모든 일에 우리 주 예수 그리스도의 이름으로
하나님 아버지께 감사를 드립니다.
(자유롭게 감사의 기도를 드립니다)
오 주님, 시와 찬미와 신령한 노래로,
마음으로 주님께 노래하며 찬양을 올립니다. 아멘.

찬송

주님의 귀한 말씀은(찬송가 206)

신앙고백

우리가 잘 아는 인간 나사렛 예수
우리 가운데 오셔서 기사와 이적과 놀라운 능력으로
하나님이 함께 계심을 드러내시기 위해 하나님에 의해 보내심을 받은 분
하나님의 목적과 예지를 따라 무법자의 손에 의해 십자가에 달려 돌아가신 분
그러나 끔찍한 죽음에 머물러 계실 수 없어 다시 살아나신 분
이 예수를 다시 일으키사 우리 모두의 주가 되시고 우리 삶의 증거가 되신 분
그리하여 높으신 하나님 우편에 앉아계시며 약속의 성령을 보내주신 분
그 성령으로 우리가 보고 듣도록 축복을 주시는 분

제자로 부르심

우리는 그리스도 예수의 믿음과 사랑으로 들은 건전한 말씀을 본보기로 삼고,
우리 안에 살고 계시는 성령으로 말미암아 그 맡은 바 선한 것을 지키겠습니다.

출애굽기 34:21-26

너희는 엿새 동안 일을 하고, 이렛날에는 쉬어야 한다. 밭갈이 하는 철이나 거두어
들이는 철에도 쉬어야 한다. 너희는 밀을 처음 거두어들일 때에는 칠칠절을 지키

고, 한 해가 끝날 때에는 수장절을 지켜야 한다. 너희 가운데 남자들은 모두 한 해에 세 번 이스라엘의 하나님 나 주 앞에 나와야 한다. 내가 뭇 민족을 너희 앞에서 쫓아내고, 너희의 영토를 넓혀 주겠다. 너희가 한 해에 세 번 주 너희의 하나님을 뵈려고 올라올 때에, 아무도 너희의 땅을 점령하려 하지 않을 것이다. 너희는 나에게 바치는 희생제물의 피를 누룩 넣은 빵과 함께 바치지 말아라. 유월절 제물은 이튿날 아침까지 남겨 두어서는 안 된다.

너희는 너희 땅에서 난 첫 열매 가운데서 제일 좋은 것을 주 너희의 하나님의 집으로 가져 오너라. 너희는 새끼 염소를 그 어미의 젖으로 삶아서는 안 된다."

사도행전 9:10-20

그런데 다마스쿠스에는 아나니아라는 제자가 있었다. 주님께서 환상 가운데서 "아나니아야!" 하고 부르시니, 아나니아가 "주님, 여기 있습니다" 하고 대답하였다. 주님께서 아나니아에게 말씀하셨다. "일어나서 '곧은 길'이라 부르는 거리로 가서, 유다의 집에서 사울이라는 다소 사람을 찾아라. 그는 지금 기도하고 있다. 그는 [환상 속에] 아나니아라는 사람이 들어와서, 자기에게 손을 얹어 시력을 회복시켜 주는 것을 보았다." 아나니아가 대답하였다. "주님, 그가 예루살렘에서 주님의 성도들에게 얼마나 해를 끼쳤는지를, 나는 많은 사람에게서 들었습니다. 그리고 그는 주님의 이름을 부르는 사람들을 잡아 갈 권한을 대제사장들에게서 받아 가지고, 여기에 와 있습니다." 주님께서 그에게 말씀하셨다. "가거라, 그는 내 이름을 이방 사람들과 임금들과 이스라엘 자손들 앞에 가지고 갈, 내가 택한 내 그릇이다. 그가 내 이름을 위하여 얼마나 많은 고난을 받아야 할지를, 내가 그에게 보여주려고 한다." 그래서 아나니아가 떠나서, 그 집에 들어가, 사울에게 손을 얹고 "형제 사울이여, 그대가 오는 도중에 그대에게 나타나신 주 예수께서 나를 보내셨소. 그것은 그대가 시력을 회복하고, 성령으로 충만하게 되도록 하시려는 것이오" 하고 말하였다. 곧 사울의 눈에서 비늘 같은 것이 떨어져 나가고, 그는 시력을 회복하였다. 그리고 그는 일어나서 세례를 받고 음식을 먹고 힘을 얻었다.

사울은 며칠 동안 다마스쿠스에 있는 제자들과 함께 지냈다. 그런 다음에 그는 곧 여러 회당에서 예수가 하나님의 아들이심을 선포하였다.

묵상한 말씀을 나눈다.

찬송
나의 생명 드리니 (찬송가 213)
이 눈에 아무 증거 아니 뵈어도 (찬송가 545)

데살로니가전서 5:16~24

기도로 부르심

사랑하는 여러분, 여러분은 가장 거룩한 여러분의 믿음을 터로 삼아서
자기를 건축하고, 성령으로 기도하십시오.
하나님의 사랑 안에 머무르면서 자기를 지키고,
영생으로 인도하는 우리 주 예수 그리스도의 자비를 기다리십시오.

풍요롭게 채워주시는 하나님, 주님의 영이 주님의 백성에게 선물을 부어주십니다.
주님, 주님의 자비하심으로, 우리의 기도를 들어주소서

주님의 은혜로 우리가 환난 가운데에서도 기뻐합니다.
우리 자신과 사랑하는 이들을 위해 기도합니다.
(합심기도) 주님, 주님의 자비하심으로, 우리의 기도를 들어주소서

주님은 우리가 궁핍한 자를 돌보기를 원하십니다.
우리 공동체와 이웃을 위해 기도합니다.
(합심기도) 주님, 주님의 자비하심으로, 우리의 기도를 들어주소서

주님께서 우리가 굳건히 서서 주님의 길을 따르도록 인도해주십니다.

이 땅의 모든 교회의 하나됨을 위하여 기도합니다.
(합심기도) 주님, 주님의 자비하심으로, 우리의 기도를 들어주소서

주님은 의인의 길을 인정하십니다.
주님의 나라와 그 뜻이 이 땅에서도 임할 수 있도록 세계를 위하여 기도합니다.
(합심기도) 주님, 주님의 자비하심으로, 우리의 기도를 들어주소서

우리 안의 다른 염려를 맡기어 드립니다.
(합심기도) 주님, 주님의 자비하심으로, 우리의 기도를 들어주소서

모든 은혜를 더하여 주시는 하나님,
주님은 주님께서 지으신 모든 피조물과 성령께서 주시는 은사로
우리가 영육 간에 풍성한 삶을 살도록 하십니다.
그러므로 우리가 주님의 길 위에 굳건히 서서,
오늘 날 주님께서 이루시는 일에 참예하며 기뻐할 것입니다.
우리에게 가르쳐주신 예수님의 본을 따라 기도합니다.

(주기도문) 하늘에 계신 우리 아버지 …

축도
그리스도의 평화가 여러분의 마음을 지배하게 하십시오.
이 평화를 누리도록 여러분은 부르심을 받아 한 몸이 되었습니다.
또 여러분은 감사하는 사람이 되십시오.
그리스도의 말씀이 여러분 가운데 풍성히 살아 있게 하십시오.
그리고 말이든 행동이든 무엇을 하든지,
모든 것을 주 예수의 이름으로 하고, 그분에게서 힘을 얻어서,
하나님 아버지께 감사를 드리십시오. 아멘.

이것이 그리스도 예수 안에 있는 하나님의 뜻이니라

성령강림2 월요일 저녁

여는 말

항상 기뻐하십시오. 끊임없이 기도하십시오.

모든 일에 감사하십시오.

이것이 그리스도 예수 안에서 여러분에게 바라시는 하나님의 뜻입니다.

찬양으로 부르심

그렇다면 우리가 어떻게 해야 하겠습니까?

영으로 기도하고, 또 깨친 마음으로도 기도해야겠습니다.

우리는 영으로 찬미하고,

또 깨친 마음으로도 찬미하겠습니다.

처음부터 계셨고 …

시편 119:17-24

주님의 종을 너그럽게 대해 주십시오.

그래야 내가 활력이 넘치게 살며, 주님의 말씀을 지킬 수 있습니다.

내 눈을 열어 주십시오.

그래야 내가 주님의 법 안에 있는 놀라운 진리를 볼 것입니다.

나는 땅 위를 잠시 동안 떠도는 나그네입니다.

주님의 계명을 나에게서 감추지 마십시오.

내 영혼이 주님의 율례를 늘 사모하다가 쇠약해졌습니다.

주님께서는 오만한 자들을 책망하십니다.

그 저주 받은 자들은 주님의 계명에서 이탈하는 자들입니다.
그들이 나를 멸시하지 못하게 해주십시오.
그들이 나를 비웃지 못하게 해주십시오. 나는 주님의 교훈을 잘 지켰습니다.
고관들이 모여 앉아서, 나를 해롭게 할 음모를 꾸밉니다.
그러나 주님의 종은 오직 주님의 율례를 묵상하겠습니다.
주님의 증거가 나에게 기쁨을 주며,
주님의 교훈이 나의 스승이 됩니다.

감사드림
오 하나님, 주님께서는 우리에게 온갖 족한 은혜를 주셨습니다.
그러므로 우리는 모든 일에 언제나, 쓸 것을 넉넉하게 가지게 되어서,
온갖 선한 일을 얼마든지 할 수 있습니다.
(자유롭게 감사의 기도를 드립니다)
주님께서 가난한 사람들에게 아낌없이 뿌려 주셨으니,
주님의 의가 영원히 있습니다. 아멘.

찬송
열어주소서

고백
오 하나님, 우리가 하나님의 택하심을 입은 거룩한 사람답게, 동정심과 친절함과 겸손함과 온유함과 오래 참음으로 옷 입혀 주십시오.
그리고 이 모든 것 위에 사랑을 더해 주십시오.
(침묵기도)
주님께서 우리를 용서하신 것처럼 우리도 용서하게 해주십시오.
그리스도의 평화로 여러분의 마음을 다스리십시오. 아멘.

제자로 부르심

친구들이여, 우리가 말과 혀로만 사랑하지 말고, 행동과 진실함으로 사랑합시다. 우리가 아는 것은 곧 참된 자 곧 그의 아들 예수 그리스도안에 있는 것입니다.

사도행전 9:26-31

사울이 예루살렘에 이르러서, 거기에 있는 제자들과 어울리려고 하였으나, 그들은 사울이 제자라는 사실을 믿을 수가 없어서, 모두들 그를 두려워하였다. 그러나 바나바는 사울을 맞아들여, 사도들에게로 데려가서, 사울이 길에서 주님을 본 일과, 주님께서 그에게 말씀하신 일과, 사울이 다마스쿠스에서 예수의 이름으로 담대히 말한 일을, 그들에게 이야기해 주었다. 그래서 사울은 제자들과 함께 지내면서, 예루살렘을 자유로 드나들며 주님의 이름으로 담대하게 말하였고, 그리스 말을 하는 유대 사람들과 말을 하고, 토론을 하기도 하였다. 그러나 유대 사람들은 사울을 죽이려고 꾀하였다. 신도들이 이 일을 알고, 사울을 가이사랴로 데리고 내려가서, 다소로 보냈다. 그러는 동안에 교회는 유대와 갈릴리와 사마리아 온 지역에 걸쳐서 평화를 누리면서 튼튼히 서 갔고, 주님을 두려워하는 마음과 성령의 위로로 정진해서, 그 수가 점점 늘어갔다.

고린도후서 8:7-9

여러분은 모든 일에 있어서 뛰어납니다. 곧 믿음에서, 말솜씨에서, 지식에서, 열성에서, 우리와 여러분 사이의 사랑에서 그러합니다. 여러분은 이 은혜로운 활동에서도 뛰어나야 할 것입니다.
나는 이 말을 명령으로 하는 것이 아닙니다. 다른 사람들의 열성을 말함으로써, 여러분의 사랑도 진실하다는 것을 확인하려고 하는 것뿐입니다. 여러분은 우리 주 예수 그리스도의 은혜를 알고 있습니다. 그리스도께서는 부요하나, 여러분을 위해서 가난하게 되셨습니다. 그것은 그의 가난으로 여러분을 부요하게 하시려는 것입니다.

묵상한 말씀을 나눈다.

찬송
주 날 불러 이르소서 (찬송가 329)
내 안에 사는 이

데살로니가전서 5:16~24

기도로 부르심

사람의 마음을 꿰뚫어 보시는 하나님께서는,
성령의 생각이 어떠한지를 아십니다.
성령께서 하나님의 뜻을 따라,
성도를 대신하여 간구하시기 때문입니다.

풍요롭게 채워주시는 하나님, 주님의 영이 주님의 백성에게 선물을 부어주십니다.
주님, 주님의 자비하심으로, 우리의 기도를 들어주소서

주님의 은혜로 환난 가운데에서도 기뻐합니다.
우리 자신과 사랑하는 이들을 위해 기도합니다.
(합심기도) 주님, 주님의 자비하심으로, 우리의 기도를 들어주소서

주님은 우리가 궁핍한 자를 돌보기를 원하십니다.
우리 공동체와 이웃을 위해 기도합니다.
(합심기도) 주님, 주님의 자비하심으로, 우리의 기도를 들어주소서

주님께서 우리가 굳건히 서서 주님의 길을 따르도록 인도해주십니다.
이 땅의 모든 교회의 하나됨을 위하여 기도합니다.
(합심기도) 주님, 주님의 자비하심으로, 우리의 기도를 들어주소서

주님은 의인의 길을 인정하십니다.
주님의 나라와 그 뜻이 이 땅에서도 임할 수 있도록 세계를 위하여 기도합니다.
(합심기도) 주님, 주님의 자비하심으로, 우리의 기도를 들어주소서

우리 안의 다른 염려를 맡기어 드립니다.
(합심기도) 주님, 주님의 자비하심으로, 우리의 기도를 들어주소서

아낌없이 주시는 하나님, 주님은 그 어떤 것도 주시기를 주저하지 않으시고
주님께서 지으신 자에게 성령을 부어주십니다.
주님처럼 가난한 자를 향해 자비를 베풀도록
우리의 돌과 같이 굳은 마음을 변화시켜주십시오.
예수님을 따르는 제자로서 그리스도께서 가르치신 대로 기도합니다.

(주기도문) 하늘에 계신 우리 아버지 …

축도

우리의 사랑이 지식과 모든 통찰력으로 더욱 더 풍성하게 되어서,
가장 좋은 것이 무엇인가를 분별할 줄 알고,
그리하여 우리가 그리스도의 날까지 순결하고 흠이 없이 지내며,
예수 그리스도께서 주시는 의의 열매로 가득 차서
하나님께 영광과 찬양을 드리게 되기를 기도합니다.
아멘.

성령을 소멸하지 말라

성령강림2 화요일 아침

여는 말

성령을 소멸하지 마십시오.

예언을 멸시하지 마십시오.

찬양으로 부르심

주님 안에서 항상 기뻐하십시오.

다시 말합니다. 기뻐하십시오.

처음부터 계셨고 …

시편 119:33-40

주님, 주님의 율례들이 제시하는 길을 내게 가르쳐 주십시오.

내가 언제까지든지 그것을 지키겠습니다.

나를 깨우쳐 주십시오.

내가 주님의 법을 살펴보면서, 온 마음을 기울여서 지키겠습니다.

내가, 주님의 계명들이 가리키는 길을 걷게 하여 주십시오.

내가 기쁨을 누릴 길은 이 길뿐입니다.

내 마음이 주님의 증거에만 몰두하게 하시고,

내 마음이 탐욕으로 치닫지 않게 해주십시오.

내 눈이 헛된 것을 보지 않게 해주시고, 주님의 길을 활기차게 걷게 해주십시오.

주님을 경외하는 사람과 맺으신 약속, 주님의 종에게 꼭 지켜 주십시오.

주님의 규례는 선합니다. 내가 무서워하는 비난에서 나를 건져 주십시오.

내가 주님의 법도를 사모합니다. 주님의 의로 내게 새 힘을 주십시오.

감사드림

오 하나님, 언제나 모든 일에 우리 주 예수 그리스도의 이름으로
하나님 아버지께 감사를 드립니다.
(자유롭게 감사의 기도를 드립니다) 오 주님, 시와 찬미와 신령한 노래로,
마음으로 주님께 노래하며 찬양을 올립니다. 아멘.

찬송

이끄소서
주님여 이 손을 꼭 잡고 가소서

신앙고백

우리가 잘 아는 인간 나사렛 예수
우리 가운데 오셔서 기사와 이적과 놀라운 능력으로
하나님이 함께 계심을 드러내시기 위해 하나님에 의해 보내심을 받은 분
하나님의 목적과 예지를 따라 무법자의 손에 의해 십자가에 달려 돌아가신 분
그러나 끔찍한 죽음에 머물러 계실 수 없어 다시 살아나신 분
하나님께서 다시 일으키사 우리 모두의 주가 되시고 우리 삶의 증거가 되신 분
그리하여 높으신 하나님 우편에 앉아계시며 약속의 성령을 보내주신 분
그 성령으로 우리가 보고 듣도록 축복을 주시는 분

제자로 부르심

우리는 그리스도 예수의 믿음과 사랑으로 들은 건전한 말씀을 본보기로 삼고,
우리 안에 살고 계시는 성령으로 말미암아 그 맡은 바 선한 것을 지키겠습니다.

민수기 11:23-29

주님께서 모세에게 대답하셨다. "나의 손이 짧아지기라도 하였느냐? 이제 너는 내

가 말한 것이 너에게 사실로 이루어지는지 그렇지 아니한지를 볼 것이다."

모세가 나가서 주님께서 하신 말씀을 백성에게 전달하였다. 그는 백성의 장로들 가운데서 일흔 명을 불러모아, 그들을 장막에 둘러세웠다. 그 때에 주님께서 구름에 휩싸여 내려오셔서 모세와 더불어 말씀하시고, 모세에게 내린 영을 장로들 일흔 명에게 내리셨다. 그 영이 그들 위에 내려와 머물자, 그들이 예언하였다. 이것은 처음이자 마지막이다. 그들은 다시는 예언하지 않았다. 그런데 두 남자가 진 안에 남아 있었다. 하나의 이름은 엘닷이고, 다른 하나의 이름은 메닷이었다. 그들은 명단에 올라 있던 이들이지만, 장막으로 가지 않았다. 그런데 영이 그들 위로 내려와 머물자, 그들도 진에서 예언하였다. 한 소년이 모세에게 달려와서, 엘닷과 메닷이 진에서 예언하였다고 알렸다.

그러자 젊었을 때부터 모세를 곁에서 모셔온 눈의 아들 여호수아가 나서서, 모세에게 말하였다. "어른께서는 이 일을 말리셔야 합니다." 그러자 모세가 그에게 말하였다. "네가 나를 두고 질투하느냐? 나는 오히려 주님께서 주님의 백성 모두에게 그의 영을 주셔서, 그들 모두가 예언자가 되었으면 좋겠다."

사도행전 8:14-25

사마리아 사람들이 하나님의 말씀을 받아들였다는 소식을 예루살렘에 있는 사도들이 듣고서, 베드로와 요한을 그들에게 보냈다. 두 사람은 내려가서, 사마리아 사람들이 성령을 받을 수 있게 하려고, 그들을 위하여 기도하였다. 사마리아 사람들은 주 예수의 이름으로 세례만 받았을 뿐이요, 그들 가운데 아무에게도 아직 성령이 내리시지 않았던 것이었다. 그래서 베드로와 요한이 그들에게 손을 얹으니, 그들이 성령을 받았다. 시몬은 사도들이 손을 얹어서 성령을 받게 하는 것을 보고, 그들에게 돈을 내고서, 말하기를 "내가 손을 얹는 사람마다, 성령을 받도록 내게도 그런 권능을 주십시오" 하니, 베드로가 그에게 말하였다. "그대가 하나님의 선물을 돈으로 사려고 생각하였으니, 그대는 그 돈과 함께 망할 것이오. 그대는 하나님이 보시기에 마음이 바르지 못하니, 우리의 일에 그대가 차지할 자리도 몫도 없소. 그러므로 그대는 이 악한 생각을 회개하고, 주님께 기도하시오. 그러면 행여나 그대는 그대 마음 속의 나쁜 생각을 용서받을 수 있을지도 모르오. 내가 보니, 그대는 악의가 가득하며, 불의에 얽매여 있소." 시몬이 대답하였다. "여러분들이 말한 것이 조금도 내게 미치지 않도록, 나를 위하여 주님께 기도해 주십시오." 이렇게 베드로와 요한은 주님의 말씀을 증언하여 말한 뒤에, 예루살렘으로 돌아가는 길에, 사마리아 사람의 여러 마을에 복음을 전하였다.

묵상한 말씀을 나눈다.

찬송
읽은 성경말씀에 맞는 찬송을 선택하여 부른다.

데살로니가전서 5:16~24

기도로 부르심

사랑하는 여러분, 여러분은 가장 거룩한 여러분의 믿음을 터로 삼아서
자기를 건축하고, 성령으로 기도하십시오.
하나님의 사랑 안에 머무르면서 자기를 지키고,
영생으로 인도하는 우리 주 예수 그리스도의 자비를 기다리십시오.

풍요롭게 채워주시는 하나님, 주님의 영이 주님의 백성에게 선물을 부어주십니다.
주님, 주님의 자비하심으로, 우리의 기도를 들어주소서

주님의 은혜로 우리가 환난 가운데에서도 기뻐합니다.
우리 자신과 사랑하는 이들을 위해 기도합니다.
(합심기도) 주님, 주님의 자비하심으로, 우리의 기도를 들어주소서

주님은 우리가 궁핍한 자를 돌보기를 원하십니다.

우리 공동체와 이웃을 위해 기도합니다.
(합심기도) 주님, 주님의 자비하심으로, 우리의 기도를 들어주소서

주님께서 우리가 굳건히 서서 주님의 길을 따르도록 인도해주십니다.
이 땅의 모든 교회의 하나됨을 위하여 기도합니다.
(합심기도) 주님, 주님의 자비하심으로, 우리의 기도를 들어주소서

주님은 의인의 길을 인정하십니다.
주님의 나라와 그 뜻이 이 땅에서도 임할 수 있도록 세계를 위하여 기도합니다.
(합심기도) 주님, 주님의 자비하심으로, 우리의 기도를 들어주소서

우리 안의 다른 염려를 맡기어 드립니다.
(합심기도) 주님, 주님의 자비하심으로, 우리의 기도를 들어주소서

모든 은혜를 더하여 주시는 하나님,
주님은 주님께서 지으신 모든 피조물과 성령께서 주시는 은사로
우리가 영육 간에 풍성한 삶을 살도록 하십니다.
그러므로 우리가 주님의 길 위에 굳건히 서서,
오늘 날 주님께서 이루시는 일에 참예하며 기뻐할 것입니다.
우리에게 가르쳐주신 예수님의 본을 따라 기도합니다.

(주기도문) 하늘에 계신 우리 아버지 …

강복

어떻게 말할까, 또는 무엇을 말할까 걱정하지 마십시오.
여러분이 무슨 말을 해야 할지, 그 때에 지시를 받을 것입니다.
말하는 이는 여러분이 아니라, 여러분 안에서 말씀하시는 아버지의 성령이십니다.
아멘.

예언을 멸시하지 말라

성령강림2 화요일 저녁

여는 말

성령을 소멸하지 마십시오.

예언을 멸시하지 마십시오.

찬양으로 부르심

그렇다면 우리가 어떻게 해야 하겠습니까?

영으로 기도하고, 또 깨친 마음으로도 기도해야겠습니다.

우리는 영으로 찬미하고, 또 깨친 마음으로도 찬미하겠습니다.

처음부터 계셨고 …

시편 119:73-80

주님께서 손으로 몸소 나를 창조하시고, 나를 세우셨으니,

주님의 계명을 배울 수 있는 총명도 주십시오.

내가 주님의 말씀에 희망을 걸고 살아가기에,

주님을 경외하는 사람들이 나를 보면, 기뻐할 것입니다.

주님, 주님의 판단이 옳은 줄을 나는 압니다.

주님께서 고난을 주신 것도, 주님께서 진실하시기 때문이라는 것을 나는 압니다.

주님의 종에게 약속하신 말씀대로,

주님의 인자하심을 베풀어 주셔서, 나를 위로해 주십시오.

주님의 법이 나의 기쁨이니,

주님의 긍휼을 나에게 베풀어 주십시오. 그러면 내가 새 힘을 얻어 살 것입니다.

이유도 없이 나를 괴롭히는 저 오만한 자들은, 수치를 당하게 해주십시오.
나는 주님의 법도만을 생각하겠습니다.
주님을 경외하는 사람들이 내게로 돌아오게 해주십시오.
그들은 주님의 증거를 아는 사람들입니다.
내 마음이 주님의 율례를 완전히 지켜서, 내가 수치를 당하지 않게 해주십시오.

감사드림
오 하나님, 주님께서는 우리에게 온갖 족한 은혜를 주셨습니다.
그러므로 우리는 모든 일에 언제나, 쓸 것을 넉넉하게 가지게 되어서,
온갖 선한 일을 얼마든지 할 수 있습니다.
(자유롭게 감사의 기도를 드립니다)
주님께서 가난한 사람들에게 아낌없이 뿌려 주셨으니,
주님의 의가 영원히 있습니다. 아멘.

찬송
주님의 귀한 말씀은 (찬송가 206)

고백
오 하나님, 우리가 하나님의 택하심을 입은 거룩한 사람답게,
동정심과 친절함과 겸손함과 온유함과 오래 참음으로 옷 입혀 주십시오.
그리고 이 모든 것 위에 사랑을 더해 주십시오.
(침묵기도) 주님께서 우리를 용서하신 것처럼 우리도 용서하게 해주십시오.
그리스도의 평화로 여러분의 마음을 다스리십시오. 아멘.

제자로 부르심
친구들이여, 우리가 말과 혀로만 사랑하지 말고, 행동과 진실함으로 사랑합시다.
우리가 아는 것은 곧 참된 자 곧 그의 아들 예수 그리스도안에 있는 것입니다.

사도행전 8:26-39

그런데 주님의 천사가 빌립에게 말하였다. "일어나서 남쪽으로 나아가서, 예루살렘에서 가사로 내려가는 길로 가거라. 그 길은 광야 길이다." 빌립은 일어나서 가다가, 마침 에티오피아 사람 하나를 만났다. 그는 에티오피아 여왕 간다게의 고관으로, 그 여왕의 모든 재정을 관리하는 내시였다. 그는 예배하러 예루살렘에 왔다가, 돌아가는 길에 마차에 앉아서 예언자 이사야의 글을 읽고 있었다. 성령이 빌립에게 말씀하셨다. "가서, 마차에 바짝 다가서거라." 빌립이 달려가서, 그 사람이 예언자 이사야의 글을 읽는 것을 듣고 "지금 읽으시는 것을 이해하십니까?" 하고 물었다. 그가 대답하기를 "나를 지도하여 주는 사람이 없으니, 내가 어떻게 깨달을 수 있겠습니까?" 하고, 올라와서 자기 곁에 앉기를 빌립에게 청하였다. 그가 읽던 성경 구절은 이것이었다.

"양이 도살장으로 끌려가는 것과 같이, 새끼 양이 털 깎는 사람 앞에서 잠잠한 것과 같이, 그는 입을 열지 않았다. 그는 굴욕을 당하면서, 공평한 재판을 박탈당하였다. 그의 생명이 땅에서 빼앗겼으니, 누가 그의 세대를 이야기하랴?"

내시가 빌립에게 말하였다. "예언자가 여기서 말한 것은 누구를 두고 한 말입니까? 자기를 두고 한 말입니까, 아니면 다른 사람을 두고 한 말입니까?" 빌립은 입을 열어서, 이 성경 말씀에서부터 시작하여, 예수에 관한 기쁜 소식을 전하였다. 그들이 길을 가다가, 물이 있는 곳에 이르니, 내시가 말하였다. "보십시오. 여기에 물이 있습니다. 내가 세례를 받는 데에, 무슨 거리낌이 되는 것이라도 있습니까?" 빌립은 마차를 세우게 하고, 내시와 함께 물로 내려가서, 그에게 세례를 주었다. 그들이 물에서 올라오니, 주님의 영이 빌립을 데리고 갔다. 그래서 내시는 그를 더 이상 볼 수 없었지만, 기쁨에 차서 가던 길을 갔다.

고린도후서 8:10-15

이 일에 한 가지 의견을 말씀드리겠습니다. 이 일은 여러분에게 유익합니다. 여러분은 지난 해부터 이미 이 일을 실행하기 시작했을 뿐 아니라, 그렇게 하기를 원하기도 했습니다. 그러므로 이제는 그 일을 완성하십시오. 여러분이 자원해서 시작할 때에 보여준 그 열성에 어울리게, 여러분이 가지고 있는 것으로 그 일을 마무리 지어야 합니다. 기쁜 마음으로 각자의 형편에 맞게 바치면, 하나님께서는 그것을 기쁘게 받으실 것입니다. 하나님께서는 없는 것까지 바치는 것을 바라지 않으십니다. 나는 다른 사람들을 편안하게 하고, 그 대신에 여러분을 괴롭게 하려는 것이 아니라, 평형을 이루려고 하는 것입니다. 지금 여러분의 넉넉한 살림이 그들의 궁핍을 채워주면, 그들의 살림이 넉넉해질 때에, 그들이 여러분의 궁핍을 채워 줄 수도 있을 것입니다. 이렇게 하여 평형이 이루어지는 것입니다. 이것은, 성경에 기록하기를 "많이 거둔 사람도 남지 아니하고, 적게 거둔 사람도 모자라지 아니하였다" 한 것과 같습니다.

묵상한 말씀을 나눈다.

찬송
어두운 내 눈 밝히사 (찬송가 366)
갈 길을 밝히 보이시니 (찬송가 524)

데살로니가전서 5:16~24

기도로 부르심

사람을 꿰뚫어 보시는 하나님께서는, 성령의 생각이 어떠한지를 아십니다.
성령께서 하나님의 뜻을 따라, 성도를 대신하여 간구하시기 때문입니다.

풍요롭게 채워주시는 하나님, 주님의 영이 주님의 백성에게 선물을 부어주십니다.
주님, 주님의 자비하심으로, 우리의 기도를 들어주소서

주님의 은혜로 환난에서도 기뻐합니다. 우리 자신과 사랑하는 이를 위해 기도합니다.
(합심기도) 주님, 주님의 자비하심으로, 우리의 기도를 들어주소서

주님은 우리가 궁핍한 자를 돌보기를 원하십니다.

우리 공동체와 이웃을 위해 기도합니다.

(합심기도) 주님, 주님의 자비하심으로, 우리의 기도를 들어주소서

주님께서 우리가 굳건히 서서 주님의 길을 따르도록 인도해주십니다.

이 땅의 모든 교회의 하나됨을 위하여 기도합니다.

(합심기도) 주님, 주님의 자비하심으로, 우리의 기도를 들어주소서

주님은 의인의 길을 인정하십니다.

주님의 나라와 그 뜻이 이 땅에서도 임할 수 있도록 세계를 위하여 기도합니다.

(합심기도) 주님, 주님의 자비하심으로, 우리의 기도를 들어주소서

우리 안의 다른 염려를 맡기어 드립니다.

(합심기도) 주님, 주님의 자비하심으로, 우리의 기도를 들어주소서

아낌없이 주시는 하나님, 주님은 그 어떤 것도 주시기를 주저하지 않으시고
주님께서 지으신 자에게 성령을 부어주십니다.
주님처럼 가난한 자에게 자비를 베풀도록 돌처럼 굳은 마음을 변화시켜주십시오.
예수님을 따르는 제자로서 그리스도께서 가르치신 대로 기도합니다.

(주기도문) 하늘에 계신 우리 아버지 …

축도

모든 성도와 함께 우리가 그리스도의 사랑의 너비와 길이와
높이와 깊이가 어떠한지를 깨달을 수 있게 되고,
지식을 초월하는 그리스도의 사랑을 알게 되기를 기도합니다.
그리하여 하나님의 온갖 충만하심으로 우리도 충만하여지기를 바랍니다. 아멘.

모든 것을 분별하여

성령강림2 수요일 아침

여는 말

성령을 소멸하지 마십시오. 예언을 멸시하지 마십시오.
모든 것을 분별하여, 좋은 것을 굳게 잡으십시오.

찬양으로 부르심

주님 안에서 항상 기뻐하십시오.
다시 말합니다. 기뻐하십시오.

처음부터 계셨고 …

시편 119:89-96

주님, 주님의 말씀은 영원히 살아 있으며, 하늘에 굳건히 자리 잡고 있습니다.
주님의 성실하심은 대대에 이릅니다.
땅의 기초도 주님께서 놓으신 것이기에, 언제나 흔들림이 없습니다.
만물이 모두 주님의 종들이기에,
만물이 오늘날까지도 주님의 규례대로 흔들림이 없이 서 있습니다.
주님의 법을 내 기쁨으로 삼지 아니하였더라면,
나는 고난을 이기지 못하고 망하고 말았을 것입니다.
주님의 법도로 나를 살려 주셨으니, 나는 영원토록 그 법도를 잊지 않겠습니다.
나는 주님의 것이니, 구원하여 주십시오. 나는 열심히 주님의 법도를 따랐습니다.
악인들은, 내가 망하기를 간절히 바라지만,
나는 주님의 교훈만을 깊이깊이 명심하겠습니다.

아무리 완전한 것이라도, 모두 한계가 있다는 것을 알았습니다.
그러나 주님의 계명은 완전합니다.

감사드림

오 하나님, 언제나 모든 일에 우리 주 예수 그리스도의 이름으로
하나님 아버지께 감사를 드립니다.
(자유롭게 감사의 기도를 드립니다) 오 주님, 시와 찬미와 신령한 노래로,
마음으로 주님께 노래하며 찬양을 올립니다. 아멘.

찬송

주의 말씀 듣고서 (찬송가 204)
하나님의 말씀은 (찬송가 203)

신앙고백

우리가 잘 아는 인간 나사렛 예수
우리 가운데 오셔서 기사와 이적과 놀라운 능력으로
하나님이 함께 계심을 드러내시기 위해 하나님에 의해 보내심을 받은 분
하나님의 목적과 예지를 따라 무법자의 손에 의해 십자가에 달려 돌아가신 분
그러나 끔찍한 죽음에 머물러 계실 수 없어 다시 살아나신 분
하나님께서 다시 일으키사 우리 모두의 주가 되시고, 우리 삶의 증거가 되신 분
그리하여 높으신 하나님 우편에 앉아계시며 약속의 성령을 보내주신 분
그 성령으로 우리가 보고 듣도록 축복을 주시는 분

제자로 부르심

우리는 그리스도 예수의 믿음과 사랑으로 들은 건전한 말씀을 본보기로 삼고,
우리 안에 살고 계시는 성령으로 말미암아
그 맡은 바 선한 것을 지키겠습니다.

레위기 23:9-16

주님께서 모세에게 말씀하셨다. "너는 이스라엘 자손에게 말하여라. 그들에게 다음과 같이 일러라. 너희는, 주가 주는 그 땅으로 들어가, 곡식을 거둘 때에, 너희가 거둔 첫 곡식단을 제사장에게 가져 가야 한다. 그러면 제사장이 그 곡식단을 주 앞에서 흔들어서 바칠 것이며, 주가 너희를 반길 것이다. 제사장은 그것을 안식일 다음날 흔들어서 바쳐야 한다. 너희가 곡식단을 흔들어서 바치는 날에, 너희는 일 년 된 흠 없는 어린 숫양 한 마리를 주에게 번제물로 바쳐야 한다. 그것과 함께 바칠 곡식제물로는 기름에 반죽한 고운 밀가루 십분의 이 에바를 바치면 된다. 그것을 불에 태워 주에게 바치면, 그 향기가 주를 기쁘게 할 것이다. 또 부어 드리는 제물로는 포도주 사분의 일 힌을 바치면 된다. 너희가 이렇게 너희의 하나님께 제물을 바칠 바로 그 날까지는, 빵도, 볶은 곡식도, 햇곡식도 먹지 못한다. 이것은 너희가 사는 모든 곳에서 너희가 대대로 길이 지켜야 할 규례이다."

"너희가 안식일 다음날 곧 곡식단을 흔들어서 바친 그 날로부터 일곱 주간을 꼭 차게 세고, 거기에다가 일곱 번째 안식일 다음날까지 더하면 꼭 오십 일이 될 것이다. 그 때에 너희는 햇곡식을 주에게 곡식제물로 바쳐야 한다.

사도행전 11:11-18

바로 그 때에 사람들 셋이 우리가 묵고 있는 집에 도착하였는데, 그들은 가이사랴에서 내게 보낸 사람들이었습니다. 성령이 내게, 의심하지 말고 그들과 함께 가라고 하셨습니다. 그래서 이 여섯 형제도 나와 함께 가서, 우리는 그 사람의 집으로 들어갔습니다. 그 사람은, 자기가 천사를 본 이야기를 우리에게 해주었습니다. 곧 천사가 그의 집에 와서 서더니, 그에게 말하기를 '욥바로 사람을 보내어, 베드로라고도 하는 시몬을 불러오너라. 그가 네게 너와 네 온 집안이 구원을 받을 말씀을 일러줄 것이다' 하더라는 것입니다. 내가 말을 하기 시작하니, 성령이 처음에 우리에게 내리시던 것과 같이, 그들에게도 내리셨습니다. 그 때에 나는 '요한은 물로 세례를 주었지만, 너희는 성령으로 세례를 받을 것이다' 하신 주님의 말씀이 생각났습니다. 그러므로 하나님께서는, 우리가 주 예수 그리스도를 믿을 때에 우리에게 주신 것과 같은 선물을 그들에게 주셨는데, 내가 누구이기에 감히 하나님을 거역할 수 있겠습니까?" 이 말을 듣고 그들은 잠잠하였다. 그들은 하나님께 영광을 돌리고 "이제 하나님께서는, 이방 사람들에게도 회개하여 생명에 이르는 길을 열어 주셨다" 하고 말하였다.

묵상한 말씀을 나눈다.

찬송
달고 오묘한 그 말씀 (찬송가 200)
주님의 귀한 말씀은 (찬송가 206)

데살로니가전서 5:16~24

기도로 부르심

사랑하는 여러분, 여러분은 가장 거룩한 여러분의 믿음을 터로 삼아서
자기를 건축하고, 성령으로 기도하십시오.
하나님의 사랑 안에 머무르면서 자기를 지키고,
영생으로 인도하는 우리 주 예수 그리스도의 자비를 기다리십시오.

풍요롭게 채워주시는 하나님, 주님의 영이 주님의 백성에게 선물을 부어주십니다.
주님, 주님의 자비하심으로, 우리의 기도를 들어주소서

주님의 은혜로 우리가 환난 가운데에서도 기뻐합니다.
우리 자신과 사랑하는 이들을 위해 기도합니다.
(합심기도) 주님, 주님의 자비하심으로, 우리의 기도를 들어주소서

주님은 우리가 궁핍한 자를 돌보기를 원하십니다.

우리 공동체와 이웃을 위해 기도합니다.
(합심기도) 주님, 주님의 자비하심으로, 우리의 기도를 들어주소서

주님께서 우리가 굳건히 서서 주님의 길을 따르도록 인도해주십니다.
이 땅의 모든 교회의 하나됨을 위하여 기도합니다.
(합심기도) 주님, 주님의 자비하심으로, 우리의 기도를 들어주소서

주님은 의인의 길을 인정하십니다.
주님의 나라와 그 뜻이 이 땅에서도 임할 수 있도록 세계를 위하여 기도합니다.
(합심기도) 주님, 주님의 자비하심으로, 우리의 기도를 들어주소서

우리 안의 다른 염려를 맡기어 드립니다.
(합심기도) 주님, 주님의 자비하심으로, 우리의 기도를 들어주소서

모든 은혜를 더하여 주시는 하나님,
주님은 주님께서 지으신 모든 피조물과 성령께서 주시는 은사로
우리가 영육 간에 풍성한 삶을 살도록 하십니다.
그러므로 우리가 주님의 길 위에 굳건히 서서,
오늘 날 주님께서 이루시는 일에 참예하며 기뻐할 것입니다.
우리에게 가르쳐주신 예수님의 본을 따라 기도합니다.

(주기도문) 하늘에 계신 우리 아버지 …

강복

그러므로 그리스도 안에서 여러분에게
무슨 격려나, 사랑의 무슨 위로나, 성령의 무슨 교제나,
무슨 동정심과 자비가 있거든, 우리가 같은 생각을 품고, 같은 사랑을 가지고,
뜻을 합하여 한 마음이 되어서, 기쁨이 넘치게 해 주십시오. 아멘.

좋은 것을 굳게 잡으십시오

성령강림2 수요일 저녁

여는 말

성령을 소멸하지 마십시오. 예언을 멸시하지 마십시오.
모든 것을 분별하여, 좋은 것을 굳게 잡으십시오.

찬양으로 부르심

그렇다면 우리가 어떻게 해야 하겠습니까?
영으로 기도하고, 또 깨친 마음으로도 기도해야겠습니다.
우리는 영으로 찬미하고, 또 깨친 마음으로도 찬미하겠습니다.

처음부터 계셨고 …

시편 19:7-14

주님의 교훈은 완전하여서 사람에게 생기를 북돋우어 주고,
주님의 증거는 참되어서 어리석은 자를 깨우쳐 준다.

주님의 교훈은 정직하여서 마음에 기쁨을 안겨 주고,
주님의 계명은 순수하여서 사람의 눈을 밝혀 준다.

주님의 말씀은 티 없이 맑아서 영원토록 견고히 서 있으며,
주님의 법규는 참되어서 한결같이 바르다.

주님의 교훈은 금보다, 순금보다 더 탐스럽고,
꿀보다, 송이 꿀보다 더 달콤하다.

그러므로 주님의 종이 그 교훈으로 경고를 받고,
그것을 지키면, 푸짐한 상을 받을 것이다.
그러나 어느 누가 자기 잘못을 낱낱이 알겠습니까?
미처 깨닫지 못한 죄까지도 깨끗하게 씻어 주십시오.

주님의 종이 죄인 줄 알면서도 고의로 죄를 짓지 않도록 막아 주셔서
죄의 손아귀에 다시는 잡히지 않게 지켜 주십시오.
그 때에야 나는 온전하게 되어서,
모든 끔찍한 죄악을 벗어 버릴 수 있을 것입니다.

나의 반석이시요 구원자이신 주님, 내 입의 말과 내 마음의 생각이
언제나 주님의 마음에 들기를 바랍니다.

감사드림
오 하나님, 주님께서는 우리에게 온갖 족한 은혜를 주셨습니다.
그러므로 우리는 모든 일에 언제나, 쓸 것을 넉넉하게 가지게 되어서,
온갖 선한 일을 얼마든지 할 수 있습니다.
(자유롭게 감사의 기도를 드립니다)
주님께서 가난한 사람들에게 아낌없이 뿌려 주셨으니,
주님의 의가 영원히 있습니다. 아멘.

찬송
주님의 귀한 말씀은 (찬송가 206)

고백
오 하나님, 우리가 하나님의 택하심을 입은 거룩한 사람답게, 동정심과 친절함과
겸손함과 온유함과 오래 참음으로 옷 입혀 주십시오.
그리고 이 모든 것 위에 사랑을 더해 주십시오.

(침묵기도)
주님께서 우리를 용서하신 것처럼 우리도 용서하게 해주십시오.
그리스도의 평화로 여러분의 마음을 다스리십시오. 아멘.

제자로 부르심

친구들이여, 우리가 말과 혀로만 사랑하지 말고, 행동과 진실함으로 사랑합시다. 우리가 아는 것은 곧 참된 자 곧 그의 아들 예수 그리스도안에 있는 것입니다.

사도행전 11:19-26

스데반에게 가해진 박해 때문에 흩어진 사람들이 페니키아와 키프로스와 안디옥까지 가서, 유대 사람들에게만 말씀을 전하였다. 그런데 그들 가운데는 키프로스 사람과 구레네 사람 몇이 있었는데, 그들은 안디옥에 이르러서, 그리스 사람들에게도 말을 하여 주 예수를 전하였다. 주님의 손이 그들과 함께 하시니, 수많은 사람이 믿고 주님께로 돌아왔다. 예루살렘 교회가 이 소식을 듣고서, 바나바를 안디옥으로 보냈다. 바나바가 가서, 하나님의 은혜가 내린 것을 보고 기뻐하였고, 모든 사람에게 굳센 마음으로 주님을 의지하라고 권하였다. 바나바는 착한 사람이요, 성령과 믿음이 충만한 사람이었다. 그래서 많은 사람이 주님께로 나아왔다. 바나바는 사울을 찾으려고 다소로 가서, 그를 만나 안디옥으로 데려왔다. 두 사람은 일 년 동안 줄곧 거기에 머물면서, 교회에서 모임을 가지고, 많은 사람을 가르쳤다. 제자들은 안디옥에서 처음으로 '그리스도인'이라고 불리었다.

고린도후서 8:16-19

여러분을 위한 나의 열성과 똑같은 열성을 디도의 마음에 주신 하나님께 나는 감사를 드립니다. 그는 우리의 청을 받아들였을 뿐만 아니라, 더욱 열심을 내어서, 자진하여 여러분에게로 갔습니다. 우리는 그와 함께 형제 한 사람을 보냈습니다. 이 형제는 복음을 전하는 일로 모든 교회에서 칭찬이 자자한 사람입니다. 그뿐만 아니라, 그는 여러 교회가 우리의 여행 동반자로 뽑아 세운 사람이며, 우리가 수행하고 있는 이 은혜로운 일을 돕는 사람입니다. 우리는 주님의 영광을 드러내고, 우리의 좋은 뜻을 이루려고 이 일을 합니다.

묵상한 말씀을 나눈다.

찬송
주와 같이 길 가는 것 (찬송가 430)
주 예수 안에서 동서나 남북이

데살로니가전서 5:16~24

기도로 부르심

사람의 마음을 꿰뚫어 보시는 하나님께서는,
성령의 생각이 어떠한지를 아십니다.
성령께서 하나님의 뜻을 따라,
성도를 대신하여 간구하시기 때문입니다.

풍요롭게 채워주시는 하나님, 주님의 영이 주님의 백성에게 선물을 부어주십니다.
주님, 주님의 자비하심으로, 우리의 기도를 들어주소서

주님의 은혜로 환난 가운데에서도 기뻐합니다.
우리 자신과 사랑하는 이들을 위해 기도합니다.
(합심기도) 주님, 주님의 자비하심으로, 우리의 기도를 들어주소서

주님은 우리가 궁핍한 자를 돌보기를 원하십니다.
우리 공동체와 이웃을 위해 기도합니다.
(합심기도) 주님, 주님의 자비하심으로, 우리의 기도를 들어주소서

주님께서 우리가 굳건히 서서 주님의 길을 따르도록 인도해주십니다.

이 땅의 모든 교회의 하나됨을 위하여 기도합니다.
(합심기도) 주님, 주님의 자비하심으로, 우리의 기도를 들어주소서

주님은 의인의 길을 인정하십니다.
주님의 나라와 그 뜻이 이 땅에서도 임할 수 있도록 세계를 위하여 기도합니다.
(합심기도) 주님, 주님의 자비하심으로, 우리의 기도를 들어주소서

우리 안의 다른 염려를 맡기어 드립니다.
(합심기도) 주님, 주님의 자비하심으로, 우리의 기도를 들어주소서

아낌없이 주시는 하나님, 주님은 그 어떤 것도 주시기를 주저하지 않으시고
주님께서 지으신 자에게 성령을 부어주십니다.
주님처럼 가난한 자를 향해 자비를 베풀도록
우리의 돌과 같이 굳은 마음을 변화시켜주십시오.
예수님을 따르는 제자로서 그리스도께서 가르치신 대로 기도합니다.

(주기도문) 하늘에 계신 우리 아버지 …

축도
주 예수 그리스도의 은혜와 하나님의 사랑과
성령의 사귐이 우리 모두와 함께 하기를 기도합니다. 아멘.

악은 어떤 모양이라도 버리라

성령강림2 목요일 아침

여는 말

성령을 소멸하지 마십시오.
예언을 멸시하지 마십시오.
모든 것을 분간하고,
좋은 것을 굳게 잡으십시오.
갖가지 모양의 악을 멀리 하십시오.
평화의 하나님께서 우리를 완전히 거룩하게 해주시기를 빕니다.

찬양으로 부르심

주님 안에서 항상 기뻐하십시오.
다시 말합니다. 기뻐하십시오.

처음부터 계셨고 …

시편 119:97-104

내가 주님의 법을 얼마나 사랑하는지,
온종일 그것만을 깊이 생각합니다.
주님의 계명이 언제나 나와 함께 있으므로,
그 계명으로 주님께서는 나를 내 원수들보다 더 지혜롭게 해주십니다.
내가 주님의 증거를 늘 생각하므로,
내가 내 스승들보다도 더 지혜롭게 되었습니다.
내가 주님의 법도를 따르므로,

노인들보다도 더 슬기로워졌습니다.
주님의 말씀을 지키려고,
나쁜 길에서 내 발길을 돌렸습니다.
주님께서 나를 가르치셨으므로,
나는 주님의 규례들에서 어긋나지 않았습니다.
주님의 말씀의 맛이 내게 어찌 그리도 단지요?
내 입에는 꿀보다 더 답니다.
주님의 법도로 내가 슬기로워지니,
거짓된 길은 어떤 길이든지 미워합니다.

감사드림

오 하나님, 언제나 모든 일에 우리 주 예수 그리스도의 이름으로
하나님 아버지께 감사를 드립니다.
(자유롭게 감사의 기도를 드립니다)
오 주님, 시와 찬미와 신령한 노래로,
마음으로 주님께 노래하며 찬양을 올립니다. 아멘.

찬송

주님의 귀한 말씀은 (찬송가 206)
신자 되기 원합니다 (찬송가 463)

제자로 부르심

우리는 그리스도 예수의 믿음과 사랑으로 들은 건전한 말씀을 본보기로 삼고,
우리 안에 살고 계시는 성령으로 말미암아
그 맡은 바 선한 것을 지키겠습니다.

스가랴 4:1-7

내게 말하는 천사가 다시 와서 나를 깨우는데, 나는 마치 잠에서 깨어난 사람 같았다. 그가 나에게 무엇을 보느냐고 묻기에, 내가 대답하였다. "순금으로 만든 등잔대를 봅니다. 등잔대 꼭대기에는 기름을 담는 그릇이 있고, 그 그릇 가장자리에는 일곱 대롱에 연결된 등잔 일곱 개가 놓여 있습니다. 등잔대 곁에는 올리브 나무 두 그루가 서 있는데, 하나는 등잔대 오른쪽에 있고 다른 하나는 등잔대 왼쪽에 있습니다." 나는 다시 내게 말하는 천사에게 물었다. "천사님, 이것들이 무엇입니까?" 내게 말하는 천사가 나에게, 그것들이 무엇을 가리키는지 모르겠느냐고 묻기에, 천사에게 모르겠다고 대답하였다. 그가 내게 이렇게 말해 주었다. "이것은 주님께서 스룹바벨을 두고 하신 말씀이다. '힘으로도 되지 않고, 권력으로도 되지 않으며, 오직 나의 영으로만 될 것이다.' 만군의 주님께서 말씀하신다. 큰 산아, 네가 무엇이냐? 스룹바벨 앞에서는 평지일 뿐이다. 그가 머릿돌을 떠서 내올 때에, 사람들은 그 돌을 보고서 '아름답다, 아름답다!' 하고 외칠 것이다."

요한복음 20:19-23

그 날, 곧 주간의 첫 날 저녁에, 제자들은 유대 사람들이 무서워서, 문을 모두 닫아걸고 있었다. 그 때에 예수께서 와서, 그들 가운데로 들어서셔서, "너희에게 평화가 있기를!" 하고 인사말을 하셨다. 이 말씀을 하시고 나서, 두 손과 옆구리를 그들에게 보여 주셨다. 제자들은 주님을 보고 기뻐하였다. [예수께서] 다시 그들에게 말씀하셨다. "너희에게 평화가 있기를 빈다. 아버지께서 나를 보내신 것 같이, 나도 너희를 보낸다." 이렇게 말씀하신 다음에, 그들에게 숨을 불어넣으시고 말씀하셨다. "성령을 받아라. 너희가 누구의 죄든지 용서해 주면, 그 죄가 용서될 것이요, 용서해 주지 않으면, 그대로 남아 있을 것이다."

묵상한 말씀을 나눈다.

찬송

형제가 믿고 내가 믿고 함께 기도하면
날 구원하신 예수님 (찬송가 262)

데살로니가전서 5:16~24

기도로 부르심

사랑하는 여러분, 여러분은 가장 거룩한 여러분의 믿음을 터로 삼아서
자기를 건축하고, 성령으로 기도하십시오.
하나님의 사랑 안에 머무르면서 자기를 지키고,
영생으로 인도하는 우리 주 예수 그리스도의 자비를 기다리십시오.

풍요롭게 채워주시는 하나님, 주님의 영이 주님의 백성에게 선물을 부어주십니다.
주님, 주님의 자비하심으로, **우리의 기도를 들어주소서**

주님의 은혜로 우리가 환난 가운데에서도 기뻐합니다.
우리 자신과 사랑하는 이들을 위해 기도합니다.
(합심기도) 주님, 주님의 자비하심으로, **우리의 기도를 들어주소서**

주님은 우리가 궁핍한 자를 돌보기를 원하십니다.
우리 공동체와 이웃을 위해 기도합니다.
(합심기도) 주님, 주님의 자비하심으로, **우리의 기도를 들어주소서**

주님께서 우리가 굳건히 서서 주님의 길을 따르도록 인도해주십니다.
이 땅의 모든 교회의 하나됨을 위하여 기도합니다.
(합심기도) 주님, 주님의 자비하심으로, **우리의 기도를 들어주소서**

주님은 의인의 길을 인정하십니다.

주님의 나라와 그 뜻이 이 땅에서도 임할 수 있도록 세계를 위하여 기도합니다.
(합심기도) 주님, 주님의 자비하심으로, 우리의 기도를 들어주소서

우리 안의 다른 염려를 맡기어 드립니다.
(합심기도) 주님, 주님의 자비하심으로, 우리의 기도를 들어주소서

모든 은혜를 더하여 주시는 하나님,
주님은 주님께서 지으신 모든 피조물과 성령께서 주시는 은사로
우리가 영육 간에 풍성한 삶을 살도록 하십니다.
그러므로 우리가 주님의 길 위에 굳건히 서서,
오늘 날 주님께서 이루시는 일에 참예하며 기뻐할 것입니다.
우리에게 가르쳐주신 예수님의 본을 따라 기도합니다.

(주기도문) 하늘에 계신 우리 아버지 …

강복

성령의 충만함을 받아,
시와 찬송과 신령한 노래로 서로 화답하며,
가슴으로 주님께 노래하며 찬송하십시오.
모든 일에 언제나 우리 주 예수 그리스도의 이름으로
하나님 아버지께 감사를 드리십시오.
아멘.

평화의 하나님이 너희를 거룩하게 하시기를 원하노라

성령강림2 목요일 저녁

여는 말

성령을 소멸하지 마십시오.
예언을 멸시하지 마십시오.
모든 것을 분별하고,
좋은 것을 굳게 잡으십시오.
갖가지 모양의 악을 멀리 하십시오.
평화의 하나님께서 우리를 완전히 거룩하게 해주시기를 빕니다.

찬양으로 부르심

그렇다면 우리가 어떻게 해야 하겠습니까?
영으로 기도하고, 또 깨친 마음으로도 기도해야겠습니다.
우리는 영으로 찬미하고,
또 깨친 마음으로도 찬미하겠습니다.

처음부터 계셨고 …

시편 119:113-120

나는, 두 마음을 품은 자를 미워하지만,
주님의 법은 사랑합니다.
주님은 나의 은신처요, 방패이시니,
주님께서 하신 약속에 내 희망을 겁니다.
악한 일을 하는 자들아, 내게서 떠나가거라.

나는 내 하나님의 계명을 지키겠다.
주님께서 약속하신 대로, 나를 붙들어 살려 주시고,
내 소망을 무색하게 만들지 말아 주십시오.
나를 붙들어 주십시오. 그러면 내가 구원을 얻고,
주님의 율례들을 항상 살피겠습니다.
주님의 율례들에서 떠나는 자를 주님께서 다 멸시하셨으니,
그들의 속임수는 다 헛것입니다.
세상의 모든 악인을 찌꺼기처럼 버리시니,
내가 주님의 증거를 사랑합니다.
이 몸은 주님이 두려워서 떨고,
주님의 판단이 두려워서 또 떱니다.

감사드림

오 하나님, 주님께서는 우리에게 온갖 족한 은혜를 주셨습니다.
그러므로 우리는 모든 일에 언제나, 쓸 것을 넉넉하게 가지게 되어서,
온갖 선한 일을 얼마든지 할 수 있습니다.
(자유롭게 감사의 기도를 드립니다)
주님께서 가난한 사람들에게 아낌없이 뿌려 주셨으니,
주님의 의가 영원히 있습니다. 아멘.

찬송

주님의 귀한 말씀은 (찬송가 206)

고백

오 하나님, 우리가 하나님의 택하심을 입은 거룩한 사람답게,
동정심과 친절함과 겸손함과 온유함과 오래 참음으로 옷 입혀 주십시오.
그리고 이 모든 것 위에 사랑을 더해 주십시오.
(침묵기도)

주님께서 우리를 용서하신 것처럼 우리도 용서하게 해주십시오.
그리스도의 평화로 여러분의 마음을 다스리십시오. 아멘.

제자로 부르심

친구들이여, 우리가 말과 혀로만 사랑하지 말고, 행동과 진실함으로 사랑합시다. 우리가 아는 것은 곧 참된 자 곧 그의 아들 예수 그리스도안에 있는 것입니다.

사도행전 13:1-5

안디옥 교회에 예언자들과 교사들이 있었는데, 그들은 바나바와 니게르라고 하는 시므온과, 구레네 사람 루기오와 분봉왕 헤롯과 더불어 어릴 때부터 함께 자란 마나엔과 사울이다. 그들이 주님께 예배하며 금식하고 있을 때에, 성령이 그들에게 말씀하셨다. "너희는 나를 위해서 바나바와 사울을 따로 세워라. 내가 그들에게 맡기려 하는 일이 있다." 그래서 그들은 금식하고 기도한 뒤에, 두 사람에게 안수를 하여 떠나보냈다.
바나바와 사울은, 성령이 가라고 보내시므로, 실루기아로 내려가서, 거기에서 배를 타고 키프로스로 건너갔다. 그들은 살라미에 이르러서, 유대 사람의 여러 회당에서 하나님의 말씀을 전하였다. 그들은 요한도 또한 조수로 데리고 있었다.

고린도후서 8:20-24

우리가 맡아서 봉사하고 있는 이 많은 헌금을 두고, 아무도 우리를 비난하지 못하게 하려고, 우리는 조심합니다. 우리는 주님 앞에서뿐만 아니라, 사람들 앞에서도, 좋은 일을 바르게 하려고 합니다. 우리는 그들과 함께 또 형제 한 사람을 보냈습니다. 그가 모든 일에 열성이 있음을 우리는 여러 번 확인하였습니다. 지금 그는 여러분을 크게 신뢰하고 있으므로, 더욱더 열심을 내고 있을 것입니다. 디도로 말하면, 그는 내 동료요, 여러분을 위한 내 동역자입니다. 그리고 그와 같이 간 우리 형제들로 말하면, 그들은 여러 교회의 심부름꾼들이요, 그리스도의 영광입니다. 그러므로 여러분은 그들에게 여러분의 사랑을 보여 주십시오. 그리하면 그들을 파송한 교회들이 그것을 보고서, 우리가 그들에게 여러분을 자랑한 것이 참된 것이었음을 확인할 것입니다.

묵상한 말씀을 나눈다.

찬송
읽은 성경말씀에 맞는 찬송을 선택하여 부른다.

데살로니가전서 5:16~24

기도로 부르심

사람의 마음을 꿰뚫어 보시는 하나님께서는,
성령의 생각이 어떠한지를 아십니다.
성령께서 하나님의 뜻을 따라,
성도를 대신하여 간구하시기 때문입니다.

풍요롭게 채워주시는 하나님, 주님의 영이 주님의 백성에게 선물을 부어주십니다.
주님, 주님의 자비하심으로, 우리의 기도를 들어주소서
주님의 은혜로 환난 가운데에서도 기뻐합니다.

우리 자신과 사랑하는 이들을 위해 기도합니다.
(합심기도) 주님, 주님의 자비하심으로, **우리의 기도를 들어주소서**

주님은 우리가 궁핍한 자를 돌보기를 원하십니다.
우리 공동체와 이웃을 위해 기도합니다.
(합심기도) 주님, 주님의 자비하심으로, **우리의 기도를 들어주소서**

주님께서 우리가 굳건히 서서 주님의 길을 따르도록 인도해주십니다.
이 땅의 모든 교회의 하나됨을 위하여 기도합니다.

(합심기도) 주님, 주님의 자비하심으로, 우리의 기도를 들어주소서

주님은 의인의 길을 인정하십니다.
주님의 나라와 그 뜻이 이 땅에서도 임할 수 있도록 세계를 위하여 기도합니다.
(합심기도) 주님, 주님의 자비하심으로, 우리의 기도를 들어주소서

우리 안의 다른 염려를 맡기어 드립니다.
(합심기도) 주님, 주님의 자비하심으로, 우리의 기도를 들어주소서

아낌없이 주시는 하나님, 주님은 그 어떤 것도 주시기를 주저하지 않으시고
주님께서 지으신 자에게 성령을 부어주십니다.
주님처럼 가난한 자를 향해 자비를 베풀도록
우리의 돌과 같이 굳은 마음을 변화시켜주십시오.
예수님을 따르는 제자로서 그리스도께서 가르치신 대로 기도합니다.

(주기도문) *하늘에 계신 우리 아버지 …*

축도

인내심과 위로를 주시는 하나님께서,
우리가 그리스도 예수를 본받아 서로 조화롭게 살도록 하셨습니다.
그러므로 우리가 모두 한 입으로
하나님 곧 우리 주 예수 그리스도의 아버지께 영광을 돌립니다.
아멘.

너희의 온 영과 혼과 몸이 온전히 보전되기를 원하노라

성령강림2 금요일 아침

여는 말

평화의 하나님께서 친히 여러분을 완전히 거룩하게 해 주시고,
우리 주 예수 그리스도께서 오실 때에
여러분의 영과 혼과 몸을 흠이 없이 완전하게 지켜 주시기를 빕니다.

찬양으로 부르심

주님 안에서 항상 기뻐하십시오.
다시 말합니다. 기뻐하십시오.

처음부터 계셨고 …

시편 119:129-136

주님의 증거가 너무 놀라워서, 내가 그것을 지킵니다.
주님의 말씀을 열면, 거기에서 빛이 비치어
우둔한 사람도 깨닫게 합니다.
내가 주님의 계명을 사모하므로,
입을 벌리고 헐떡입니다.
주님의 이름을 사랑하는 사람에게 하시듯이
주님의 얼굴을 내게로 돌리셔서, 나에게 은혜를 베풀어 주십시오.
내 걸음걸이를 주님의 말씀에 굳게 세우시고,
어떠한 불의도 나를 지배하지 못하게 해주십시오.
사람들의 억압에서 나를 건져 주십시오.

그러시면 내가 주님의 법도를 지키겠습니다.

주님의 종에게 주님의 밝은 얼굴을 보여 주시고,

주님의 율례들을 내게 가르쳐 주십시오.

사람들이 주님의 법을 지키지 않으니,

내 눈에서 눈물이 시냇물처럼 흘러내립니다.

감사드림

오 하나님, 언제나 모든 일에 우리 주 예수 그리스도의 이름으로

하나님 아버지께 감사를 드립니다.

(자유롭게 감사의 기도를 드립니다)

오 주님, 시와 찬미와 신령한 노래로,

마음으로 주님께 노래하며 찬양을 올립니다. 아멘.

찬송

주의 귀한 말씀은 (찬송가 206)

신앙고백

우리가 잘 아는 인간 나사렛 예수

우리 가운데 오셔서 기사와 이적과 놀라운 능력으로

하나님이 함께 계심을 드러내시기 위해 하나님에 의해 보내심을 받은 분

하나님의 목적과 예지를 따라 무법자의 손에 의해 십자가에 달려 돌아가신 분

그러나 끔찍한 죽음에 머물러 계실 수 없어 다시 살아나신 분

이 예수를 하나님께서 다시 일으키사 우리 모두의 주가 되시고

우리 삶의 증거가 되신 분

그리하여 높으신 하나님 우편에 앉아계시며

약속의 성령을 보내주신 분

그 성령으로 우리가 보고 듣도록 축복을 주시는 분

제자로 부르심

우리는 그리스도 예수의 믿음과 사랑으로 들은 건전한 말씀을 본보기로 삼고,
우리 안에 살고 계시는 성령으로 말미암아
그 맡은 바 선한 것을 지키겠습니다.

이사야 59:21

주님께서 말씀하신다. "내가 그들과 맺은 나의 언약은 이러하다. 너의 위에 있는 나의 영과 너의 입에 담긴 나의 말이, 이제부터 영원토록, 너의 입과 너의 자손의 입과 또 그 자손의 자손의 입에서 떠나지 않을 것이다." 주님께서 하신 말씀이다.

사도행전 19:1-7

아볼로가 고린도에 있는 동안에, 바울은 높은 지역들을 거쳐서, 에베소에 이르렀다. 거기서 그는 몇몇 제자를 만나서, "여러분은 믿을 때에, 성령을 받았습니까?" 하고 물었다. 그들은 "우리는 성령이 있다는 말을 들어보지도 못하였습니다" 하고 대답하였다. 바울이 다시 물었다. "그러면 여러분은 무슨 세례를 받았습니까?" 그들이 "요한의 세례를 받았습니다" 하고 대답하니 바울이 말하였다. "요한은 백성들에게 자기 뒤에 오시는 이 곧 예수를 믿으라고 말하면서, 회개의 세례를 주었습니다." 이 말을 듣고, 그들은 주 예수의 이름으로 세례를 받았다. 그리고 바울이 그들에게 손을 얹으니, 성령이 그들에게 내리셨다. 그래서 그들은 방언으로 말하고 예언을 했는데, 모두 열두 사람쯤 되었다.

묵상한 말씀을 나눈다.

찬송

성령이여 강림하사 (찬송가 190)

데살로니가전서 5:16~24

기도로 부르심

사랑하는 여러분, 여러분은 가장 거룩한 여러분의 믿음을 터로 삼아서
자기를 건축하고, 성령으로 기도하십시오.
하나님의 사랑 안에 머무르면서 자기를 지키고,
영생으로 인도하는 우리 주 예수 그리스도의 자비를 기다리십시오.

풍요롭게 채워주시는 하나님, 주님의 영이 주님의 백성에게 선물을 부어주십니다.
주님, 주님의 자비하심으로, 우리의 기도를 들어주소서

주님의 은혜로 우리가 환난 가운데에서도 기뻐합니다.
우리 자신과 사랑하는 이들을 위해 기도합니다.
(합심기도) 주님, 주님의 자비하심으로, 우리의 기도를 들어주소서

주님은 우리가 궁핍한 자를 돌보기를 원하십니다.
우리 공동체와 이웃을 위해 기도합니다.
(합심기도) 주님, 주님의 자비하심으로, 우리의 기도를 들어주소서

주님께서 우리가 굳건히 서서 주님의 길을 따르도록 인도해주십니다.
이 땅의 모든 교회의 하나됨을 위하여 기도합니다.
(합심기도) 주님, 주님의 자비하심으로, 우리의 기도를 들어주소서

주님은 의인의 길을 인정하십니다.
주님의 나라와 그 뜻이 이 땅에서도 임할 수 있도록 세계를 위하여 기도합니다.
(합심기도) 주님, 주님의 자비하심으로, 우리의 기도를 들어주소서

우리 안의 다른 염려를 맡기어 드립니다.
(합심기도) 주님, 주님의 자비하심으로, 우리의 기도를 들어주소서

모든 은혜를 더하여 주시는 하나님,
주님은 주님께서 지으신 모든 피조물과 성령께서 주시는 은사로
우리가 영육 간에 풍성한 삶을 살도록 하십니다.
그러므로 우리가 주님의 길 위에 굳건히 서서,
오늘 날 주님께서 이루시는 일에 참예하며 기뻐할 것입니다.
우리에게 가르쳐주신 예수님의 본을 따라 기도합니다.

(주기도문) 하늘에 계신 우리 아버지 …

강복

여러분은 부르심을 받았으니,
그 부르심에 합당하게 살아가십시오.
겸손함과 온유함으로 깍듯이 대하십시오.
오래 참음으로써 사랑으로 서로 용납하십시오.
성령이 여러분을 평화의 띠로 묶어서,
하나가 되게 해 주신 것을 힘써 지키십시오.
아멘.

우리 주 예수 그리스도께서 오실 때에

성령강림2 금요일 저녁

여는 말

평화의 하나님께서 친히, 우리를 완전히 거룩하게 해 주시고,
우리 주 예수 그리스도께서 오실 때에
우리의 영과 혼과 몸을 흠이 없이 완전하게 지켜 주시기를 빕니다.

찬양으로 부르심

그렇다면 우리가 어떻게 해야 하겠습니까?
영으로 기도하고, 또 깨친 마음으로도 기도해야겠습니다.
우리는 영으로 찬미하고,
또 깨친 마음으로도 찬미하겠습니다.

처음부터 계셨고 …

시편 119:145-152

온 마음을 다하여 부르짖으니, 주님, 나에게 응답하여 주십시오.
내가 주님의 율례들을 굳게 지키겠습니다.
내가 주님을 불렀으니, 나를 구원하여 주십시오.
내가 주님의 증거를 지키겠습니다.
주님의 말씀을 갈망하여
날이 밝기도 전에 일어나서 울부짖으며,
주님의 말씀 묵상하다가,
뜬눈으로 밤을 지새웁니다.

주님, 주님의 인자하심을 따라 내 간구를 들어주십시오.
주님, 주님의 규례를 따라 나를 살려 주십시오.
악을 따르는 자가 가까이 왔습니다.
그들은 주님의 법과 거리가 먼 자들입니다.
그러나 주님, 주님께서 나에게 가까이 계시니,
주님의 계명은 모두 다 진실합니다.
주님께서 영원한 증거를 주셨습니다.
나는 그 증거를 오래 전부터 잘 알고 있었습니다.

감사드림
오 하나님, 주님께서는 우리에게 온갖 족한 은혜를 주셨습니다.
그러므로 우리는 모든 일에 언제나, 쓸 것을 넉넉하게 가지게 되어서,
온갖 선한 일을 얼마든지 할 수 있습니다.
(자유롭게 감사의 기도를 드립니다)
주님께서 가난한 사람들에게 아낌없이 뿌려 주셨으니,
주님의 의가 영원히 있습니다. 아멘.

찬송
주 찬양합니다

고백
오 하나님, 우리가 하나님의 택하심을 입은 거룩한 사람답게, 동정심과 친절함과 겸손함과 온유함과 오래 참음으로 옷 입혀 주십시오.
그리고 이 모든 것 위에 사랑을 더해 주십시오.
(침묵기도)
주님께서 우리를 용서하신 것처럼 우리도 용서하게 해주십시오.
그리스도의 평화로 여러분의 마음을 다스리십시오. 아멘.

제자로 부르심

친구들이여, 우리가 말과 혀로만 사랑하지 말고, 행동과 진실함으로 사랑합시다. 우리가 아는 것은 곧 참된 자 곧 그의 아들 예수 그리스도안에 있는 것입니다.

사도행전 21:7-14

우리는 두로에서 출항하여, 항해를 끝마치고 돌레마이에 이르렀다. 거기서 우리는 신도들에게 인사하고, 그들과 함께 하루를 지냈다. 이튿날 우리는 그 곳을 떠나서, 가이사랴에 이르렀다. 일곱 사람 가운데 한 사람인 전도자 빌립의 집에 들어가서, 그와 함께 머물게 되었다. 이 사람에게는 예언을 하는 처녀 딸이 넷 있었다. 우리가 여러 날 머물러 있는 동안에, 아가보라는 예언자가 유대에서 내려와, 우리에게 와서, 바울의 허리띠를 가져다가, 자기 손과 발을 묶고서 말하였다. "유대 사람이 예루살렘에서 이 허리띠 임자를 이와 같이 묶어서 이방 사람의 손에 넘겨 줄 것이라고, 성령이 말씀하십니다."

이 말을 듣고, 그 곳 사람들과 함께 우리는, 바울에게 예루살렘으로 올라가지 말라고 간곡히 만류하였다. 그 때에 바울이 대답하였다. "왜들 이렇게 울면서, 내 마음을 아프게 하십니까? 나는 주 예수의 이름을 위해서, 예루살렘에서 결박을 당할 것뿐만 아니라, 죽을 것까지도 각오하고 있습니다." 바울이 우리의 만류를 받아들이지 않으므로, 우리는 "주님의 뜻이 이루어지기를 빕니다" 하고는 더 말하지 않았다.

고린도후서 9:5-7

그러므로 나는 그 형제들에게 청하여, 나보다 먼저 여러분에게로 가서, 여러분이 전에 약속한 선물을 준비해 놓게 하는 것이 필요하다고 생각하였습니다. 이렇게 해서 이 선물은, 마지못해서 낸 것이 아니라 기쁜 마음으로 마련한 것이 됩니다. 요점은 이러합니다. 적게 심는 사람은 적게 거두고, 많이 심는 사람은 많이 거둡니다. 각자 마음에 정한 대로 해야 하고, 아까워하면서 내거나, 마지못해서 하는 일은 없어야 합니다. 하나님께서는 기쁜 마음으로 내는 사람을 사랑하십니다.

묵상한 말씀을 나눈다.

찬송
비둘기 같이 온유한 (찬송가 187)
순종하라

데살로니가전서 5:16~24

기도로 부르심

사람의 마음을 꿰뚫어 보시는 하나님께서는,
성령의 생각이 어떠한지를 아십니다.
성령께서 하나님의 뜻을 따라,
성도를 대신하여 간구하시기 때문입니다.

풍요롭게 채워주시는 하나님, 주님의 영이 주님의 백성에게 선물을 부어주십니다.
주님, 주님의 자비하심으로, 우리의 기도를 들어주소서

주님의 은혜로 환난 가운데에서도 기뻐합니다.
우리 자신과 사랑하는 이들을 위해 기도합니다.
(합심기도) 주님, 주님의 자비하심으로, **우리의 기도를 들어주소서**

주님은 우리가 궁핍한 자를 돌보기를 원하십니다.
우리 공동체와 이웃을 위해 기도합니다.
(합심기도) 주님, 주님의 자비하심으로, **우리의 기도를 들어주소서**

주님께서 우리가 굳건히 서서 주님의 길을 따르도록 인도해주십니다.
이 땅의 모든 교회의 하나됨을 위하여 기도합니다.

(합심기도) 주님, 주님의 자비하심으로, 우리의 기도를 들어주소서

주님은 의인의 길을 인정하십니다.
주님의 나라와 그 뜻이 이 땅에서도 임할 수 있도록 세계를 위하여 기도합니다.
(합심기도) 주님, 주님의 자비하심으로, 우리의 기도를 들어주소서

우리 안의 다른 염려를 맡기어 드립니다.
(합심기도) 주님, 주님의 자비하심으로, 우리의 기도를 들어주소서

아낌없이 주시는 하나님, 주님은 그 어떤 것도 주시기를 주저하지 않으시고
주님께서 지으신 자에게 성령을 부어주십니다.
주님처럼 가난한 자를 향해 자비를 베풀도록
우리의 돌과 같이 굳은 마음을 변화시켜주십시오.
예수님을 따르는 제자로서 그리스도께서 가르치신 대로 기도합니다.

(주기도문) 하늘에 계신 우리 아버지 …

축도

주님은 영이십니다.
주님의 영이 계신 곳에는 자유가 있습니다.
우리는 모두 너울을 벗어버리고, 주님의 영광을 바라봅니다.
이렇게 해서, 우리는 주님과 같은 모습으로 변화하여,
점점 더 큰 영광에 이르게 됩니다.
이것은 영이신 주님께서 하시는 일입니다.
아멘.

너희를 부르시는 이는 미쁘시니

성령강림2 토요일 아침

여는 말

평화의 하나님께서 친히, 여러분을 완전히 거룩하게 해 주시고,
우리 주 예수 그리스도께서 오실 때에
여러분의 영과 혼과 몸을 흠이 없이 완전하게 지켜 주시기를 빕니다.
여러분을 부르시는 분은 신실하시니, 이 일을 또한 이루실 것입니다.

찬양으로 부르심

주님 안에서 항상 기뻐하십시오.
다시 말합니다. 기뻐하십시오.

처음부터 계셨고 …

시편 119:161-168

권력자는 이유 없이 나를 핍박하지만,
내 마음이 두려워하는 것은 주님의 말씀뿐입니다.
많은 전리품을 들고 나오는 자들이 즐거워하듯이, 나는 주님의 말씀을 즐거워합니다.
나는 거짓은 미워하고 싫어하지만, 주님의 법은 사랑합니다.
주님의 공의로운 규례들을 생각하면서,
내가 하루에도 일곱 번씩 주님을 찬양합니다.
주님의 법을 사랑하는 사람에게는 언제나 평안이 깃들고,
그들에게는 아무런 장애물이 없습니다.
주님, 내가 주님의 구원을 기다리며, 주님의 계명들을 따릅니다.

내가 주님의 증거를 지키고, 그 증거를 매우 사랑합니다.
내가 가는 길을 주님께서 모두 아시니, 내가 주님의 증거와 법도를 지킵니다.

감사드림
오 하나님, 언제나 모든 일에 우리 주 예수 그리스도의 이름으로
하나님 아버지께 감사를 드립니다.
(자유롭게 감사의 기도를 드립니다)
오 주님, 시와 찬미와 신령한 노래로,
마음으로 주님께 노래하며 찬양을 올립니다. 아멘.

찬송
순종하라
주님의 귀한 말씀은 (찬송가 206)

신앙고백
우리가 잘 아는 인간 나사렛 예수
우리 가운데 오셔서 기사와 이적과 놀라운 능력으로
하나님이 함께 계심을 드러내시기 위해 하나님에 의해 보내심을 받은 분
하나님의 목적과 예지를 따라 무법자의 손에 의해 십자가에 달려 돌아가신 분
그러나 끔찍한 죽음에 머물러 계실 수 없어 다시 살아나신 분
이 예수를 하나님께서 다시 일으키사 우리 모두의 주가 되시고
우리 삶의 증거가 되신 분
그리하여 높으신 하나님 우편에 앉아계시며 약속의 성령을 보내주신 분
그 성령으로 우리가 보고 듣도록 축복을 주시는 분

제자로 부르심
우리는 그리스도 예수 안에 있는 믿음과 사랑으로 들은

건전한 말씀을 본보기로 삼고,
우리 안에 살고 계시는 성령으로 말미암아 그 맡은 바 선한 것을 지키겠습니다.

출애굽기 34:4-8

모세는 주님께서 그에게 명하신 대로, 돌판 두 개를 처음 것과 같이 깎았다. 이튿날 아침에 일찍 일어나서, 그는 두 돌판을 손에 들고 시내 산으로 올라갔다. 그 때에 주님께서 구름에 싸여 내려오셔서, 그와 함께 거기에 서서, 거룩한 이름 '주'를 선포하셨다. 주님께서 모세의 앞으로 지나가시면서 선포하셨다.
"주, 나 주는 자비롭고 은혜로우며, 노하기를 더디하고, 한결같은 사랑과 진실이 풍성한 하나님이다. 수천 대에 이르기까지, 한결같은 사랑을 베풀며, 악과 허물과 죄를 용서하는 하나님이다. 그러나 나는 죄를 벌하지 않은 채 그냥 넘기지는 아니한다. 아버지가 죄를 지으면, 본인에게 뿐만 아니라 삼사 대 자손에게까지 벌을 내린다." 모세가 급히 땅에 엎드려서 경배하였다.

사도행전 20:16-24

이런 행로를 취한 것은, 바울이 아시아에서 시간을 허비하지 않으려고, 에베소에 들르지 않기로 작정하였기 때문이다. 그는 할 수 있는 대로, 오순절까지는 예루살렘에 도착하려고 서둘렀던 것이다. 바울이 밀레도에서 에베소로 사람을 보내어, 교회 장로들을 불렀다. 장로들이 오니, 바울이 그들에게 말하였다.
"여러분은, 내가 아시아에 발을 들여놓은 첫날부터, 여러분과 함께 그 모든 시간을 어떻게 지내왔는지를 잘 아십니다. 나는 겸손과 많은 눈물로, 주님을 섬겼습니다. 그러는 가운데 나는 또, 유대 사람들의 음모로 내게 덮친 온갖 시련을 겪었습니다. 나는 또한 유익한 것이면 빼놓지 않고 여러분에게 전하고, 공중 앞에서나 각 집에서 여러분을 가르쳤습니다. 나는 유대 사람에게나 그리스 사람에게나 똑같이, 회개하고 하나님께로 돌아올 것과 우리 주 예수를 믿을 것을, 엄숙히 증언하였습니다. 보십시오. 이제 나는 성령에 매여서, 예루살렘으로 가는 길입니다. 거기서 무슨 일이 내게 닥칠지, 나는 모릅니다. 다만 내가 아는 것은, 성령이 내게 일러주시는 것뿐인데, 어느 도시에서든지, 투옥과 환난이 나를 기다리고 있다는 것입니다. 그러나 내가 나의 달려갈 길을 다 달리고, 주 예수께 받은 사명, 곧 하나님의 은혜의 복음을 증언하는 일을 다하기만 하면, 나는 내 목숨이 조금도 아깝지 않습니다.

묵상한 말씀을 나눈다.

찬송
내 영혼아 찬양하라 (찬송가 65)
다 감사 드리세 (찬송가 66)
누가 주를 따라 (찬송가 459)

데살로니가전서 5:16~24

기도로 부르심

사랑하는 여러분, 여러분은 가장 거룩한 여러분의 믿음을 터로 삼아서
자기를 건축하고, 성령으로 기도하십시오.
하나님의 사랑 안에 머무르면서 자기를 지키고,
영생으로 인도하는 우리 주 예수 그리스도의 자비를 기다리십시오.

풍요롭게 채워주시는 하나님, 주님의 영이 주님의 백성에게 선물을 부어주십니다.
주님, 주님의 자비하심으로, 우리의 기도를 들어주소서

주님의 은혜로 우리가 환난 가운데에서도 기뻐합니다.
우리 자신과 사랑하는 이들을 위해 기도합니다.
(합심기도) 주님, 주님의 자비하심으로, 우리의 기도를 들어주소서

주님은 우리가 궁핍한 자를 돌보기를 원하십니다.

우리 공동체와 이웃을 위해 기도합니다.
(합심기도) 주님, 주님의 자비하심으로, **우리의 기도를 들어주소서**

주님께서 우리가 굳건히 서서 주님의 길을 따르도록 인도해주십니다.
이 땅의 모든 교회의 하나됨을 위하여 기도합니다.
(합심기도) 주님, 주님의 자비하심으로, **우리의 기도를 들어주소서**

주님은 의인의 길을 인정하십니다.
주님의 나라와 그 뜻이 이 땅에서도 임할 수 있도록 세계를 위하여 기도합니다.
(합심기도) 주님, 주님의 자비하심으로, **우리의 기도를 들어주소서**

우리 안의 다른 염려를 맡기어 드립니다.
(합심기도) 주님, 주님의 자비하심으로, **우리의 기도를 들어주소서**

모든 은혜를 더하여 주시는 하나님,
주님은 주님께서 지으신 모든 피조물과 성령께서 주시는 은사로
우리가 영육 간에 풍성한 삶을 살도록 하십니다.
그러므로 우리가 주님의 길 위에 굳건히 서서,
오늘 날 주님께서 이루시는 일에 참예하며 기뻐할 것입니다.
우리에게 가르쳐주신 예수님의 본을 따라 기도합니다.

(주기도문) 하늘에 계신 우리 아버지 …

강복
어떻게 말할까, 또는 무엇을 말할까 걱정하지 마십시오.
여러분이 무슨 말을 해야 할지, 그 때에 지시를 받을 것입니다.
말하는 이는 여러분이 아니라,
여러분 안에서 말씀하시는 아버지의 성령이십니다. 아멘.

그가 또한 이루시리라

성령강림2 토요일 저녁

여는 말

평화의 하나님께서 친히, 여러분을 완전히 거룩하게 해 주시고,
우리 주 예수 그리스도께서 오실 때에
여러분의 영과 혼과 몸을 흠이 없이 완전하게 지켜 주시기를 빕니다.
여러분을 부르시는 분은 신실하시니, 이 일을 또한 이루실 것입니다.

찬양으로 부르심

그렇다면 우리가 어떻게 해야 하겠습니까?
영으로 기도하고, 또 깨친 마음으로도 기도해야겠습니다.
우리는 영으로 찬미하고, 또 깨친 마음으로도 찬미하겠습니다.

처음부터 계셨고 …

시편 119:169-176

주님, 나의 부르짖음이 주님 앞에 이르게 해주시고,
주님의 말씀으로 나를 깨우쳐 주십시오.
나의 애원이 주님께 이르게 해주시고,
주님께서 약속하신 말씀대로 나를 건져 주십시오.
주님께서 주님의 율례들을 나에게 가르치시니,
내 입술에서는 찬양이 쏟아져 나옵니다.
주님의 계명들은 모두 의로우니, 내 혀로 주님께서 주신 말씀을 노래하겠습니다.
내가 주님의 법도를 택하였으니, 주님께서 손수 나를 돕는 분이 되어 주십시오.

주님, 내가 주님의 구원을 간절히 기다리니, 주님의 법이 나의 기쁨입니다.
나를 살려 주셔서, 주님을 찬양하게 해주시고,
주님의 규례로 나를 도와주십시오.
나는 길을 잃은 양처럼 방황하고 있습니다. 오셔서, 주님의 종을 찾아 주십시오.
나는 주님의 계명을 잊은 적이 없습니다.

감사드림
오 하나님, 주님께서는 우리에게 온갖 족한 은혜를 주셨습니다.
그러므로 우리는 모든 일에 언제나, 쓸 것을 넉넉하게 가지게 되어서,
온갖 선한 일을 얼마든지 할 수 있습니다.
(자유롭게 감사의 기도를 드립니다)
주님께서 가난한 사람들에게 아낌없이 뿌려 주셨으니,
주님의 의가 영원히 있습니다. 아멘.

찬송
주 우리 하나님 (찬송가 14)

고백
오 하나님, 우리가 하나님의 택하심을 입은 거룩한 사람답게,
동정심과 친절함과 겸손함과 온유함과 오래 참음으로 옷 입혀 주십시오.
그리고 이 모든 것 위에 사랑을 더해 주십시오.
(침묵기도) 주님께서 우리를 용서하신 것처럼 우리도 용서하게 해주십시오.
그리스도의 평화로 여러분의 마음을 다스리십시오. 아멘.

제자로 부르심
친구들이여, 우리가 말과 혀로만 사랑하지 말고, 행동과 진실함으로 사랑합시다.
우리가 아는 것은 곧 참된 자 곧 그의 아들 예수 그리스도안에 있는 것입니다.

사도행전 20:25-32

나는 여러분 가운데로 들어가서, 그 나라를 선포하였습니다. 그런데 이제 나는 여러분 모두가 내 얼굴을 다시는 보지 못하리라는 것을 알고 있습니다. 그러므로 나는 오늘 여러분에게 엄숙하게 증언합니다. 여러분 가운데서 누가 구원을 받지 못하는 일이 있더라도, 내게는 아무런 책임이 없습니다. 그것은, 내가 주저하지 않고 여러분들에게 하나님의 모든 경륜을 전해 주었기 때문입니다. 여러분은 자기 자신을 잘 살피고 양 떼를 잘 보살피십시오. 성령이 여러분을 양 떼 가운데에 감독으로 세우셔서, 하나님께서 자기 아들의 피로 사신 교회를 돌보게 하셨습니다. 내가 떠난 뒤에, 사나운 이리들이 여러분 가운데로 들어와서, 양 떼를 마구 해하리라는 것을 나는 압니다. 바로 여러분 가운데서도, 제자들을 이탈시켜서 자기를 따르게 하려고, 어그러진 것을 말하는 사람들이 나타날 것입니다. 그러므로 여러분은 깨어 있어서, 내가 삼 년 동안 밤낮 쉬지 않고 각 사람을 눈물로 훈계하던 것을 기억하십시오. 나는 이제 하나님과 그의 은혜로운 말씀에 여러분을 맡깁니다. 하나님의 말씀은 여러분을 튼튼히 세울 수 있고, 거룩하게 된 모든 사람들 가운데서 여러분으로 하여금 유업을 차지하게 할 수 있습니다.

고린도후서 9:8-15

하나님께서는 여러분에게 온갖 은혜가 넘치게 하실 수 있습니다. 그러하므로 여러분은 모든 일에 언제나, 쓸 것을 넉넉하게 가지게 되어서, 온갖 선한 일을 얼마든지 할 수 있습니다. 이것은 성경에 기록한 바, "그가 가난한 사람들에게 아낌없이 뿌려 주셨으니, 그의 의가 영원히 있다" 한 것과 같습니다.
심는 사람에게 심을 씨와 먹을 양식을 공급하여 주시는 하나님께서, 여러분에게도 씨를 마련하여 주시고, 그것을 여러 갑절로 늘려 주시고, 여러분의 의의 열매를 증가시켜 주실 것입니다. 하나님께서 여러분을 모든 일에 부요하게 하시므로, 여러분이 후하게 헌금을 하게 될 것입니다. 우리가 여러분의 헌금을 전달하면, 많은 사람이 하나님께 감사를 드리게 될 것입니다. 여러분이 수행하는 이 봉사의 일은 성도들의 궁핍을 채워줄 뿐만 아니라, 많은 사람들로 하여금, 하나님께 감사를 넘치게 드리게 할 것입니다.

여러분의 이 봉사의 결과로, 그들은 하나님께 영광을 돌릴 것입니다. 그것은 여러분이 하나님께 순종하여, 그리스도의 복음을 고백하고, 또 그들과 모든 다른 사람에게 너그럽게 도움을 보낸다는 사실이 입증되었기 때문입니다. 그들은 또한 여러분에게 주신 하나님의 넘치는 은혜 때문에 여러분을 그리워하면서, 여러분을 두고 기도할 것입니다. 말로 다 형언할 수 없는 선물을 주시는 하나님께 감사합니다.

묵상한 말씀을 나눈다.

찬송

이끄소서
완전한 사랑 (찬송가 604)
오 신실하신 주 (찬송가 393)

데살로니가전서 5:16~24

기도로 부르심

사람의 마음을 꿰뚫어 보시는 하나님께서는,
성령의 생각이 어떠한지를 아십니다.
성령께서 하나님의 뜻을 따라, 성도를 대신하여 간구하시기 때문입니다.

풍요롭게 채워주시는 하나님, 주님의 영이 주님의 백성에게 선물을 부어주십니다.
주님, 주님의 자비하심으로, 우리의 기도를 들어주소서

주님의 은혜로 환난 가운데에서도 기뻐합니다.
우리 자신과 사랑하는 이들을 위해 기도합니다.

(합심기도) 주님, 주님의 자비하심으로, 우리의 기도를 들어주소서

주님은 우리가 궁핍한 자를 돌보기를 원하십니다.
우리 공동체와 이웃을 위해 기도합니다.
(합심기도) 주님, 주님의 자비하심으로, 우리의 기도를 들어주소서

주님께서 우리가 굳건히 서서 주님의 길을 따르도록 인도해주십니다.
이 땅의 모든 교회의 하나됨을 위하여 기도합니다.
(합심기도) 주님, 주님의 자비하심으로, 우리의 기도를 들어주소서

주님은 의인의 길을 인정하십니다.
주님의 나라와 그 뜻이 이 땅에서도 임할 수 있도록 세계를 위하여 기도합니다.
(합심기도) 주님, 주님의 자비하심으로, 우리의 기도를 들어주소서

우리 안의 다른 염려를 맡기어 드립니다.
(합심기도) 주님, 주님의 자비하심으로, 우리의 기도를 들어주소서

아낌없이 주시는 하나님, 주님은 그 어떤 것도 주시기를 주저하지 않으시고
주님께서 지으신 자에게 성령을 부어주십니다.
주님처럼 가난한 자를 향해 자비를 베풀도록
우리의 돌과 같이 굳은 마음을 변화시켜주십시오.
예수님을 따르는 제자로서 그리스도께서 가르치신 대로 기도합니다.

(주기도문) 하늘에 계신 우리 아버지 …

축도

예수 그리스도께서는, '예'와 '아니오'를 동시에 말씀하시지 않았습니다.
그리스도 안에는 '예'만 있을 뿐입니다.
하나님의 모든 약속은 그리스도 안에서 '예'가 됩니다.

그러므로, 그리스도로 말미암아,
우리는 "아멘" 하면서 하나님께 영광을 돌리는 것입니다.
우리를 여러분과 함께 그리스도 안에 튼튼히 서게 하시고,
또 우리에게 사명을 맡기신 분은, 하나님이십니다.
하나님께서는 또한 우리를 자기의 것이라는 표로 인을 치시고,
그 보증으로 우리 마음에 성령을 주셨습니다.
아멘.

책별 성구 색인

창세기

1.1-5	크리스마스2	1월1일	아침	본문2
1.26-27	고난주간	수요일	아침	본문1
4.8-16	고난주간	목요일	아침	본문1
11.1-4	고난주간	월요일	저녁	본문1
12.1-7	예수공현일	월요일	아침	본문1
18.1-14	예수공현일	월요일	저녁	본문1
21.15-19	예수공현일	화요일	아침	본문1
32.22-30	예수공현일	화요일	저녁	본문1
33.1-10	예수공현일	수요일	아침	본문1

출애굽기

3.1-12	예수공현일	토요일	아침	본문2
13.1-2, 11-16	크리스마스1	12월 26일	아침	본문2
13.3-10	고난주간	일요일	저녁	본문1
13.17-22	예수공현일	1월6일	아침	본문2
16.9-12	고난주간	월요일	아침	본문1
16.11-15	일반일1	화요일	아침	본문2
23.1-9	고난주간	화요일	저녁	본문1
33.17-22	예수공현일	수요일	저녁	본문1
34.4-8	성령강림절2	토요일	아침	본문1
34.21-26	성령강림절2	월요일	아침	본문1
34.29-35	예수공현일	목요일	아침	본문1

레위기

19.9-10	사순절	일요일	아침	본문2
23.9-16	성령강림절2	수요일	아침	본문1

민수기

11.23-29	성령강림절2	화요일	아침	본문1

신명기
  16.9-12   성령강림절2   일요일   아침   본문1
  18.15   크리스마스2   1월 3일   아침   본문2

여호수아
  24.14-15   크리스마스2   1월 5일   아침   본문2
             고난주간   목요일   저녁   본문1

사무엘상
  2.1-10   재림절   수요일   아침   본문2
  24.16-20   고난주간   화요일   아침   본문1

열왕기상
  17.8-16   평일1   화요일   저녁   본문2
  19.9-12   예수공현일   토요일   저녁   본문2

열왕기하
  4.42-44   평일4   월요일   저녁   본문2

역대상
  16.23-31   예수공현일   금요일   아침   시편

느헤미야
  .5-8   예수공현일   월요일   저녁   시편

에스더
  4.12-16   사순절   금요일   아침   본문2

욥기
  31.13-23   고난주간   수요일   저녁   시편

시편
  1   사순절   화요일   아침   시편
             성령강림절2   일요일   아침   시편

2	부활절	화요일	아침	시편
2.1-8	예수공현일	토요일	저녁	시편
8	고난주간	수요일	아침	시편
10.12-18	평일4	화요일	저녁	시편
13	고난주간	토요일	저녁	시편
15	사순절	수요일	아침	시편
16.7-11	예수공현일	수요일	저녁	시편
	성령강림절	수요일	아침	시편
17	고난주간	토요일	아침	시편
19.7-9	평일3	월요일	저녁	시편
19.7-14	성령강림절2	수요일	저녁	시편
20.1-8	평일4	일요일	아침	시편
22.1-8	고난주간	금요일	아침	시편
22.9-21	고난주간	금요일	저녁	시편
22.19-24	평일4	금요일	저녁	시편
24.1-6	평일2	목요일	저녁	시편
25.1-7	평일3	금요일	아침	시편
25.8-14	평일2	화요일	저녁	시편
25.16-21	평일1	목요일	아침	시편
26	고난주간	목요일	저녁	시편
27	고난주간	목요일	아침	시편
29	예수공현일	화요일	아침	시편
	부활절	일요일	아침	시편
30.2-5	평일2	월요일	저녁	시편
31.9-15	평일1	목요일	저녁	시편
31.19-24	평일2	토요일	아침	시편
32.1-5	평일3	일요일	아침	시편
33.1-5	평일3	화요일	저녁	시편
34.11-18	평일2	금요일	저녁	시편
36.5-9	평일2	수요일	아침	시편
37.3-11	평일2	화요일	아침	시편
41	고난주간	화요일	저녁	시편
43	평일2	토요일	저녁	시편
	사순절	일요일	저녁	시편
46	사순절	토요일	저녁	시편
47	부활절	목요일	아침	시편

48.9-14	평일3	수요일	저녁	시편
50.1-6	예수공현일	일요일	저녁	시편
51.1-12	사순절	월요일	아침	시편
51.6-13	성령강림절	금요일	저녁	시편
51.12-17	평일3	화요일	아침	시편
53	사순절	화요일	저녁	시편
61.1-5	평일4	금요일	아침	시편
65.1-4	평일1	수요일	저녁	시편
65.9-13	평일3	월요일	아침	시편
66.1-9	평일4	월요일	저녁	시편
67	예수공현일	목요일	저녁	시편
68.4-11	크리스마스1	12월24일	저녁	시편
68.17-20	성령강림절	금요일	아침	시편
71.1-4	평일1	금요일	저녁	시편
71.5-8	평일3	토요일	아침	시편
71.15-19	평일3	금요일	저녁	시편
72.12-14	평일4	화요일	아침	시편
75	사순절	목요일	아침	시편
77.4-15	예수공현일	화요일	저녁	시편
78.18-26	평일1	화요일	아침	시편
82	사순절	일요일	아침	시편
84	사순절	목요일	저녁	시편
85.1-7	크리스마스1	12월29일	아침	시편
85.7-13	평일2	금요일	아침	시편
86.1-8	평일2	목요일	아침	시편
90.11-14	크리스마스2	12월31일	아침	시편
90.15-17	크리스마스2	1월1일	저녁	시편
91	사순절	금요일	아침	시편
91.1-6	크리스마스2	1월2일	아침	시편
91.8-17	크리스마스2	1월2일	저녁	시편
95.1-7	크리스마스2	1월3일	아침	시편
	부활절	월요일	저녁	시편
96	크리스마스1	12월25일	저녁	시편
96.9-13	부활절	토요일	저녁	시편
96.10-13	평일2	수요일	저녁	시편
97	부활절	수요일	저녁	시편

97.1-6	크리스마스2	1월4일	저녁	시편
97.6-12	크리스마스1	12월29일	저녁	시편
98	부활절	목요일	저녁	시편
98.1-4	크리스마스2	1월5일	아침	시편
99	부활절	금요일	저녁	시편
99.1-5	평일1	월요일	아침	시편
100	부활절	화요일	저녁	시편
101	사순절	수요일	저녁	시편
102.15-22	크리스마스1	12월27일	아침	시편
102.24-28	크리스마스2	1월1일	아침	시편
103.1-7	평일1	일요일	저녁	시편
103.6-15	크리스마스2	12월31일	저녁	시편
103.8-14	평일1	수요일	아침	시편
103.19-22	평일1	월요일	저녁	시편
104.1-4,10-15	평일1	일요일	아침	시편
104.27-30	평일1	화요일	저녁	시편
105.1-5,40-43	평일4	월요일	아침	시편
107.10-16	평일4	수요일	아침	시편
110.1-4	부활절	일요일	저녁	시편
111.1-4	평일4	목요일	아침	시편
114	크리스마스1	12월28일	아침	시편
116.2-9	평일3	토요일	저녁	시편
118.13-17	평일4	일요일	저녁	시편
118.19-29	고난주간	일요일	아침	시편
119.1-8	성령강림절2	일요일	저녁	시편
119.9-16	성령강림절2	월요일	아침	시편
119.17-24	성령강림절2	월요일	저녁	시편
119.33-40	성령강림절2	화요일	아침	시편
119.41-48	고난주간	일요일	저녁	시편
119.49-56	고난주간	월요일	아침	시편
119.57-64	평일3	목요일	아침	시편
	고난주간	월요일	저녁	시편
119.73-80	성령강림절2	화요일	저녁	시편
119.89-96	성령강림절2	수요일	아침	시편
119.97-104	성령강림절2	목요일	아침	시편
119.113-120	성령강림절2	목요일	저녁	시편

119,129-136	평일3	목요일	저녁	시편
	성령강림절2	금요일	아침	시편
119,145-152	성령강림절2	금요일	저녁	시편
119,161-168	성령강림절2	토요일	아침	시편
119,169-176	성령강림절2	토요일	저녁	시편
126	평일2	월요일	아침	시편
131,1-2	평일2	일요일	저녁	시편
133	예수공현일	수요일	아침	시편
135,1-7	크리스마스2	1월4일	아침	시편
136,1-9	크리스마스2	1월3일	저녁	시편
138,1-5	예수공현일	목요일	아침	시편
139,1-6	평일3	일요일	저녁	시편
139,13-18	예수공현일	일요일	아침	시편
140,1-7	평일1	금요일	아침	시편
143,5-10	성령강림절	수요일	저녁	시편
145,1-9	평일1	토요일	저녁	시편
145,1-13,21	부활절	토요일	아침	시편
145,10-14	평일1	토요일	아침	시편
145,15-21	평일3	수요일	아침	시편
146	사순절	토요일	아침	시편
146,1-9	평일4	목요일	저녁	시편
147,1-7	평일4	수요일	저녁	시편
148	부활절	금요일	아침	시편
150	크리스마스2	1월5일	저녁	시편

아가

8,6-7	고난주간	토요일	아침	본문1

이사야

2,1-5	고난주간	화요일	아침	시편
2,2-4	예수공현일	금요일	저녁	시편
6,1-8	예수공현일	목요일	저녁	본문1
7,14-15	재림절	수요일	저녁	시편
9,1-5	크리스마스1	12월30일	아침	시편
9,2-7	재림절	목요일	아침	시편
9,6-7	크리스마스1	12월30일	저녁	시편

11.1-9	재림절	수요일	아침	시편
11.1-12	성령강림절	월요일	아침	시편
11.6-9	부활절	수요일	아침	시편
12.1-2	크리스마스1	12월27일	저녁	본문2
12.2-6	재림절	화요일	아침	시편
25.6-9	평일3	토요일	저녁	본문2
25.9	크리스마스2	1월4일	저녁	본문2
30.18-21	크리스마스1	12월26일	저녁	시편
32.15-18	평일2	금요일	저녁	본문2
35.1-6	재림절	일요일	저녁	시편
40.1-2	평일2	월요일	저녁	본문2
40.3	크리스마스2	1월2일	저녁	본문2
40.9-11	재림절	목요일	저녁	시편
42.1-6	성령강림절	화요일	저녁	시편
42.6-9	크리스마스1	12월26일	저녁	본문2
43.1-3	예수공현일	토요일	아침	시편
43.15-21	재림절	화요일	저녁	시편
49.1-6	예수공현일	월요일	아침	시편
49.6	크리스마스1	12월27일	아침	본문2
49.8-11	재림절	금요일	아침	시편
49.13-15	크리스마스1	12월28일	아침	본문2
52.7-10	재림절	일요일	아침	시편
	성령강림절	일요일	저녁	시편
52.10-15	사순절	금요일	저녁	시편
53.1-9	사순절	월요일	저녁	시편
54.11-14	재림절	토요일	저녁	시편
55.1-6	성령강림절	토요일	아침	시편
55.6-11	재림절	금요일	저녁	시편
55.6-13	성령강림절	토요일	저녁	시편
57.14-15	평일2	일요일	아침	시편
57.15-19	성령강림절	일요일	아침	시편
58.6-9	평일4	금요일	아침	본문2
58.9-11	평일3	수요일	저녁	본문2
59.21	성령강림절2	금요일	아침	본문1
60.1-3	예수공현일	1월6일	아침	시편
60.4-5	재림절	토요일	아침	시편

60.4-6	예수공현일	1월6일	저녁	시편
61.1-3	평일4	토요일	아침	시편
	성령강림절	목요일	저녁	시편
61.10-11	재림절	월요일	아침	시편
63.7-9	크리스마스1	12월27일	저녁	시편
63.7-16	성령강림절	월요일	저녁	시편
65.17-19,24-25	평일4	토요일	저녁	시편
66.10-16	재림절	월요일	저녁	시편

예레미야

1.4-10	예수공현일	일요일	아침	본문2
31.15-17	크리스마스1	12월28일	저녁	시편

에스겔

18.29-32	평일3	토요일	아침	본문2
34.25-28	크리스마스1	12월25일	아침	시편
37.9-14	성령강림절	목요일	아침	시편
37.26-28	크리스마스2	1월2일	아침	본문2
43.1-7	예수공현일	금요일	아침	본문1

다니엘

3.16-18	고난주간	금요일	아침	본문1
7.13-14	예수공현일	금요일	저녁	본문1
9.3-6,17-19	사순절	월요일	아침	본문2
9.20-23	재림절	화요일	아침	본문2

호세아

6.1-3	크리스마스1	12월29일	저녁	본문2
	부활절	월요일	아침	시편

요엘

2.26-32	성령강림절	화요일	아침	시편

아모스

5.24	평일2	수요일	저녁	본문2

미가

4.6-10	크리스마스1	12월26일	아침	시편
5.2	크리스마스1	12월25일	저녁	본문2
6.6-8	평일2	수요일	아침	본문2
	사순절	토요일	아침	본문2

나훔

1.15	크리스마스1	12월30일	저녁	본문1

하박국

3.17-19	고난주간	토요일	저녁	본문1

스바냐

3.14-20	재림절	목요일	저녁	본문2
3.19	고난주간	금요일	저녁	본문1

스가랴

4.1-7	성령강림절2	목요일	아침	본문1

말라기

2.5-6	사순절	수요일	저녁	본문2
3.1-4	재림절	금요일	아침	본문2
4.5-6	크리스마스2	1월3일	저녁	본문2

마태복음

1.18-25	재림절	수요일	저녁	본문1
2.1-6	예수공현일	1월6일	아침	본문1
2.7-12	예수공현일	1월6일	저녁	본문1
2.13-15	크리스마스1	12월28일	아침	본문1
2.16-18	크리스마스1	12월28일	저녁	본문1
2.19-23	크리스마스1	12월29일	아침	본문1
4.1-7	평일1	금요일	아침	본문1
4.8-11	평일1	금요일	저녁	본문1
4.12-17	재림절	일요일	아침	본문1
5.20,46-48	평일2	수요일	저녁	본문1

5.38-45	평일2	금요일	아침	본문1
6.19-21	크리스마스2	12월31일	아침	본문1
6.26-33	크리스마스2	12월31일	저녁	본문1
8.5-13	평일4	금요일	저녁	본문1
10.16-20	평일2	토요일	저녁	본문1
12.15-20	평일4	일요일	아침	본문1
13.31-33	재림절	화요일	저녁	본문2
13.44-46	평일3	금요일	저녁	본문1
17.1-8	예수공현일	토요일	아침	본문1
17.9-13	예수공현일	토요일	저녁	본문1
18.1-5	평일2	일요일	저녁	본문1
20.8-16	평일3	토요일	아침	본문1
21.28-31	평일3	목요일	아침	본문1
25.34-40	평일3	수요일	저녁	본문1
26.36-39	평일1	목요일	아침	본문1
26.40-46	평일1	목요일	저녁	본문1
28.1-10	부활절	일요일	아침	본문1

마가복음

1.4-11	예수공현일	일요일	아침	본문1
1.14-15	평일1	토요일	아침	본문1
1.40-45	평일4	화요일	아침	본문1
3.1-6	평일4	금요일	아침	본문1
4.1-9	평일3	월요일	아침	본문1
6.39-44	평일4	월요일	저녁	본문1
8.22-26	평일4	목요일	저녁	본문1
9.14-29	평일4	수요일	아침	본문1
9.33-37	평일2	화요일	저녁	본문1
10.46-52	평일4	목요일	아침	본문1
11.25	평일1	수요일	아침	본문1
13.32-37	평일3	금요일	아침	본문1
15.37-16.8	평일2	일요일	아침	본문1

누가복음

1.5-7	재림절	월요일	아침	본문1
1.8-17	재림절	월요일	저녁	본문1

1.18-20	재림절	화요일	아침	본문1
1.21-25	재림절	화요일	저녁	본문1
1.26-38	재림절	수요일	아침	본문1
1.39-45	재림절	목요일	아침	본문1
1.57-67,80	재림절	목요일	저녁	본문1
2.1-7	크리스마스1	12월24일	저녁	본문1
2.8-14	크리스마스1	12월25일	아침	본문1
2.15-20	크리스마스1	12월25일	저녁	본문1
2.21-24	크리스마스1	12월26일	아침	본문1
2.21-30	고난주간	월요일	저녁	본문2
2.25-32	크리스마스1	12월26일	저녁	본문1
2.33-35	크리스마스1	12월27일	아침	본문1
2.36-38	크리스마스1	12월27일	저녁	본문1
2.39-40	크리스마스1	12월29일	저녁	본문1
2.41-47	크리스마스1	12월30일	아침	본문1
2.48-52	크리스마스1	12월30일	저녁	본문1
3.1-6	재림절	금요일	아침	본문1
3.7-18	재림절	금요일	저녁	본문1
4.17-19	사순절	일요일	아침	본문1
4.24-30	사순절	일요일	저녁	본문1
5.18-26	사순절	월요일	아침	본문1
6.20-26	사순절	화요일	아침	본문1
6.27-31	사순절	목요일	아침	본문1
6.32-36	사순절	목요일	저녁	본문1
6.32-38	평일2	목요일	아침	본문1
7.18-23	재림절	일요일	저녁	본문1
7.36-50	사순절	화요일	저녁	본문1
7.40-50	평일1	수요일	저녁	본문1
8.41-42,49-55	평일4	토요일	저녁	본문1
8.43-48	평일4	화요일	저녁	본문1
9.23-27	사순절	금요일	저녁	본문1
9.51-56	사순절	월요일	저녁	본문1
10.5-11	평일1	월요일	저녁	본문1
10.29-37	평일3	화요일	저녁	본문1
11.1-4,9-13	평일1	일요일	아침	본문1
12.22-31	평일1	화요일	저녁	본문1

12,29-34	사순절	금요일	아침	본문1
12,35-40	평일3	목요일	저녁	본문1
13,18-21	평일3	월요일	저녁	본문1
14,7-11	평일2	화요일	아침	본문1
14,12-14	사순절	수요일	아침	본문1
14,16-24	평일3	토요일	저녁	본문1
15,11-19	평일3	일요일	아침	본문1
15,20-24	평일3	일요일	저녁	본문1
17,20-21	평일1	월요일	아침	본문1
18,1-8	평일3	수요일	아침	본문1
18,9-14	평일3	화요일	아침	본문1
18,15-17	사순절	수요일	저녁	본문1
19,1-10	평일2	수요일	아침	본문1
	사순절	토요일	아침	본문1
19,28-44	고난주간	일요일	아침	본문1
21,5-11	재림절	토요일	아침	본문1
21,25-36	재림절	토요일	저녁	본문1
21,37-22,13	고난주간	일요일	저녁	본문2
22,14-20	고난주간	월요일	아침	본문2
22,21-30	고난주간	월요일	저녁	본문2
22,31-53	고난주간	화요일	아침	본문2
22,54-62	고난주간	화요일	저녁	본문2
22,63-71	고난주간	수요일	아침	본문2
23,1-12	고난주간	수요일	저녁	본문2
23,13-25	고난주간	목요일	아침	본문2
23,26-31	고난주간	목요일	저녁	본문2
23,32-38	고난주간	금요일	아침	본문2
23,39-43	사순절	토요일	저녁	본문1
23,39-48	고난주간	금요일	저녁	본문2
23,42-43	평일1	토요일	저녁	본문1
23,49	고난주간	토요일	아침	본문2
23,50-56	고난주간	토요일	저녁	본문2
24,1-11	예수공현일	일요일	저녁	본문1
24,1-12	부활절	일요일	저녁	본문1
24,13-27	부활절	월요일	아침	본문1
24,28-35	부활절	월요일	저녁	본문1

24.36-43	부활절	화요일	아침	본문1
24.44-49	부활절	화요일	저녁	본문1
24.5-53	부활절	목요일	아침	본문1

요한복음

1.1-9	크리스마스2	1월1일	아침	본문1
1.9-13	크리스마스2	1월1일	저녁	본문1
1.14-18	크리스마스2	1월2일	아침	본문1
1.19-23	크리스마스2	1월2일	저녁	본문1
1.25-28	크리스마스2	1월3일	아침	본문1
1.29-34	크리스마스2	1월3일	저녁	본문1
1.35-39	크리스마스2	1월4일	아침	본문1
1.40-41	크리스마스2	1월4일	저녁	본문1
1.42-44	크리스마스2	1월5일	아침	본문1
1.45-51	크리스마스2	1월5일	저녁	본문1
1.47-51	평일2	목요일	저녁	본문1
2.1-11	평일4	월요일	아침	본문1
5.1-9	평일4	수요일	저녁	본문1
6.8-14	평일1	화요일	아침	본문1
11.28-36	평일2	월요일	저녁	본문1
11.38-44	평일4	토요일	아침	본문1
12.27-32	예수공현일	화요일	저녁	본문2
13.31-35	예수공현일	수요일	아침	본문2
14.15-17	성령강림절	일요일	저녁	본문1
14.18-21	성령강림절	월요일	저녁	본문1
14.25-27	평일2	금요일	저녁	본문1
	성령강림절	화요일	저녁	본문1
15.4-5	성령강림절	수요일	저녁	본문1
15.11-15	성령강림절	목요일	저녁	본문1
15.18-20	평일2	토요일	아침	본문1
15.26-27	성령강림절	금요일	저녁	본문1
16.13-14	성령강림절	토요일	저녁	본문1
16.20-22	평일2	월요일	아침	본문1
17.20-14	예수공현일	화요일	아침	본문1
20.1-10	부활절	수요일	아침	본문1
20.11-18	평일1	일요일	저녁	본문1

	부활절	수요일	저녁	본문1
20.19-23	평일4	일요일	저녁	본문1
	부활절	금요일	아침	본문1
	성령강림절2	목요일	아침	본문1
20.24-29	부활절	금요일	저녁	본문1
21.3-14	부활절	토요일	아침	본문1
21.15-19	부활절	토요일	저녁	본문1

사도행전

1.1-8	성령강림절	일요일	아침	본문1
1.1-11	부활절	목요일	저녁	본문1
2.1-13	성령강림절	월요일	아침	본문1
2.14-21	성령강림절	화요일	아침	본문1
2.22-28	성령강림절	수요일	아침	본문1
2.29-36	성령강림절	목요일	아침	본문1
2.29-27	성령강림절2	일요일	아침	본문2
2.32-39	부활절	금요일	아침	본문2
2.37-41	성령강림절	금요일	아침	본문1
2.42-47	성령강림절	토요일	아침	본문1
3.1-10	재림절	일요일	저녁	본문2
4.1-12	부활절	월요일	저녁	본문2
4.5-14	평일4	화요일	아침	본문2
4.24-31	평일4	일요일	아침	본문2
5.12-16	평일4	수요일	저녁	본문2
6.1-6	성령강림절2	일요일	저녁	본문1
8.14-25	성령강림절2	화요일	아침	본문2
8.26-39	성령강림절2	화요일	저녁	본문1
9.1-9	예수공현일	목요일	아침	본문2
9.10-18	예수공현일	목요일	저녁	본문2
9.10-20	성령강림절2	월요일	아침	본문2
9.26-31	성령강림절2	월요일	저녁	본문1
10.34-43	부활절	금요일	저녁	본문2
10.44-48	성령강림절2	월요일	아침	본문2
11.11-18	성령강림절	수요일	아침	본문2
	성령강림절2	수요일	아침	본문2
11.19-26	성령강림절2	수요일	저녁	본문1

13.1-5	성령강림절2	목요일	저녁	본문1
19.1-7	성령강림절2	금요일	아침	본문2
20.16-24	성령강림절2	토요일	아침	본문2
20.25-32	성령강림절2	토요일	저녁	본문1
21.7-14	성령강림절2	금요일	저녁	본문1
22.6-15	평일4	목요일	저녁	본문2
25.12-18	평일4	목요일	아침	본문2

로마서

1.1-8	재림절	수요일	저녁	본문2
1.16-17	평일4	금요일	저녁	본문2
2.1-11	사순절	화요일	저녁	본문2
4.18-22	예수공현일	월요일	저녁	본문2
5.6-11	평일3	일요일	아침	본문2
	사순절	목요일	저녁	본문2
8.14-17	성령강림절	월요일	저녁	본문2
8.31-39	크리스마스2	12월31일	저녁	본문2
8.35-39	평일3	일요일	저녁	본문2
10.9-18	성령강림절	화요일	아침	본문2
12.1-2	평일3	금요일	저녁	본문2
12.9-16	평일2	목요일	아침	본문2
13.11-14	재림절	토요일	저녁	본문2
14.15-17	평일1	월요일	아침	본문2
15.7-13	성령강림절	일요일	아침	본문2
15.25-33	성령강림절	토요일	아침	본문2
15.25-27	재림절	목요일	아침	본문2

고린도전서

1.18-25	사순절	일요일	저녁	본문2
1.26-31	평일2	일요일	저녁	본문2
10.12-13	평일1	목요일	아침	본문2
12.3-11	성령강림절	목요일	아침	본문2
12.12-26	사순절	화요일	아침	본문2
15.52-57	평일4	토요일	아침	본문2

고린도후서

2.5-11	평일1	수요일	저녁	본문2
3.12-13,16-18	예수공현일	수요일	저녁	본문2
3.17-18	평일4	일요일	저녁	본문2
	성령강림절	수요일	저녁	본문2
4.5-15	예수공현일	금요일	아침	본문2
4.6	평일4	월요일	아침	본문2
8.1-6	성령강림절2	일요일	저녁	본문2
8.7-9	성령강림절2	월요일	저녁	본문2
8.9	크리스마스1	12월24일	저녁	본문2
8.10-15	성령강림절2	화요일	저녁	본문2
8.16-19	성령강림절2	수요일	저녁	본문2
8.20-24	성령강림절2	목요일	저녁	본문2
9.5-7	성령강림절2	금요일	저녁	본문2
9.8-15	성령강림절2	토요일	저녁	본문2
12.7-10	평일4	수요일	아침	본문2

갈라디아서

3.6-14	예수공현일	월요일	아침	본문2
5.16-25	성령강림절	화요일	저녁	본문2

에베소서

1.3-10	크리스마스1	12월29일	아침	본문2
1.11-17	성령강림절	토요일	저녁	본문2
1.15-23	부활절	화요일	아침	본문2
1.17-23	크리스마스2	1월5일	저녁	본문2
2.8-10	평일4	화요일	저녁	본문2
2.14-18	평일2	금요일	아침	본문2
3.1-6	예수공현일	1월6일	저녁	본문2
3.7-13	부활절	화요일	저녁	본문2
3.14-19	평일1	일요일	아침	본문2
	부활절	토요일	저녁	본문2
3.20-21	평일3	월요일	저녁	본문2
4.1-3	평일2	화요일	저녁	본문2
4.1-13	성령강림절	금요일	아침	본문2

4.4-6	평일1	일요일	저녁	본문2
4.14-21	성령강림절	금요일	저녁	본문2
4.30-5.2	평일1	수요일	아침	본문2
6.10-13	평일1	금요일	저녁	본문2
6.14-18	성령강림절	일요일	저녁	본문2
6.15	재림절	일요일	아침	본문2

빌립보서

3.7-14	부활절	월요일	아침	본문2
4.4-9	재림절	월요일	아침	본문2

골로새서

1.9-12	평일3	월요일	아침	본문2
2.8-15	사순절	토요일	저녁	본문2
3.1-4	예수공현일	일요일	저녁	본문2
3.12-14	평일2	화요일	아침	본문2

데살로니가전서

3.9-13	재림절	금요일	저녁	본문2
5.14-21	평일3	수요일	아침	본문2

디모데전서

1.15-16	평일3	화요일	아침	본문2

디모데후서

1.7-10	평일2	토요일	아침	본문2

히브리서

1.1-9	부활절	일요일	저녁	본문2
2.9	고난주간	수요일	저녁	본문2
2.14-18	평일1	금요일	아침	본문2
7.1-3	부활절	일요일	아침	본문2
12.1-2	평일1	토요일	저녁	본문2

야고보서

1.12-15	평일1	목요일	저녁	본문2
1.22-27	평일3	목요일	아침	본문2
2.1-9	사순절	수요일	아침	본문2
2.8	평일3	화요일	저녁	본문2
3.13-18	평일2	목요일	저녁	본문2
4.5-10	평일2	일요일	아침	본문2
4.13-15	크리스마스2	12월31일	아침	본문2
5.7-11	재림절	토요일	아침	본문2

베드로전서

1.3-9	부활절	토요일	아침	본문2
1.17-23	재림절	월요일	저녁	본문2
2.4-5	고난주간	일요일	아침	본문2
3.13-16	평일2	토요일	저녁	본문2
4.1-6	사순절	월요일	저녁	본문2
4.7-11	평일3	금요일	아침	본문2
4.12-19	크리스마스1	12월28일	저녁	본문2

베드로후서

3.8-9	평일3	목요일	저녁	본문2

요한1서

2.29-3.2	크리스마스2	1월1일	저녁	본문2
3.16-24	성령강림절	목요일	저녁	본문2
4.7-12	크리스마스1	12월25일	아침	본문2
	사순절	금요일	저녁	본문2

요한계시록

1.12-20	예수공현일	금요일	저녁	본문2
4.9-11	평일1	토요일	아침	본문2
5.1-10	부활절	수요일	아침	본문2
5.11-14	부활절	수요일	저녁	본문2
5.13-14	크리스마스2	1월4일	아침	본문2
7.13-17	평일2	월요일	아침	본문2

11,15,17-18	크리스마스1	12월30일	아침	본문2
19.1-5	부활절	목요일	아침	본문2
19.6-10	부활절	목요일	저녁	본문2
21.1-4	평일1	월요일	저녁	본문2
22.1-5	평일4	토요일	저녁	본문2

주제별 성구 색인

주제

재림절	누가복음 1.46-55
크리스마스1	누가복음 1.68-79
새해 이브	마태복음 6.20-21, 30
크리스마스2	골로새서 1.15-20
예수공현일	누가복음 2.29-32
사순절	요한1서 2.21-24
고난주간	빌립보서 2.5-8
부활절	빌립보서 2.8-11
성령강림절	에베소서 2.17-22
성령강림절2	살전 5.16-24

부르심1

재림절	아침	시편 130.5-6
재림절	저녁	이사야 40.5
크리스마스1	아침	요한복음 1.4,14
	저녁	마태복음 1.23
		누가복음 2.14
새해 전날		시편 90.1-2
크리스마스2	아침	시편 67.2-3
	저녁	시편 149.1,5
예수공현일	아침	이사야 60.1
		요한복음 1.5
	저녁	디도서 2.11
사순절	아침	시편 27.1
	저녁	시편 25.1,2,5
고난주간	아침	시편 27.1
	저녁	시편 25.1,2,4
부활절	아침	시편 145.1-2
	저녁	시편 134.1-2

성령강림절	아침	시편 104.33
	저녁	시편 104.34
성령강림절2	아침	빌립보서 4.4
	저녁	고린도전서 14.15

감사드림

재림절	아침	이사야 12.3-4
		이사야 25.9
	저녁	이사야 63.7
		이사야 25.9
크리스마스1	아침	이사야 63.7,9
	저녁	시편 118.24,29
새해 전날	아침	시편50.14,23
	저녁	시편118.19,29
크리스마스 2	아침	요한복음1.5,14
	저녁	갈 4.4; 고후 9.15
예수공현일	아침	시편68.3
		시편59.16
	저녁	시편71.8
		예레미야애가3.22
사순절	아침	시편33.20-22
	저녁	시편56.12-13
고난주간	아침	시편5.1-3,11-12
	저녁	시편28.6-7
부활절	아침	시편146.5-6
		시편90.14
	저녁	시편89.2
		시편71.8
성령강림절	아침	시편104.1-4
	저녁	시편104.24,28,30,31
성령강림절2	아침	엡 5.19-20
	저녁	고린도후서 9.8-9

고백

재림절	저녁	시편51.1,6
크리스마스1	저녁	이사야 30.18

새해 전날	저녁	시편 139.1,3,7,23-24
크리스마스2	저녁	시편 25.8,9,11
예수공현일	저녁	요한일서 1.7,9
사순절	저녁	시편 25.6,17,18
고난주간	저녁	시편 25.15-16
부활절	저녁	골로새서 3.1-3
성령강림절	저녁	디도서 3.4-7
성령강림절2	저녁	골로새서 3.12-14

신앙고백

성령강림절	아침	사도행전 2.22-24, 32-33
성령강림절2	아침	사도행전 2.22-24, 32-33

부르심2

재림절	아침	고린도전서 3.11
	저녁	마태복음 11.28
크리스마스1	아침	요한일서 4.7
	저녁	야고보서 1.17
새해 전날		마태복음 6.25
크리스마스2	아침	요한일서 4.9,11
	저녁	골로새서 3.16
예수공현일	아침	에베소서 5.8-9
	저녁	요한복음 8.12
사순절	아침	마태복음 4.4,10
	저녁	요한복음 12.24,26
고난주간	아침	마가복음 8.34-35
	저녁	요한복음 15.12-13
부활절	아침	요한복음 10.10
		요한복음 8.12
	저녁	마태복음 16.25
성령강림절	아침	디모데후서 1.14
	저녁	데살로니가후서 2.13,15
성령강림절2	아침	디모데후서 1.13-14
	저녁	요한일서 3.18,24

찬양

재림절		누가복음 1.46-55
크리스마스1		누가복음 1.68-79
새해 전날	아침	누가복음 1.68-79
	저녁	누가복음 1.46-55
		누가복음 2.29-32
크리스마스2		골로새서 1.15-20
예수공현일		누가복음 2.29-32
사순절		베드로전서 2.21-24
고난주간		빌립보서 2.5-8
부활절		빌립보서 2.5-11
성령강림절		에베소서 2.17-22
성령강림절2		데살로니가전서 5.16-24

부르심3

재림절	아침	시편 5.2-3
	저녁	이사야 55.6
크리스마스1	아침	시편 145.19
	저녁	누가복음 18.1,7,8
새해전날		이사야 49.15-16
크리스마스2	아침	시편 55.16-18, 22
	저녁	요한복음 15.7,6
예수공현일	아침	말라기 3.10; 4.2
	저녁	누가 18.1,7,8
사순절	아침	시편 27.7,14
	저녁	로마서 8.26
고난주간	아침	시편 27.9
	저녁	시편 22.1,11
부활절	아침	이사야 51.6
	저녁	이사야 43.19
성령강림절	아침	유다서 20
	저녁	로마서 8.22-23
성령강림절2	아침	유다서 21
	저녁	로마서 8.27

축도

재림절		아침	로마서 15.14
		저녁	살전 5.23-24
크리스마스1		아침	베드로후서 1.2
		저녁	로마서 16.25-26
새해 전날			시편 121.7-8
크리스마스2		아침	베드로후서 1.2
		저녁	시편 121.7-8
예수공현일		아침	누가복음 1.78-79
		저녁	나훔 6.24-26
재의 수요일			살후 2.16-17
사순절	일요일		유다서 24-25
	월요일		유다서 24-25
	화요일		시편 121.7-8
	수요일		살후 2.16-17
	목요일		고린도후서 9.10
	금요일		베드로전서 5.10
	토요일		로마서 8.38-39
고난주간		아침	살후 2.16-17
		저녁	로마서 8.38-39
부활절		아침	히브리서 13.20-21
		저녁	골로새서 1.11-12
성령강림절	일요일	아침	마태복음 10.19-20
		저녁	살전 5.23-24
	월요일	아침	마태복음 28.18-20
		저녁	엡 3.16-17
	화요일	아침	갈라디아서 6.8-10
		저녁	엡 3.18-19
	수요일	아침	빌립보서 2.1-2
		저녁	고린도후서 13.13
	목요일	아침	엡 5.18-20
		저녁	로마서 15.5-6
	금요일	아침	엡 4.1-3
		저녁	고린도후서 3.17-18
	토요일	아침	살전 5.15-19
		저녁	고린도후서 1.19-22

성령강림절2	일요일	아침	마태복음 28.18-20
		저녁	살전 5.23-24
	월요일	아침	골로새서 3.15,16,17
		저녁	빌립보서 1.9-11
	화요일	아침	마태복음 10.19-20
		저녁	엡 3.18-19
	수요일	아침	빌립보서 2.1-2
		저녁	고린도후서 13.13
	목요일	아침	엡 5.18-20
		저녁	로마서 15.5-6
	금요일	아침	엡 4.1-3
		저녁	고린도후서 3.17-18
	토요일	아침	마태복음 10.19-20
		저녁	고린도후서 1.19-22

이 기도묵상집을 사용하는 형제자매와 공동체가

- 직장에서 하나님의 뜻에 대한 의식이 더욱 강해지기를
- 주님에 대한 헌신의 영을 기를 수 있기를
- 성령의 움직임에 더욱 예민해 질 수 있기를
- 매일의 삶, 주일 예배, 교회 절기들이 각자의 경험과 연결될 수 있기를
- 기도 동역자와 함께 책임감을 기르고 이 사역을 위해 기도하는 다른 이들과 하나됨을 느낄 수 있기를

ISBN 978-89-92865-24-1